日本古代中世の葬送と社会

島津 毅著

吉川弘文館

目　次

第一部　古代中世における死の観念と葬送

第二部　古代中世における葬送の実態

図表目次

序章　葬送史研究の現状と課題

はじめに

人間の根源的な苦悩として、仏陀は生・老・病・死の四苦を説いた。このうちの病苦をもたらす病は、医学の進歩で飛躍的に克服されてきたと言ってよく、これからも細胞医学の発達にそれが大きく期待されている。しかし、老・死については誰一人として避けて通ることはできない。現代の日本は、六十五歳以上の高齢者人口が全人口の二五％を越えるという超高齢社会を迎えている。このことは、老人が次々と亡くなっていく多死社会の到来がすぐ間近に迫っていることを意味する。このとき、死をどう捉えるか、死にどう臨むか。これは本人だけの問題ではなく、家族や社会にとっても大きな問題であるはずだ。

一昔前までの葬送は各地の共同体で担われていたが、そうした共同体もすでに崩壊し、現代は葬儀社と家族や親族を中心にそれは執り行われている。そのうえ、近年は家族・親子の紐帯もか細くなるなか、葬送の自由が標榜され、埋葬の方法も樹木葬や散骨などの自然葬、そして墓すらも不要とするなど多様な葬送が行われ始めており、注目を集めている。だが、こうした葬送もその時代の社会を映し出す鏡であることは間違いないであろう。また人々の他界観や霊魂観などの社会通念と密接な関係にあることは、今も昔も変わらないであろう。

ゆえに、こうした現代の社会状況のなかで、これまで日本人がどのように死者と向き合ってきたのか、またどういう死生観を以て死に対処してきたのかを振り返ることは、これからの対応を考えるうえでもあながち無益とは言えないであろう。本書は、こうした問題意識を抱えつつ、日本の古代・中世社会において葬送がどういう位置を占め、人々が死者にどう対処して葬送を行ってきたのかを考察した。そのため、本書の題号も「日本古代中世の葬送と社会」とした次第である。

そこで序章では、葬送史研究の動向や課題、そして本書が進めていく研究視角とその意義などを概括的に述べておこう。

第一節　葬送史研究の動向と現状

1　民俗学が中心的であった時代

葬送に関する研究は、二十世紀になってようやく日本史学、仏教史学、民俗学等の立場から始まる。たとえば日本史学では、岡部精一氏が神代から明治天皇までの代表的な天皇の葬送を取り上げ、葬法の変遷を具体的、実証的に論じている。時代的な制約のなか神代を含むなどの問題はあるものの、葬送史研究の嚆矢と言えるであろう(1)。この後、上野竹次郎氏が神武から明治までの天皇、皇后、皇子の山陵を網羅的に取り上げるなかで葬送に触れている(2)。一方、仏教史学研究の立場からは、圭室諦成氏が天台系、密教系、浄土系、禅宗系等と仏教宗派ごとに葬送儀礼をまとめた(3)。これより先に民俗学では、柳田国男氏が両墓制を称え、第二次の葬所が常民にとっての本当の墓であるとするなど葬墓制研究の先鞭をつける。[4]次いで折口信夫氏が、霊魂観の側面から殯等の上代の儀礼について論述する。[5]

こうして歴史学や民俗学の立場から始まった葬送および葬送史の研究であるが、柳田氏が文献史学を批判したことから、[6]両者の離反を招いたとされる。[7]また氏が仏教的要素をできるだけ排除し、民俗を仏教の影響を受けないあり方に求めて解釈しようとしていたことから、民俗学の立場から仏教を把えるという作業を怠らせたとされている。[8]こうした姿勢は戦後の民俗学でも継承され、井之口章次氏などは葬送習俗における宗教的要素・仏教的要素の存在すら否定している。[9]こうしたことから、その後の宗教学、宗教史は葬墓制研究に対して関心を示さず、葬墓制が習俗・民俗であって、宗教ではないとの考えが広く支持されていたと言う。[10]

ただし柳田氏も、民俗学とは書史外の史料を扱って史学を補助するものだとも述べており、歴史学との関係も重要視していた。[11]こうした立場の研究者は戦前からすでに存在し、[12]戦後には和歌森太郎、平山敏治郎、桜井徳太郎、大森志郎等諸氏のもとで歴史民俗学として構想され、[13]その後、高取正男氏や赤田光男氏等に継承されていく。[14]また堀一郎氏や五来重氏は、仏教と民俗との関係性に注目し、仏教の民俗化の解明を課題とする仏教民俗学を提唱する。[15]こうした歴史民俗学、仏教民俗学としての研究は、葬送研究にも展開されるようになる。大林太良氏は、葬法は文化全体のなかで孤立した自立的な文化要素ではなく、特定の宗教的な表象のなかに根を下ろすものであるから、葬制と宗教とを分離して取り扱うことは正しくないと指摘する。[16]また五来氏は、葬墓制とは民衆の宗教生活と仏教との交渉のなかから成立してきたものであり、考古資料や文献史料と照合・考証しなければ何一つ解釈できるものはないとまで述べている。[17]こうして一九七〇年代前後から仏教民俗学、歴史民俗学の立場から葬送墓制の論稿が相次ぎ、[18]『葬送墓制研究集成』全五巻として結実するに至るのであった。

2　「社会史」研究の展開と葬送史研究

こうした民俗学を中心とした動きに対して、戦後、七〇年代まで歴史学研究の中心は社会構成体史による研究に重きが置かれ、民衆の暮らし、習俗や葬送等の個別研究は限定的であった。しかし七〇年代以降、研究状況に変化がもたらされる。それは社会構成体史研究に行き詰まりが生じつつあるなか、社会史が注目されるようになったことである。こうした変化に少なからず影響を与えたものが、フランスのアナール学派に代表される、「社会史」や「新しい歴史学」と呼ばれた世界的な研究の潮流であった。(19)たとえば一九七六年に日本で講演したジャック・ル・ゴフは、①歴史を長期波動で把握、②日常的物質文化を重視、③深層歴史学・心性史への注目、の三点を新しい歴史学として提示し、(20)「ル・ゴフ・ショック」とまで呼ばれていた。(21)こうした社会史は、普遍性からローカルノリッジへ、抽象的概念世界から日常的生活世界へといった具合に歴史を捉える座標軸の転換をもたらすこととなり、(22)民衆の暮らし、行動様式・習俗等の歴史的社会の基底部のものへ関心をもたらすこととなった。

もともと社会史のための史料が稀少であったことから、従来、伝統史学からは社会史や民俗史へは否定的評価が強かった。(23)しかし、八〇年代には民俗学、文化人類学、構造主義などの影響を受けた社会史、思想史等が新しい潮流として喧伝され、歴史学とそれをめぐる状況全体に大きな影響力を持つようになっていた。(24)こうして歴史学が、家族・親族構造・生活・言語・習俗・祭・信仰・儀礼等の問題へ光をあて、人類学、民俗学、社会学へ接近していき、本格的な葬送墓制史研究がようやく始まっていくことになる。

この同じ頃、葬墓制史研究に注目が集まる、もう一つの要因とも言うべき社会問題が発生した。それが宅地造成による中世墳墓群破壊の危機であった。横浜市の上行寺東遺跡や静岡県磐田市の一の谷遺跡などでは、それら墳墓群の保存運動が起こり、その保存運動を通じて中世墳墓への関心が急速に高まっていった。しかし中世墳墓への研究は、都市史との関連であり、せいぜい墓制どまりであった[25]。まして考古遺物だけでは、葬送儀礼の復元は困難であり、葬送史研究は九〇年代前後でもまだまだ十分に進展することはなく、立ち後れも指摘されていた。たとえば黒田俊雄氏は、従来の寺院史研究は社会文化史への志向が薄弱であるとして、今後の寺院史研究の特徴的な主題の一つに葬送を挙げ、寺院が葬送に関わるようになったのはいつか、中世の埋葬の形式・手続きなど不明なことが多い現状にあると指摘していた[26]。また大藤修氏も、死後の問題を人々はどのように考え、どのようなシステムを創り出してきたのか、といった具体的な解明について今まで取り組んできたのは、民俗学、宗教学、社会学、人類学であって、歴史学は課題として自覚すらしてこなかったと指摘している[27]。

ただし、社会史研究の裾野が広がるなか、ケガレ論や非人論、その他禅律僧といった葬送とも密接に関係する分野の研究も進展し[28]、これらは葬送史研究の前提となる思想的なバックグランドとなっていく。こうして九〇年代以降、ようやく葬送自体が本格的な研究の対象となり、歴史民俗学、仏教民俗学はもとより日本史学の立場からも葬送史研究が進展していく。たとえば五来氏は民俗資料から葬法、葬具等を詳細に論及し[29]、新谷尚紀氏は古代から近世の葬送儀礼や習俗について諸史料を通して叙述する[30]。他方、歴史学の側からは水藤真氏が、中世の葬送墓制の諸相を数多くの史料を取り上げて紹介し[31]、さらに勝田至氏は、京中の死人放置の実態、貴族社会における葬送儀礼を史料から丹念に解明した[32]。

しかし、それでもなお死の習俗については十全な展開をせず、葬送墓制も長期的視座に立った研究も多くなく、相互批判が十分ではないと指摘されていた[33]。

第二節　葬送史研究の課題

1　先行研究のもつ問題

前節で概略述べてきたように、古代中世における葬送の実態やその由来などが、これまで歴史学的に問われたことはほとんどなかったわけである。およそ葬送は、遺体や遺骨そして霊魂と無関係に進められるものではない。むしろ、それらに対する考え方が、葬送儀礼のあり方へ大きな影響を及ぼしている可能性があり、葬送が行われる前提とも言える。こうして、日本の葬送史研究において検討すべき課題として、古代中世における葬送の具体的な実態と、その前提としての遺体・遺骨観および霊魂観の解明を掲げることができる。そして、この二つの課題に対する検討を通じて古代中世の葬送の全体像を明らかにできるものと考える。ただし、こうした課題を達成するためには、民俗学や歴史民俗学などの先行研究がもつ問題をまず解決しなければならない。そこで、右の二つの課題ごとにその問題を二つずつ明らかにしておこう。

最初に二つめの遺体・遺骨観と霊魂観に関する課題から取り上げよう。今日の大方の日本人が日本固有の死生観と信じてやまないものが、実はその多くを柳田国男氏の学説に負うており、宗教学、民俗学も基本的に氏の理論の枠を越えていないと佐藤弘夫氏は指摘する。そのうえで佐藤氏は、死をめぐる柳田氏の関心が一貫して霊魂に集中し、遺体・遺骨の問題が取り上げられないことを問題として挙げる(34)。つまり、これまでの民俗学をはじめとする研究では霊魂だけが検討され、遺体・遺骨は検討の対象ではなかったということである。これが、先行研究のもつ一つめの問題

である。たとえば柳田氏は、

我々は古埃及《エジプト》人の如く、亡霊の平安の為に其形骸の保存を必要と認める民族では無かった。（中略）魂の実在と力が少しづゝ信じ難くなって、孝子の亡骸に取縋り又奥都城《おくつき》の前に悲泣する者を生じたのかと思ふ。

と言う。[35]亡骸には死者の魂はすでになく、亡骸を保存する必要もない。およそ霊魂の存在しない亡骸や墓前での悲泣は、逆に霊魂の実在性を信じられなくなった結果だ、とするわけである。柳田氏が遺体・遺骨を取り上げない背景には、こうした考え方が存在していた。しかも、氏が提起した遺体・遺骨観はそれだけではなかった。氏は『先祖の話』[36]で、

是（＝亡骸）は形有る物であり、きたなき物であり、始末に困ることは双方（＝生者の側とあの世は）同じであった。それをこちらの管轄と認めて、出来るだけ早く片付けようとしたことは、寧ろ常理に近く又人情に富む所業だったとも言へよう。

と述べる（引用文中の括弧内の補足は引用者、以下も同じ）。つまり、亡骸とはもはや魂の宿らない抜け殻であり、そして「きたないだけの物体」であったから、葬送は不要な遺体・遺骨の処分であったとするわけである。

しかし、古代中世の葬送でも、故人の血縁者などが手ずから遺体を清めて棺に納め、荼毘に付された遺骨も丁重に埋葬している姿を非常に数多くの文献史料から確認できる。このことからも、遺体・遺骨にも「きたなき物」以上の何らかの観念の存在を認めないわけにはいかない。[37]しかも、死を表象する最も普遍的なものが遺体や遺骨であり、霊魂はむしろ文化的特定度の高いものとされる。[38]そうであれば、遺体・遺骨を「きたなき物」として取り上げない柳田説は、古代中世の人々の心性のうち普遍的な部分を矮小化して捨象したものとも言え、問題として小さくはないであろう。しかも氏が説いてきた学説は、佐藤氏が指摘するように仏教民俗学、歴史民俗学へも大きな影響を及ぼしてい

た。たとえば赤田光男氏は、死者が蘇生することも不可能だと分かるや、遺体を塵同前に棄てる遺体遺棄の風習があったと記し[39]、田中久夫氏も遺骨は死体の捨て場に遺棄されており、それが習俗であったと述べている[40]。それゆえに、霊魂観だけを問題にしてきたこれまでの研究成果は吟味されなければならず、今後は遺体や遺骨といった要素も視野に入れて総合的に検討しなければならないのである[41]。

遺体・遺骨観と霊魂観における二つめの問題が、「ケガレ」観が死に付随した曖昧な忌避感情として多用され、遺体・遺骨や葬送に対しても忌避感だけを増幅させる結果となり、それ以上の議論が成立しなかったことである。そもそも死体には、死体が喚起するある種の衝撃や斥力をはらむ危険性を持つことが、洋の東西、時代を超えて認められている。この死体の持つ斥力を日本の文化人類学[42]・民俗学・歴史学も「ケガレ」などと捉えてきた。では、死体の斥力としての「ケガレ」とは、何を意味するのか。

この「ケガレ」の意味するものに強い影響を及ぼしていたのも柳田氏の理解であった。柳田氏が「死穢を忌み怖れ」ることを「古来の気風」としていたように[43]、氏に端を発した葬墓制研究では、つねに死の忌みを以て日本人の根源的な禁忌意識とみなしてきた[44]。こうして「死の穢」を忌む禁忌意識は重要なタームと考えられ、社会史研究が進展していた日本史学でも「ケガレ」論が展開される。その結果「ケガレ」として、①『延喜式』などの触穢規定に現れる穢、②清浄な内裏を中心として周辺から侵入する、キヨメの構造論における穢、③癩者・非人の穢など三つの捉え方が提起された、と勝田至氏は指摘している[45]。このように「ケガレ」には、①のような『延喜式』などに規定された史料用語としての「穢」とともに、史料上に登場しない異質雑多な概念まで混入していたのである[46]。その結果、これまでの研究では、死体や葬送と聞けばすぐに「ケガレ」を持ち出して、「死の穢」が忌避されたとのみ論じて片付けてしまい、それ以外の見方もなされてこなかった。

およそ、斥力であった死の「ケガレ」の源泉は死体であった。だが、「ケガレ」「穢」をこのような曖昧な意味で使用していたため、死体の斥力に対する理解すなわち遺体観や、ひいては葬送に対する観念にも影響を及ぼすことになっていたわけである。よって死体の斥力としての「ケガレ」「穢」概念をあらかじめ見定めておかなければならない。そこで、まず取り上げられなければならない「ケガレ」が、古代中世の貴族社会で人が死去したときに忌避されていた、社会規範としての「穢」である。そして、この「穢」は中世後期に至るまで、一貫して『延喜式』などの触穢規定に基づいて取り扱われていた（第二部第二章を参照）。したがって、主に文献史料に基づいて古代中世の葬送を実証的に検討しようとする本書は、まず右の①『延喜式』などの触穢規定に現れる穢を「穢」として規定し、死体の斥力と直接関係しない②③を「ケガレ」などとして扱わない。

しかし、そもそも「ケガレ」は死体の斥力として摘示されたが、死体の斥力すべてが「穢」観念であったのではなく、むしろ「穢」は斥力としての「ケガレ」の一部であった。「穢」は『延喜式』などの文化的装置のもとすでに規範化されており、あくまでも死体の斥力の一表現でしかなかった。ゆえに死の忌みや遺体観などを考察するに当たって、歴史的に成立した「穢」を忌む思想と、「穢」以外の「ケガレ」すなわち本源的な死の畏怖とを区別して考える必要があった。そこで、これまでの研究では死や死者を忌む理由が、往々に「ケガレ」という曖昧な表記で済まされてきたが、本書はこうした表記は行わない。本書では、死者を忌む実態が、死体本来が持つ畏怖や禍々しい斥力を指すことが明らかになった場合は「ケガレ」とは記さず、「禍々しさ」などと表記する。

今後の研究では、死者などを忌む理由が触穢規定に基づく制度化された「穢」であるのか、それとも死体本来の斥力である「禍々しさ」なのかを峻別し、実証的に検討されなければならない。さらに、死体は斥力を持つ恐ろしいだけの存在ではなかった。浄土教が人々に浸透していくなかで、遺体が往生の尊体と捉えられ、結縁の対象ともなっていった。そして何よりも家族にとっては愛惜の対象であったことも忘れてはならない。死体がこうした多様な観念を持つ存在であったことを念頭に遺体・遺骨観と霊魂観に関する課題を検討しなければならないのである。

次に葬送の具体的な実態に関する課題に移ろう。これについて先行研究のもつ一つめの問題は、葬墓制が宗教ではないと考えられてきたため、これまで葬送と仏教の関係もほとんど研究されてこなかったことである。およそ平安時代以降、葬送は仏教僧により実施され、葬送と仏教は緊密な関係であったことは、少なくとも圭室諦成氏がそれを指摘してから知られていた(47)。しかし柳田氏は、仏教の影響を排除したところに日本固有の死生観を見ようとした。たとえば氏は、

我々は夙に仏法の教化に信頼して、亡魂の管理を之に委ねようとしたけれども、所謂安養の道は別に其前から具はって居た。さうして今ある如き野辺送りの儀式即ち葬地を直ちに墓とする風は、必ずしも直接には之（＝仏法）と関係が無かったらしいのである。

とすでに主張していた(48)。こうして、葬墓制が習俗・民俗であって仏教ではないとの考えが広く支持された結果、葬送と仏教の関係についての研究も十分に進まず、寺院が葬送に関わるようになった時期など不明なことが多いと指摘されていたわけである(49)。こうしたなか、中世前期に葬送を担ったのは顕教や密教の高僧であったが、中世後期には禅僧や律僧等に移行すると、大きな見通しを立てた大石雅章氏の研究は重要である(50)。だが、氏の研究も対象が中世の王家に限定され、また実証的には再検討の余地が残されているにもかかわらず、その後の研究によってもそれが果たされたとは言えない。よって歴史学の立場から、仏教や僧侶が葬送にどう携わってきたのか、葬送と仏教の関係を問い直し、その全体像が通史的に解明されなければならない。

二つめの問題が、遺体・遺骨観と密接に関わって、誰が遺体・遺骨の処理を担ってきたかについて、これまで研究

の対象にほとんどならなかったことである。死者に対する古代中世の人々の観念を解明するためには、直面する死体に対する扱いを見なければならず、個々の葬送儀礼を支える人々の観念に注目することにより、それは可能となる。ところが、これまで仏教民俗学や歴史民俗学も、遺体・遺骨は棄てられたとするばかりであったから、葬送を誰が担ったのかといった研究が行われるはずもなかった。

これに対して従来の日本史学では、次のような見解が通説となっている。その一つが右に取り上げた大石氏の研究で、中世前期に遺骸処理に当たっていた顕密の高僧が触穢を忌避したことから、中世後期には禅僧・律僧等の穢れた僧の手に移行するとしたものである。もう一つは、中世には清水坂非人が「キヨメ」の一環として葬送を担い、清水坂非人集団が葬送にまつわる権益を独占したとする馬田綾子氏に代表される研究である。(51) この両者の見解はまったく異なるが、前者は顕密の高僧が触穢を忌避したと言い、後者は葬送を穢物たる死体の除去「キヨメ」の一環として扱うなど、死体を「ケガレ」の対象とのみ見ている点は共通しており、日本史学の死体観が如実に反映されていたと言える。

こうした死体やその処理を伴う葬送が、むごたらしいもの、触穢となるため忌避すべきものといった具合に、否定的に理解されていたことから、遺骸処理である葬送の担い手に関する研究が深まっていくこともなかったと言えよう。その端的な証拠が、たとえば大石氏やその後の研究でも、親族や近習・近臣がどういう立場で葬送に臨んでいたのかが、ほとんど問題にされたことはなく、馬田氏等の研究では清水坂非人が葬送を担ってきたという直接的な史料の裏付けがなくても、それが問われることがなかったことである。

死体は、穢れたもの、禍々しき斥力を持つものと同時に、尊極・尊敬・愛惜の対象でもあったものとして、顕密僧・禅律僧、親族・近臣、非人などが、葬送においてしかるべき位置が与えられなければならないわけである。

以上、二つの課題にそれぞれ二つの問題があることを明示したが、これら先行研究がもつ四つの問題の背景には、いずれも遺骸を「きたなき物」として考える遺体観が前提として横たわっていたのである。

2　研究手法上の課題と「葬送」の定義

葬送史はこれまで述べてきたとおり、民俗学が先行して研究を進めてきた。その先行研究のもつ問題を先に取り上げたが、葬送史研究を行うには、民俗学が論じてきた遺体・遺骨観、霊魂観と正面から向き合わなければならなかった。それはまた、「新しい歴史学」として必要とされていた心性史研究でもあった。もちろん、ここでいう心性は、日本の古代中世のあらゆる階層の人々の、日常生活すべての心性を問題とするわけではなく、あくまでも文献学的諸史料によって得られる人々の、死にまつわる遺体・遺骨や霊魂に対する限られた観念である。だが、それでも死にまつわる観念が心性である限り、これを扱う葬送史研究には、心性史研究を進める手法のうえから直面しなければならない特有の課題も存在していた。

それは、ラブルースが「経済的なものに社会的なものは遅れ、社会的なものに心性的なものは遅れる」と述べたように、心性史が歴史のなかの最も緩慢な動きの歴史であることに起因する。(52) このため、歴史を民俗史的にとらえて「変わらない歴史」「長い波長の変化」に注目したり、「心性」への着目や深層心理学的手法で解釈したりする場合には、新しい手法が求められると、黒田俊雄氏が指摘したように、(53) 経済や社会の動きに遅れる、心性史としての葬送史研究には、新しい研究手法が必要となる。

そこでまず必要なことは、ヨーロッパでの研究がすでにそうであったように、「長い波長の変化」である以上、政治的な時代区分にとらわれない、非常に長い年代を俯瞰することである。そして心性が社会通念である以上、社会総体をとらえる必要があり、対象事例も社会階層の広い範囲から大量の事例を検出・集積することである。(54) しかし従来、史料の不足が社会史、習俗史の成立を困難にしていた。まして心性に関する確かな史料が得られる確証はなく、このことが心性を実証的な史学研究として扱う大きな障害となり、研究が立ち後れてきた原因でもあった。

こうした史料不足という課題克服のためには、新しい史料論、史料学への努力が必要であり、道具や絵画史料、随筆や文芸作品なども駆使しなければならないわけである。(55) こうしたなか、近年、史料集の刊行による史料数の多量化、史料の電子化・データベース化により検索が比較的容易となり、文献史料の不足を克服する途が開かれつつあり、研究環境が整ってきたと言える。こうして、個別史料から個別的な意識に焦点を当てた研究と同時に、時代区分を越えた大量観察により、古代中世の人々の死にまつわる観念に迫ることが可能となってきたのである。(56)

本書はこうした趣旨から、用いる史料も日記などの古記録だけではなく、説話集や絵画史料なども対象とし、扱う年代を八世紀・奈良時代から十六世紀・戦国時代までを検討の対象とした。

次に、本書で使用する「葬送」の語義をあらかじめ定義しておこう。これまで本章でも、「葬送」との語句を多用してきたが、この葬送に類似する語句も多く、その意味するところがあまり明瞭ではないためである。

たとえば『日本国語大辞典』には、「葬送」が「遺体を葬る墓所まで送ること、送葬」（傍点は筆者）と記される。そして「送葬」が「死者を葬ること」、「葬る」が「死体や遺骨などを土の中に埋める」こととなっている。これをまとめると、「葬送」とは「死者を墓所まで送り、埋葬すること」となる。ただ、この理解は土葬には適切であるが、火葬の場合の遺体を焼く「荼毘」やその後の拾骨などが「葬送」に含まれるのか不明である。しかし中世前期、「葬送」に荼毘は含まれるが、拾骨以下は含まれなかったようである。たとえば『台記』久安六年（一一五〇）十二月十八日条には「御葬翌日、拾二御骨一」と、拾骨を葬送の翌日と記していることから窺われる。つまり「葬送」とは、遺体を送り出してから、[57]土葬の場合は墓所に埋葬するまでを、火葬の場合は荼毘に付するまでを言うことになる。[58]

そして「葬送」の儀式を総称して、「葬儀」「葬式」「葬礼」ということになるが、中世後期にはこの「葬送」の概念が拡大する。[59]たとえば十五世紀中頃に成立した国語辞典である『下学集』では「荼毘」を「葬送之義」と記しており、中世前期には遺体を焼く語句であった「荼毘」が「葬送」と同義に理解されていた。そしてこの「葬送」も、もう少し広い概念で使用されるようになっていた。[60]たとえば、一条兼良が十五世紀に著した『尺素往来』(『群書類従』九輯)には、遺体を洗い清める沐浴をはじめ納骨等の儀式までも列挙し、それらを「葬礼荼毘之儀式」と称している。ここに大まかな儀式名を当てはめると、「葬送」には①沐浴、②入棺、③出棺、④埋葬・荼毘、⑤拾骨、⑥納骨までもが含まれることとなる(土葬の場合は、①〜④までの儀礼となる。以下、本節で○数字は①〜⑥の儀礼を指す)。

以上を要約すると、「葬送」が指す儀式とは本来③④であったが、中世後期には①〜⑥までを意味するようになり、その範囲が拡大していた。一方、本書は死者に対する観念とその儀礼実態を検討課題とする。そのため、遺体や遺骨に直接触れる①②⑤⑥などの儀礼を看過するわけにはいかない。そこで、本書ではこれら①〜⑥を「広義の葬送」と位置付けて「葬送」と表記し、主にこれを検討の対象とする。そして、③④を「狭義の葬送」として、これを取り上げるときは、そのつどことわって使用する。[61]

第三節　本書の研究視角と研究の意義

1　社会史としての葬送史研究

ロバート・エルツは、死をとりまく観念と慣行が、遺体に関係しているか、魂に関係しているか、それとも残った生者に関係しているのか、との三つに分けることができるとした(62)。しかし、遺体や魂に関係する観念や慣行も、それらに向き合う生者に関わることから、死をとりまく観念と慣行すべてが生者そのものの観念と慣行であり、生活・社会上の問題であることとなる。

このように死者を対象とする葬送も、社会から孤立して存在する儀礼ではなく、むしろ社会に身を置く生者による儀礼であり文化であった。それゆえ、葬送は社会生活の仕組みをその底辺から薄青い幽光で照らし出すものとも評され(63)、また葬送に共同体がどのように関わっていたかは、共同体論の立場からも重要な事項であって(64)、葬送は当時の社会を考えるうえでも重要な視角であった。つまり、葬送史研究は死者に対する研究というのではなく、社会生活史としての研究ということになる。これが、本書を社会史研究の一環として扱うゆえんである。

およそ社会史はいかなる分野も、集合化され構造化された総体のうちで、相互関連的に位置付けられなければ歴史学的研究とはならず(65)、また個々の社会史それ自体としては歴史社会の客観的運動と構造の全体性を明らかにし得ない。それゆえに社会史は、従来から蓄積されてきた他の基礎的な歴史学の諸分野とどう関連するのかを論ずべきであるとされている(66)。それゆえ、こうした社会史としての責務は、本書の葬送史研究にも当然に課せられた課題となるわけである。

こうした前提で、葬送史研究と他の生活・社会分野の研究との関係を考えるとき、①葬送と共同体（親族、君臣などの貴族社会）との関係、②身分制社会における葬送、③葬送と仏教僧団の関係などのような社会関係が想起される。よって本書で行う葬送史研究の成果は、こうした他の社会史研究へ還元することが可能となり、全体史のなかで再構成され得るものとなる。

そして葬送が社会を考える視覚であるとき、その視線は現代社会へも向けられねばならない。現代日本は、平均寿命の延長や医療機関で迎える死など、死を日常生活から離れた場と遠い将来へと追い遣ってきた。その結果か、現代では、人が死後に訪れるとされていた古典的な死後世界のイメージが急速に消失し、追憶の対象に過ぎなくなってしまった。すなわち、前近代社会における死者と生者との関係を規定していた宗教的な死後イメージ、およびそれに由来する共同的な死者祭祀などが、二十一世紀、根底から大きく変容してしまったのである。[67]ところが、高齢者の急増や多死社会の到来により、人は死といかに向き合うかという問いに逆に迫られている。こうした現代社会の置かれた状況において、八世紀から十七世紀末までの千年間に及ぶ、死者と向き合った人々の姿を学んでいくことは、極めて今日的な意義をも持つものと言えるであろう。

2　葬送儀礼と「心性」

本書は、古代中世の人々が死者にどう向き合っていたのか、葬送儀礼を通して、その死生観等の変化を考察しようとする「心性史」研究でもある。

内堀基光氏は、共同体は死に体現された自然の未知の力に対処するために死を儀礼化する、と指摘する。[68]また氏は、死者に関わる儀礼とは、言語表現とパフォーマンスおよび儀礼装置によって表象化のプロセスを追認することであり、その死者を表象するものが遺骨（提喩的表象）や位牌・霊魂（隠喩的表象）である。ゆえに死に行く者への儀礼が確実に果たし得る効果は、時間の経過を段階的に演出することにより、死者を受け入れ可能なかたちで表象し、初期の衝撃を文化の用意する仕掛けのなかに位置付けていくことであるとする。[69]そして、民衆文化は言語表現を伴うことはむしろ少なく、儀礼的行動や習俗のうちに表現されることが多い。それゆえ、マンタリテを日常行動との関わりにおいて捉えようとする視点は、とりわけ民衆文化を考える際に重要な意味を持つと、二宮宏之氏は指摘する[70]。

これらの指摘から言えることは、死者を表象化した遺骨・霊魂、そして表象化のプロセスたる葬送儀礼こそが、死者に対する観念を読み解く素材となるわけである。心性史に最も適した史料は、諸社会の集合心理に招き入れる史料であるとされるが[71]、こうした死者に対する観念は、個人的な想念ではない、集合心理であり、また作為的・意図的でもない、社会心理すなわち心性と言え、心性史研究には適した素材と言える。葬送儀礼を儀礼史としてのみ研究するのではなく、葬送儀礼という表象を通して現れる観念の変遷を研究することが、これからの葬送史研究に求められる「心性史」研究と言える。つまり、死をめぐって目に見える葬送儀礼と、それを支える目に見えない精神文化とを、一体として把握して初めて、古代中世の人々の死の観念をその全体性において理解することが可能になる[72]、これが本書の視角の一つである。

第一節では、約百年にわたる日本の葬送研究の経過を振り返ってきた。この間、歴史学の分野からも葬送儀礼の変遷史など少ないながらも、研究が進められてきた。ところが、葬送にまつわる「心性」を対象とした研究は民俗学の独壇場であり、日本史学は史料的な制約から、今までほとんど何も手出しをすることができなかったと言ってよい。そして民俗学は、現在学として基層文化を検討し、民俗の持つ不変性を強調するため、たとえば時代を貫通する「日本固有の霊魂観」などを強調することになっていた。しかし葬送儀礼も間違いなく変化している。このことは、人々の心性としての他界観や霊魂観といった、死生観も不変ではないことの証左であろう。

そこで重要になるのが、それがどのように変化していたのかということである。これが民俗学では検証できない、歴史学に求められる視角である。しかしながら、歴史学でも死体を眼前に据えた議論をしない限り、遺体観・霊魂観といった死生観に対する理解も抽象論に陥る可能性があった。この意味で、葬送史研究は人々の死生観を最も実証的に研究できる素材と言える。

そもそも社会史とは、具体的な社会関係を当時の人々の感性と意識に現象するあり方に即して、具体的な姿のままで復元・叙述しようとする研究であったから、(73)「心性」を中心として葬送史研究を進めることは社会史研究としても喫緊の課題であり、研究上の意義も小さくはないであろう。

3　葬送と中国文化

柳田氏は、仏教などの外来の文化を排除し、日本固有の霊魂観を究明しようとした。しかし日本は絶海の果てにあった孤島などではなく、古代にあっても東アジア文化圏のなかで活発な交流が行われていた。それゆえ氏が主張していた、基層文化としての日本固有の心性がどれほどの真実性を持つものか疑問である。むしろ対外文化に触発され、形成されてきた日本人の心性こそが、現代にもつながる心性であり、それを明らかにすることの方が重要であろう。

かつて西嶋定生氏は、日本の歴史は東アジア世界との領域のなかで再考すべきだとして、漢字、儒教、律令、仏教という四つの指標を摘出した。(74)このうち、後の三者は葬送とも深く関係する。

まず葬送と仏教の関係では、平安時代の葬送から用いられ始めた光明真言等の誦呪、中世後期の葬送における禅宗様式などは、いずれも中国から受容したものであった。葬送と仏教の関係について先行研究が十分に取り上げてこなかったことを前節で指摘したが、両者の関係は中国文化の影響という視点からも、日本史学として深めなければならない視角と言える。

なお、仏教が葬送に本来どう関わるのかという問題に対して、従来の研究では、インド仏教において僧侶は葬送に関与してはならないとされていたとの理解に、(75)その根本的な答えを求めてきた。しかし近年、仏陀入滅後から仏弟子が僧侶の葬送には関与していたとする説が有力になっている[76]。日本仏教は、中国経由の仏教であり、インド仏教の直接受容ではない。中国がこうしたインド仏教をどう受容していたのか、まだ研究も始まっておらず[77]、今後の影響は不明である。しかし、こうしたインドや中国における仏教と葬送の関係についての動向は、念頭に置く必要もあるであろう。

次に律令との関係を考えると、奈良・平安時代初期は中国から導入した律令制が定着していった時代であったが、これまでの研究では、日本の葬送は奈良時代以降、聖武天皇の葬送に代表される如く、仏教によって行われていたと理解されている[78]。この理解では、仏教以前の葬送が問題として浮上し、民俗学では仏教以前の葬送を日本固有の習俗によって行っていたとする。たとえば井之口章次氏は、蘇生儀礼である魂呼びが日本民俗の観念を知る素材とした[79]。しかし、十一世紀初頭すでに貴族社会では廃れつつあった魂呼び（『左経記』）が、『儀礼』士喪礼に収載の「復」に酷似しており、仏教儀礼とは異なる日本の儀礼も、むしろ中国の影響の深さを窺わせるものであった。仏教以前の葬送と中国の律令制を継受した喪葬令による葬送との関係も、検討が必要となるゆえんである。

そして中国の律令制を支えたのが儒教思想であった。そのなかでも「孝」とは、死と結びついた儒教の重要な理念であったから[80]、葬送を担う遺族の心意へ及ぼした影響を考えるうえでも重要な観念であった。それゆえ日本の古代から近世に至るまで、葬送儀礼に与えた儒教の役割を看過することはできないであろう[81]。ところが、仏教以前の儀礼を日本固有の習俗と考えるならば、中国・儒教思想の「孝」に由来する心意も、日本固有の観念と見誤ることになるわけである。

もちろん、こうした中国のありようを日本がそのまま受容したわけではない。たとえば、日本は中国の宗廟祭祀制を受容することはなかったし[82]、律令制も、中国では十一世紀初頭に頒行された天聖令にも唐令が継承されていたのに対し[83]、日本では九世紀半ば以降、律令体制が衰退期に入っていくなどの大きな相違があることも確かである。しかし、そうした相違を越えてなお日本の葬送が、儒教、律令、仏教を媒介として中国文化の影響を大きく受けており[84]、中国との関係は忘れてはならない視角である。

第四節　本書の構成

以上のとおり本書は、具体的な葬送の実態と、その前提としての遺体・遺骨観、霊魂観を検討することを課題とするが、本書の構成もこれに対応している。第一部「古代中世における死の観念と葬送」では、古代中世の人々が死者をどのように葬ろうとしていたのか、その対処方法や様相を通して、当時の人々の死にまつわる観念や、遺体・遺骨観および霊魂観を明らかにする。

第一章「古代中世の葬送墓制にみる遺体観と霊魂観―柳田民俗学の課題をふまえて―」では、遺体・遺骨は「きたない物」として葬られることもなく遺棄され、霊魂だけが重視されていたとする民俗学上の霊肉二元論を取り上げる。そして古代中世の人々がどのような遺体・遺骨観および霊魂観を持っていたのか、また葬送をどのように考えていたのか、そして遺体が遺棄されたとはどのような実態であり、葬送とはどのような関係であったのか、こうした諸点を実証的に解明する。

第二章「古代中世における葬送と時刻―他界観・死体観との関係を通して―」では、八世紀から十六世紀までの葬送の時刻を示す事例を通じて、葬送時刻の推移を年代別、身分別に分けて明らかにする。この葬送時刻の推移の把握に当たって、夜や昼の他に古代中世の人々にとって重要な意味を持っていた暁という時間区分も加え、葬送が行われた時間帯の推移を把握する。

こうした状況の把握をふまえ、まず葬送が当初行われていた時刻の背景を考察し、それが変化していく要因を検討する。その結果、葬送時刻およびその変化が、古代中世の人々の心性を支配していた他界観・死体観・夜観念などの変化と密接に関わっていたことを明らかにする。

第三章「平安時代以降の葬送と遺体移送―「平生之儀」を中心として―」では、遺体を生きているかのようにして寺院等の他所へ移送するという、平安時代以降の葬送の儀礼・習俗を取り上げ、その目的と背景を考える。

まず、こうした遺体移送のさまを「平生之儀」と呼び、十世紀から十六世紀までの事例を通して、「平生之儀」と認められる要件とこの間におけるその受容状況を明らかにする。そして「平生之儀」と死穢との関係を検討し、死穢の隠蔽が目的であるとする先行研究の理解が妥当ではないことを明らかにし、当時の人々が考えていた葬送観との関係を通して、葬礼として扱われない「平生之儀」が用いられた真の目的を解明していく。

第二部「古代中世における葬送の実態」では、古代中世の葬送を誰がどのような儀礼を以て執り行っていたのか、それを具体的に解明することを課題する。なかでも第一章・第二章は葬送と仏教との関係、第二章から第四章までは遺骸処理の担い手を中心に検討する。

第一章「奈良・平安時代の葬送と仏教―皇族・貴族の葬送を中心として―」では、まず奈良時代から平安時代初期までの葬送が、律令制度の一環として導入した中国様式の葬送儀礼と日本在来の儀礼が習合した、「喪葬令」的葬送であったことを明らかにする。これに対して追善儀礼は仏教により行われていた。そこで、こうした二元的な対応がとられた背景を考える。そして九世紀後半以降、律令制の崩壊過程のなか「喪葬令」的葬送の衰退、唐代の呪術的な仏教の浸透、人々の往生への希求などを通じて、九世紀末から顕密僧が呪的な儀礼を以て葬送に関与し始めたことを明らかにする。

第二章「中世における葬送の僧俗分業構造とその変化―「一向僧沙汰」の検討を通して―」では、中世における葬送形態としての僧侶と俗人とによる分業構造とその変化の実態を解明しようとする。

このため、九世紀から十六世紀までの葬送を対象に検討を進め、平安時代以降、中世の葬送形態は葬送全体を「一向沙汰」する奉行人と、個々の儀礼を司る者との重層的な執行体制を有していたこと、その変化はこの両層において俗人と僧侶との間でそれぞれ生じていたことなどを明らかにする。そして、顕密僧や禅律僧といった僧侶や、親族や近臣といった俗人が、それぞれの置かれた立場からどう死者と向き合っていたのかを考察する。

第三章「中世後期の葬送と清水坂非人・三昧聖―葬送権益の実態を通して―」では、中世後期の葬送において清水坂非人の奉行衆（以下、清水坂非人を坂非人、坂非人の奉行衆を坂と略称）が持っていたとされる権益や、三昧聖との関係を明らかにしようとする。

従来、中世後期には坂が京中の葬送を統轄し、寺院が独自に葬送を行うためには坂の免許が必要だと理解されていた。ところが、禅宗寺院は坂の管轄外にあり、時宗寺院も独自に葬送に関与していると指摘され、通説的理解に対して実証的な検討が求められていた。そこで通説を導く契機となった東寺と時宗寺院を取り上げて、坂非人と葬送との関係、坂が寺院に対して持っていた権益の実態、さらに三昧聖と坂非人との関係を解明する。

第四章「中世京都における葬送と清水坂非人―葬送権益取得の由来と変容―」では、前章で明らかにできなかった、坂非人が葬送で諸道具類を取得し得た権利の由来や、中世後期において坂が権益を獲得していった背景を解明する。

まず、少なくとも十世紀初め頃から葬送で行われていた、葬場で上物を焼却する儀礼に注目し、中世前期に坂非人が獲得した権益との関係を考察する。そして、中世後期の葬送墓制の変化に対応する形で、坂の権益が鳥辺野以外の葬地における葬送へも展開していくことになった経緯を考察する。そうした検討の結果、坂非人が弔いとしての葬送に携わることはなく、乞場に対する支配力から葬具等を取得する存在に過ぎなかったことを明らかにする。

以上の検討を通じて、これまで歴史学では検討することすらできなかった心性史研究の先鞭をつけ、そして社会史研究にも新たな局面を展開することができればと考えている。

註

（1）岡部精一「歴代御葬送の沿革」（『皇陵』仁友社、一九一四年）。葬送儀礼の故実については、これより先に栗田寛氏がまとめている（「葬儀故実」『栗田先生雑著４』現代思潮社、一九八〇年。初出は一八九七年）。
（2）上野竹次郎『山陵』山陵崇敬会、一九二五年。
（3）圭室諦成「葬式法要の発生とその社会経済史的考察」（『日本宗教史研究』隆章閣、一九三三年）。
（4）柳田国男「葬制の沿革について」（『柳田國男全集』二八巻、筑摩書房、二〇〇一年。初出は一九二九年）。
（5）折口信夫「上代葬儀の精神」（『折口信夫全集』第二〇巻、中央公論社、一九七六年。初出は一九三四年）。
（6）柳田国男「聟入考」（『柳田國男全集』一七巻、筑摩書房、一九九九年。初出は一九二九年）。
（7）赤田光男「歴史学と民俗学」（『歴史学と民俗学』吉川弘文館、一九九二年、初出は一九八四年）。
（8）谷川健一「解説」（『高取正男著作集２　民俗の日本史』法蔵館、一九八三年）。
（9）井之口氏は、「日本全国を見渡してみても、仏教一般に共通する葬送習俗というものはほとんど見当たらない。」とさえ述べている（『仏教以前』古今書院、一九五四年）。
（10）五来重「葬墓制と仏教」（『日本人の死生観と葬墓史』法蔵館、二〇〇八年。初出は一九八〇年）。
（11）柳田国男「国史と民俗学」（『柳田國男全集』一四巻、筑摩書房、一九九八年。初出は一九三五年）。
（12）中山太郎『歴史と民俗』三笠書房、一九四一年。
（13）和歌森太郎「歴史と民俗との関係」（『歴史と民俗学』実業之日本社、一九五一年。初出は一九四八年）。平山敏治郎「史料としての伝承」（『民間伝承』一五―三、一九五一年）。桜井徳太郎「民俗学と歴史研究」（『歴史民俗学の構想』吉川弘文

館、一九八九年、初出は一九五七年）。大森志郎「歴史学と民俗学」（『民俗学大系』一巻、平凡社、一九六〇年）。

(14) 高取正男「日本史研究と民俗学」（『民間信仰史の研究』法蔵館、一九八二年。初出は一九七五年）。前掲註(7)赤田論文。

(15) 堀一郎『我が国民間信仰史の研究』東京創元社、一九五三年。五来重「仏教と民俗」（『日本民俗学大系』八、平凡社、一九五九年）。

(16) 大林太良「民俗学的研究のあゆみ」（『葬制の起源』角川書店、一九七七年）。

(17) 前掲註(10)五来論文。

(18) 田中久夫「平安時代の貴族の葬制」（『祖先祭祀の研究』弘文堂、一九七八年。初出は一九六七年）。同「「薄葬」の意味について」（『仏教民俗と祖先祭祀』永田文昌堂、一九八六年。初出は一九六八年）。佐々木孝正「本願寺の葬制」（『仏教民俗史の研究』名著出版、一九八七年。初出は一九七〇年）。竹田聴洲『民俗仏教と祖先信仰』東京大学出版会、一九七一年。伊藤唯真「『師守記』にみる中世葬祭仏教」（『葬送墓制研究集成』五巻、名著出版、一九七九年。初出は一九七七年）など。

(19) 二宮宏之「歴史的思考の現在」（『全体を見る眼と歴史家たち』平凡社、一九九五年）。

(20) ジャック・ル・ゴフ「歴史学と民族学の現在」（『思想』六三〇、一九七六年）。

(21) 福田アジオ『現代日本の民俗学』吉川弘文館、二〇一四年。

(22) 二宮宏之「戦後歴史学と社会史」（『戦後歴史学再考』青木書店、二〇〇〇年）。

(23) 中井信彦「史学としての社会史」（『歴史学と民俗学』吉川弘文館、一九九二年。初出は一九七九年）。

(24) 黒田俊雄「歴史学の再生と発展」（『歴史学の再生』校倉書房、一九八三年。初出は一九八一年）。保立道久「日本中世社会史研究の方法と展望」（『歴史評論』五〇〇、一九九一年）。

(25) たとえば一の谷遺跡についての出版は、網野善彦・石井進編『中世の都市と墳墓』（日本エディタースクール出版部、一九八八年。傍点筆者）であり、また千々和到氏が指摘した上行寺東遺跡の魅力も、立地や遺跡を魅力としたものであり、横穴式墳墓群そのものではなかった（千々和到「上行寺東遺蹟と六浦」『歴史手帖』一四―三、一九八六年）。

(26) 黒田俊雄「中世寺院史と社会生活史」（『顕密仏教と寺社勢力』法蔵館、一九九五年。初出は一九八八年）。

(27) 大藤修「近世農民層の葬祭・先祖祭祀と家・親族・村落」（『近世農民と家・村・国家』吉川弘文館、一九九六年。初出は一九九二年）。

(28) ここでは本書に関係する代表的な研究を掲げておく。大山喬平「中世の身分制と国家」(『日本中世農村史の研究』岩波書店、一九七八年。初出は一九七六年)。丹生谷哲一「非人・河原者・散所」(『岩波講座　日本通史』第八巻、岩波書店、一九九四年)。馬田綾子「中世京都における寺院と民衆」(『日本史研究』二三五、一九八二年)。細川涼一「唐招提寺の律僧と斎戒衆」(『中世の律宗寺院と民衆』吉川弘文館、一九八七年。初出は一九八〇年)。大石雅章「顕密体制内における禅・律・念仏の位置」(『日本中世社会と寺院』清文堂、二〇〇四年。初出は一九八八年)。

(29) 五来重『葬と供養』東方出版、一九九二年。

(30) 新谷尚紀『日本人の葬儀』紀伊国屋書店、一九九二年。

(31) 水藤真『中世の葬送・墓制』吉川弘文館、一九九一年。

(32) 勝田至『死者たちの中世』吉川弘文館、二〇〇三年。

(33) 平雅行「日本の古代中世における死の習俗」(『死者の葬送と記念に関する比較文明史』日本学術振興会科学研究費補助金プロジェクト報告・基盤研究(A)、二〇〇七年)。

(34) 佐藤弘夫「死の精神史へ」(『死者のゆくえ』岩田書院、二〇〇八年)。

(35) 前掲註(4)柳田論文。

(36) 柳田国男『先祖の話』(『柳田國男全集』一五巻、筑摩書房、一九九八年。初出は一九四六年)。

(37) 佐々木孝正氏は、柳田氏の霊魂のみを重視する考えを、死者の霊魂そのものを抽象的に観念しきった解釈だと批判している(「仏教の庶民化と民俗」『仏教民俗史の研究』名著出版、一九八七年)。

(38) 内堀基光「死にゆくものへの儀礼」(『儀礼とパフォーマンス』岩波書店、一九九七年)。

(39) 赤田光男「葬送儀礼の特質」(『祖霊信仰と他界観』人文書院、一九八六年)。

(40) 田中久夫「平安時代の貴族の葬制」(『祖先祭祀の研究』弘文堂、一九七八年)。

(41) 前掲註(34)佐藤論文。日本人が「亡霊の平安の為に形骸の保存を必要と認める民族では無かった」との柳田氏の主張は、日本古来の墓制と位置付けた両墓制の特質を捉えて述べたものであった(前掲註(4)論文)。だが、一九九八年、日本民俗学会は、この両墓制が日本の墓制の根源に遡るものではなく、中世末から近世にかけての墓制展開過程に現れたものであると結論付けている(大島建彦「シンポジウム「両墓制」の経過と論点」『日本民俗学』二一四、一九九八年)。

(42) たとえば内堀基光氏は、「死体が喚起するある種の衝撃、あるいは「死の穢れ」というかたちでまとめられるような斥力」と述べる（前掲註(38)内堀論文）。
(43) 前掲註(4)柳田論文。
(44) 高取正男「屋敷付属の墓地」（『日本宗教の歴史と民俗』隆文館、一九七六年）。
(45) 勝田至「中世触穢思想再考」（『日本中世の墓と葬送』吉川弘文館、二〇〇六年。初出は一九九二年）。
(46) 片岡耕平「分析概念としての穢」（『日本中世の穢と秩序意識』吉川弘文館、二〇一四年）。
(47) 前掲註(3)圭室論文。
(48) 前掲註(4)柳田論文。
(49) 前掲註(26)黒田論文。
(50) 前掲註(28)大石論文。
(51) 前掲註(28)馬田論文。
(52) 竹岡敬温「心性史と歴史人類学」（『『アナール』学派と社会史』同文館出版、一九九〇年）。
(53) 前掲註(24)黒田論文。
(54) ミシェル・ヴォヴェルは、死と彼岸に対する人々の認識を読み取るため、十五世紀から二十世紀までの教会堂に広く存した「煉獄の霊魂図」や遺書二万点を渉猟したとされる（福井憲彦「クリオとタナトス　死の歴史学」『「新しい歴史学」とは何か』講談社、一九九五年）。
(55) 前掲註(23)中井論文。
(56) ミシェル・ヴォヴェルは、大量観察は全体的展望を拓き、個別事例の解釈は深層構造の読解を可能にする、この二つのアプローチを、それぞれの固有の機能において十全に働かせたところに心性史研究の方向性を見ようとしていた（二宮宏之「系の歴史学と読解の歴史学」『歴史学再考』日本エディタースクール出版部、一九九四年）。
(57) 出棺の時刻を指して「葬送」の時刻とする史料を多く確認できる。たとえば康和三年（一一〇一）藤原師実の場合、「今夜御葬送也、時戌剋」と葬送時刻が戌刻とされ、「戌剋御出」と戌刻に出棺が行われている（『殿暦』同年二月二十一日条）。
(58) ここに「荼毘に付する」とは遺体焼却の開始までを指し、それが終わる時刻までを含めない。たとえば治安四年（一〇二四）藤原教通室の葬送では、「さて夜一夜とかくし（＝荼毘に付し）明させたまひて、暁に帰らせたまふ」（新編日本古典文学全集『栄花物語』巻二一「後くゐの大将」、引用文中の括弧内は同・頭注による筆者の補い）と、荼毘に付すと参列した人々の多くが帰ってしまっている。

（59）「葬送」には造墓を含まない。『今昔物語集』（新編日本古典文学全集）巻二七―第三六には、「葬畢テツ、其ノ後、（中略）墓ヲ只築ニ築テ、其ノ上ニ卒都婆ヲ持来テ起ツ」とあることから、勝田氏は「葬送」という言葉には土饅頭を築くことまでは含まないと指摘する（「中世民衆の葬制と死穢」『日本中世の墓と葬送』吉川弘文館、二〇〇六年）。

（60）『中右記』嘉承二年（一一〇七）七月二十四日条には、「荼毗焼詞也」とある。

（61）古代中世には火葬や土葬の他に、「野葬」と称された一般庶民による遺棄葬もあった。これが「葬送」や「狭義の葬送」にどう位置付けられるかは、第一部第一章で論じている。

（62）ロバート・エルツ「死の宗教社会学」（『右手の優越』筑摩書房、二〇〇一年）。

（63）前掲註(26)黒田論文。

（64）前掲註(27)大藤論文。

（65）中井信彦「歴史形成のメカニズム」（『歴史学的方法の基準』塙書房、一九七三年）。

（66）前掲註(24)保立論文。

（67）中村生雄「死者と生者をつなぐ観念と習俗」（『死者の葬送と記念に関する比較文明史』日本学術振興会科学研究費補助金プロジェクト報告・基盤研究（A）、二〇〇七年）。

（68）内堀基光「死の人類学の可能性」（『死の人類学』弘文堂、一九八六年）。

（69）前掲註(38)内堀論文。

（70）前掲註(19)二宮論文。

（71）前掲註(52)竹岡論文。

（72）佐藤弘夫「死の精神史から」（『死者のゆくえ』岩田書院、二〇〇八年）。

（73）前掲註(24)保立論文。

（74）西嶋定生「東アジア世界の形成と展開」（『東アジア世界と冊封体制』岩波書店、二〇〇二年。初出は一九七三年）。

（75）『涅槃経』における阿難への戒め（平川彰『初期大乗仏教の研究』春秋社、一九六八年）。
（76）グレゴリー・ショペン「『大般涅槃経』における比丘と遺骨に関する儀礼」（平岡聡訳、『大谷学報』七六―一、一九九六年）。榎本文雄「インド仏教における葬儀と墳墓に関する研究動向」（『死者の葬送と記念に関する比較文明史』日本学術振興会科学研究費補助金プロジェクト報告・基盤研究（A）、二〇〇七年）。
（77）西脇常記「仏教徒の遺言」（『中国古典社会における仏教の諸相』知泉書館、二〇〇九年）。
（78）大石雅章「葬礼にみる仏教儀礼化の発生と展開」（『日本中世社会と寺院』清文堂、二〇〇四年）。
（79）前掲註（9）井之口著書。
（80）加地伸行「孝の宗教性と禮教性と」（『孝研究―儒教基礎論』研文出版、二〇一〇年）。
（81）たとえば『続日本紀』には十五歳で夫を亡くした妻直玉主女が三十余年再嫁せず、「一如二平生一」夫の墓に仕えたことが記されているが（『続日本紀』宝亀三年〈七七二〉十二月壬子条）、これも儒教・孝思想に基づく記述とされている（武田佐知子「律令国家による儒教的家族道徳規範の導入」『古代天皇制と社会構造』校倉書房、一九八〇年）。こうした死者に仕える姿勢は、中世後期になっても窺うことができる。応永五年（一三九八）崇光天皇の出棺に際し、栄仁親王は御庭上に下り、御棺に対して「毎事如二御平生之時一」御蹲踞している（「敦有卿記」『凶事部類』所収・『大日本史料』七―三）。そして近世では、儒教思想に基づく儒葬も行われていた。
（82）井上光貞「神祇令の特質とその成立」（『日本古代の王権と祭祀』東京大学出版会、一九八四年）。
（83）川村康「宋令変容考」（『法と政治』六二―一下、二〇一一年）。
（84）吉川真司「平安京」（『日本の時代史5　平安京』吉川弘文館、二〇〇二年）。

第一部　古代中世における死の観念と葬送

第一章　古代中世の葬送墓制にみる遺体観と霊魂観

——柳田民俗学の課題をふまえて——

はじめに

「祖霊」とは、「個々の死者の霊が、三三年目などの弔上げを終わって個性を失い、祖霊一般に融合して霊質となったもの。」と理解されている。これは『日本国語大辞典』「祖霊」の項の記事であるが、その典拠は柳田国男の提示していた「古来日本人の祖霊観」であった(1)。およそ柳田が最晩年も情熱を燃やし続けて研究した一つが、民俗的事実を通して日本人の霊魂観、特に祖霊観を検証することであったが(2)、柳田はそれを両墓制という墓制研究により導き出す(3)。この両墓制とは、古来、日本には遺体を埋葬する埋葬墓地と、遺体がなく石塔だけが存在する石塔墓地との、二種類の墓があったとするものである。そして柳田は、日本人は埋葬墓地を顧みようとせず、石塔墓地こそ本当の墓と思い祭祀を行った、亡霊の平安のために遺骸の保存を必要と認める民族ではなかったと述べる(4)。つまり遺体埋葬地を穢れの場として忌避し、別に霊魂祭祀のために清浄な場である石塔墓地が設けられたとし、これを日本古来の固有信仰に基づく措置とする。かつて高取正男氏は、柳田に端を発した葬墓制研究、それに基づく民俗信仰全般の考察がつねに死の忌みを以て日本人の根源的な禁忌意識とみなしてきた、と指摘した(5)。その指摘どおりに、両墓制を根拠とした柳田の霊魂観・祖霊観は、強い死穢忌避の観念を前提とするものであった。

だが、こうした柳田の霊魂観・祖霊観には、大きな難点が少なくとも二つあった。一つは両墓制の位置付けであり、今一つが柳田が捉えた民俗としての「祖先祭祀」の由来である。まず両墓制の問題について。両墓制は、古来からの祖霊観を根拠付ける墓制とされていたが、民俗学によるその後の全国的な事例収集の結果、古い民俗ほど辺境に残存するという民俗学の指標、周圏論に両墓制が合致しないなど、大きな問題も指摘されるようになっていた。(6)こうして一九九八年、日本民俗学会は、両墓制が日本の墓制の根源に遡るものではなく、中世末から近世にかけての墓制展開過程に現れたものであるとして、従来の位置付けを撤回する。そして、葬送のなかで遺骸処理、死霊祭祀がどのように営まれたかは両墓制の枠組みにとらわれず、葬制・墓制の全般にわたって論じられなければならないと結論付ける。(7)つまり、日本人古来の遺体観・霊魂観は、両墓制に依拠せず、葬送墓制全般を通じて検討されなければならないことが明らかとなったのである。

次に民俗としての「祖先祭祀」の由来に関する問題とは、柳田の説く祖霊観の前提となる「祖先祭祀」も、近世以降の民俗であると明らかになってきたことである。たとえば市川秀之氏は、先祖代々の墓やそれにまつわる祖先祭祀こそ近世後期以降創出された由緒としての「民俗」の代表例であり、ここには古代的なもの、神・魂に関連するものという「民俗」の特色が最も顕著に発現すると指摘する。(8)また佐藤弘夫氏は、柳田民俗学にいう山に宿る祖霊とは他界観が希薄化し、人々が絶対者による救済を確信できなくなった近世以降に形成された思想であるとする。(9)つまり、柳田の明らかにした民俗とは、近世の本百姓、およびその生産・生活様式を近代以降も保持していた農民の民俗であった。(10)柳田はこのような「祖先祭祀」が日本人の基層に古くから存在する文化として注目してきたが、それは近世に創出された「民俗」であり、その背景にあった祖霊観も近世的なものだったと考えられるのである。(11)

こうして柳田が提示した日本古来からの霊魂観・祖霊観が実は近世的なものであったという、その問題点が明らかとなることにより、古代中世の人々の遺体観・霊魂観を葬制・墓制全般にわたって解明することが、課題として浮上するわけである。しかし、こうした課題を課題として向き合った研究はほとんどない。というのも、序章で詳述したように戦前から戦後も三十年、四十年と葬墓制の研究を担ってきたのは、祖霊信仰を日本人の信仰の中核として位置付けてきた民俗学であったからである。これに対して、日本史学による葬墓制史研究は、一九九〇年代前後でもまだ十分に進展せず、立ち後れが指摘されていた。[12]こうしたなか、九〇年代以降ようやく葬制や墓制自体が本格的に研究の対象として取り上げられ、水藤真氏や勝田至氏など日本史学による研究も進められていった。[13]だが、強い死穢忌避の観念を前提として構築された民俗学の遺体観・霊魂観は、日本史学にも大きな影響を及ぼしており、葬墓制史研究で柳田民俗学の持つ問題点が、これまで指摘されることもほとんどなかった。たとえば勝田氏は、田中久夫氏を歴史民俗学の立場から平安貴族の葬制を解明したと評価する。[14]ところが田中氏は、両墓制を前提とした遺体観・霊魂観をもとに平安時代の葬墓制に迫ろうとしており、[15]その研究手法は「不用意に文献を使用せず、現行の民俗と慎重に考えあわせながら積極的に利用」するというものであった。[16]つまり当時の墓制研究でいう「現行の民俗」、すなわち両墓制との整合性を考え合わせたうえで、文献を利用するというのが田中氏の基本姿勢であった。ゆえに両墓制を前提とした田中説は、現段階では再検討が必要となっているのである。

これに対して佐藤氏は、日本固有の死生観・霊魂観に対する宗教学、民俗学の理解も、基本的に柳田の理論の枠を越えていないとして、大きくは二つの課題を提起した。[17]一つは、死者や遺骨に対する日本人の態度は、時代により大きく変容しており、「日本人の死生観」といった総括は見直しが必要である。二つに、柳田の死をめぐる関心は霊魂に集中して、遺体・遺骨の問題を取り上げないことから、これらの要素も視野に入れた、総合的な検討が不可欠である、という。この課題提起は、研究分野を越えて広く理解されている日本人の霊魂観が、柳田の理論の枠内にあると位置付け、それが抱える問題点を指摘するものであった。こうした理解が示された研究は従来ほとんどなく、それだけに重要であった。だが残念ながら佐藤氏も、奈良・平安時代の遺体観・霊魂観については田中説を検証することなく、その論理の枠を受容しており、目的を十分には達成できなかったと言えよう。

以上からすれば両墓制にとらわれず、古代中世の遺体観・霊魂観を明らかにすることが必要となっていると言えよう。本章はその実証的な解明を課題としたい。

第一節　平安時代の遺体・遺骨観と霊魂観

1　葬送にみる遺体・遺骨観

そもそも柳田は、『先祖の話』の遺体を葬る目的との節・第七〇節「はふりの目的」で、

> 是（＝亡骸）は形有る物であり、きたなき物であり、始末に困ることは双方（＝生者の側とあの世は）同じであった。それをこちらの管轄と認めて、出来るだけ早く片付けようとしたことは、寧ろ常理に近く又人情に富む所業だったとも言へよう。（中略）是は目的が遺物の速かに消えてしまふに在って、保存の趣旨では無かったからである。言はゞ亡骸を幽界の代表として、拝み又奉仕するつもりは無かったからである。保存をすべきものを粗末にして居たのでは決して無い。

と述べる（引用文中の括弧内の補足は引用者、以下も同じ）。これを要約すると、亡骸は「きたなき物」であり、「出来るだけ早く片付けようと」することが「人情に富む所業」であった。よって亡骸を拝んだり、それに「奉仕する」こと

などなかった、ということになる。つまり、古来日本人は霊優肉劣とでも言うべき霊肉二元的な観念を持っていたとするのである。[18] こうした考えは、その後の歴史民俗学にも継承される。たとえば赤田光男氏は、死者が蘇生することも不可能だと分かるや、遺体を塵同前に棄てる遺体遺棄の風習があったと記している。[19]

しかし平安時代、貴族社会において葬送を始末に困った遺骸の処分と考えていたのであろうか。そのことを葬送儀礼のなかでも、遺体を清める沐浴や遺体を棺へ入れる入棺など、遺体に直接触れる儀礼を通して検討しよう。まず沐浴についてみると、万寿二年（一〇二五）に亡くなった東宮敦良親王の妃藤原嬉子の葬送では、嬉子の乳母が、その沐浴を執り行っている。これを『栄花物語』（新編日本古典文学全集）巻二六「楚王のゆめ」は、

小式部の乳母、よろづにおりたちて、御湯殿せさせたてまつる、こたみばかりの御宮仕と思ひつつ、言ひつづけなく声ぞいみじきや、上の御前の、御身をさぐらせたまふに、いとひややかにおはします、

と記している。小式部の夫である藤原泰通は、嬉子の父道長の家司であり、東宮亮でもあった。[20] こうした最も信頼される関係にあった者が自らの手で遺体に触れて沐浴し、それを最後のご奉公「こたみばかりの御宮仕」とする思いが綴られていたのである。もとより『栄花物語』が必ずしも史実を描写したものとは言えないが、遺体に対する小式部の接し方に非難の言辞を認めることはできず、あるべき姿を描いたものと考えられる。また大治四年（一一二九）に没した白河法皇の遺体の沐浴は、「長実卿以二樒枝一、御面灑レ水」（『長秋記』同年七月八日条）と記されている。この頃、沐浴は樒の枝で顔に水を注ぐだけに簡略化されていたが、それでも白河院別当の藤原長実が手ずから沐浴を実施していた。

次に入棺では、万寿二年に亡くなった三条天皇皇后藤原娍子の入棺から、その実態を窺うことができる。『栄花物語』巻二五「みねの月」では、

やがてその夜入棺といふことせさせたまふに、異人参り寄るべきにあらず、宮々、入道の君、大蔵卿など仕うまつりたまふ、あはれにめでたし、

と、入棺は「異人」すなわち故人と血縁関係のない他人が行うべきではないと記されている。そして、三条天皇の皇子であった敦儀親王、敦平親王の「宮々」、娍子の同腹兄で藤原相任の「入道の君」、同弟通任の「大倉卿」が入棺を担い、それを「あはれにめでたし」と『栄花物語』は称歎している。

このように故人の血縁者や近臣等が手ずから遺体を清め、棺に納めていた。葬送とは亡骸に「奉仕する」ものであり、「始末に困る」処分などではなかった。故人の親族や近臣にとって亡骸は、「きたなき物」ではなく、「奉仕」の対象であり、愛惜の対象であった(21)。

ところが田中氏は、葬送が丁重に行われても、その遺体は放置されるのが常であったらしいとし、遺骨は保存のためではなく、川に流されたり、死体の捨て場に遺棄されており、それが習俗であったと主張する。その例として長保四年（一〇〇二）に執り行われた藤原行成の妻の葬送を取り上げ、『権記』の一節を「寅刻許、自二葬送処一向二白川一、流二亡者骨粉一、釈貞持レ之」（同年十月十八日条）と引用する。そして、これを以て「遺骨を川へ投棄する風習」があったとする。また『栄花物語』巻一五「うたがひ」には、藤原道長が浄妙寺を建立する以前の木幡が、

いづれの人も、あるは先祖の建てたまへる堂にこそ、忌日も説経、説法もしたふめれ、真実の御身を斂められたまへるこの山には、ただ標ばかりの石の卒都婆一本ばかり立てれば、また詣り寄る人もなし、

と描写されている（断りのない限り傍線は引用者、以下も同じ）。このことから田中氏は、木幡は誰も墓参することのない「死体の捨て場所」であり、川へ遺骨を投棄するのと同じ意味であったとする。しかし、氏が引用した右『権記』同十八日条の全体は、

寅剋許、自二葬送処一向二白川一、流二亡者骨粉一、釈貞持レ之、順闍梨加二持光明真言一、雖レ念二往生之菩提一、愁憂無レ極、

というものであった（傍線部が田中氏の引用箇所）。妻を火葬に付した翌十八日未明、行成たちは散骨に向かったが、そこでは、妻の母親と思われる人物（釈貞）[22]が骨粉を持ち運び、妻の出家戒師（順朝阿闍梨）[23]が骨粉に光明真言を加持して、往生の菩提が念じられるなかで散骨が行われている。遺族（夫、妻の母）が歎き悲しみながら（「愁憂無レ極」）立ち会い、遺族の手で散骨が行われるとともに、死者と関わりの深い僧侶が宗教儀礼を行っている。これに葬送そのものではないか。骨粉を川に流したのは遺骨を葬る行為であって、遺骨投棄などではなかった。

また浄妙寺が建立される以前の木幡には「詣り寄る人もな」かった、とした『栄花物語』の描写も、道長が浄妙寺を建立する理由付けとしての誇張表現であり[24]、十世紀後半には道長の父兼家や伯父兼通が現に木幡の墓へ参詣していた[25]、と服藤早苗氏は指摘している。[26]このように田中氏は、散骨葬という稀な葬法を取り上げ、しかも史料操作を加えて「遺骨投棄」像を作り上げ、さらに藤原氏の埋葬墓地すら「死体の捨て場所」であるとし、遺骨投棄が一般的な風習であったとしていたのである。

では、王家、公家の埋葬や納骨はどのように行われていたのであろうか。たとえば天暦六年（九五二）に没した朱雀天皇の場合、『醍醐寺雑事記』（同年八月二十一日条）には、

奉レ遷二御舎利醍醐寺東一、左中将藤原朝臣朝忠奉持、律師鎮朝、醍醐寺座主定助法師、陰陽頭平野宿禰茂樹相従奉安、

と記されている。朱雀の父醍醐天皇の女御能子の兄弟であった藤原朝忠がその遺骨を奉持し、律師鎮朝や醍醐寺座主定助等が相従い[27]、醍醐寺の東へ奉安する丁重さであった。また治安四年（一〇二四）の藤原公任の娘の納骨では、「御骨は内供の君、さるべき人々具して木幡へおはす」（『栄花物語』巻二一「後くゐの大将」富岡本）と記されている。公任

の子息であった良海内供が遺骨を持ち、それに相応しい人たちが木幡まで供奉していた。さらに万寿二年、藤原長家の妻の土葬の様子が『栄花物語』巻二七「ころものたま」に記されている。

築地つき、檜皮葺の屋いとをかしげにて、そこにぞ納めたてまつりける、よろづの御しつらひどもして、御車ながらにかきおろして納めたてまつる、

「檜皮葺の屋いと」という立派な霊屋が造られ、御車のまま遺骸がそこへ納められていた。

以上のように、親族や近臣などしかるべき人々が遺骨を奉持して安んじ、土葬の場合には遺体も御車のまま立派な霊殿へ納めるといった具合で、王家や公家の葬送で遺体・遺骨を捨てるという記述などまったく存在しない。そればかりか、田中氏が右に引用した『栄花物語』「うたがひ」の一節には、藤原氏の遺骸や遺骨が「真実の御身」とさえ表現されており、親族や近臣にとって亡骸は大切に扱われるべきものであると観念されていたのである。

2　墓参の習慣

では、遺体や遺骨が埋葬された墓所はどのように扱われていたのか。田中氏は、「身を埋めた墓地には人は供養であろうがなんであろうが、よほどのことがないかぎり、詣るような事はしなかった。たとえ藤原氏の如き貴族であろうともである。」と、摂関家でも墓参の習慣がなかったと主張する。また佐藤弘夫氏も、「だれかれの墓という感覚は平安時代にはまだ存在」せず、遺体の所在地である墓へ「定期的に参詣するという習慣は、定着していなかった。」とする。

そもそも、当時墓参の習慣がなかったとするのは、『栄花物語』巻五「浦々の別」の、

それより木幡に詣らせたまへるに、月明けれど、このところはいみじう木暗ければ、そのほどぞかしと推しはか

りおはしまいて、かの山近にてはおりさせたまひて、くれぐれと分け入らせたまふに、木の間より漏り出でたる月をしるべにて、卒塔婆や釘貫などいと多かるなかに、（中略）いづれにかと、尋ね詣らせたまへり、

との一節を根拠としていた。すなわち、長徳二年（九九六）四月二十二日[28]の夜、罪に問われた藤原伊周が父の墓に詣るのに、その場所を探し回る伊周の姿がここに描写されていたからである。

しかし、この日が月夜とはいっても、辺りは木々が生い茂って暗く、木の間から漏れ出た月光を頼りに詣っていたのであって、この一節は伊周が墓の位置すら知らなかったということを描写したものではないと、服藤氏は指摘した。そして、氏は『貞信公記』『九暦』『親信卿記』などの事例から、次のような諸点を指摘する。[29]その一つが、十世紀初頭には上級貴族層で墓参が行われており、十世紀後期には中級官人でも墓参が行われていた。二つが、墓参は官職就任や叙任に際し両親への報告と御礼の意味を込めた慶賀の点から要請されていた。三つが、十世紀前期には貴族層でも、両親の墳墓に対する十二月の荷前奉献（家荷前）が始まっていた、というものである。

およそ天皇家では九世紀後半、別貢幣の対象が当代天皇と血縁の遠い陵よりも血縁的に近い外祖父母の墓を重視するようになり、血縁意識に基づく祖先祭祀が行われるようになったと指摘されている。[30]そうすると十世紀初頭、それが貴族層にも浸透し、墓前祭祀として現れていたことになる。こうした十世紀から平安時代末までの墓参事例を一覧にしたものが表1である。この表中には天皇陵への参詣事例も加えている。その理由は、山陵も多くは貴族の墓と並行して親族関係のなかで参詣されており、また天暦六年（九五二）に没した朱雀天皇以後、おおむね歴代帝后の火葬地は「火葬塚」として遺骨の一部が残され、墓所や陵と称されていたからである。[31]この火葬塚としての天皇陵への墓参事例が、嘉承二年（一一〇七）、藤原宗忠、忠実が堀河天皇の墓所へ参った㉜㉝である（以下、本節の○数字は表中の番号）。堀河天皇の遺骨は確かに香隆寺にあったが、その火葬塚（墓所）は「御墓所、令レ作二山陵一墓上立二石卒都婆一、納二陀羅尼一立二釘貫一」

表1　平安時代の墓参事例

No	西暦	和暦年月日	墓参当事者	身分	墓参の様子	出典名	備考
①	九〇八	延喜八・二・二九	藤原忠平	公	「参拝宇治（藤原基経墓）」	貞信公記	二・二四、春宮大夫
②	九〇九	延喜九・一〇・八	藤原忠平	公	「参宇治並極楽寺（藤原基経墓）、有供菊事」	貞信公記	九・二七、右近大将
③	九一一	延喜一一・一・一一	藤原忠平	公	「参向宇治（藤原基経墓）」	貞信公記	一・一三、大納言
④	九一三	延喜一三・一・三〇	藤原忠平	公	「参向宇治（藤原基経墓）、有所障延引了」	貞信公記	一・七、正三位
⑤	九一四	延喜一四・九・一三	藤原忠平	公	「参拝宇治（藤原基経墓）、又入極楽寺諷誦、例也」	貞信公記	八・二五、右大臣
⑥	九二四	延長二・二・二六	藤原忠平	公	「参拝宇治（藤原基経墓）、誦経極楽寺如常」	貞信公記	一・七、正二位。一・二二、左大臣
⑦	九二五	延長三・一一・二〇	藤原忠平	公	「参拝宇治（藤原基経墓）、又詣極楽寺行諷誦、例也」	貞信公記	一〇・二一、東宮傅
⑧	九三〇	延長八・一一・一八	朱雀天皇	王	使を六陵（天智・桓武・嵯峨・仁明・光孝・醍醐）と二墓（基経・時平）に遣わして、二一日**即位の由**を告げしむ	北山抄	一一・二二、即位
⑨	九三〇	延長八・一二・二九	重明親王	王	午時、山陵（父・醍醐天皇陵）を参拝（両段再拝）、未刻に山階山陵の墳墓を拝す	西宮記	一二・一七、弾正尹
⑩	九三二	承平二・一二・一八	藤原忠平	公	**慶**有って、後山階山陵（醍醐天皇）・宇治御墓（藤原基経）に参向す	貞信公記	一一・二六、従一位
⑪	九三六	承平六・九・一二	藤原忠平	公	太政大臣の**御慶**に依り山階御陵（醍醐天皇）並びに宇治御墓所（藤原基経）に参らる	九暦	八・一九、太政大臣
⑫	九三七	承平七・一〇・二六	重明親王	王	**任中務卿の慶**として父・醍醐天皇の山陵および先妣（源昇女）の墓を奉拝	醍醐寺雑事記	秋、中務卿
⑬	九四〇	天慶三・三・二五	成明親王＝後の村上天皇	王	**元服の日の叙三品**に因り山階山陵（父・醍醐天皇）に参拝す	醍醐寺雑事記	二・一五、叙三品

⑭	九四二	天慶五・一二・二	成明親王	王	**慶賀**に依り後山階陵（父・醍醐天皇）に参らる	九暦	一二・一三、上野太守
⑮	九四六	天慶九・四・二六	村上天皇	王	**即位の由**を諸陵（天智・桓武・嵯峨・仁明・光孝・醍醐）と墓（基経、同室人康親王娘）に告げしむ	北山抄	四・二八、即位
⑯	九六七	康保四・一〇・一五	冷泉天皇	王	**即位の由**を諸陵（天智・桓武・嵯峨・仁明・光孝・醍醐・村上）と墓（藤原師輔）に告げしむ	北山抄	一〇・一一、即位
⑰	九六九	安和二・九・二三	円融天皇	王	**即位の由**を、諸陵（天智・桓武・嵯峨・仁明・光孝・醍醐・村上）と墓（藤原師輔）に告げしむ	日本紀略 即位雑例条々	九・二三、即位
⑱	九七二	天禄三・閏二・七	源兼明	公	父・醍醐天皇の山陵に参る	日本紀略	
⑲	九七二	天禄三・閏二・一〇	藤原伊尹	公	木幡山陵（母・藤原安子）に参詣する	日本紀略	
⑳	九七四	天延二・五・二七	藤原兼通	公	木幡墓に詣で、法性寺に於て誦経を修す	親信卿記	
㉑	九七四	天延二・六・一三	平親信	公	**吉日により**墳墓を奉拝して誦経を修し、午刻、先閣を拝し、申刻、月林寺東林に先妣を拝す	親信卿記	
㉒	九七六	貞元一・一二・一〇	藤原兼通	公	木幡墓に参詣す	日本紀略	
㉓	九八四	永観二・八・二三	藤原兼家	公	木幡に参詣す	小右記	
㉔	九八四	永観二・一〇・一四	花山天皇	王	**即位の由**を諸陵（天智・桓武・嵯峨・仁明・光孝・醍醐・村上）と墓（藤原師輔）に奉告せしむ	日本紀略	一〇・一〇、即位
㉕	九九四	正暦五・一〇・一二	源重信	公	仁和寺先親（父・敦実親王）墓所に参る	日本紀略	
㉖	九九八	長徳四	藤原伊周、隆家	公	二年前に没した母・高階貴子の墓に参詣	栄花物語	
㉗	一〇〇五	寛弘二・一〇・一九	藤原道長	公	先考兼家に従い、しばしば木幡の墓所に詣でた	本朝文粋	
㉘	一〇一七	長和六・二・二七	藤原道長	公	木幡に詣で、先公（兼家）・先妣（時姫）の墳墓に奉拝し、女院（藤原詮子）の墳墓に参る	御堂関白記 日本紀略	
㉙	一〇五八	天喜六・三・二〇	藤原頼通	公	使を木幡に遣わし、**法成寺焼亡の事**を木幡の道長の墓所に告げしむ	定家朝臣記	二・二三、法成寺焼亡

No	西暦	和暦年月日	墓参当事者	身分	墓参の様子	出典名	備　考
㉚	一〇六二	康平五・八・二九	藤原頼通	公	木幡に詣で先公（道長）の墓所に円座を敷き奉拝し、次に三昧堂で諷誦を修す	定家朝臣記	
㉛	一〇九四	寛治八・三・二	藤原師実	公	木幡浄妙寺に詣で、故関白頼通の墓前に半畳を敷き、両段再拝	中右記	
㉜	一一〇七	嘉承二・九・一	藤原宗忠	公	藤原宗輔・藤原宗能を具して堀河天皇の墓所に参り、次に香隆寺へ参り、一品経を供養する	中右記	七・一九、堀河天皇死去
㉝	一一〇七	嘉承二・九・二九	藤原忠実	公	香隆寺へ参り、源雅職を以て堀河天皇の御墓所へ参らせる	中右記	七・一九、堀河天皇死去
㉞	一一〇八	嘉承三・二・三	鳥羽天皇	王	**即位の由**を諸陵（天智・桓武・嵯峨・仁明・光孝・醍醐・村上・堀河）と墓（祖母・藤原賢子、母・藤原苡子）に告げしむ	中右記	嘉承二・七・一九、即位
㉟	一一五三	仁平三・二・一九	平信範	公	天養元年（一一四四）に没した父・知信の**祥月命日に墓前祭祀**として、東山墓所に於て、自筆阿弥陀経、調具、仏布施、誦経物、仏供、明油、布施、供養米等を供養する	兵範記	祥月命日
㊱	一一七〇	嘉応二・五・二三	平信範	公	**妻の二七日忌**、五輪塔を墓上に安置し、墓前での仏事も五輪塔に向かって机を据え、香花・仏供、燈明、礼盤等を設置する	兵範記	二七日忌
㊲	一一八一	養和一・一二・二五	九条兼実	公	皇嘉門院御墓所に参詣し、随意曼陀羅一舗を供養す	玉葉	一二・五、皇嘉門院死去
㊳	一一八三	寿永二・七	平宗盛	武	京都を発して、福原に至り、清盛の墓に詣で、法施を進める	源平盛衰記	都落ち
㊴	一一八四	寿永三・四・八	九条兼実	公	宝篋印陀羅尼を故関白忠通の墓に供養す	玉葉	
㊵	一一八四	元暦一・一一・三〇	九条兼実	公	子息・良通、良経等を伴い、故忠通および皇嘉門院の墓所に参詣し、念仏を念誦する	玉葉	皇嘉門院の三周忌か

㊶	二九〇	建久一・一〇・二五	源頼朝	武	尾張国野間荘に至り、父・義朝の墳墓に詣で、仏事を修す	吾妻鏡	

（一）身分の項目では、王は王家、公は公家、武は武家を示す
（二）墓参目的を示す語句をゴシック体で表示した

（『中右記』同年七月二十五日条）と、石塔婆も立てられた、山陵として造られていたのである。(32)

このように、少なくとも十世紀初頭には王家や公家の間に墓参が行われており、十世紀後期には墓参が定着していたと言えよう。そして、⑩承平二年（九三二）に藤原忠平が、「参㆓向後山階山陵・宇治御墓㆒」（『貞信公記』同年十二月八日条）と、醍醐天皇山陵と父基経の墓それぞれに参向していることから窺えるように、十世紀前半にはすでに墓参の前提として誰彼の墓という感覚も存在していたことが分かる。それというのも、墓には故人の霊が宿っているとの観念があったからである。たとえば、先に取り上げた藤原伊周が木幡にあった父道隆の墓に詣でたいとした、その思いが「夜中なりとも、なき御影にも今一度参りてこそは、今はの別れにも御覧ぜられめ」（『栄花物語』巻五「浦々の別」）と綴られている。ここに「御影」すなわち霊魂に詣でたいと記されており、墓に霊が宿っていると考えていたことが明らかである。それゆえに、天徳二年（九五八）橘元実が「件杣、元是元実等先祖之墓地也、累代子孫相伝守領」（『平安遺文』二七一号）と記すように、十世紀中頃にはすでに累代の子孫が「先祖之墓地」を守り伝えていたのである。そして十世紀前半以降、毎年十二月に家荷前として行われていた墓前祭祀は、十二世紀半ばには、親の祥月命日にも行われるようになる。それが㉟仁平三年（一一五三）、平信範が「於㆓東山墓所㆒供養」（『兵範記』同年二月十九日条）している事例で、この日は父知信の祥月命日に当たっていた。

以上のとおり本節では、遺族や近臣は「奉仕」の対象として遺体に接していたし、遺体や遺骨も丁重に埋葬され、

十世紀初め頃から埋葬地である墓に対しても、誰彼の墓という認識を持って参詣し、墓前祭祀も行っていたことを明らかにしてきた。では、なぜこのように遺体や遺骨を大切に扱ってきたのであろうか。その理由を次に検討していこう。

3　遺体・遺骨観念と霊威

十二世紀頃、高野山などの霊場へ遺骨を納める、いわゆる納骨信仰が誕生する。佐藤氏は、この納骨信仰を支えたものが、霊魂は救済されない限り、遺骨と一体化し世に留まるといった観念であったと推測し、霊魂が肉体から容易に分離するとされていた古代的な観念から、こうした中世的な観念に変化すると述べる。では平安時代末期に、霊魂が宿らない遺骨観から、宿る遺骨観へと変化したのであろうか。このことを理解できるのが、典型的な良吏とされる紀夏井の遺骨祭祀である。『日本三代実録』貞観八年（八六六）九月二十二日条には、

母亡、夏井至㆑孝冥発、居㆑喪過㆑礼、建㆓立草堂㆒、安㆓置骸骨㆒、晨昏之礼、無㆑異㆓生時㆒、本自崇㆓信仏理㆒、至㆑是於㆓草堂前㆒、毎日読㆓大般若経五十巻㆒、以終㆓三年之喪㆒、

と記される。夏井は亡母のために草堂を建立し、母の遺骨をそこに安置して「晨昏之礼」をつくしていたとされる。もとより『日本三代実録』が国史である以上、ここには国家から期待された人物像が描かれた可能性も否定できない。だが、これが事実か否かはともかく、少なくとも遺骨を祀ることが好ましいと考えられていたことは確かであり、遺骨に何らかの霊威な存在を認めることが、当時の社会一般の認識であったことを示している。

このように平安時代初期、人々はすでに遺骨の霊性を認めていた。それゆえ、遺骨を故人そのものとして尊崇した。こうして十世紀初頭以降、遺骨を安置・奉安する事例も多く確認できるようになる。たとえば延喜二十一年（九二一）

に没した文徳天皇の孫源当時《まさとき》の遺骨は、粉にして器に入れられ、東山住僧蓮舟法師の私寺屋に「安置」された（『左経記』長元九年六月一日条）。また天暦六年（九五二）に没した朱雀天皇の遺骨も、醍醐寺の東へ「奉安」されていた（『醍醐寺雑事記』同年八月二十一日条）。そして十世紀中頃活躍した空也は、放置されていた遺骸を焼くのにさえ「仏名」を唱えていた（『空也誄』）。遺骸・遺骨に何らかの霊性・霊威を認めていたからこそ、それらにも仏教的呪術が施されたと考えられる。

この遺骸・遺骨の霊威と密接に関わるのが、家の敷地内に墓を造る屋敷墓である。この屋敷墓が設けられた目的は、十三世紀前半に成立した『宇治拾遺物語』巻六「世尊寺に死人掘り出す事」に記される逸話から理解できる。それは、摂政藤原伊尹が自身の邸宅として取り上げた家の西南の隅に塚、すなわち屋敷墓があったので、その上に御堂を建てようと塚を掘り崩して、石棺の蓋を開けてしまった。このため、まもなくして伊尹が亡くなり、それを人々は遺骸を人前に曝した祟りではないかと疑ったというものである。勝田至氏は、屋敷墓が在地領主のイエ支配権を補強する機能を持っていたとし、それは墓に先祖の霊が宿るという観念に由来するとした(33)。だが、その実態は埋葬されていた遺骸に霊が宿り、その霊が屋敷地を守っていたものと考えられる。そして、こうした屋敷墓が十世紀後半頃から畿内に誕生し、十一世紀後半には河内や摂津などの農村で広くみられるとされる(34)。

一方、貴族の間では十一世紀初頭から一門墓所が成立し(35)、一門墓所に埋めた遺骸・遺骨には大きな霊威が存在するとの観念が表現されるようになる。たとえば藤原実資は、「先祖占二木幡山一為二藤氏墓所一、仍奉レ置二一門骨於彼山一専不レ悪也、藤氏繁昌、帝王国母于レ今不レ絶」（『小右記』寛仁二年〈一〇一八〉六月十六日条）と記している。また、十二世紀前半に成立した『中外抄』上六一にも、藤原忠実の言談として「骨をば先祖の骨を置く処に置けば、子孫の繁昌（す）るなり」と記録されている。十一世紀以降、貴族にあっては一門の墓所に遺骨を納めれば、子孫が繁昌すると理解されていたし、庶民にあっても遺骸を埋葬した屋敷墓が屋敷地を守ってくれると考えていたことが窺える。

以上のように平安時代初期から人々は、すでに遺骸・遺骨に何らかの霊威を看取していたのであり、それらを単なる抜け殻などと理解していたのではなかった。それゆえに遺骸は墳墓に埋葬され、遺骨は安置・奉安されていた。そして十世紀初頭には墓参事例も確認でき、十一世紀初頭には遺骸・遺骨の霊威が強調されるようになり、十一世紀後半[36]からの納骨信仰へつながっていったと推測することができる。したがって、十二世紀になって霊魂が宿る遺骨観へ変化した、という佐藤弘夫氏の理解は妥当ではなかったのである。

それでは、遺骸・遺骨に霊威が宿るとした遺体・遺骨観は、いつ頃から確認できるのであろうか。次節でそれを検討しよう。

第二節　七・八世紀の遺体・遺骨観と霊魂観

1　造墓とその目的

佐藤氏は、『養老令』「喪葬令」10・三位以上条に「三位以上、及別祖氏宗、並得レ営レ墓、以外不レ合」とあることから、営墓を許された者は三位以上と氏の始祖や氏族の長など限られた者であり、奈良時代、圧倒的多数を占める庶民には営墓が無縁であったとする。また『万葉集』に散骨の歌が収録されており、散骨の風潮も存在していたとして、当時、墓を築いて故人を永く記憶に留める指向性は必ずしも切実ではなかったと述べる。

およそ、一般庶民が墓らしきものを手にすることできたのは、中世以降のことであり、「喪葬令」を持ち出すまでもない。かと言って奈良時代、右の条項が厳守されたわけでもなかった。(37) たとえば八世紀初頭に作られた墓誌には、「墓」文字の使用を避けたものがいくつも現存しており、それは墓を営むことができなくなった階層の者たちが営墓規制を回避した結果であったと推測されている。また『万葉集』には七―一四〇五、一四一六といった散骨の歌も収められており、確かに散骨葬は存在した。だが、当時、散骨葬が広く行われていたのか明らかではなく、それを以て当時の一般的な埋葬方法とすることはできない。(38) そればかりか、「喪葬令」三位以上条古記には「今行事濫作耳」とあって、古記の成立した天平年間にはすでに営墓制限の規定が守られず、墓が「濫作」されていた。

では、八世紀にはどのように墓が営まれていたのか。『続日本紀』慶雲三年(七〇六)三月丁巳条には、「氏々祖墓及百姓宅辺、栽レ樹為レ林、并周二三十許歩、不レ在二禁限一」と記されている。ここに「氏々祖墓」とあるように墓は、「氏」を単位として営まれ、各氏の私有地として占有が容認されていた。(39) 具体的な事例をみよう。延暦十八年(七九九)に没した和気清麻呂の薨去伝(『日本後紀』同年二月乙未条)には、「高祖父佐波良・曾祖父波伎豆・祖宿奈・父乎麻呂墳墓、在二本郷一者」と記されており、清麻呂の高祖父以来、先祖四代にわたって墓が本拠地の備前国に築造されていることが窺える。そして、こうした墓にはそれぞれの標識も立てられていたと推測できる。『万葉集』(新編日本古典文学全集)一八―四〇九六には、「大伴の　遠つ神祖《かむおや》の　奥つ城は　著《しる》く標《しめ》立て　人の知るべく」と、大伴氏が識別のために標識を立てろと詠んでいるからである。このように八世紀初頭、律令官人の間ではすでに氏を単位とした墓が造られており、先祖が造ってきた墓を子孫が代々守り続けているのであった。

では、氏の墓はどのような目的で、いつ頃から造られるようになったのか。この理解のためにまず考えなければならないのが、墓をどのようなものと捉えていたかである。田中久夫氏は、宝亀十一年(七八〇)に出された勅(『続日本紀』同年十二月甲午条)、

今聞、造レ寺悉壊二墳墓一、採二用其石一、非三唯侵二驚鬼神一、実亦憂二傷子孫一、自レ今以後、宜レ加二禁断一、

に着目する。そして、このなかの「造レ寺悉壊二墳墓一」との一節を根拠に、「墓を守る」風習が一般庶民にはなく、「貴族社会内部においても墳墓を聖域であると考え、祖先の眠るところといった考え方が存在しなかったのではないか」と、氏は述べる。[40] しかし、こうした墳墓の破壊は和銅二年（七〇九）にも確認できる。『続日本紀』同年十月癸巳条には、

勅二造平城京司一、若彼墳隴、見二発掘一者、随即埋斂、勿レ使二露棄一、普加二祭酹一、以慰二幽魂一、

とある。ここに、当時の国家事業であった平城京の造営に際し、古墳が削平されていたことを示している。広瀬和雄氏は、この背景を八世紀初頭には古墳祭祀がすでに継承されていなかったためだと、推測する。[41] だが、墳墓の破壊は、埋葬された遺体などの毀損が目的ではなかった。それゆえ、和銅二年の勅では、遺体や副葬品などを曝したり棄てたりせず、埋め斂めさせ、丁寧に祀り、「幽魂」を慰めるように命じていた。同様に宝亀十一年の勅では「侵二驚鬼神一、実亦憂二傷子孫一」させるとして、破壊行為そのものが禁じられていた。これらのことから、墳墓には「鬼神」すなわち死者の「幽魂」が存在すると認識されており、少なくとも八世紀初頭以降、貴族社会には、墳墓は「祖先の（魂の）眠る所といった考え方が存在し」ていたことが分かる。また『日本後紀』延暦十八年三月丁巳条にも、

己等《おのら》先祖葛井・船・津三氏墓地、在二河内国丹比郡野中寺以南一、名曰二寺山一、子孫相守、累世不レ侵、而今樵夫成レ市、採二伐冢樹一、先祖幽魂、永失レ所レ帰、伏請依レ旧令レ禁、

とある。ここでも先祖の霊の帰る所が墓樹であること、すなわち墓所は先祖の霊が宿る所であったと認識されていたことが分かる。

　となると、造墓の目的も理解できるであろう。天智七年（六六八）に「殯葬」したと記される船王後の墓誌には、

墓が妻や兄の墓と並べて造られたとし、その目的が「為㆘安㆓保万代之霊基㆒、牢㆗固永劫之宝地㆖也」（『古京遺文』）と記されている。ここから墓所が「永劫之宝地」であり、造墓が「万代之霊基」を安保するためであったことが分かる。[42]ゆえに律令官人たちは、氏々の墓を守り続けてきたし、さらに墓を守れと子孫に命じることもあった。たとえば、和銅三年に造られた伊福吉部臣《いおきべの》徳足比売《とこたりひめ》の墓誌には、「末代君等、不㆑応㆓崩壊㆒」（『古京遺文』）と刻印されている。このように先祖の遺骸埋葬地であった氏の墓は、先祖の霊の宿る所であった。それゆえ氏族の本拠地における墓所は、自らの出自氏族の正統性を示す場、氏族集団の結集の場として重要な役割が期待されていたと言えよう。[43]よって律令官人は、万代の霊基を安保するために、氏の墓を代々守っていたのである。

　では、こうした氏の墓はいつ頃から造られるようになったのか。右の例からすると、船王後の墓は墓誌により七世紀半ば頃に造立され、葛井・船・津三氏の墓は野中寺の創建が七世紀半ば頃と推定されていることから、[44]それまでには造立されたと考えられる。[45]よって、これら祖先の墓の築造が八世紀を遡るのは確かであるが、それがいつ頃まで遡れるものか。ここでは七つの造墓事例を確認できる『風土記』（新編日本古典文学全集）を通し考えてみよう（表2）。もちろん、これら事例は古伝承である。しかし、単なる伝承の一言では片付けられないことも含まれている。たとえば播磨国飾磨郡の長日子の墓では、長日子が「尾治の連らの上祖」とされている、そして『風土記』の用例から、「上祖」が地域を切り拓き、地域の基礎を築いた人物を指すと指摘されている。[46]一方、埼玉県の稲荷山古墳から出土し、製作年代が西暦四七一年と比定されている鉄剣には、「意富比垝」を「上祖」として八代にわたる系譜が刻印されていた。これにより五世紀後半には東国の豪族にも、「上祖」を起点とする系譜意識が存在していたことが明らかとなっている。もちろん「上祖」の意味するものが、両者必ずしも同じとは言えないが、[47]『風土記』に記された「上祖」観念が、八世紀初頭ににわかに作り上げられたものではなく、五世紀後半にまで遡り得る可能性があることを示

表2　『風土記』にみる埋葬・造墓事例

国	郡	埋葬・造墓	補足
播磨	賀古	**別嬢**この宮に薨りまししかば、すなはち**墓を日岡に作りて葬りまつりき**、	「別嬢」は景行天皇の皇后
播磨	飾磨	**阿胡尼の命**、英保の村の女に娶ひてこの村に卒へき、遂に**墓を造りて葬りす**、以後、正体は運びて持ち去にきと、	「阿胡尼の命」は、応神天皇治世で但馬の国の造
播磨	飾磨	尾治の連らの**上祖**、長日子、善き婢と馬とを有ち、並に意に合へり、ここに長日子、死らむとする時に、その子に謂ひて曰はく、「吾死りて以後、皆葬ること吾に准へ」といふ、すなはち之が為に墓を作る。第一に**長日子の墓**を為り、第二に**婢の墓**を為り、第三に**馬の墓**を為る、	「長日子」は、雄略天皇の治世に生きた尾治の連等の遠祖
播磨	揖保	昔、土師の**弩美の宿祢**、出雲の国より往来ひて、日下部野に宿り、すなわち病を得て死にき、その時、出雲の国人来到り、連き立ちし人衆運び伝へ、川の礫を上げて、**墓の山を作りき**、故れ、立野と号く、すなはち、その墓屋を号けて出雲の墓屋と為す、	「弩美の宿祢」とは、天の穂日の命十四世の孫・野見宿弥
播磨	賀毛	**根日女**、老いて長逝にき、時に、皇子等、大く哀しび、すなわち小立を遣りて、勅云りたまひしく、「朝日夕日の隠ろはぬ地に、**墓を造りて其の骨を蔵め、玉以て墓を飾らむ**」とのりたまひき、	「根日女」は、播磨の国の造・許麻の娘
出雲	意宇	**語臣猪麻呂の女子**、件の埼に逍遥びて邂逅に和尓に遇ひ、賊はえて帰らざりき、その時、父猪麻呂、賊はえし**女子を浜の上に斂め置き**、大く苦憤を発し、天に号び地に踊り、行きては吟ひ居ては嘆き、昼夜辛苦みて、斂めし所を避けることなし、	「語臣猪麻呂の女子」は、天武天皇治世で姓が語臣であった猪麻呂の娘
肥前	松浦	蛇と弟日姫子と並に亡せて存らず、ここに、その沼の底を見るに、但人の屍のみあり、各、**弟日姫子の骨**と謂いて、すなはちこの峯の南に就きて、**墓を造りて治め置きき**、**その墓見に在り**、	「弟日姫子」は、宣化天皇治世で篠原村の有力者の娘で、大伴金村大連の子・狭手彦の連の求婚を受け、結婚

被葬者と埋葬・造墓の実態を示す箇所をゴシック体で表示した

していた。こうした上祖の遺体や遺骨が埋葬された墓の由来が地域の古伝承として残り、『肥前国風土記』には「その墓見に在り」とあるように、今もそれを守り続けてきたと地方の人々も考え、あるいは主張していたと言える。(48)要するに、八世紀初頭において、人々は何代にもわたる過去から造墓が行われていた、との歴史認識を持っていたのである。

2　遺体・遺骨観と霊魂観

『古事記』には、亡くなった倭建命が「白ち鳥と化り、天に翔」って飛び去るという白鳥伝説が描かれるように、霊魂が遺体から抜け出すものと考えられていたことが窺われる。こうしたことから、古代日本では浄化された霊魂は身体を離れ死者の国に落ち着くと考え、「それが古代人の、遺体や骨の軽視に結びついていた」と、佐藤氏は述べている。

しかし、七・八世紀、律令官人等はすでに遺体を墓に葬り、その墓を代々守り伝えていた。いったい、人々は遺体や遺骨と霊魂の関係をどのように考えていたのか。たとえば古代中国では霊魂を魂と魄の二側面から捉え、その関係を理解していた。『礼記』郊特牲11には「魂気帰㆓于天㆒、形魄帰㆓于地㆒」とされ、七世紀前半に編纂された『春秋左伝正義』巻四四・昭公七年には、「附㆑形之霊為㆑魄、附㆑気之神為㆑魂也」と注される。「魂気」は精神に近い「たましい」、「形魄」が肉体や白骨そのもの、あるいはそこから離れない「たましい」と位置付けられ、死によって魂は天に昇り、魄は地下に沈むと理解されていたのである。(49)

古代日本がこうした中国の霊魂観を受容していたかどうかは明らかではない。(50)しかし、八世紀以降、日本でも同様の観念を確認することができる。たとえば『万葉集』の挽歌から、霊魂の赴く先が大きく分けて二つ存在すると指摘されている。[51] 一つは、死者の霊魂が山を滞留所とするもので、これは山に屍体を葬る慣行に由来する。二つめが、天上の世界に雲隠れるとしたもので、立ち昇る火葬の煙などに亡き人々の面影を求めたものだとされる。このような遺体の葬られた葬地に滞留する霊魂や天に昇る霊魂は、霊魂の二側面に対する人々の感覚的な理解とも考えられる。また延暦六年（七八七）頃に原形が完成したとされる『日本霊異記』下巻二七には、宝亀九年（七七八）のできごととして、竹藪に放置されていた髑髏の説話が収載されている。髑髏は、目から竹が生えて痛がっていたのを救われたため、「生ける形を現して」報恩の旨を述べる。これは髑髏に霊が宿っていたことを表象し、魄に相当する霊魂の存在を認めたものと言えよう。[52] 柳田は『先祖の話』第六三節「魂昇魄降説」で魂昇魄降説の存在を容認するが、それが明瞭に現れるのは十四世紀の謡曲『実盛』からだとする。しかし八世紀以降、遺体・遺骨にも留まる霊魂（魄）が存在すると認識されていたのである。

このように古代の人々も、霊魂を昇天するものと、遺体・遺骨に留まるものとの両様に考えていた。つまり、遺体や遺骨は、浄化された魂が去った抜け殻と考えられていたわけではなく、それらが軽視されるという道理でもなかった。だからこそ、本節で明らかにしたように、先祖の霊も宿る「永劫之宝地」[53] として遺骸埋葬の墓を造り、それを代々守っていた。また八世紀初頭に火葬骨とそれを納めた骨蔵器が出土するのも、こうした遺骨を尊重する観念がすでに存在したからこそであろう。その思いを具体的に見て取れるのが、『日本霊異記』（新編日本古典文学全集）下巻四に描写された、海に水没死した父に対する娘の言葉である。

能く父の儀を見むとすれば、寧ろ底なる玉を視むとも、亦父の骨を得むや、哀しきかな、痛しきかな、

ここに、玉以上に父を表象するものとしての遺骨に対する執着を、明らかに読み取ることができる。また表2にも取り上げた『播磨国風土記』「賀古郡」の事例では、景行天皇后の遺体移送の最中に大つむじ風に遭遇し、遺骸が川中

へ巻き込まれ、行方が分からなくなってしまった。そこで、わずかに発見できた化粧箱や衣服を遺骸の代わりに墓に埋納したという。ここにも、遺骸こそが本来埋納されるべき重要な物であったことが窺われる。

以上、第一節、第二節の検討を通して、次のことが明らかとなった。七・八世紀以降、平安時代を通じて、遺体・遺骨は霊威・霊力を持つものと考えられた。それゆえに丁重な葬送や埋葬が行われ、そして墓が造られ、遅くとも十世紀以降には墓参や墓前での祭祀も行われていた。遺体や遺骨は、その遺族や近臣にとって抜け殻でも、穢い物などでもなく、まして捨てられるべきものでもなかったのである。

第三節　古代中世における遺体遺棄と葬送

1　『餓鬼草紙』にみる葬法

七・八世紀以降、人々は遺体・遺骨に霊が宿るとする観念をすでに抱き、それらは丁重に埋葬され、墓参も行われていたことを前節までに確認してきた。しかし、これまで検討してきた人々とは、多くは王家や公家、そして律令官人などであった。これに対して、柳田は『先祖の話』第五六節「墓所は祭場」では、「遺骸を永久に保存する慣行が、一部上流の間に存したことは確かであるが、是と同種の葬法は民間には行われ」なかったとする。これはもっともな指摘で、およそ古代中世の一般庶民の遺体は、「棄」てられたと記される史料を数多く確認できるからである。こうした事象が柳田をして、亡骸は「きたなき物」であり、「出来るだけ早く片付けようと」することが「人情に富む所業」で、葬送は亡骸に「奉仕する」ものではなかったとの論を展開させることになったと考えられる。こうして死体が穢れた存在であり、触穢の対象として忌避されてきたと、民俗学も、歴史学も理解してきた。それゆえ田中久夫氏も、葬送が丁重に行われても、その遺体は放置されるのが常であったらしいと述べてきたわけである。その結果、霊肉二元的な捉え方が、日本人古来の遺体観・霊魂観であったと落着してしまう。

ゆえに、古代中世の庶民の遺体遺棄がどういう意味を持つのかが、最終的に解明されなければならない課題となる。勝田氏は数多くの事例を通して、遺体遺棄と風葬との関係を分析している[54]。それは非常に有用であるが、両者の関係はまだ明解さを欠くと言わざるを得ない。そこで、十二世紀に作られた『餓鬼草紙』の第四段（図1参照、以下『餓鬼草紙』とは本図を指す）を通して当時の葬法を考えてみよう。なぜなら、『餓鬼草紙』に描かれた屍にはどれ一つ同じ相はなく、時の経過とともに変化していく段階的な姿が描かれ、墳墓も同一形態を有するものが描かれないなど、

『餓鬼草紙』が葬地を単に描画したのではなく、埋葬や造墓のさまを極力説明的に描写していることが窺えるからである[55]。こうした点から、『餓鬼草紙』は当時の葬地のありさまを読み解くのにまたとない史料と言える。それで絵図に目を遣ると、一に卒塔婆・仏龕・五輪塔をも設けた土饅頭や石積み塚、二に草や木だけの生えた土饅頭、三に放置状態の遺体や骸などと、三つの類型を確認することがで

図1　『餓鬼草紙』第四段（東京国立博物館蔵）

きる。そこで、この三つの類型の意味を葬法との関係から検討することとする。

まず卒塔婆・石塔も設けられた墓について。これに関して佐藤弘夫氏は、石や塔婆に故人の名前が刻まれることはなく、特定の人物がこの世に存在した記録を残そうとする配慮は皆無であり、追善の場として遺族が訪れることもなかったと述べる。しかし、そもそも何のために石塔や塔婆を立てたのか。小林義孝氏は、十二世紀以降に立てられた墓塔や石塔の塔身には仏像もしくは仏を表す種字が彫刻されており、墓塔・石塔は信仰・供養の対象であり、石塔供養の功徳を死者に振り向ける、死者の供養塔であったと指摘する。(56) たとえば嘉応二年（一一七〇）平信範の妻の二七日忌（『兵範記』同年五月二十三日条）には、

次墓所仏事、三尺五輪塔（四面書梵字）、安置墓頂、其廻造釘貫、其中四面立亘卒都婆、法花経一部并開結二、阿弥陀転女般若心等経、同尊勝陀羅尼廿遍、向五輪塔立花机、供香花・仏供・燈明等、

と記される。五輪塔が墓上に安置され、五輪塔に対して香花をはじめ供物・燈明なども供えられていた。このように墓塔・石塔は礼拝の対象であって、故人の顕彰などを目的としたものではなかった。第一節では十世紀以降、墓参や墓前祭祀が行われるようになっていったことが明らかになったが、この石塔や塔婆が描かれていた『餓鬼草紙』は、こうした墓前に遺族なども参集して死者祭祀が行われていたことを図示したものであった。

次に二番目の草や木だけの生えた土饅頭について。佐藤氏は、塚を築き供養塔を建立するほど丁寧に埋葬された死者の場合でも、遺族が繰り返し、そこを訪れること想定していなかったとする。しかし藤澤典彦氏は、墳丘上に大きさの異なる三本の樹木が存在することと、『喪葬記』に記される「凡墓者、積土丈余、而以松樹植之、過一年亦植一本、過三年亦植一本」(57)という一節との符合に注目する。そして、この土饅頭は二年、三年と年ごとに植樹をする風習を反映したものであろうと推測する。(58)もとより、この『喪葬記』は後年の史料と考えられるが、(59)墓上植樹そのものは七世紀後半には行われていた。石塔や塔婆が設けられていた墳墓では忌日等に遺族などが集い、祭祀も行われていたことを右に確認したが、墳丘上に樹木が存在する墳墓からは、年々に遺族などが集い植樹を行う風習が存在していたと推測することもできる。(60)そうであれば、土饅頭への埋葬も、遺族などが少なくとも年に一度は葬地を訪れていたことを示すものであった。

最後に放置状態の遺体・骸について。ここに描かれている遺棄された遺体の頭部側の筵の外側には、漆器と黒色の土器が置かれている。このことから遺体は放置状態であるが、これは単なる遺棄ではなく、明らかに葬送行為が行われたことの証拠であり、遺棄葬とでも呼ぶべきであると狭川真一氏は指摘する。(61)また勝田氏は、供物を捧げているこ

とは死体に対して親愛の念を抱いていた証拠であり、この棺をも使用した遺族の行為は葬法の一種で風葬に当たると指摘する(62)。つまり『餓鬼草紙』に描かれた放置遺体は、単なる遺棄ではなく、何らかの葬送が行われていたことを描写したものであった。

以上を簡略な扱いをされたものから順にまとめると、『餓鬼草紙』は次の三つの葬送・埋葬形態を描写していたことになる。①遺体が葬地に運ばれ、供物が捧げられた遺棄葬、②遺体が土饅頭に埋められ、遺族等が年に一度は訪れ植樹していたもの、③遺体は埋葬され、石塔や卒塔婆が立てられ、そこで遺族による墓前祭祀も行われていたものである（以下、①②③はこれらの内容を指す）。つまり、この三類型は葬送・埋葬行為の厚薄の差を示していたのであり、死者・遺族の身分階層や財力などに応じて、多様な葬送や埋葬方法が当時存在していたことを、『餓鬼草紙』は図示していたのである。

2　葬送表現の多様性

以上、放置状態の遺体が遺棄葬であって、単なる遺棄ではないと図像から確認してきた。それでは、当時、葬送や埋葬はどのように言語的に表現されていたのであろうか。

まず、「葬送」の意味していたものから考えよう。平安時代、一般庶民の遺体は野辺や河原などで処理されていた。たとえば『類聚三代格』貞観十三年（八七一）閏八月二十八日付の太政官符には、「件等河原、是百姓葬送之地、放牧之処也」と記されている。もちろん、ここには遺体処理の具体的な方法など明らかではないが、それは恐らく『餓鬼草紙』の①に相当するものであったろう。それゆえ、当時は河原を「葬送之地」と表現していたと考えられる。『今昔物語集』（新編日本古典文学全集）巻二七―第三六には、「葬畢テツ、其ノ後、（中略）墓ヲ只築ニ築テ、其ノ上ニ卒都婆ヲ持来テ起ツ」とあることから、勝田氏は「葬送」という言葉には土饅頭を築くことまでは含まないと指摘した。だが、土饅頭などの墓が築かれないことはもちろん、遺体が埋められることもない、現代からすると単なる遺体放置とみられる河原などへの遺体遺棄も、平安時代には支配者も「葬送」として捉えていたことがここから窺われる。

次に遺体を「置く」と記されることについて考えてみよう。勝田氏は、説話などで遺体が「置く」と多く表現されるが、そこには遺族の葬送意識を伴っていたと推測する。たとえば『発心集』（新潮日本古典集成）巻五―一話「唐房法橋、発心の事」には、

（女は）はかなくて息絶えにき、今はおき奉りてもかひなしとて、此の前の野におき奉りし程に、日中ばかりありてなむ、思ひの外に生きかへり給ひにし、その間に、鳥などのしわざに、はやく云ひかひかきことになりて侍れば、

と、遺体を「前の野におき奉」ったとしている。この「前の野に」置かれた女は、その後に生き返ったが、鳥などに両目を食われていたことからも、「おく」が『餓鬼草紙』の①遺棄葬に相当することが分かる。

一方、十二世紀後半に成立した『中外抄』上六一には、藤原忠実の言として「そもそも墓所には御骨を置く処なり、（中略）骨をば先祖の骨を置く処に置けば、子孫の繁昌するなり」と記録されている。この「置く」とは、放「置」のことではなく、墓所への「埋葬」を意味することは明らかである。しかも、こうした遺骨を墓所に「置く」などとする表現は、貴族社会で広く通用していた。たとえば『醍醐寺雑事記』には「置二御骨於醍醐山陵傍一」(63)と、朱雀天皇の遺骨を醍醐寺山陵の傍に「置く」としている。また藤原実資は、『小右記』で「置二一門骨於彼山一」(64)と、藤氏一門の遺骨を木幡の藤氏墓所へ「置く」と記している。さらに時代を遡って『万葉集』二―二一二には、亡くなった妻の遺体を山に「置いて」帰る、夫柿本人麻呂の心情が「衾道を　引手の山に　妹を置きて　山道を行けば　生けりとも

なし」と詠まれていた。このように八世紀頃から貴族社会では、「置く」という表現が「埋葬」の意味に用いられていた。一般庶民がそれを「遺棄葬」との意味で使用していたとの違いはあるものの、いずれも「葬送」という意味で使用されていた。(65)

最後に、遺体を「捨つ」「棄つ」と記されていたことの意味を考えよう。たとえば『今昔物語集』巻一三―第三〇には、「近キ辺ニ棄置レツ、其ノ墓所ニ、夜毎ニ法花経ヲ誦スル声有リ」と記されている。これは、比叡山僧広清が病が癒えず没した後、彼の弟子が遺体を墓所に「棄置」いたとするものである。ここに墓所に「棄置」くことも、「葬る」ことであって遺体を廃棄することではないと分かる。勝田氏は、「取リ棄ツ」「棄ツ」「棄置ク」「置ク」が遺体遺棄あるいは風葬であるとする。だが、遺体遺棄と風葬の関係こそ明らかにしなければならず、勝田氏の考究をさらに進めなければならない。

それでは「捨」や「棄」の一語では、何を意味するのか。およそ、「捨(棄)つ」の一般的用例は廃棄の意味であろう。たとえば寛喜三年(一二三一)飛鳥井兼教次男が清水寺への参詣途上で斬殺され、その遺体は取り捨てられた。それを聞き付けた乳母男が屍を探し当て葬送を行う。この模様が『明月記』には、「乳母男漸々聞付、尋下取捨二川原一屍上葬送云云(66)」と記されている。ここに「捨」が「葬送」と対比的に使用されていることから、一般には「捨」が廃棄の意味であって、葬送でないことは明らかである。しかも『高野山往生伝』(日本思想大系七)四「沙門蓮待伝」では「吾臨終之後、不レ可二葬斂一、只棄二野原一、可レ施二鳥獣一」とあって、「棄」を「葬斂」とは別ものとしている。

ところが、『沙石集』(新編日本古典文学全集)巻一―四には、吉野の山上への参詣途上、母を亡くし泣いている幼子に出会った大和国三輪の常観房が、「便宜近き野へ持ちて捨てつつ、陀羅尼なむど唱へて弔ひ」と、遺体を「捨てる」としながら陀羅尼を唱えて弔っていた。また十五世紀中頃に成立した国語辞典である『下学集』には、葬礼の一つに

「野葬」を挙げ「棄二野原一」と割注が施されている。つまり、「棄」には「葬」の語意も含んでいた。このように「野へ捨て」「野棄」は遺体の遺棄ではなく、「野葬」すなわち遺棄葬と言うべきものであった。ゆえに「捨（棄）つ」とは、『餓鬼草紙』に見た①遺体が葬地に運ばれ、供物を捧げただけの遺棄葬を指していた。と同時に②のような土饅頭などに埋葬されることまでは含まなかった。と言うのは、『宝物集』（新日本古典文学大系）巻六に「葬送を疾くしたりければ、犬烏くひ散して、跡かたもなくなりければ」とあって、「葬送（＝野葬）」も遺体が犬や鳥に食い散らかさ[67]れることを前提にしており、「置く」と同様であったからである。よって『高野山往生伝』が記すように「施二鳥獣一す「棄二野原一」つことが、遺体を丁重に埋葬する「葬斂」などでなかったことはもちろんであるが、逆に「葬送」そのものであったことを示していたのである。

以上を要約すると、一般庶民の親族等が遺体を「捨（棄）つ」とは、土饅頭などの造墓や埋葬まで行われず、遺体が鳥獣に食われることを前提にしていたが、野辺に送った遺体には供物を捧げることも行われるなど、「葬」に相当するものであった。ゆえに序章では、遺体の送り出しと埋葬（土葬のとき）の二つを葬送本来（「狭義の葬送」）の要素と指摘したが、遺体を野辺へ送り出して「捨（棄）つ」遺棄葬も、この要件を満たす「葬送」であった。

3　庶民における「野棄て」と遺体観

では、古代中世において庶民は、「野棄て」に付される遺体をどのように考えていたのであろうか。それを考察するため、まず「野棄て」がどのように行われたのか、その実態を確認しておこう。たとえば『今昔物語集』巻二四―第二〇には、

其女（＝死んだ女）、父母モ無ク、親キ者モ無カリケレバ、死タリケルヲ取リ隠シ、棄ツル事モ無クテ、屋ノ内ニ

有ケル、

とある。また十四世紀初頭に著された『八幡愚童訓』（日本思想大系）乙・下巻―三「不浄事」には、

我母にてある者の今朝死たるを、此身女人也、又ひとりふ（人）どなれば送るべきにあらず、少分の財宝もなければ他人にあつらへべき事なし、せんかたなさのあまりに立出たる計也、

とある。この二事例から、「棄ツル」「送る」という「野棄て」も、家族や親しき者により行われ、資産のある者は他人を雇ってでも行われたが、それらがいずれもない場合は「野棄て」すらできなかったことが分かる(68)。

では、「野棄て」すらできなかった場合、人々は遺体を目前にしてどう考えていたのか。亡骸は「きたなき物」で、「出来るだけ早く片付けようと」していたのであろうか。それを先に取り上げた『沙石集』巻一―四の次の一節を通して考えよう。

母にて候ふ者、わろき病をして死にて侍るが、父は遠く歩きて候はず、人はいぶせき事に思ひて、見て弔ふ者もなし、わが身は女子なり、弟共は云ふかひなく幼く候ふ、ただ悲しさのあまりに、泣くより外の事侍らず、

ここには、病死した母を誰も「弔（葬）」ってくれず、幼子はどうすることもできず、母の死を悲しみ泣いていた。確かに、他人は亡くなった幼子の母を「いぶせき事」＝煩わしい事と思ったのは事実である。しかし、他人と対比的に記された幼子が、少なくとも母の遺体を「いぶせき事」と思っていなかったことは間違いないであろう。幼子が泣いていたのは、恐らく「弔」いたいけれども叶わないためであった。この幼子の切ない思いを、常観房が「誠に心の中もさこそと哀れに覚え」たからこそ、「野へ捨てつつ、陀羅尼なむど唱へて弔」ってくれたと考えられるわけである。

佐々木孝正氏は、古代中世の庶民が遺棄あるいは遺棄に近い粗末な死体処理を行っていたとしても、それは死体を

物体視していたのではなく、経済的貧困などからである、とすでに指摘していた。(69)一見、遺体遺棄に思える事象も当時の人々の目線から見るとき、それは精一杯の葬送であった。それを表現したものが「捨つ」などであった。こうした表現を、当時の人々が遺体を穢れたものと考えて廃棄していたと、従来の研究は理解していたのである。非人による「捨」「棄」は、「キヨメ」であって「葬送」でないことは第二部第四章で詳論するが、遺族等による「捨」「棄」は「葬送」であって単なる遺棄ではなかった。当時、遺体・遺骨には霊魂が宿るものとすでに認識されており、一般の庶民においても、親族等にとってそれらが「きたなき物」などではなかったことは、王家や公家などと異なることはなかった。柳田が「はふりの目的」で主張した、亡骸は「きたなき物」で、葬送は亡骸に「奉仕する」ものではなかったとしていたのは、妥当ではなかったのである。

おわりに

柳田民俗学は、戦前から戦後も三十年、四十年と葬墓制研究を担い、日本人固有の祖霊観すなわち遺体観・霊魂観を説いてきた。このため、柳田民俗学は仏教民俗学、歴史民俗学、さらに日本史学にも大きな影響を及ぼしてきた。その結果、こうした祖霊観が社会に広く受容され、社会通念として成立する。この意味で、柳田民俗学の果たした社会的な意義は大きい。だが、それは柳田の切望したことでもあった。昭和二十年（一九四五）の終戦間際に『先祖の話』を書き進めていた柳田は、その最終の第八一節の最後で、「(今は)もう一度この固有の生死観を振作せしめる一つの機会であるかも知れぬ。それは政治であって私等の学問の外ではある」と結んでいることからも明らかである。柳田にとって日本人固有の祖霊観・死生観は、「振作」できるものであった。

しかし、古代中世における遺体観・霊魂観は、柳田が示したものとは大きく異なり、当時の人々は遺骸・遺骨には霊魂が宿るとして、それを尊重してきた。もちろん、その観念の発現態様や強弱などは、葬法や埋葬方法、さらには時代的な変化もあったであろうが、近世、そして近代、現代にも継承されたと考える。それは、第二次世界大戦で不明となった遺骨を今以て捜索していることや、平成二十三年（二〇一一）の東日本大震災で津波にさらわれた遺体捜索が今も継続していることから窺える。そして、これら人々の思いと、『日本霊異記』に登場する、水没死した父に対する娘の「寧ろ底なる玉を視むとも、亦父の骨を得むや」との言葉とが、どれ程の相違があるのかと思わざるを得ない。[70]

そうすると一般庶民までもが行うようになった祖先祭祀が、近世民俗の所産であったとしても、柳田の主張したような霊肉二元的な霊魂観・遺体観が、近世以降に誕生したとは考えがたい。こうした霊肉二元的な思想が、はたして日本的な観念であったのか。[71]むしろ、それは欧米的な思想であったとさえ思われる。[72]柳田はイギリスの民族学者J・G・フレーザーに強い影響を受けたと自らも述べていたが、[73]『先祖の話』述作の前年四月、柳田はフレーザーの著である『金枝篇』を木曜会で講義していたのである。[74]

いずれにしても、民俗学による葬墓制研究が行き詰まり、古代中世の日本人の祖霊観の再考が喫緊の課題となっていた。しかし大藤修氏が指摘していたように、日本史学はこれらの問題を課題として捉えることもなかった。[75]これに対して、佐藤弘夫氏は「日本人の死生観」という形で総括されてきたこれまでの通説は、抜本的に見直される必要があると指摘した。本章は、こうした佐藤氏の指摘を受けて民俗学的な遺体観・霊魂観を可能な限り排除し、史料に即して古代中世のそれら観念を検討した。その結果、本章では次の二点を明らかにした。

㈠古代中世の人々は遺骸・遺骨に霊威を見出していた。ゆえに彼らが霊肉二元的な観念を持っていたとするのは妥当ではなかった。

㈡遺族等による遺体の遺棄は、遺体を穢れた物体と考え廃棄していたのではなく、弔いとしての当時の葬送形態であった。

では、なぜ古代中世の人々は、霊肉二元的の観念を持っていたと、従来の研究では理解したのか。これには、二つの回答を提示することができる。

①古代中世における一般庶民の遺体の遺棄や放置が、遺棄葬であると実証的に解明できなかった。そのため、死体が穢れた存在であることを最初の前提にして、遺体を触穢忌避の対象とのみ扱うよりほかはなかった。

②現代の葬送観念にとらわれたため、古代中世における「遺棄葬」を葬送として扱うことができなかった。近年、葬送も多様化し、散骨、樹木葬、直葬などがみられるが、一つの時代に多様な葬送形態が存在したのは、古代中世も同じであった。

結局、これまでの研究では、死者に対する理解が一面的であった。その結果、遺体が穢れたものとの一面にとらわれ、遺体や遺骨が怖れの対象であったり、愛惜の対象でもあったことを見失っていた、と言える。今後、古代中世の死生観や遺体観・霊魂観などは、多面的な理解に改められなければならないであろう。

註

（1）たとえば、昭和二十年（一九四五）に柳田国男が著した『先祖の話』第五一節「三十三年目」には、「人が亡くなって通例は三十三年、稀には四十九年五十年の忌辰に、とぶらひ上げ又は問ひきりと称して最終の法事を営む。其日を以て人は先祖になるといふのである。（中略）つまりは一定の年月を過ぎると、祖霊は個性を棄てて融合して一体になるものと認められて居たのである。」と述べられている（『柳田國男全集』一五巻、筑摩書房、一九九八年）。

（2）桜井徳太郎「柳田国男の祖霊観」（『霊魂観の系譜』筑摩書房、二〇一二年）。

(3) 岩田重則「柳田国男の祖霊研究」(『地方史研究』四五―一、一九九五年)。

(4) 柳田国男「葬制の沿革について」(『柳田國男全集』二八巻、筑摩書房、二〇〇一年、初出は一九二九年)。

(5) 高取正男「屋敷付属の墓地」(『日本宗教の歴史と民俗』隆文館、一九七六年)。

(6) 原田敏明「両墓制の問題」「両墓制の問題　再論」、佐藤米司「両墓制の問題点」(以上『葬送墓制研究集成第四巻　墓の習俗』名著出版、一九七九年。初出は順に一九五九年、一九六七年、一九六九年)。新谷尚紀「両墓制の概念」(『両墓制と他界観』吉川弘文館、一九九一年)など。

(7) 大島建彦「シンポジウム「両墓制」の経過と論点」(『日本民俗学』二一四、一九九八年)。

(8) 市川秀之「先祖代々之墓の成立」「「民俗」の創出の歴史的位置」(『「民俗」の創出』岩田書院、二〇一三年)。

(9) 佐藤弘夫「江戸の怪談にみる死生観」(『死生学年報』東洋英和女学院大学死生学研究所、二〇一三年)。

(10) 福田アジオ「柳田国男の歴史認識」(『柳田国男の民俗学』吉川弘文館、一九九二年)。

(11) 柳田の説く祖先観が、「霊の行方」をめぐって平田篤胤が説く「幽冥」の観念に類似するとも指摘されている(子安宣邦校注『霊の真柱』岩波書店、一九九八年。芳賀登「柳田国男をめぐって」『柳田国男と平田篤胤』皓星社、一九九七年)。

(12) 大藤修「近世農民層の葬祭・先祖祭祀と家・親族・村落」(『近世農民と家・村・国家』吉川弘文館、一九九六年)。

(13) 水藤真『中世の葬送・墓制』吉川弘文館、一九九一年。勝田至『死者たちの中世』吉川弘文館、二〇〇三年。

(14) 勝田至「中世民衆の葬制と死穢」(『日本中世の墓と葬送』吉川弘文館、二〇〇六年、初出は一九八七年)。

(15) 田中久夫「平安時代の貴族の葬制」(『祖先祭祀の研究』弘文堂、一九七八年)。以下、田中氏の見解は断りのない限りすべて本論文による。

(16) 田中久夫「まえがき」(『祖先祭祀の研究』弘文堂、一九七八年)。

(17) 佐藤弘夫「死の精神史へ」(『死者のゆくえ』岩田書院、二〇〇八年)。以下、佐藤氏の見解はすべて本著作による。

(18) 以下、本章で使用する「霊肉二元」とは、こうした霊魂を尊重して肉体を不要とする考えを意味することとし、広く両者を別ものとして扱う考え方までは含めない。

(19) 赤田光男「葬送儀礼の特質」(『祖霊信仰と他界観』人文書院、一九八六年)。

(20) 『小右記』治安元年(一〇二一)八月二十九日条。

(21)『源氏物語』（新編日本古典文学全集）の「夕顔」でも、葬られようとする夕顔に対して、情を通じていた光源氏が「なほ悲しさのやる方なく、ただ今の骸を見では、またいつの世にかありし容貌をも見むと思し」と、夕顔の亡骸を今一度見たいと切望する、その思いが綴られている。

(22) 角田文衞「藤原行成の妻」（『紫式部とその時代』角川書店、一九六六年）。

(23)『権記』長保四年十月十六日条。

(24)『栄花物語』研究では、『栄花物語』巻一五「うたがひ」に描かれた道長が、多分に誇張や虚飾の加えられた道長像であり、浄妙寺建立の記事も三昧堂供養の奇特さを力説したのが真実であると、すでに指摘されていた（河北騰「「疑ひ」巻の仏教と道長像」『栄花物語論攷』桜楓社、一九七三年）。

(25)『小右記』小記目録・永観二年（九八四）八月二十三日条。『日本紀略』貞元元年（九七六）十二月十日条。

(26) 服藤早苗「平安貴族層における墓参の成立」（『平安王朝社会のジェンダー』校倉書房、二〇〇五年、初出は一九九三年）。

(27) 大石雅章氏は、十世紀中葉、醍醐寺のように葬礼以後の菩提仏事を担当する近陵寺院が、諸陵寮に代わって陵墓を管理するまでになっていたと指摘する（「葬礼にみる仏教儀礼化の発生と展開」『日本中世社会と寺院』清文堂、二〇〇四年）。

(28) 新編日本古典文学全集『栄花物語』巻五「浦々の別」の頭注。

(29) 服藤早苗「墓地祭祀と女性」（『家成立史の研究』校倉書房、一九九一年）。前掲註(26)同氏論文。

(30) 北康宏「律令陵墓祭祀の研究」（『史学雑誌』一〇八―一一、一九九九年）。

(31) 上野竹次郎「山陵沿革概要」（『山陵・新定版』名著出版、一九八九年）。十二世紀末頃に著された『吉事略儀』は、こうした「火葬塚」を「此所（拾骨の場）可レ被レ立二御塔若御堂一者、少々残二御骨一為レ墓」（『群書類従』巻二九）と記している。

(32) 大治四年（一一二九）に没した白河法皇以降の陵は、最終的に遺骨を寺院に安置する「寺陵」となるが、寛弘八年（一〇一一）に没した一条法皇から堀河天皇まではその過渡期として、いったん寺院に安置された遺骨も後に改葬されて墳墓に埋葬された。遺骨（遺体）が埋葬されたところを「陵」と呼ぶ点では古代以来一貫していたと指摘されている（黒羽亮太「〈円成寺陵〉の歴史的位置」『史林』九六―二、二〇一三年）。

(33) 勝田至「中世の屋敷墓」（『日本中世の墓と葬送』吉川弘文館、二〇〇六年）。高取氏も、屋敷付属の墓地の持つ霊威力が屋敷の守護霊的機能を発揮したのでないかと指摘する（前掲註(5)高取論文）。

（34）橋田正徳「地下に眠る歴史［1］」（『文化財ニュース豊中』二九、二〇〇一年）。勝田至「古代社会と墓の変遷」（『日本葬制史』吉川弘文館、二〇一二年）。

（35）黒羽亮太氏は、藤原氏の木幡における一門墓所の成立を十世紀後半とし、夫婦でも一門以外の者は埋葬されないという排他的な一門墓所が成立するのは、十一初頭の浄妙寺建立が画期であったとする（「円融寺と浄妙寺」『日本史研究』六三三、二〇一五年）。

（36）坂本亮太「文献史料からみる高野山への納骨」（『季刊考古学』一三四、二〇一六年）。

（37）岡野慶隆「『喪葬令』三位以上・別祖氏上墓の再検討」（『古代文化』五一―一二、一九九九年）。稲田奈津子「喪葬令と礼の受容」（『日本古代の喪葬儀礼と律令制』吉川弘文館、二〇一五年）。

（38）『喪葬令』三位以上条には「若欲二大蔵一者聴」との一句が存し、「大蔵」が「散骨」と大方理解されている。佐藤氏はこれも「散骨」の風潮の根拠とする。しかし、石井輝義氏は同条『令集解』の記述から、この「大蔵」が「散骨」ではなく「分骨」であると指摘する（「『令集解』喪葬令三位以上条について」『古代史研究』一三、一九九六年）。

（39）石井輝義「日本古代の墓地」（『村のなかの古代史』岩田書院、二〇〇〇年）。なお、この政策は平安時代初期までも継承されていた（『類聚三代格』大同元年閏六月八日付太政官符、同年八月二十五日付太政官符）。

（40）田中久夫「陵墓祭祀の風習」（『祖先祭祀の研究』弘文堂、一九七八年）。

（41）広瀬和雄「前方後円墳国家を運営した大和政権」（『前方後円墳国家』角川書店、二〇〇三年）。

（42）岡本敏行氏は、墓誌の設置も、みだりに遺骨が遺棄されるのを避けるためであったと指摘する（「古代律令国家の形成と墓制の変革」『財団法人大阪府文化財センター日本民家集落博物館・大阪府立弥生文化博物館・大阪府立近つ飛鳥博物館二〇〇三年度共同研究報告書』二〇〇五年）。

（43）稲田奈津子「律令官人と葬地」（『日本古代の喪葬儀礼と律令制』吉川弘文館、二〇一五年）。

（44）森田和伸「まとめ」（羽曳野市教育委員会『野中寺・塔跡発掘調査報告』一九八六年）。

（45）遠い先祖の墓を氏寺の寺領に組み込むことで、他人の侵入を防ぎ、墓地を維持しようとしたと推測されており（前掲註（43）稲田論文）、造墓は野中寺創建以前と考えられる。

（46）笹生衛「「祖・おや」の信仰と系譜」（『日本古代の祭祀考古学』吉川弘文館、二〇一二年）。

(47)　義江明子「鉄剣銘「上祖」考」(『国立歴史民俗博物館研究報告』一五二、二〇〇九年)。
(48)　松本弘毅氏は、九州に勢力を持っていた氏族の日下部君が、地方に伝承していた説話「原伝承」を取り込んで自氏の伝承として主張し、祖の墓の由来を語る材料にしたと指摘する(「弟日姫子の〈巫女性〉」『古事記と歴史叙述』新典社、二〇一一年)。
(49)　大形徹「中国古代の魂のありか」(『東アジアの死者の行方と葬儀』勉誠出版、二〇〇九年)。加地伸行「儒教における霊魂の行方」(『日中韓の霊魂観の違い』勉誠出版、二〇〇七年)。黄暁芬「魂魄説」(『東亜大学・総合人間文化学部紀要』一一、二〇〇一年)。
(50)　広瀬和雄氏は、五世紀後半以降、日本の古墳内部において辟邪すべき対象が遺骸から石室内を浮遊する霊魂へと変化し、新たな霊魂観が登場するとする。そして、これを四世紀末頃からの朝鮮半島への武力支援を通じた人的交流によって、葬送観念や霊魂観がもたらされた結果ではないかと推測する(「古代人の心性を探る」『日本人の心性を探る』吉川弘文館、二〇〇六年)。
(51)　堀一郎「万葉集にあらわれた葬制と、他界観、霊魂観について」(『宗教・習俗の生活規制』未来社、一九六三年)。伊藤幹治「古代の葬制と他界観念の構造」(『國學院雑誌』六〇―七、一九五九年)。
(52)　こうした苦痛を除いてもらった骸骨に宿る霊が恩返しをするといった「枯骨報恩」譚も、敦煌出土文書との近似性が指摘されており、中国の文献伝承が推定されている(今野達「〈枯骨報恩〉の伝承と文芸」『今野達説話文学論集』勉誠出版、二〇〇八年)。
(53)　銘が慶雲四年(七〇七)の「威奈大村骨蔵器」、和銅元年(七〇八)の「下道圀勝圀依母夫人骨蔵器」、和銅三年の「伊福吉部徳足比売骨蔵器」など(奈良国立博物館『発掘された古代の在銘遺宝』一九八九年)。
(54)　前掲註(14)勝田論文。
(55)　狭川真一「絵画からみた遺棄葬と中世墓」(『墓と葬送の中世』高志書院、二〇〇七年)。
(56)　小林義孝「墓塔の成立過程」(『考古学と中世史研究1　中世の系譜』高志書院、二〇〇四年)。
(57)　『喪葬記』(『日本教育文庫　宗教篇』同文館、一九一一年)。
(58)　藤澤典彦「墓地景観の変遷とその背景」(『日本史研究』三三〇、一九九〇年)。

(59)『喪葬記』の奥書には、「天武之聖朝」時に改められた定法で後世に伝える珍重すべき書として書写したとし、「永長二年《（一〇九七）》七月廿六日」の日付と「万寿允常（在判）」との署名が記され、さらに享保十年（一七二五）にそれを書写したとの奥書が加えられている。そして本文書は、天武の諸王十二階別の葬法を記すが、史実としてこれは存在しない。また本文書には、「家系」「木牌」などの中世後期以降に使われる用語が使用されている。恐らく天武朝に仮託して作られた後世の文書であろう。

(60)『喪葬記』に記される年に一度の墓上植樹が、いつ頃から行われていたのかは明らかではない。前節でも指摘したように、そもそも八世紀には「氏々祖墓」には木が栽えられていたし、先祖の霊の帰るところが墓樹であると考えられていた（『続日本紀』慶雲三年〈七〇六〉三月丁巳条、『日本後紀』延暦十八年〈七九九〉三月丁巳条）。三宅和朗氏は、数多くの墓上植樹の事例を取り上げて、それが遅くとも七世紀後半に始まり、そして墓樹が祖霊を迎える依代であったことや、墳墓には松柏を植えるとした中国の影響を推測できることなどを指摘した（「古墳と植樹」『古代の人々の心性と環境』吉川弘文館、二〇一六年）。

(61)前掲註(55)狭川論文。

(62)勝田至「死体放置の背景」（『死者たちの中世』吉川弘文館、二〇〇三年）。以下、勝田氏の見解はすべて本論文と前掲註(14)論文による。

(63)『醍醐寺雑事記』天暦六年（九五二）八月十五日条。

(64)『小右記』寛仁二年（一〇一八）六月十六日条。

(65)土葬であった長保二年（一〇〇〇）一条天皇の皇后藤原定子の葬送や、万寿二年（一〇二五）三条天皇の皇后藤原娍子の葬送では、霊屋とか玉殿などと呼ばれる小屋に築地を造って遺体を納めていたと記されている（『栄花物語』巻七「とりべ野」、同巻二五「みねの月」）。このことから新谷尚紀氏は、当時の貴族の土葬も、遺体を大気中において自然の朽腐に任せる風葬とか曝葬に近い葬法であったのではないかと推測する。また氏は、『餓鬼草紙』などに描かれる土饅頭も、その中に遺体が存在することを表示し、遺体が土中深く埋められていないことを示すものであると指摘する（「火葬と土葬」『民衆生活の日本史・火』思文閣出版、一九九六年）。こうした氏の指摘から、遺体を当時「置く」と表現していた葬制上の経緯や背景が窺われる。

(66)『明月記』寛喜三年（一二三一）七月二十二日条。なお、「尋取捨川原屍」の一節の訓につき、定家自筆本によれば「尋取捨」の文字間隔は、「尋」と「取」の間隔が「取」と「捨」の間隔よりやや広くなっている（『冷泉家時雨亭叢書・明月記五』朝日新聞社、二〇〇三年）。よって、この一節を「尋下取二捨川原一屍上」と訓ずる可能性もあるが、筆者は乳母男が遺体を捜し出したと解し、本文のように訓じた。

(67) 黒田日出男氏は、中世の絵巻物で犬と鳥が同時に描かれる場が市と墓地であると指摘している（「「犬」と「鳥」と」『姿としぐさの中世史』平凡社、二〇〇二年）。

(68) 残された家族によって「野棄て」もできないと見込まれた場合、死を迎えようとする者自らが葬場へ移動することもあったことが、『拾遺往生伝』巻中二六話、『後拾遺往生伝』巻上一九話、『今昔物語集』巻三一―第三〇などに記されている。

(69) 佐々木孝正「仏教の庶民化と民俗」（『仏教民俗史の研究』名著出版、一九八七年）。

(70) 新聞報道によれば、戦没者の遺族らでつくる国内最大の遺族団体「日本遺族会」は、遺骨収集などの活動を戦没者の孫やひ孫世代へ引き継ぐために、二〇一七年三月に青年部を結成している。

(71) ベルナール・ベルニエ氏は、『先祖の話』は柳田がすでに信じていたことの証明であって、理想化された架空の古代社会や宗教の秩序を復活させようと図った書であると指摘する（「柳田国男『先祖の話』」『世界の中の柳田国男』藤原書店、二〇一二年）。

(72) カール・ベッカー氏は、「欧米ではプラトン以来、二元論が徹底していて、（中略）死んだあとの体はもうゴミにすぎないわけです。」と明言している（立花隆「臨死体験が意味するもの」『生、死、神秘体験』講談社、二〇〇七年）。

(73) 柳田国男「文学と土俗の問題」（『柳田國男対談集』筑摩書房、一九六四年）。伊藤幹治氏は、フレーザーの一連の著作が柳田に決定的な影響を与えたようだと指摘する（「一国民俗学の創出過程」『柳田国男と文化ナショナリズム』岩波書店、二〇〇二年）。

(74)『定本柳田國男集』別巻第五「年譜」筑摩書房、一九八一年。『金枝篇』について柳田は、明治四十五年（一九一二）十二月十五日付で南方熊楠へ送った書簡で、「一昨日『ゴルデン・ボウ（＝金枝篇）』の第五編着、よみはじめ候。小生が兼ねて心がけおり候田の神山の神を細論せしもののごとく、非常に愉快によみはじめ候」（『柳田国男・南方熊楠往復書簡集』平凡社、一九七六年）と記していた。

（75）　前掲註（12）大藤論文。

第二章　古代中世における葬送と時刻
——他界観・死体観との関係を通して——

はじめに

序章で指摘したように、葬送墓制に関して長期的視座に立った研究、ことに死の習俗、およびそれにまつわる心性史を取り扱った研究はまだまだまだ不十分な状況にある(1)。それは、葬送が行われた時刻に関する研究にも当てはまるであろう。

かつて葬送が夜に行われることを例としていたことは、『古事類苑』礼式部一九にも言及されている。しかし、なぜ夜に行われていたのか。これを取り上げた専論は管見の限り皆無である。ただ勝田至氏が、葬式をお天道様に見せることを憚るのか、見知らぬ者の葬式に出会うことを不祥として嫌う人々の感情に配慮して人目にふれぬように夜に行ったのか、また反対に見物人にじろじろ見られるのを嫌う感覚からか、と推測している程度である(2)。近年、勝田氏は中世後期には足利将軍の葬儀が昼に行われるようになっていたと、その変化を指摘した(3)。だが、夜から昼へ変化した要因が何であったのかという考究はもとより、葬送が夜から昼へどう変化していくのかといった実証的な研究も見当たらない。

そこで本章は、第一に古代中世において葬送の時刻がどのように変化するのか、その歴史的変遷を明らかにし、第二に夜に行われていた葬送の時刻がなぜ変化するのかを考えたい。そして、この作業を通して古代中世の人々を支配していた死の習俗にまつわる心性に迫りたい。そのためには、当時の人々が抱いていた他界観、死体観とその変化に対する考察が重要となろう。本章はこれら観念の考察に加え、従来あまり注目されることのなかった「暁」という時間を取り上げ、その時間認識の変化が葬送時刻に及ぼした影響も検討していきたい。

なお本章で「葬送」とは、序章で定義した、火葬等を行う当日に遺体を出棺するときから、荼毘（火葬）あるいは埋葬（土葬）を始めるまでの「狭義の葬送」を指すものとする。そして、出棺する時刻を「葬送の開始」とし、荼毘を始める頃を「葬送の終了」として扱う。それは出棺の時刻を指して「葬送」の時刻とする史料を多く確認できること、荼毘に付すとき参列した人々の多くが帰ってしまい(5)、荼毘の時点が葬送の一つの区切りと考えられるからである。(4)また遺体を焼く「荼毘」との言葉は、中世後期に「葬送」と同じ意味で使用されるようになるが(6)、本章では遺体を焼く意味に限定して使用する。

第一節　葬送時刻の変遷

1　夜と暁

従来、葬送が実施された時間は、夜と昼の二つの時間帯によって把握されてきた。たとえば水藤真氏は、「来たる七日の寅の刻、御葬送」とあります。寅の刻と言いますのは、明け方の四時ごろです。このことから、葬送は亡くなってからほど遠からぬ時期に、深夜に行われるということがうかがわれるわけです(7)。

と、寅の刻に行われた葬送を深夜の葬送として扱う。また勝田氏は

天皇や貴族の葬式は中世後期にも夜に行われているが、このころになると足利将軍の葬儀は昼に行われるようになり、

と、葬送が夜から昼に行われるようになると述べている。

しかし、本章では葬送の開始時刻を、夜・日中（昼）のほかに、暁を加えて三つに分類し、夜に開始する葬送を夜型、暁や日中に開始する場合はそれぞれ暁型、日中型と記す。この暁とは、古代中世において認識されていた寅刻から夜明けまでの時間帯を指す。(8)暁型を加える理由は、まず葬送の時刻を「暁」と記す史料が相当数あること、第二により重要なことは、丑刻と寅刻を境（午前三時）に日付が変わるものとされ、(9)暁は一日の始まりでもあったことからである。このように寅刻から始まる暁は、夜とは区別されるべき時間帯であった。もちろん、寅刻はまだ日の出まで時間があり、明暗の上からは夜であった。(10)しかし、それ以上に日付の違いは古代中世の人々の生活上、大きな相違と意識されていたはずである。なぜならば、一日の始まりであった暁は、旅に出る時間であり、出仕の時間であり、(11)また前日の夜に通った女性の家から男性が帰る時間であったからである。(12)当時の人々が、寅刻を「暁寅」などと暁の時間帯として記していた背景には、こうした夜とは異なった暁に対する人々の認識があったものと考えられる。

ここで、寅刻を暁（今暁・明暁）ととらえている事例を二つ挙げてみよう。一つ目が『玉葉』文治元年（一一八五）九月二十日条。この日「今暁寅刻」に高階盛章の娘が男子を出産したと九条兼実は記している。二つ目が『言継卿記』天文二十二年（一五五三）十月二十七日条。この日の「今暁寅刻」に息女の阿子の葬礼を行ったと山科言継は記す。この「暁寅」との表記が十六世紀中頃まで見られることから、暁を夜とは区別して捉える人々の認識がその頃まで続いていたであろうことが窺われる。(13)先に水藤氏が紹介した事例は、文明十二年（一四八〇）九月七日の寅刻に行

われる予定であった二条政嗣の葬送であった。水藤氏はこれを「深夜」といった。しかし『宣胤卿記』同月六日条は、「明暁」と明記している。このように従来の研究は、こうした暁の持つ意味に対して充分な注意を払ってこなかった。しかし「暁」を夜とは異なった時間として扱う意識は、後述するように葬送時刻にも影響を与えていた。本章はこのような理由から葬送の開始時刻を、日没から丑刻までの夜型、寅刻の暁型、日出（卯刻）[14]から日没[15]までの日中型との三区分とした。

2　葬送時刻変遷のあらまし

表3・表4は、古記録に記された死没記事のうち、葬送の開始時刻が判明する事例を分類集計したものである。本章は古代中世における葬送時刻の変化を見るため、八世紀から十六世紀末まで三〇〇余件の葬送記事を収集した（個々の被葬者名・葬送時刻・出典等は表6として一〇三頁以降に掲載）。表3では当該事例を葬送の開始時間帯によって夜・暁・日中に分けて集計し、さらに具体的な開始時刻が分かるものを干支別に内訳として表示した。[16]表4は、暁型が発生する十二世紀以降、どの身分で葬送時刻に変化が起きているのか、おおよその傾向を知るため被葬者の身分を便宜的に王家・公家・武家・僧と四区分にして、葬送の開始時刻を集計したものである。

最初に、表3をもとに葬送開始時刻の変遷を型別に概観しよう。まず夜型をみると、十二世紀末までの全事例一三〇例のうち一二六例と、ほとんどすべてが夜型であった。その初見は、『続日本紀』で霊亀二年（七一六）に没したとされる志貴親王の葬送である。『万葉集』（新編日本古典文学全集）巻二には、「天皇の神の皇子の　出でましの　手火の光そ　そこば照りたる」と葬列に火の光が照っていることから、夜の葬送であることが窺われる。[17]次に十三世紀以降の状況では、夜型の件数も十三世紀が全体の約九割、十四世紀が約七割と逓減し、十五世紀にはついに四割を切っ

表3　葬送の開始時刻の変遷

年代	葬送の開始時刻判明数	夜	暁	日中	夜					暁	日中					
					酉	戌	亥	子	丑	寅	卯	辰	巳	午	未	申
8・9世紀	9	9			1	1										
10　世紀	21	21			1	4										
11　世紀	43	42		1		9	2									
12　世紀	57	54	3			9	5	1								
13　世紀	48	43	3	2	1	11	2	2		2		1		1		
14　世紀	30	23	5	2	2	8	3	3		1	1			1		
15　世紀	60	21	21	18	2	4	2	1	1	8	6	2			3	1
16　世紀	49	18	12	19		5	2		1	5	1	1	2	2	3	3
合計	317	231	44	42	7	51	16	7	2	16	8	4	2	4	6	4

人名および出典は表6に付している

表4　12世紀以降の被葬者の身分別葬送時間帯

年代	総計	王家			公家			武家			僧		
		夜	暁	日中	夜	暁	日中	夜	暁	日中	夜	暁	日中
12世紀	57	21			26	3		1			6		
13世紀	48	12			20	1		5	2		6		2
14世紀	30	6	1	1	5	1		1	1	1	11	2	
15世紀	60	8	5	1	6	10	1	3	4	12	4	2	4
16世紀	49	5			5	4	3	2	5	4	6	3	12
合計	244	52	6	2	62	19	4	12	12	17	33	7	18

(1) 表3の明細のうち12世紀以降を集計した
(2) 各層の妻は，出身によらず，可能な限り夫の身分に，未婚の女は父の身分によった

て三割余りとなる。ただし十六世紀にはほとんど変わらず、三割は夜型であって、夜型が中世で消滅するわけではない。

　なお、収集した史料の多くは京における事例であるが、十二世紀以降は他地域の事例も確認できる。たとえば『吾妻鏡』によれば、正治元年（一一九九）の源頼朝の娘三幡の葬送をはじめ、貞応三年（一二二四）の北条義時、嘉禄元年（一二二五）の北条政子など鎌倉での葬送も、夜型葬送であった。このほか『三外往生記』（日本思想大系七）四七によれば、昔日に京から陸奥へ下向して藤原清衡に仕えていた散位道俊は、天承元年（一一三一）に当地で亡くなり、夜に葬られている。これが陸奥の習

俗に従ったものとすれば、夜型葬送は京都や鎌倉にとどまらず、さらに広域的に行われていたことになる。[18]

暁型は十二世紀前半から確認できる。その初見は保延二年（一一三六）に没した賀茂家栄の葬送で「葬斂之暁」（日本思想大系七『後拾遺往生伝』下・一七）と記される。その後、暁型は十四世紀に全体の二割近くに達し、十五世紀には三割を大きく上回るが、十六世紀は日中型の増加に押され減少する。次に日中型は、趨勢として暁型に一世紀ほど遅れた動きを見せる。十五世紀に全体の三割に達し、十六世紀には四割近くまで増加する。ただし初見は早く、治暦三年（一〇六七）僧寂禅の葬送で「白昼火葬」（同・下・一九）と記されている。[19]

具体的な葬送開始時刻の年代別推移では、夜型葬送の開始時刻は十二世紀末までを例にとると、時刻の判明する三三例のうち約九割の三〇例が戌・亥刻（午後七時〜十一時）であった。終了時刻は表3には収載しなかったが、判明する二〇例すべてが暁までに終了していた。[20]つまり夜に始まった葬送は暁までに終了していたのである。この点は夜型葬送を考える上で重要であり、次節で後述する。ただし、時代が下るほど夜型葬送の開始時刻も亥刻・子刻と次第に遅くなり、暁型・日中型の出現に伴い、開始時間は多様化し、十五・十六世紀には十二支すべてにわたるようになる。

次に、表4をもとに十二世紀以降の葬送時刻の変化を、身分別に確認しよう。これによると、公家は暁型を十二世紀からいち早く採用し、十五世紀には最も多く用いるようになる。ところが、十六世紀には日中型の採用もあって暁型が逆に減少し、三つの型が同程度となっている。これに対して王家は、十四世紀より暁型も採用しているが、日中型はほとんどなく一貫して夜型が多く用いられた。公家の葬送時刻が夜型から暁型、日中型へ移行していくのとは対照的である。前項で紹介したように、勝田氏は「天皇や貴族の葬式は中世後期にも夜に行われている」と記していたが、実際のところ公家は王家とは異なり、日中型をも採用していたのである。次に武家では暁型が十三世紀に、日中型が十四世紀に見え始める。そして、十五・十六世紀には暁型の増加とともに日中型も増加する。こうして武家では、夜型はあまり用いられなかった。最後に僧侶では、夜型が比較的多用されたが、日中型は十一世紀の初見に次いで、十三世紀も他の身分に先駆けて採用され、十五・十六世紀には武家と並び多く用いられている。このように暁型や日中型葬送の受容は、王家・公家・武家・僧という身分によって、それぞれ特徴的な様相を示していたのである。

以上、表3・表4を通して十六世紀までの葬送時刻の変遷を型別、被葬者の身分別に概観してきた。そこで、これらを総合して時代別にまとめておきたい。

①十一世紀末までの葬送は、ほぼすべて夜に行われていた。これが十二世紀半ばから変化し、公家が暁型を採用し始める。日中型は僧が用い始めるが、大勢として現れるのは十三世紀以降であった。十二・十三世紀、夜型は全体の九割前後を占めるものの、この時期から葬送時刻に変化が生じ始めた。

②十四世紀は暁型が各身分に用いられ始めたが、夜型が依然として七割以上を占めていた。

③十五世紀に変化が顕著となる。暁型が夜型と並び全体の三割余りを占め、日中型も三割に達する。これは各身分で暁型が多用され、日中型も浸透している点に現れている。

④十六世紀には暁型が減少して日中型が四割近くまで増加する。葬送時刻が夜型から暁型、そして日中型へと移行していると思われるが、中世後期でも夜型がなくなることはなかった。日中型は僧・武家に続いて公家へも広がったが、王家ではほとんど用いられなかった。夜型の王家、日中型を多用した武家・僧侶、それを追随する公家との様相を呈していた。

⑤葬送開始時刻の年代別推移では、夜型でも年代を下るほどその時刻が次第に遅くなる。そして、十五・十六世紀には十二支すべてが葬送時刻として許容されていた。

以上、十六世紀末までの葬送時刻の変遷を概観してきた。そこで以下に、葬送がなぜ夜に行われていたのかを考察するとともに、その変化の原因を探っていきたい。

第二節　夜型葬送と暁型葬送

1　夜と葬送

葬送とは死者を葬ることであるから、その葬法は死体に対する観念と密接な関係にあることが予想される。したがって、夜に葬送が行われた由来を理解するためには、古代中世の人々が夜をどう認識していたか、その夜に対する観念と同時に死体に対する観念も考察しなければならないであろう。そこで、本章はこの二つの観点から考えていくこととする。(21)

まず死体に対する観念から考えよう。従来、死体といえば穢観が過剰なまでに取り上げられてきたが、昼夜により穢が変化するわけではない。したがって、死体を夜に葬るという時間的な制約の由来を死穢に求めることはできない。一方、夜と葬送の関係を考える上で、死体が人々を死の世界（他界）に巻き込みかねないものと考えられていたことに注目しなければならないであろう。たとえば冷泉天皇皇子の為尊親王が、長保四年（一〇〇二）病によって二十六歳の若さで亡くなったことを、『栄花物語』（新編日本古典文学全集）巻七「とりべ野」では次のように記している。

道大路のいみじきに、ものどもを見過ぐしつつあさましかりつる御夜歩きのしるしにや、いみじうわづらはせたまひて、うせたまひぬ、

つまり為尊親王が亡くなったのは、夜に「もの」すなわち死骸を見やりながら大路を歩き通したからではないか、と

考えられたわけである。大路に触穢はなく(22)、為尊親王の死はもちろん触穢によるものではなかった。また嘉承二年（一一〇七）二十九歳で死去した、堀河天皇の死因についても同様な考えが存在していた。藤原宗忠は、その死につながったと考えられる怪異なできごとの一つに、堀河天皇が亡くなる前月七日、内裏へ方違の行幸時に大宮大路で起きた事件を挙げている。その事件は、「去六月有レ行二幸内裏一之夜、路頭置二死人一、前陣検非違使等不二取棄一、大奇恠」（『中右記』同年七月十九日条）と記されている。路頭に放置されていた死体と遭遇し、堀河天皇は一ヵ月余り後に亡くなったという。このように死体は、それと直接的な接触がなく遭遇しただけでも、その人を他界へ引き込みかねない禍々しい存在として認識されていた。ゆえに死体に対する恐怖感ははなはだ大きいものであった。たとえば『春記』永承七年（一〇五二）四月二十七日条には、「路頭死骸太多、尤可レ恐々レ々」とその恐怖を記している。そのため、夜道で死者と遭遇したときに称える呪文までもが用意されていた(23)。

死体がこのような禍々しい存在であったために、葬送が人目に触れるのを極力避ける必要があった。と同時に、葬送に参列する人へも当然に注意が払われた。たとえば葬送の日が、衰日といって各人の年齢により決められた凶日(24)に当たる人などは、「忌み負け」しないように葬送にも参列してはならず、忌み憚らなければならなかったのである(25)。こうしたことから、葬送は人々が活動する日中が憚られ、夜に行う必要があったのである。『発心集』（新潮日本古典集成）巻四の十に「日暮れぬれば、夜にかくして便りよき処にうつし送りつ」と、遺体を夜陰に紛れて葬地に送り埋葬したと記すのも、それを示すものであろう。勝田至氏は夜に葬送が行われた理由として、見知らぬ者の葬式に出会うことを不祥として嫌う人々の感情に配慮したためかと推測したが、その感情とは以上のような死体観に基づく葬送への忌避に由来するものだったと考えられる。

次に夜に対する観念から考えよう。夜は現代でも昼とは異なった世界を現出する。まして人工的な明るさなどなかったに等しい古代中世ではなおさらであったろう。たとえば『今昔物語集』(新編日本古典文学全集)巻二七―第三三には、夜中に外出することを「怖シキ事無限シ」と言い、「命ヲ不顧ズ」とさえ記している。夜はこれほど恐れられていた。この夜に対する観念についてはすでに種々の指摘がなされているが、本章は夜型葬送を考える上で重要と思われる点を二つ取り上げる。一つに夜は、神霊・鬼神が出現・活動する世界であり、暁はそれらが立ち去らなければならない時間であり、世界であった[26]。このことを示すのが、『今昔物語集』巻一三―第一である。ここには、「異類ノ形ナル鬼神共」が「初夜ノ程ニ」出現し、「曙ル程ニ成ヌレバ」皆帰り去っていることが描かれている。また『日本書紀』巻五・崇神天皇十年九月条には、箸墓の造営を「是墓者日人作、夜神作」と記されている。このように暁になるまでの夜は、「百鬼夜行」と言われるような神霊・鬼神の活動する世界と認識されていた。二つに、夜は黄泉へ通じる世界であった[27]。『万葉集』巻九「哀二弟死去一作歌一首」に「遠つ国　黄泉の界に」(一八〇九)と詠まれた一節を、仙覚は『万葉集注釈』(一二六九年の著)で[28]、「ヨミトイフハ、ヤミトイフ也、冥途トモ黒闇処トモイフヲ、和語ニヨミトイフハ、スナハチ、ヤミナリ」と釈している。このように夜を表象する闇と黄泉とが同義と理解されていた。すなわち夜は、黄泉であった他界に通じる世界であった。

つまり夜は、神霊の活動する世界であり、他界に通じる世界と認識されていた。こうした他界に通じる夜であったから、生者を他界へ引きずり込みかねない、言わば他界と接した死体を葬る儀礼は、やはり夜でなければならなかったと言えよう。このことは、先にも述べたように十二世紀末までに確認できる夜に始まる夜型葬送すべてが、暁までには終了していたことにも窺われる。たとえば万寿二年(一〇二五)、三条天皇皇后藤原娍子の葬送を、『栄花物語』巻二五「みねの月」には「さて人々「夜明けぬべし」など申せば、出でさせたまひて」と、暁に葬所から人々が引き上げる様子が描かれている。暁に立ち去ろうとするところに、単に葬送が終わったというのではなく、暁には葬送を終えようする意志を読み取ることができる。このような夜型葬送の時間帯は、神霊・鬼神が活動したそれとぴったり符合する。これらのことから、他界と接していた死体は、他界に通じた暁までの夜の間に葬られる必要があったのである。

以上をまとめると、死体は人々を他界へ引き込む恐れがあったことから、人との遭遇を避けるために、人の活動する日中を避けて夜に葬送を行う必要があった。一方、夜は他界に通じる世界であったから、他界と接していた死体は暁になるまでの夜の間に葬る必要があった。夜に葬送が行われたのは、古代中世の人々のこうした死体観と夜観念とに起因するものであったと考えられる。ところが中世では夜型葬送に加えて、新たに暁型や日中型葬送が現れる。この変化をもたらしたのは何であろうか。次にそれを検討していこう。

2　暁観念の変化と葬送

古代中世において、寅刻は夜でありながら一日の始まりとしての暁であった。こうした時間認識が中世後期までも維持されていたことは、「暁寅」との表記を通して第一節で確認した。ところが、寅刻を「暁」よりむしろ「夜」と考える意識（以下「夜寅」認識と称す）も現れてくる。管見の限りでは、十世紀末を初見として、十二世紀末から次第に増えてくる。ここに確認できたもののうち、年代順に四事例提示する。(30) まず、初見は長徳三年（九九七）六月十一日「前淡路掾美努兼倫解」で、「今月五日夜寅時許」に妻子等が捕縛されたとある（三条家本『北山抄』裏文書）。二点目が高山寺経蔵聖教「起信論義記巻下」建久二年（一一九一）十月二十日の奥書で、「夜寅終許」に写本を以て校了したとある。三点目が東寺観智院金剛蔵聖教「起信論疏筆削記巻第二」寛喜元年（一二二九）七月十一日の奥書で、「夜寅時許」に書写したと記す。四点目が親鸞の『正像末和讃』で、康元二年（一二五七）二月九日の「夜寅時」に「夢告」があったと記す。従来「暁」と認識されていた寅刻が、「夜寅」と表記され、「夜」と意識されるように変化している。(31)

もちろん「暁寅」との表記は、九条兼実が十三世紀初頭まで記した『玉葉』には一五回、鎌倉後期に編纂された『吾妻鏡』には四回確認できるのに対し、「夜寅」表記はともに皆無である。ゆえに「夜寅」認識が登場してきたとはいえ、社会の大多数は「暁寅」観であった。また第一節で確認したように、それは十六世紀中頃までも確認することができた(『言継卿記』)。ただし、伏見宮貞成親王が『看聞日記』応永二十三年(一四一六)十一月二十三日条で「今夜寅剋」と記したように、十五世紀の初めには王家にも「夜寅」認識が確認でき、それが社会のなかで相当に広がっていたことも窺われる。

では「夜寅」観の登場は、葬送時刻にどのような影響を及ぼしたのか。そもそも、中世後期に用いられた不定時法では、「暁」であった「寅刻」も特定の時間を指すものではなくなり、季節により変動するものになっていた。そして、その寅刻が「暁」から「夜」であるとの認識に変化する。このことは、それだけ「夜」と意識される時間帯が拡張したことを意味する。とすると「暁」の始まりがその分、後にずれることになる。その結果、「暁」の語意は遅くとも十六世紀中頃には現代のような「明け方」と理解されるようになる。(32)このような「暁」としての時間概念の曖昧さが、葬送の終了時刻に対する認識も変化させたのではないか。こうして葬送を終える時間も夜明け方まで可能となり、「寅刻」に開始する葬送、すなわち暁型への道が開かれていったと考えられる。

筆者は先に表3から、夜型葬送が十五世紀には全体の三割余りとなり、十六世紀も三割程度であったと指摘したが、室町時代の人々にとって、「寅刻」開始の葬送は夜の葬送と認識されていたかも知れない点は留意する必要がある。(33)この「寅刻」に対する認識の変化を考慮して暁型を夜型葬送に加えるならば、十六世紀においても夜型葬送が六割を占め、その残りが日中型であったということになる。しかし、この「寅刻」に対する認識は中世後期のある年代を機に、一斉に「暁」から「夜」へ切り替わるというものではなかった。ゆえに本章は、中世後期であっても「暁」が「明け方」ではなく、「寅刻」を指すものとして使用する。同様に「暁型葬送」も、「明け方」の葬送ではなく「寅刻」に開始される葬送として使用する。(34)

では、そもそも寅刻を「夜」と考えるようになったのはなぜか、その原因は定かではない。ただ、九世紀末から十世紀を通じて公事の夜儀化が進行し、摂関期には公卿や殿上人の間では未刻（午後一時〜三時）参内、真夜中退出が一般化していく。(35)こうした政務や朝廷儀礼の「夜」化による生活スタイルの変化が、人々の「夜」意識を変化させていったことは充分に考えられるであろう。生活時間の変化による夜型生活が、「夜」意識の変化を促し、そして寅刻を「夜」と認識することが自覚化されるにつれ、文書にも「夜寅刻」と記されるようになっていったのではないだろうか。

第一節では表3・表4を通して、同じ夜型葬送でも時代が下るにつれ、開始時刻が戌刻、亥刻、子刻と次第に遅くなっていたこと、暁型葬送は公家によりいち早く用いられていたことを読み取った。これら葬送時刻の変化も、こうした貴族社会の夜型生活への変化と軌を一にしており、暁型葬送の発生に関する右の考察を裏付けるものと言えよう。こうして、「暁」である寅刻に開始される暁型葬送が行われるようになる。しかし、「暁」であった寅刻はまだ暗く闇であり、「夜」との認識も生じつつあったから、夜中でなければならなかった死者への処置（葬送）も満足させるものであった。そして十五世紀は、王家にも「夜寅」認識が広がっていった。ちょうど同じ時期、王家も含め各階層に暁型葬送が採用され、それが急増する時期でもあった。

ところで、暁型葬送は基本的には日出までには終了していたが、やがてそれも日出の後に及んでいった。(36)こうして、日中型葬送への展開へとつながっていくのではないだろうか。表3から統計的に読み取った、暁型から日中型へ移行している葬送の受容状況も、恐らくその実態はこうしたことにあると思われる。

ただし十五世紀初頭には、白昼を憚る意識もまだ残っていた。たとえば、『吉田家日次記』（天理大学所蔵・自筆本）応永九年（一四〇二）五月三日条に

雖レ為二白昼一、不レ移レ時、忩奉レ盗二出浄宝寺一、御板輿也、以二時衆一雖レ可レ奉レ舁レ之、白昼有レ憚之間、未二御事終一分爾テ、以二夫力者一奉二仕之一、

と、吉田兼熙の遺体を移送するのに、白昼であるため憚りのあったことが窺われる。また東寺長者聖快の応永二十四年の置文（『大日本史料』七―二八、一五七頁）には、「於二葬礼一者、日中尤有二其憚一、入レ夜可レ有二沙汰一」と、日中の葬礼に憚りのあったことも知ることができる。

以上のように公事の夜儀化に伴う生活時間の変化により、貴族社会が夜型生活となり、人々の「夜」「暁」観念を変化させ、「夜寅」認識を自覚化させるに至った。こうした変化を背景に「暁」に葬送が開始されるようになった。当時の人々の夜に対する観念や死体観によって、夜にその処理が必要とされ、夜型葬送が行われたと先に指摘したが、暁型葬送の登場は基本的にこれら観念の変化とは関わっていなかった。しかし出棺のときまだ暗がりであった暁型と、白日の下にさらされる日中型とでは、大きな相違が存する。よって日中型葬送の登場には、これら死体観などの変化と密接な関係があったことが予想される。次節で日中型葬送の発生を考察していきたい。

第三節　中世後期葬送の特質と日中型葬送

1　結縁の葬送

日中型葬送の発生要因を検討するため、日中型葬送四二例の様態と出典を表5としてまとめた（本節で使用する事例の○数字は表5の番号であり、その出典の詳細は表5に記す）。勝田至氏は中世後期の葬送儀礼として、「足利将軍の葬儀は昼に行われようになり、禅宗が豪華な葬具を発達させていくことになる」と指摘した。そして龕・幡・天蓋など、仏像を荘厳するための仏具が葬具に転用され、それらは「「死者を仏として葬る」という葬儀観に伴って出現した」ものので、「中世後期には昼の葬列、葬具の発達など「見せる葬式」の性格が顕著になる」とその変化を指摘した。(37)要約すると、中世後期に変化した葬送の特徴は、豪華な葬具による「見せる葬送」、「死者を仏として葬る」葬送、昼に行われる葬送、の三点にまとめることができる。

日中型葬送について検討を行うに当たり、勝田氏のこの指摘は非常に有用である。たとえば⑥応永十五年（一四〇八）足利義満の葬送では、本来、仏像を納める厨子であった龕には遺体が納められ、それが「赤青ニ地金襴」と豪華な葬具として用いられていた。そして五山以下の諸長老のほか、衆僧が三千人も群集するという盛大な葬送であった（『慈照院殿諒闇総簿』）。勝田氏が指摘するように、ここに禅宗の「死者を仏として葬る」思想や「見せる葬送」の要素を見ることができる。しかし、「見せる葬送」や「死者を仏として葬る」葬送が、日中型葬送と並んで中世後期葬送を特徴づける要素であるとしても、これらの思想的な背景やその歴史的な形成過程が明らかにはなっていない。そこ

表5　日中型葬送の一覧

No	被葬者	葬送年月日	葬送の様態	出典
①	寂禅	治暦三（一〇六七）・八	顧命により「白昼火葬」。**「結縁道俗」が弔問に参集。**	『後拾遺往生伝』下一九
②	興福寺権別当法印・前大僧正・円経	仁治三（一二四二）・一〇・一〇	「十日葬斂、辰剋」とある。葬送の状況は不明。	「維摩会講師研学竪義次第」（『大日本史料』五－一五－一二八）
③	叡尊	正応三（一二九〇）・八・二七	「未刻、可有葬送」。葬儀は七百余人の衆僧により行われ、尼衆は五百余人が従う。**「見聞道俗」は叡尊を「釈迦大日如来」と拝見**する。	「西大寺叡尊上人遷化之記」（『西大寺叡尊伝記集成』）
④	遊義門院姈子内親王	徳治二（一三〇七）・七・二六	「卯剋」に葬送が有るとだけ分かる。詳細は不明。	『続史愚抄』徳治二・七・二六条
⑤	足利義詮	貞治六（一三六七）・一二・一三	「午の剋に荼毘」。葬儀の執行は、東福寺長老信義堂等すべて錚々たる禅僧による「仏事の次第厳重」。具体的な葬具は不明。	『太平記』巻四〇
⑥	足利義満	応永一五（一四〇八）・五・一〇	「未刻、御荼毘」。**龕は「赤青ニ地金襴、紋桐以之張之」**という豪華さ。**「結縁衆」も多く参集。**義持、義嗣のほか、管領・斯波義教などが**善の綱を担ぐ。**	「鹿苑院殿追善記」「慈照院殿諒闇総簿」（『大日本史料』七－一〇－九）
⑦	足利満詮	応永二五（一四一八）・五・一六	「卯末剋、小川殿御荼毘」とある。詳細は不明。	『満済准后日記』応永二五・五・一六条
⑧	足利義持	応永三五（一四二八）・一・二三	「今日未刻御荼毘」。葬儀では**義円（義教）が「紼」（善の綱）を執って龕の前を歩く。善の綱を引くことは「冥加」**のためとされる。「比丘尼・五山住持已下済々在此列、**僧衆諸五山済々如雲霞**」とある。	『満済准后日記』応永三五・一・二三条、『建内記』応永三五・一・二三条
⑨	醍醐寺三宝院・満済	永享七（一四三五）・六・一四	荼毘が「時卯」とある。**棺には錦を張る。**色々の下行に三千疋の絹を用意。僧衆は太子堂等の長老以下八十人。	『醍醐寺新要録』下巻八三三頁

No	被葬者	葬送年月日	葬送の様態	出典
⑩	足利義教	嘉吉一（一四四一）・七・六	「卯刻」葬礼。「禅家之沙汰」とあり禅宗による葬送と判明。詳細は不明。	『蔭涼軒日録』嘉吉一・七・六条、『建内記』嘉吉一・七・六条
⑪	足利義勝	嘉吉三（一四四三）・七・二九	「今朝」葬礼とある。詳細は不明。	『建内記』嘉吉三・七・二九条
⑫	敷政門院庭田幸子	文安五（一四四八）・四・一九	「卯剋」、伏見大光明寺で葬礼がある。詳細は不明。	『師郷卿記』文安五・四・一九条
⑬	畠山持国	享徳四（一四五五）・三・二八	「日中」、建仁寺西来院で荼毘とある。詳細は不明。	『師郷卿記』享徳四・三・二八条
⑭	久守あや	文明四（一四七二）・七・一三	「今朝」松崎山へ土葬とある。詳細は不明。	『山科家礼記』文明四・七・一三条
⑮	興福寺寺務・経覚	文明五（一四七三）・八・二九	「申時」、己心寺で御葬礼とある。詳細は不明。	『大乗院寺社雑事記』文明五・八・二九条
⑯	日野勝光	文明八（一四七六）・六・一九	「辰剋」、千本歓喜寺の辺で土葬とある。詳細は不明。	『親長卿記』文明八・六・一九条
⑰	細川政之	長享二（一四八八）・八・二三	「卯刻」西山宝光院で禅宗による葬送。「**結縁為幸**」とする。	『蔭涼軒日録』長享二・八・二三条
⑱	足利義尚	長享三（一四八九）・四・九	「五鼓半時」に葬礼が始まる。**龕には「赤地金襴」が張られる。荼毘が「御結縁」の場**とされる。	『蔭涼軒日録』長享三・四・一、四・九条
⑲	足利義政	延徳二（一四九〇）・一・二三	「御闍維、卯刻」とある。**荼毘に千貫文も費やされ、龕は「赤地金襴、粧以金箔」、幡・天蓋も「赤地金襴」**というものであった。	「慈照院殿諒闇総簿」（『大日本史料』八－二五）、『蔭涼軒日録』延徳二・一・七条
⑳	足利義視	延徳三（一四九一）・一・二五	「卯剋」に等持院で禅宗による葬送。	『蔭涼軒日録』延徳三・一・二五条
㉑	円戒国師・真盛	明応四（一四九五）・三・六	①二・三〇、没。遺体を本尊の右の脇に七日間置く。この間、**参詣者は貴賤ともに遺体を拝して貴び、坂本中の律衆が権化の上人に「結縁」**のため下向。 ②三・六「未刻」葬送、「**参詣諸人悉奉拝之**」。	『続天台宗全書』史伝二、五四三・五四四頁
㉒	日野富子	明応五（一四九六）・六・一四	「今朝、小河殿御葬礼」とある。詳細は不明。	『後法興院記』明応五・六・一四条

㉓	本願寺八世・蓮如	明応八（一四九九）・三・二六	「御闍維時剋午時」とある。葬送に特別華美な点を見出せないが、葬送に先立ち、**遺骸を人に見せよとの遺言により、数万人が遺骸を拝む。**	「第八祖御物語空善聞書」（『真宗史料集成』二―四三七）
㉔	安禅寺正春首座	永正二（一五〇五）・四・二五	「今朝於千本葬礼」とある。詳細は不明。	『実隆公記』永正二・四・二五条
㉕	延春房賢専	永正二（一五〇五）・一二・四	「今日未剋、葬送沙汰了」とある。詳細は不明。	『多聞院日記』永正二・一二・四条
㉖	細川政元	永正四（一五〇七）・七・一一	「辰刻、政元朝臣葬礼」とある。将軍足利義澄から**京兆家家督を認められていた細川澄之が、細川政元の葬送を執沙汰。**	『宣胤卿記』永正四・七・八、七・一一条
㉗	足利義澄妹・宝鏡寺尼	永正五（一五〇八）・三・二四	「今朝於聖寿寺葬礼」とある。詳細は不明。	『実隆公記』永正五・三・二四条
㉘	高倉永継	永正七（一五一〇）・一〇・一七	「今朝葬礼」とある。詳細は不明。	『実隆公記』永正七・一〇・一七条
㉙	小槻時元	永正一七（一五二〇）・四・一三	「今朝、時元宿爾葬千本」とある。詳細は不明。	『実隆公記』永正一七・四・一三条
㉚	本願寺九世・実如	大永五（一五二五）・二・七	「御葬送ハ七日未ノ剋也」とある。葬送に特別華美な点を見出せない。葬送に先立ち、**門弟の懇望により遺骸拝礼**が行われている。門徒や地下人は**「冥加」のために葬礼に供奉した門徒や地下人の中には「切腹」する者**もいた。	「実如上人闍維中陰録」（『真宗史料集成』二―七六五）、『元長卿記』大永五・二・七条
㉛	中御門宣胤	大永五（一五二五）・一一・三	「今朝葬礼」とある。詳細は不明。	『実隆公記』大永五・一一・三条
㉜	金光院良秀	大永六（一五二六）・四・二	「今朝葬礼」とある。詳細は不明。	『実隆公記』大永六・四・二条
㉝	蓮淳次男・実恵	天文五（一五三六）・五・六	「葬送卯剋」とあり、路念仏や町蠟燭が行われた。	「天文日記」（『真宗史料集成』三―二九）
㉞	蓮如六男・蓮淳	天文一九（一五五〇）・八・二三	「葬送廿三日申剋也」とある。葬送には特別華美な点を見出せない。	「蓮淳葬中陰記」（『真宗史料集成』二―七七四）
㉟	小山田信有	天文二一（一五五二）・一・二三	「申剋送葬。**御供人衆一万人**ニ而送リ被食候、法華宗**郡内一番ノ御弔被成候**」と、盛大な葬送。	『妙法寺記』天文二一年条

No	被葬者	葬送年月日	葬送の様態	出典
㊱	蓮如十一男・実孝	天文二二(一五五三)・閏一・一九	「申刻」葬礼とある。「**亡者ノ輿ハ如常五金物金箔**ニテヲス。**七金物ニテモアルヘシ**」と、遺体を乗せる輿が五金の金箔。また、「**輿ノ綱**」が「布一ハヽニテ、如常ニ一筋」とある。	「実孝葬中陰記」(『真宗史料集成』第二－七八七)
㊲	三好長慶	永祿九(一五六六)・六・二四	「葬礼未刻」とある。葬送に**養子として後を継いだとされる三好義継が出席**。	『日用集』永祿九・六・二四、六・二六条
㊳	真如寺住持・瑞延	永禄一二(一五六九)・一〇・二四	「巳刻闍維」とある。詳細は不明。	「縷氷集」(『大日本史料』一〇－三－四八三)
㊴	等持寺住持・景俊	元亀三(一五七三)・六・一九	「十九日申刻、北邙闍維」とある。詳細は不明。	「縷氷集」(『大日本史料』一〇－一六－一二六)
㊵	興福寺別当法務大僧正・尋円	天正一一(一五八三)・八・一六	「午貝定葬礼」とある。**葬儀は輿を新調し、屋根は錦、柱は金襴にて張り、四方の隅の縁もあきの金襴でへりを取る**など、「**ケッコウ事盡了**」と、非常に豪華な装飾。	『多聞院日記』天正一一・八・一六条
㊶	興福寺別当法務大僧正・尋憲	天正一三(一五八五)・一一・二三	「午貝定白毫寺へ葬送（中略）**コシノハリ物キンラン**」とある。これが遺体を載せた「輿の張り物が金襴」なら、豪華な葬送と推測される。	『多聞院日記』天正一三・一一・二三条
㊷	豊臣秀吉母・天瑞院	天正二〇(一五九二)・八・七	「巳刻」蓮台野にて火葬。「**龕以下美麗不及筆云々、貴賤僧俗見物万〻也**云々」と非常に豪華な葬送。	『言経卿記』天正二〇・八・七条

日中型葬送の様態を窺うことができる一節をゴシック体で表示した

で、この「死者を仏として葬る」葬送をはじめに取り上げ、その背景と形成過程を検討し、日中型葬送の発生を考える糸口としたい。

「死者を仏として葬る」葬送の検討には、まず③正応三年（一二九〇）叡尊の葬送を取り上げる必要があろう。極楽寺蔵『西大寺叡尊上人遷化之記』には「見聞道俗悲泣、如レ雲不レ知二其数一、南無思円上人釈迦大日如来奉二拝見一」と記されている。(38) 葬送に参集した人々が死者叡尊を釈迦大日如来と拝しており、これは「死者を仏として葬る」葬送の典型であった。しかし葬具などの荘厳さは記されず、また「已朝入棺、以レ布絞レ之、奉レ乗レ輿」と龕が用いられていないことから、禅宗儀礼が用いられた葬送でもない。このことは、日中に行われた「死者を仏として葬る」葬送が、禅宗儀礼や禅宗の豪華な葬具を不可欠とはしないことを示しており、「死者を仏として葬る」葬送の思想的背景を必ずしも禅宗に求める必要がないことを意味している。ではそれは何に由来するのか。それを明らかにするため、「死者を仏として葬る」葬送の特徴を見出し、その由来を考えていきたい。

叡尊の葬送では、寺僧以下在家の者達が「端座入滅之姿」を競って拝していた。これは単に「死者を仏として葬る」葬送というよりは、往生・成仏した叡尊を礼拝し、叡尊に結縁しようとする「結縁の葬送」と言うべきものであろう。こうした「結縁の葬送」は、㉓明応八年（一四九九）の本願寺八世蓮如の葬送にも認めることができる。門弟空善の記した『第八祖御物語空善聞書』によれば、葬列の詳細は不明なものの、葬送の前日に「聖人ノ御前ニテ人ニモ見セヨ、ト御遺言ニ仰候キ、廿五ノ晩景ニ数万人ヲカミタテマツル」と遺骸拝礼が行われており、これも「結縁の葬送」と言えるであろう。この遺骸拝礼は本願寺の葬送の特色として注目されており(39)、現に㉚同寺九世実如の葬礼でも踏襲されていた（『実如上人闍維中陰録』）。「死者を仏として葬る」葬儀観によって、禅宗が龕などの葬具を発達させた、と勝田氏は指摘した。しかし「死者を仏として」扱う故に、往生成仏した死者に「結縁」する「結縁の葬送」が、葬具発達の前提にあったと言えよう。すなわち、「結縁の葬送」が「死者を仏として葬る」思想の具体的な葬法であり、この葬法としての「結縁の葬送」が禅宗儀礼に影響を与え、葬具を発達させたものと考えられる。

では、「結縁の葬送」はどのようにして誕生したのか。そもそも、往生人との結縁を求める風俗は、つとに往生伝などに見えている。たとえば『後拾遺往生伝』下二には、保安四年（一一二三）に没した興福寺僧経源を「遠近道俗、群集礼拝」する様子が記されている。十二世紀半ば成立の『本朝新修往生伝』（日本思想大系七）三九・沙門円能の伝には、「見聞成レ市、（中略）葬二斂舟丘山一、人調二音楽一、囲二繞途路一、蓋為二結縁一也」などと往生人に結縁しようと群集する人々の姿が描かれている。「結縁」とは、自身が死後に往生成仏する機縁を作ることであるから、「為二結縁一」に往生人のもとへ集うのは、それが自身の往生浄土への機縁と観念されたからこそであろう。そして実際、往生人との「同生の縁」を求めて入水・切腹することも行われた[40]。ところで、死体は人を死の世界に巻き込みかねない、禍々しい恐怖の対象であったはずである。ゆえに、往生人と結縁しようとする習俗が登場する背景には、死体観の転換が当然あったものと考えられる。そしてこの死体観の転換も、浄土信仰や往生思想による黄泉国から極楽浄土への他界観の変化に連動するものであった[41]。

たとえば、⑱長享三年（一四八九）足利義尚の葬送にそれが窺われる。『蔭凉軒日録』同年四月一日条には、「父母存生之時者、不レ臨二荼毘場一由、有二其説一如何」とあり、父母生存中は「荼毘の場」に臨んではならないという考えがあったことが分かる。これは恐らく「荼毘」という場が、そこに臨んだ人を他界へ引きずり込みかねない禍々しい場であると考えられていたからであり、父母に先立つことを懸念したためではないだろうか。つまり、死者が人を死の世界に巻き込みかねない存在であることには変わりはなかった。ところが、往生人が巻き込む死の世界は、極楽浄土である。ゆえに往生人との結縁は、往生浄土への機縁となる。このため「来九日荼毘、可レ有二御結縁一」（『蔭凉軒日録』同日条）とあるように、荼毘の場が往生への「結縁の場」と変化したのである。往生人が巻き込む他界が極楽浄土であったから、往生人は、禍々しき存在ではなく尊極の体とされ、さらにその周囲には少なくとも良くないできごとをもたらすことはない、とさえ観念されるように変化した。たとえば、嘉禄三年（一二二七）徳大寺公継が亡くなった後の遺族の多くが、「喪家人前大理已下時行病多云云」と、「時行の病」すなわち「はやり病」にかかっていた。このため藤原定家は、これを「不レ似二往生之儀一歟」（『明月記』同年二月十六日条）と評していた。この定家の評の前提に、死者が往生人なら遺族も病気になることはない、との観念を読み取ることができる。

要約すると、浄土信仰や往生思想の浸透により、人々の他界観も黄泉から浄土教的他界観に変化した。極楽浄土という新たな他界の出現により、往生人との接触は禍々しい恐怖から往生への喜ばしい機縁と捉えられるようになり、「結縁の葬送」が誕生した。中世後期の葬送の特徴の一つであった「死者を仏として葬る」葬送の具体的な葬法が、浄土信仰による他界観、死体観の変化に支えられた「結縁の葬送」であった。では、日中型葬送は「結縁の葬送」とどのように関わりながら発生したのであろうか。次にそれを考察する。

2　日中型葬送の発生

第一節では、日中型葬送が僧侶において先行し、次いで武家・公家と広まってゆくことを確認した。そこで、ここでは日中型葬送が登場する経緯を僧侶と俗人に分けて考えたい。

最初に僧侶を取り上げる。日中型葬送の発生を考察する前提として、まず浄土信仰がもたらした他界観と死体観の変化が、夜型葬送にどのような影響を及ぼしたのか考えておきたい。もともと死体は人々を他界へ引き込む禍々しいもの、夜は黄泉に通じる世界と考えられていた。ゆえに死体は、他界に通じる夜の間に人との遭遇を避けて葬られる必要があった。しかし浄土教的な他界観の登場によって、他界への回路が夜という時間に限定される必要性もなくなっていったと言えよう。そして、この他界観の変化とともに、往生人が尊極の体とやがて観念されるようになり、その往生人との接触は自身の往生への「機縁」と考えられるようになる。ゆえに、往生した人の死体は恐怖の対象として夜闇に紛れて葬られることの必要性よりも、他者に対する「結縁」というその利用価値に重きが置かれるようになった。このように浄土信仰による他界観と死体観の変化が、「結縁」という信仰を生み、夜に葬送が行われることを必要とした根拠を失わせていき、他方で日中に葬送が行われることの価値も見出させるものだったのである。

こうして、往生を体現した僧侶との結縁を求める「結縁の葬送」から日中型葬送の登場へとつながっていく。日中型葬送の初見である①治暦三年（一〇六七）僧寂禅も、臨終に異香・紫雲等の奇瑞が現れる、往生人としての死であった。そして「結縁の道俗」が「弔問」（『後拾遺往生伝』下・一九）する「結縁の葬送」と言えるものであった。ただし、「結縁の葬送」がそのまま日中型葬送に直結したわけではない。もし「結縁の葬送」＝日中型葬送であったならば、往生伝が出そろう十二世紀には、日中型葬送が多数発生していたはずだからである。中世後期にも白昼への憚りが根強く残っており、その払拭のためには長い年月を必要としたのであろう。

しかし、その後「結縁の葬送」も一つの変化を生む。その象徴的な事例が、勝田氏が紹介した南北朝期の作「一向上人臨終絵」[42]である（図2参照）。この絵図の中ほどには、野辺送りされる一向俊聖の遺骸が輿に乗せられ、その輿の後端部に取り付けられた白い布（善の綱）を引く俗人が描かれており、この葬送も往生人俊聖に結縁を求める「結縁の葬送」であったことが分かる。勝田氏はこの一向俊聖の事例を通して「善の綱で結縁する習慣」が次第に一般の死者にも広まっていくのではないかと推測した。しかし筆者がここで注目するのは、この俊聖の死体が棺等にも入れられずそのまま手輿に乗せられ、遺骸をも見せる葬送であったことである。[43]俊聖の葬送時刻は不明であるけれども、死体を見せること（遺骸拝礼）に狙いがあったとすれば、日中に行われたとも考えられる。[44] 浄土信仰による他界観と死体観の変化は、「結縁の葬送」を生むこととなり、また夜型葬送を必要とした根拠を失わせた。そして結縁がますます求められるなかで、「結縁の葬送」においては遺骸拝礼まで行われるようになる。こうした「結縁の葬送」の進展を通して、日中型葬送が行われるようになっていったと考えられる。これが「結縁の葬送」から、叡尊や蓮如などに

図2　「一向上人臨終絵」（個人蔵）

代表される日中型葬送へと至る過程であった。[45] 日中型葬送が他の身分より僧侶において先行したのも、こうした背景があったものと考えられる。そして、先行した僧侶の日中型葬送が、白昼に対する憚りを徐々に払拭させ、俗人の日中型葬送へと波及していったのではないだろうか。

次に俗人の日中型葬送の検討を行う。ただ、俗人において日中型葬送の詳細が分かるものが、史料的制約から武家、なかでも室町将軍家であるため、ここではそれらを中心に考察する。「結縁の葬送」は往生した僧侶から、さらに俗人へと広がってゆく。俗人における日中型葬送の特質も、まずこの「結縁の葬送」の広がりのなかで捉えられなければならない。十三・十四世紀以降、禅宗儀礼による葬礼は、それが日本に普及するにあたって、広く浄土信仰を含み込み、往生を願う人々をも引き入れるものであった。[46] よって禅宗儀礼による葬送も、「結縁の葬送」を広く意識させるものであったに違いない。

たとえば、⑧応永三十五年（一四二八）足利義持の葬送では、継嗣の義円が善の綱を引くことも、「為二御冥加一」（『満済准后日記』）と考えられていた。つまり、死者を納めた龕と善の綱で結ばれることを「冥加」と述べており、俗人の日中型葬送も「結縁の葬送」であったことを示している。しかも、善の綱を引くことだけが「結縁の葬送」と理解されたのではなかった。先に紹介したように、⑱長享三年（一四八九）足利義尚の葬送では、荼毘の場が「御結縁」の場とされた（『蔭涼軒日録』）。また、⑪嘉吉三年（一四四三）足利義勝の葬送では「今朝有二御葬礼一也、為二冥加分一可二参入一之由存」（『建内記』）と記されている。従来、葬送の日が衰日に当たる人などは葬送にも参列せず、忌み憚らなければならないほど葬送は触穢とは別に忌避されるべきものであったが、ここでは葬列への参列そのものが「冥加分」とさえ述べられている。

このように中世後期の禅宗儀礼による葬送は、浄土信仰によって生まれた「結縁の葬送」を取り込み、それを本来仏像を荘厳する仏具から転用された葬具などによって組み立てられたものであったと言えよう。そして、葬送全体が「結縁の葬送」として広く理解され、受容されるようになる。こうして俗人の葬送においては、善の綱で結ばれること、さらには葬送に参列することを以て、「結縁の葬送」と認識されるようになったのである。

ただし、禅宗の葬具を用いた「結縁の葬送」であっても、必ずしも日中型葬送に直結したわけではない。たとえば応永二十三年（一四一六）、禅宗寺院である大光明寺で行われた伏見宮栄仁親王の葬送は、栄仁の王子である椎野、用健周乾等が善の綱を引く「結縁の葬送」であった。しかし、その葬儀に参列するために貞成親王が出発したのは、日没後の酉刻（午後六時頃）であることから（『看聞日記』同年十一月二十四日条）、それが夜型葬送であったことが分かる。そもそも、王家の葬礼で多く用いられた泉涌寺律の儀礼も、禅宗様であった。(47)ところが王家の葬送に日中型が用いられることはほとんどなかった。となると俗人の日中型葬送は、禅宗儀礼による「結縁の葬送」だけでは実現しないことになる。武家や公家が日中型葬送を取り入れたのには、さらに別の要素があったと考えるべきであろう。それが葬儀執行者や後継者としての威勢を示すことであると考えられる。(48)

たとえば㊷天正二十年（一五九二）豊臣秀吉の母天瑞院の、八月七日巳刻（午前十時頃）に始まった葬送は、「麁以下美麗不ㇾ及ㇾ筆」（『言経卿記』）という豪華なものであった。これは秀吉の威勢を「見せる葬送」であったと言えよう。後継者としての示威については、㉖永正四年（一五〇七）細川政元の葬送に窺われる。政元は、家督相続をめぐって同年六月二十三日、養子澄之派の家臣に暗殺され、後継者と目されていた澄元も屋敷を襲われ逃走する。こうして澄之は丹波から入京し、七月八日に将軍義澄から京兆家家督を認められる（『細川両家記』『宣胤卿記』）。そして、三日後の十一日辰刻（午前八時頃）に行われた政元の葬送は、(49)「今日、京兆御葬送在ㇾ之、九郎殿・右馬頭殿悉皆執二御沙汰一云々」（『多聞院日記』）と、九郎こと澄之が養父政元の葬送を執り仕切っていた。この葬送の飾り立てなど詳細は不明であるが、恐らく家督継承を誇示するものであったろう(50)。このように俗人のなかでも葬儀執行者の威勢や、家督継承を見せる必要性の高かった立場の者は、「結縁の葬送」をさらに「豪華な葬具」によって荘厳した「見せる葬送」を採用したのである。

　こうして俗人も僧侶に次いで日中型葬送を採用するようになり、やがて葬送が夜陰に紛れて行われるべきとの感覚も見ることができなくなる。『満済准后日記』応永三十五年正月二十二日条には、⑧足利義持の葬送時刻を決定する協議の模様が次のように記されている。

　管領以下大名裏松ニ群集、種々談合在レ之、（中略）次御荼毘時刻事、卯時未時両時何可レ宜哉事、未時可レ然由一同ニ申了、於二夜中一ハ旁難儀在レ之云云、尤也、

このとき葬送の開始時刻を「卯時」（午前六時頃）と「未時」（午後二時頃）のどちらにするかとなり、「卯時」開始の葬送は「夜中」から参集が必要なためか、難儀であるとして、「未時」の日中型葬送に決定する。そして、義持の護持僧でもあった満済も「尤也」と同意する。ここには、夜型葬送を必然とする観念をもはや見ることはできない。

　以上、日中型葬送の発生を僧侶と俗人とに分けて考察した。僧侶は、浄土信仰による「結縁の葬送」を通して日中型葬送をいち早く取り入れ、白昼への憚りを払拭させていった。「結縁の葬送」は「死者を仏として葬る」思想を内包するものであったから、浄土信仰を取り込んだ禅宗は、禅宗の葬具によって「死者を仏として葬る」思想を具現化し、「結縁の葬送」としての葬法を確立する。そして、禅宗儀礼を通して「結縁の葬送」が、人々に広く受容されるようになる。しかも豪華な葬具は、武家の見せる観念も満足させる「見せる葬送」でもあった。これが武家が用いた禅宗儀礼による葬送の特質であった。こうして十五世紀、武家は日中型葬送を多用するようになり、十六世紀には公家にもそれが受容されていく(51)。一方、古代の殯斂儀礼以来の伝統を背負った王家では、葬送はあくまでも凶事であり、

夜型葬送が採用され続けた。(52) 勝田氏が指摘した中世後期葬送の特徴を、筆者は豪華な葬具による「見せる葬送」、「死者を仏として葬る」葬送、昼に行われる葬送の三つにまとめたが、その思想的背景と形成過程は以上のとおりであった。

このように、日中型葬送は見せる要素と関わっていたため、残された者に財力のない場合や死者の様態によっては、日中型葬送も叶わなかった。たとえば、永禄八年（一五六五）ルイス・フロイスが記した書翰『耶蘇会士日本通信』上には、「少しの財産もなき貧窮なる者は夜暗に乗じ儀式を用いず密に山に到りて之を葬る」と、その実態が記されている。また、応永三十二年（一四二五）第五代将軍足利義量が十九歳で亡くなったのは、大酒飲みで健康を害したため（『看聞日記』）とされるが、『薩戒記』によればその死にまつわる「可二恐怖一」事態が取沙汰された。すなわち、その死は父義持に跡目争いで敗れた義嗣の怨霊のしわざではないか、あるいは前年十月に石清水八幡宮の神人数十人を害した神罰かとも言われた、と言う。こうした「可二恐怖一」事態と、執り行われた葬送時刻との関係は定かではないが、他の足利将軍の葬送が暁型や日中型であるのに対し、将軍義量の葬送は戌刻（午後八時頃）に夜型葬送として行われた（『花営三代記』同年二月二十九日条）。

以上のように中世後期、禅宗儀礼による葬送が広く執り行われ、禅宗が日中型葬送の受容に大きな影響を及ぼしていた。そればかりか、従来こうした葬送を行うべき吉時（葬送時刻）の勘申は主に陰陽師が担っていたが、禅宗はそうした陰陽道の要素も取り入れ、葬送時刻そのものを決定する儀礼化をも図っていた。(53) 尾崎正善氏が紹介した大安寺蔵『回向并式法』（一四六二年頃の成立）には、出棺の吉時が次のように記されている。(54)

死人出時方事、神外可レ出、神内不レ可レ出也、正月、丑寅戌亥卯午未申時出吉、二月、辰巳午申酉時可レ出吉也、三月（以下、十二月まで同様に記される）、これは、月ごとに葬送の吉時が列挙されたもので、吉時は夜・暁・日中の各時間にわたって用意されていた。十五・十六世紀には葬送の開始時刻が十二支すべてにわたっていたと第一節で指摘したが、それを下支えするように、十二支すべてを葬送の吉時として扱った禅宗の作法書が用意されていた(55)。つまり、禅宗は日中型葬送の受容に大きな影響を及ぼしていたと言うだけではなく、中世後期における葬送のあり方そのものが禅宗儀礼に包摂されていたとさえ言えるものだったのである(56)。

おわりに

もともと葬送は夜に行われていたが、中世後期になると足利将軍などの葬送が日中に行われるようになったと、これまで説明されていた。それに対して、本章では葬送の開始時刻を夜・暁・日中という三つに分類して、葬送時刻の変遷を明らかにし、その要因を考察してきた。その結果を最初にまとめておく。

第一に、葬送時刻の実態について。十一世紀末まではほとんどすべて夜型葬送であった。しかし、暁型葬送が十二世紀から、日中型葬送が大勢として十三世紀から登場し、十五世紀には暁型が夜型と並ぶ。そして十六世紀には日中型が夜型・暁型をも上回るようになる。ただし、日中型葬送の受容は王家・公家・武家・僧という身分によって異なり、それぞれ特徴的な様相が見られた。

第二に、古代中世にあって、夜は他界に通じる世界であり、死体は人々を他界へ引き込む恐れがあると認識されていた。このため死体は、他界に通じた夜の間に、人との遭遇を避けて葬られる必要があった。これが夜に葬送が行われた背景である。

第三に、公事の夜儀化による夜型生活への変化もあって、寅刻が「暁」から「夜」であるとの認識が次第に広まった。これに伴い、「暁」に葬ることも許容されるようになり、暁型葬送が発生した。

第四に、浄土信仰がもたらした他界観・死体観の変化により、夜型葬送を必要とした根拠が失われていく一方、往生人との結縁を求める思潮が形成されていく。こうして往生を達成した僧侶に対する「結縁の葬送」の進展を通して、僧侶の日中型葬送が先行して登場した。そして、この「結縁の葬送」を禅宗が取り込み、また豪華な禅宗葬具による「見せる葬送」と相まって、次いで武家が日中型葬送を用いるようになった。「結縁の葬送」を主導した僧侶と見せる観念を併用した武家が、日中型葬送を早くから採用した。

以上が本章のまとめであるが、葬送時刻の変化は、古代中世の人々の心性を支配していた他界観・死体観・夜観念などの変化と密接に関わっていたのである。

最後に、中世における葬送時刻の変化が、近世以降どうつながっていくのかを展望して、本章の締めくくりとしたい。日中型葬送は、十六世紀でもようやく全体の四割を占めるに過ぎなかったし、遅くとも十六世紀中頃には「暁」は現代のような「明け方」と理解されていたから、逆に残る六割は夜型でもあった。しかも、本章で取り上げたのは、史料に残る貴顕の事例ばかりであった。『耶蘇会士日本通信』には、「少しの財産もなき貧窮なる者」は、「夜暗に乗じて儀式も行われず密に山に運ばれ葬られる」と記されており、貧窮でおよそ家督継承などを見せる必要のなかった一般庶民は、十六世紀後半でもその多くは暁型を含めた夜型葬送であったと思われる。しかし同書は他方で、「日本人は子孫に名誉を残さんことを熱望するが故に」「死後の儀式の整備し盛大なること」とも記す。このため「夜の葬送」から「昼の葬送」へという変化は、その後も続いていったと思われる。たとえば、慶安元年（一六四八）に大坂町奉行が大坂市中へ申し渡した「町人作法」には、葬礼の華美化や日中の葬送が禁止されている。[57]ここから、十七世紀半ばには葬具を金銀でちりばめた「美麗」な葬礼を白昼に堂々と行う日中型葬送が、町人にも相当に浸透していたことが窺われる。そして、こうした大坂町人の葬送華美化志向は遅くとも十八世紀初頭には、下層民を含めた広範な階層に広がっていたことが想定されている。[58]こうした近世初頭に広く行われ始めた日中の華美な葬送も、中世後期における「見せる葬送」の延長線上に位置付けられるものと言えるであろう。ただし、明治三十一年（一八九八）の『風俗画報』一七四号に収載された山下重民氏の「葬議論」によれば、この頃にようやく一般庶民まで日中に葬送が行われるようになっていたことが窺われる。江戸時代、葬送の華美化を禁ずる町触が幾度も出されたことを考えると、主に十三世紀以降になって始まった日中型葬送は、近世以降も緩慢な広がりであったと言えるであろう。[59]

註

（1）平雅行「日本の古代中世における死の習俗」（『死者の葬送と記念に関する比較文明史』日本学術振興会科学研究費補助金プロジェクト報告・基盤研究（A）、二〇〇七年）。
（2）勝田至「民俗の歴史的再構成」（『講座日本の民俗学10』雄山閣出版、二〇〇〇年）。
（3）勝田至『死者たちの中世』吉川弘文館、二〇〇三年。以下、勝田氏の見解は断りのない限り本著作による。
（4）たとえば康和三年（一一〇一）藤原師実の葬送では、「今夜御葬送也、時戌剋」と戌刻が葬送の開始時刻とされ、「戌剋御出」とその戌刻に出棺が行われていた（『殿暦』同年二月二十一日条）。
（5）たとえば万寿元年（一〇二四）藤原教通室の葬送では、「さて夜一夜とかくし（＝荼毘に付し）明させたまひて、暁に帰らせたまふ」（新編日本古典文学全集『栄花物語』巻二一「後くゐの大将」、引用文中の括弧内は同・頭注による筆者の補い）とある。
（6）たとえば十五世紀中頃に成立した国語辞典である『下学集』には「荼毘」を「葬送之義」と記し、「荼毘」が「葬送」と同義に理解されている。
（7）水藤真「戦国時代初期の一貴族の死者儀礼」（『中世社会と墳墓』名著出版、一九九三年）。

表6　被葬者別の葬送時刻

No	西暦	被葬者	身分	葬送の年月日	葬送時間	典　拠
1	716	志貴親王	王	霊亀2年8月ヵ	夜	『万葉集』巻2
2	811	坂上田村麻呂	公	弘仁2年5月27日	夜	『清水寺縁起』
3	840	淳和上皇	王	承和7年5月13日	夜	『続』承和 7.5.13
4	842	嵯峨上皇	王	承和9年7月16日	夜	『続』承和 9.7.15
5	850	仁明天皇	王	嘉祥3年3月25日	夜	『大和物語』「苔の衣」
6	858	文徳天皇	王	天安2年9月6日	夜	『文徳実録』天安 2.9.6
7	880	清和上皇	王	元慶4年12月7日	夜	『三代実録』元慶 4.12.7
8	887	光孝天皇	王	仁和3年9月2日	夜	『西』巻12「寛平御記」
9	891	藤原基経	公	寛平3年1月15日	夜	『大鏡』天
10	920	宣子内親王	王	延喜20年閏6月14日	夜	『貞』延喜 20. ⑥ .14
11	930	醍醐天皇	王	延長8年10月10日	夜	『貞』延長 8.10.10
12	931	宇多天皇	王	承平1年9月5日	夜	『吏』承平 1.8.5
13	945	藤原寛子	王	天慶8年1月22日	夜	『吏』天慶 8.1.22
14	945	藤原仲平	公	天慶8年9月7日	夜	『朝』天慶 8.9.7
15	947	藤原述子	王	天暦1年10月13日	夜	『略』天暦 1.10.13
16	949	藤原忠平	公	天暦3年8月18日	夜	『略』天暦 3.8.18
17	949	陽成天皇	王	天暦3年10月3日	夜	『略』天暦 3.10.3
18	952	朱雀天皇	王	天暦6年8月20日	夜	『史』1-9-838
19	954	藤原穏子	王	天暦8年1月10日	夜	『西』巻17「服者装束」
20	957	康子内親王	王	天暦11年6月10日	夜	『略』天暦 11.6.10
21	964	藤原安子	王	応和4年5月8日	夜	『略』応和 4.5.8
22	965	藤原顕忠	公	康保2年4月27日	夜	『略』康保 2.4.27
23	967	村上天皇	王	康保4年6月4日	夜	『略』康保 4.6.4
24	989	藤原頼忠	公	永延3年6月27日	夜	『小』永延 3.6.27
25	990	藤原兼家	公	永祚2年7月9日	夜	『小』正暦 1.7.9
26	995	藤原道隆	公	長徳1年4月24日	夜	『略』長徳 1.4.24
27	995	藤原道兼	公	長徳1年5月8日	夜	『栄』巻4
28	999	昌子内親王	王	長保1年12月5日	★夜	『権』長保 1.12.5
29	1000	藤原道綱室	公	長保2年7月3日	夜	『権』長保 2.7.3
30	1000	藤原定子	王	長保2年12月27日	夜	『権』長保 2.12.23
31	1001	藤原詮子	王	長保3年閏12月24日	★夜	『略』長保 3. ⑫ .24
32	1002	藤原行成室	公	長保4年10月17日	夜	『権』長保 4.10.17
33	1008	花山法皇	王	寛弘5年2月17日	夜	『権』寛弘 5.2.17
34	1008	媄子内親王	王	寛弘5年5月26日	夜	『権』寛弘 5.5.26
35	1010	源泰清室	公	寛弘7年4月16日	夜	『権』寛弘 7.4.16
36	1010	藤原伊尹娘	公	寛弘7年6月18日	夜	『権』寛弘 7.6.18
37	1010	為平親王	王	寛弘7年11月10日	夜	『略』寛弘 7.11.10
38	1011	一条法皇	王	寛弘8年7月8日	★夜	『権』寛弘 8.7.8
39	1011	冷泉天皇	王	寛弘8年11月16日	夜	『権』寛弘 8.11.16
40	1015	資子内親王	王	長和4年5月10日	夜	『小』長和 4.5.10
41	1017	三条法皇	王	寛仁1年5月12日	夜	『略』寛仁 1.5.12

No	西暦	被葬者	身分	葬送の年月日	葬送時間	典　拠
42	1017	藤原遵子	王	寛仁1年6月5日	夜	『略』寛仁 1.6.5
43	1018	藤原実資姉	公	寛仁2年4月3日	夜	『小』寛仁 2.4.3
44	1018	敦康親王	王	寛仁2年12月25日	夜	『小』寛仁 2.12.25
45	1019	藤原延子	王	寛仁3年4月ヵ	夜	『栄』巻16
46	1021	藤原長家室	公	治安1年4月9日	夜	『栄』巻16
47	1024	藤原教通室	公	治安4年1月14日	★夜	『栄』巻21
48	1025	藤原娍子	王	万寿2年4月14日	★夜	『栄』巻25
49	1025	藤原寛子	王	万寿2年7月11日	★夜	『小』万寿 2.7.11
50	1025	藤原嬉子	王	万寿2年8月15日	夜	『小』万寿 2.8.15
51	1027	藤原妍子	王	万寿4年9月16日	★夜	『小』万寿 4.9.16
52	1027	藤原道長	公	万寿4年12月7日	★夜	『小』万寿 4.12.7
53	1027	藤原行成	公	万寿4年12月16日	夜	『小』万寿 4.12.16
54	1034	源朝任	公	長元7年9月21日	夜	『左』長元 7.9.21
55	1035	藤原斉信	公	長元8年3月25日	夜	『左』長元 8.3.25
56	1035	選子内親王	王	長元8年6月25日	★夜	『左』長元 8.6.25
57	1035	源俊賢室	公	長元8年8月9日	夜	『左』長元 8.8.9
58	1036	後一条天皇	王	長元9年5月19日	★夜	『左』長元 9.5.19
59	1053	藤原道長室	公	天喜1年6月22日	★夜	「定家朝臣記」天喜 1.6.22
60	1058	橘俊通	公	天喜6年10月23日	夜	『更級日記』
61	1067	寂禅	僧	治暦3年8月ヵ	昼	『拾』下19
62	1073	後三条法皇	王	延久5年5月17日	夜	『守』貞治 3.7.9
63	1074	藤原彰子	王	承保1年10月6日	夜	『栄』巻39
64	1077	源師房室	公	承保4年9月15日	夜	『水左記』承保 4.9.15
65	1085	実仁親王	王	応徳2年11月28日	夜	『為房卿記』応徳 2.11.28
66	1087	藤原頼通室隆姫	公	寛治1年12月7日	夜	『朝』寛治 1.12.7
67	1090	藤原俊家女	公	寛治4年1月13日	夜	『中』寛治 4.1.13
68	1094	禎子内親王	王	寛治8年2月5日	夜	『中』寛治 8.2.5
69	1094	藤原信長	公	寛治8年9月9日	夜	『中』寛治 8.9.9
70	1096	媞子内親王	王	嘉保3年8月16日	夜	『中』嘉保 3.8.16
71	1097	大江匡房母	公	永長2年10月14日	夜	『中』永長 2.10.14
72	1098	儇子内親王	王	承徳2年1月17日	夜	『中』承徳 2.1.17
73	1099	藤原師通	公	承徳3年7月9日	夜	『史』3-5-396
74	1101	藤原師実	公	康和3年2月21日	★夜	『殿暦』康和 3.2.21
75	1102	仁覚	僧	康和4年4月1日	夜	『中』康和 4.4.1
76	1103	藤原苡子	王	康和5年2月3日	★夜	『中』康和 5.2.3
77	1105	祐子内親王	王	長治2年11月15日	夜	『殿暦』長治 2.11.15
78	1105	覚行法親王	僧	長治2年11月26日	夜	『中』長治 2.11.26
79	1107	堀河天皇	王	嘉承2年7月24日	★夜	『中』嘉承 2.7.24
80	1114	源麗子	公	永久2年4月22日	★夜	『殿暦』永久 2.4.22
81	1114	篤子内親王	王	永久2年10月2日	夜	『中』永久 2.10.2
82	1119	輔仁親王	王	元永2年12月5日	夜	『長秋記』元永 2.12.5
83	1120	藤原宗通	公	保安1年8月6日	夜	『中』保安 1.8.6

No	西暦	被葬者	身分	葬送の年月日	葬送時間	典　拠
84	1120	藤原宗忠の養母	公	保安1年9月26日	★夜	『中』保安1.9.26
85	1120	藤原信通	公	保安1年10月27日	夜	『中』保安1.10.27
86	1127	藤原寛子	王	大治2年8月21日	夜	『中』大治2.8.21
87	1129	白河法皇	王	大治4年7月15日	★夜	『中』大治4.7.15
88	1130	藤原宗俊室	公	大治5年7月26日	夜	『中』大治5.7.26
89	1130	藤原為隆	公	大治5年9月ヵ	夜	『拾』下2
90	1131	散位道俊	公	天承1年ヵ	夜	『三外往生記』47
91	1136	賀茂家栄	公	保延2年8月	暁	『拾』下17
92	1143	藤原令明	公	康治2年8月28日	夜	『台』康治2.8.28
93	1144	令子内親王	王	天養1年4月29日	夜	「重憲記」天養1.4.29
94	1145	藤原璋子	王	久安1年8月23日	夜	『朝』久安1.8.23
95	1148	藤原顕頼	公	久安4年1月13日	夜	『朝』久安4.1.13
96	1148	平実親	公	久安4年12月6日	夜	『相親卿葬送記』久安4.12.6
97	1153	覚法法親王	僧	仁平3年12月8日	夜	『兵』仁平3.12.8
98	1155	藤原頼長室幸子	公	久寿2年6月8日	★夜	『兵』久寿2.6.8
99	1155	近衛天皇	王	久寿2年8月1日	★夜	『台』久寿2.8.1
100	1155	藤原宗子	公	久寿2年9月16日	暁	『兵』久寿2.9.16
101	1155	藤原泰子	王	久寿2年12月17日	夜	『兵』久寿2.12.17
102	1156	讃岐宣旨（藤原為房妾）	公	久寿3年4月19日	夜	『兵』久寿3.4.19
103	1156	鳥羽法皇	王	保元1年7月2日	夜	『兵』保元1.7.2
104	1156	藤原頼長	公	保元1年7月14日	夜	『兵』保元1.7.21
105	1160	藤原公教	公	永暦1年7月13日	夜	『槐』永暦1.7.13
106	1160	藤原得子	王	永暦1年11月24日	夜	『槐』永暦1.11.24
107	1164	崇徳法皇	王	長寛2年9月18日	夜	「白峯寺縁起」『群』24
108	1165	二条天皇	王	永万1年8月7日	夜	『帝』永万1.8.7
109	1169	覚性法親王	僧	嘉応1年12月13日	夜	『兵』嘉応1.12.13
110	1170	平信範室	公	嘉応2年5月12日	★夜	『兵』嘉応2.5.12
111	1171	藤原季行室	公	承安1年7月21日	夜	『玉』承安1.7.21
112	1173	藤原実国室	公	承安3年6月10日	夜	『吉』承安3.6.9
113	1173	藤原育子	王	承安3年8月16日	夜	『玉』承安3.8.16
114	1175	藤原忠親女	公	安元1年9月12日	夜	『槐』安元1.9.12
115	1176	姝子内親王	王	安元2年6月18日	夜	『吉』安元2.6.18
116	1176	平滋子	王	安元2年7月10日	夜	『玉』安元2.7.10
117	1179	平盛子	公	治承3年6月19日	夜	『玉』治承3.6.19
118	1180	平信国	公	治承4年4月24日	夜	『槐』治承4.4.24
119	1180	藤原実衡室	公	治承4年11月3日	夜	『槐』治承4.11.3
120	1181	高倉上皇	王	治承5年1月14日	夜	『玉』治承5.1.14
121	1181	藤原邦綱	公	治承5年閏2月24日	夜	『玉』治承5.②.24
122	1181	藤原聖子	王	養和1年12月5日	夜	『玉』養和1.12.5
123	1181	日慧	僧	養和1年12月11日	夜	『吾』養和1.12.11
124	1183	吉田経房女	公	寿永2年11月10日	夜	『吉』寿永2.11.10
125	1188	九条良通	公	文治4年2月28日	夜	『玉』文治4.2.28

No	西暦	被葬者	身分	葬送の年月日	葬送時間	典　拠
126	1188	聖阿弥陀仏	僧	文治４年10月10日	夜	『吾』文治 4.10.10
127	1192	後白河法皇	王	建久３年３月15日	夜	『明』建久 3.3.16
128	1199	三幡	武	正治１年６月30日	夜	『吾』正治 1.6.30
129	1200	五条尼上(藤原定家の姉)	公	正治２年２月22日	夜	『明』正治 2.2.22
130	1200	九条良経の室	公	正治２年７月20日	夜	『明』正治 2.7.20
131	1201	藤原兼子(九条兼実の妻)	公	建仁１年12月14日	夜	『明』建仁 1.12.14
132	1204	藤原俊成	公	元久１年12月１日	★夜	『明』元久 1.12.1
133	1205	源通資	公	元久２年７月８日	夜	『明』元久 2.7.10
134	1211	昇子内親王	王	建暦１年11月16日	夜	『百』建暦 1.11.16
135	1213	和田胤長女	武	建暦３年３月21日	夜	『吾』建暦 3.3.21
136	1213	藤原保教室	公	建暦３年６月29日	夜	『明』建暦 3.6.29
137	1213	藤原実嗣	公	建暦３年７月23日	夜	『明』建暦 3.7.23
138	1213	藤原輔平	公	建暦３年11月30日	夜	『明』建暦 3.12.2
139	1215	藤原朝光	公	建保３年９月15日	夜	『吾』建保 3.9.15
140	1219	源実朝	武	建保７年１月28日	夜	『吾』建保 7.1.28
141	1224	北条義時	武	貞応３年６月18日	夜	『吾』貞応 3.6.18
142	1225	藤原経雅	公	嘉禄１年５月18日	夜	『明』嘉禄 1.5.18
143	1225	藤原忠良	公	嘉禄１年５月18日	夜	『明』嘉禄 1.5.18
144	1225	藤原公宣	公	嘉禄１年６月５日	夜	『明』嘉禄 1.6.6
145	1225	北条政子	武	嘉禄１年７月12日	夜	『吾』嘉禄 1.7.12
146	1225	禰宜資頼	公	嘉禄１年10月11日	夜	『明』嘉禄 1.10.12
147	1227	俊芿	僧	嘉禄３年閏３月10日	夜	『史』5-3-710
148	1227	西園寺公経室全子	公	嘉禄３年８月７日	夜	『明』嘉禄 3.8.8
149	1227	源通具	公	嘉禄３年９月４日	夜	『明』嘉禄 3.9.4
150	1228	藤原殖子	王	安貞２年９月18日	夜	『鎌』23-280
151	1229	藤原兼子（後鳥羽天皇乳母）	公	寛喜１年８月17日	暁	『明』寛喜 1.8.16
152	1229	本子内親王	王	寛喜１年９月23日	夜	『明』寛喜 1.9.24
153	1230	藤原宗房	公	寛喜２年３月８日	夜	『明』寛喜 2.3.8
154	1230	北条時氏	武	寛喜２年６月19日	暁	『吾』寛喜 2.6.18
155	1230	春子女王	王	寛喜２年９月７日	夜	『明』寛喜 2.9.9
156	1233	覚愉	僧	貞永２年１月30日	夜	『明』貞永 2.1.30
157	1233	九条竴子	王	天福１年９月30日	★夜	『百』天福 1.9.30
158	1234	竹御所	武	天福２年７月29日	夜	『明』天福 2.8.26
159	1234	後堀河天皇	王	天福２年８月11日	★夜	『明』天福 2.8.11
160	1235	九条教実	公	文暦２年４月３日	★夜	『明』文暦 2.4.3
161	1238	藤原陳子	王	嘉禎３年10月９日	夜	『俊』嘉禎 4.10.9
162	1239	尊性法親王	僧	延応１年９月４日	夜	『史』5-12-502
163	1242	四条天皇	王	仁治３年１月25日	★夜	『史』5-14-104
164	1242	円経	僧	仁治３年10月10日	昼	『史』5-15-118
165	1242	藤原家実	公	仁治３年12月28日	★夜	『平戸記』仁治 3.12.28
166	1247	藤原頼嗣室檜皮姫	公	宝治１年５月14日	夜	『吾』宝治 1.5.14

No	西暦	被葬者	身分	葬送の年月日	葬送時間	典　拠
167	1256	藤原為経	公	建長8年6月9日	夜	『俊』建長 8.6.9
168	1257	源在子	王	正嘉1年7月6日	夜	『俊』正嘉 1.7.6
169	1261	北条重時	武	弘長1年11月6日	暁	『吾』弘長 1.11.6
170	1262	親鸞	僧	弘長2年11月29日	夜	「顕浄土方便化身土文類」写本『親鸞聖人行実』
171	1263	北条時頼	武	弘長3年11月23日	夜	『吾』弘長 3.11.23
172	1272	後嵯峨天皇	王	文永9年2月19日	夜	『帝』文永 9.2.19
173	1272	源雅忠	公	文永9年8月4日	夜	『とはずがたり』巻1
174	1272	藤原佶子	王	文永9年8月13日	夜	『一代要記』文永 9.8.13
175	1274	藤原経光	公	文永11年4月16日	夜	『勘』文永 11.4.16
176	1274	宗尊親王	王	文永11年8月1日	夜	『勘』文永 11.8.1
177	1282	日蓮	僧	弘安5年10月14日	夜	『鎌』19-374
178	1290	叡尊	僧	正応3年8月27日	昼	『西大寺叡尊伝記集成』
179	1303	忍性	僧	嘉元1年7月11日	暁	『鎌』28-243
180	1304	後深草天皇	王	嘉元2年7月17日	夜	『公衡公記』嘉元 2.7.17
181	1305	亀山上皇	王	嘉元3年9月17日	夜	「亀山院御葬礼記」『群』29
182	1307	姈子内親王	王	徳治2年7月26日	暁	『続史愚抄』徳治 2.7.26
183	1317	興圓	僧	文保1年4月26日	夜	『天』史伝 2-427
184	1317	伏見上皇	王	文保1年9月4日	夜	「伏見上皇御中陰記」『群』29
185	1324	藤原経子	王	元亨4年10月13日	夜	『花園天皇宸記』元亨 4.10.13
186	1333	日興	僧	正慶2年2月8日	夜	『日蓮宗宗学全書』2-270
187	1341	慈道法親王	僧	暦応4年4月12日	夜	『史』6-6-748
188	1343	道我	僧	康永2年10月20日	★夜	「東」観智院 4
189	1345	顕心尼（中原師守の母）	公	康永4年8月23日	★夜	『守』康永 4.8.23
190	1347	柳原宗光	公	貞和3年6月13日	暁	『守』貞和 3.6.13
191	1351	覚如	僧	観応2年1月23日	暁	『真』1-946
192	1356	尊円親王	僧	文和5年9月25日	夜	『史』6-20-800
193	1358	足利尊氏	武	延文3年5月2日	暁	『管』延文 3.5.2
194	1361	全仁親王御息所	王	延文6年3月19日	暁	『昧』延文 6.3.19
195	1362	杲宝	僧	康安2年7月7日	★夜	『史』6-24-152
196	1362	中原師躬	公	貞治1年12月5日	夜	『守』貞治 1.12.5
197	1365	赤橋登子	武	貞治4年5月6日	夜	『守』貞治 4.5.6
198	1367	近衛基継室	公	貞治6年10月7日	夜	『管』貞治 6.10.7
199	1367	足利義詮	武	貞治6年12月12日	昼	『太平記』巻 40
200	1374	後光厳上皇	王	応安7年2月2日	★夜	『昧』応安 7.2.2
201	1379	頼我	僧	永和5年1月22日	夜	「東」観智院 4
202	1379	光済	僧	康暦1年閏4月24日	夜	『醍』下 831
203	1382	覚誉法親王	僧	永徳2年5月30日	暁	『昧』永徳 2.5.29
204	1382	日野宣子	公	永徳2年6月15日	夜	『空華日用工夫略集』永徳 2.6.14
205	1387	近衛通嗣	公	至徳4年3月20日	夜	『実冬公記』至徳 4.3.20
206	1388	義堂周信	僧	嘉慶2年4月4日	夜	『空華日用工夫略集』嘉慶 2.4.4

No	西暦	被葬者	身分	葬送の年月日	葬送時間	典　拠
207	1393	後円融天皇	王	明徳4年4月27日	夜	『史』7-1-210
208	1398	賢宝	僧	応永5年7月2日	夜	『史』7-3-829
209	1402	吉田兼熙	公	応永9年5月4日	★夜	『史』7-5-504
210	1408	足利義満	武	応永15年5月10日	昼	『史』7-10-15
211	1413	紀良子	武	応永20年7月19日	暁	『教興卿記』応永 20.7.19
212	1416	今出川公直室	公	応永23年7月23日	夜	『看』応永 23.7.23
213	1416	栄仁親王	王	応永23年11月24日	夜	『看』応永 23.11.24
214	1417	治仁王	王	応永24年2月15日	夜	『看』応永 24.2.15
215	1417	聖快	僧	応永24年12月ヵ	夜	『史』7-28-157
216	1418	足利満詮	武	応永25年5月16日	暁	『満済准后日記』応永 25.5.16
217	1419	日野康子	武	応永26年11月13日	暁	『看』応永 26.11.13
218	1423	椎野寺主(栄仁親王王子)	僧	応永30年9月14日	暁	『看』応永 30.9.14
219	1425	小川宮	王	応永32年2月19日	夜	『看』応永 32.2.19
220	1425	足利義量	武	応永32年2月29日	夜	『花営三代記』応永 32.2.29
221	1427	広橋仲子	王	応永34年5月25日	暁	『兼宣公記』応永 34.5.25
222	1428	足利義持	武	応永35年1月23日	昼	『建』応永 35.1.23
223	1428	日野資教	公	正長1年5月3日	夜	『建』正長 1.5.3
224	1428	称光天皇	王	正長1年7月29日	★夜	『薩戒記』正長 1.7.29
225	1433	後小松法皇	王	永享5年10月27日	夜	『郷』永享 5.10.27
226	1435	満済	僧	永享7年6月14日	暁	『醍』下 832
227	1439	日野資子	王	永享12年9月15日	暁	『公名公記』永享 12.9.15
228	1441	足利義教	武	嘉吉1年7月6日	暁	『蔭』嘉吉 1.7.6
229	1443	斎藤常継	公	嘉吉3年6月20日	暁	『建』嘉吉 3.6.18
230	1443	足利義勝	武	嘉吉3年7月29日	暁	『建』嘉吉 3.7.29
231	1448	庭田幸子	王	文安5年4月19日	昼	『郷』文安 5.4.19
232	1449	三条尹子	武	宝徳1年8月12日	暁	『康富記』宝徳 1.8.12
233	1455	畠山持国	武	享徳4年3月28日	昼	『郷』享徳 4.3.28
234	1456	貞成親王	王	康正2年9月4日	暁	『郷』康正 2.9.4
235	1457	俊増	僧	康正3年8月20日	★夜	『大日本古文書』家わけ 19-181
236	1459	山名熙幸	武	長禄3年4月15日	夜	『碧山日録』長禄 3.4.15
237	1463	日野重子	武	寛正4年8月11日	暁	『蔭』寛正 4.8.11
238	1463	山科保宗	公	寛正4年8月27日	暁	『科』寛正 4.8.26
239	1467	舟橋業忠	公	応仁1年4月29日	夜	『賢』応仁 1.4.29
240	1471	後花園法皇	王	文明3年1月3日	夜	『賢』文明 3.1.3
241	1471	桓澄	僧	文明3年8月30日	夜	『乗』文明 3.8.30
242	1472	久守あや	武	文明4年7月13日	昼	『科』文明 4.7.13
243	1473	経覚	僧	文明5年8月29日	昼	『乗』文明 5.8.29
244	1474	貞常親王	王	文明6年7月8日	暁	『親』文明 6.7.8
245	1474	入江殿（足利義政娘）	武	文明6年7月23日	夜	『国』文明 6.7.23
246	1476	日野勝光	公	文明8年6月19日	昼	『親』文明 8.6.19
247	1480	二条政嗣	公	文明12年9月7日	暁	『長興宿禰記』文明 12.9.6

No	西暦	被葬者	身分	葬送の年月日	葬送時間	典　拠
248	1481	三条公躬母	公	文明13年2月29日	暁	『実』文明13.2.29
249	1481	一条兼良	公	文明13年4月9日	暁	『胤』文明13.4.9
250	1482	北小路俊子	公	文明14年7月10日	暁	『法』文明14.7.10
251	1486	徳大寺公有	公	文明18年2月2日	暁	『実』文明18.2.1
252	1488	藤原信子	王	長享2年5月3日	★夜	『法』長享2.5.3
253	1488	細川政之	武	長享2年8月23日	昼	『蔭』長享2.8.22
254	1488	近衛房嗣	公	長享2年10月24日	暁	『法』長享2.10.24
255	1489	足利義尚	武	長享3年4月9日	昼	『実』長享3.4.9
256	1490	足利義政	武	延徳2年1月23日	暁	『実』延徳2.1.23
257	1490	芳苑恵春尼（後土御門天皇同母姉）	僧	延徳2年12月13日	暁	『実』延徳2.12.11
258	1491	足利義視	武	延徳3年1月25日	暁	『科』延徳3.1.25
259	1491	政紹	僧	延徳3年12月29日	夜	『醍』下840
260	1492	庭田朝子	王	明応1年7月27日	暁	『親』明応1.7.27
261	1493	二条持道	公	明応2年1月16日	夜	『乗』明応2.1.16
262	1494	山科定言	公	明応3年8月3日	暁	『国』明応3.8.3
263	1495	真盛	僧	明応4年3月6日	昼	『天』史伝2-544
264	1496	中臣祐仲	公	明応5年閏2月13日	夜	『乗』明応5.②.13
265	1496	近衛政家娘	公	明応5年3月16日	暁	『法』明応5.3.16
266	1496	日野富子	武	明応5年6月14日	暁	『法』明応5.6.14
267	1499	蓮如	僧	明応8年3月26日	昼	『真』2-437
268	1500	後土御門天皇	王	明応9年11月11日	★夜	『法』明応9.11.11
269	1502	甘露寺元長母	公	文亀2年4月6日	暁	『元長卿記』文亀2.4.6
270	1505	安禅寺正春首座	僧	永正2年4月25日	昼	『実』永正2.4.25
271	1505	賢専	僧	永正2年12月4日	昼	『多』永正2.12.4
272	1507	細川政元	武	永正4年7月11日	昼	『胤』永正4.7.11
273	1507	万里小路賢房	公	永正4年10月25日	暁	『実』永正4.10.25
274	1508	宝鏡寺尼（足利義澄妹）	僧	永正5年3月24日	昼	『実』永正5.3.24
275	1509	飛鳥井雅康	公	永正6年11月2日	暁	『実』永正6.11.2
276	1509	伊勢貞宗	武	永正6年11月2日	暁	『実』永正6.11.2
277	1510	高倉永継	公	永正7年10月17日	暁	『実』永正7.10.17
278	1518	蓮能尼	僧	永正15年9月5日	暁	『真』2-777
279	1520	小槻時元	公	永正17年4月13日	暁	『実』永正17.4.13
280	1523	蓮芸	僧	大永3年4月3日	暁	『真』2-780
281	1523	実賢	僧	大永3年8月5日	夜	『真』2-783
282	1525	実如	僧	大永5年2月7日	昼	『真』2-767
283	1525	細川稙国	武	大永5年11月9日	暁	『実』大永5.11.9
284	1525	中御門宣胤	公	大永5年11月21日	昼	『実』大永5.11.21
285	1526	金光院良秀	僧	大永6年4月2日	昼	『実』大永6.4.2
286	1526	後柏原天皇	王	大永6年5月3日	★夜	『二水記』大永6.5.3
287	1526	椿性尼（入江殿）	僧	大永6年6月24日	夜	『実』大永6.6.24
288	1526	徳大寺公胤	公	大永6年10月14日	夜	『実』大永6.10.14

No	西暦	被葬者	身分	葬送の年月日	葬送時間	典　拠
289	1527	甘露寺元長	公	大永７年８月19日	夜	『実』大永 7.8.19
290	1528	聖珍	僧	享禄１年９月27日	暁	『実』享禄 1.9.27
291	1529	甘露寺元長室	公	享禄２年10月５日	夜	『実』享禄 2.10.5
292	1535	勧修寺藤子	王	天文４年１月23日	夜	『継』天文 4.1.23
293	1536	実恵	僧	天文５年５月６日	暁	『真』3-29
294	1550	足利義晴	武	天文19年５月21日	暁	『継』天文 19.5.21
295	1550	蓮淳	僧	天文19年８月23日	昼	『真』2-774
296	1552	小山田有信	武	天文21年１月25日	昼	『妙法寺記』下・天文 21
297	1553	実孝	僧	天文22年閏１月19日	昼	『真』2-787
298	1553	山科言継女阿子	公	天文22年９月27日	暁	『継』天文 22.9.27
299	1557	後奈良天皇	王	弘治３年11月22日	夜	「後奈良院御拾骨之記」『群』29-375
300	1564	義尭	僧	永禄７年２月23日	夜	『醍』下 842
301	1565	足利義輝	武	永祿８年６月９日	暁	『継』永祿 8.6.9
302	1566	三好長慶	武	永祿９年６月24日	昼	『日用集』永祿 9.6.24
303	1568	島津忠良	武	永禄11年12月19日	暁	『史』10-1-384
304	1569	瑞延	僧	永禄12年10月24日	昼	『史』10-3-483
305	1571	長勝房	僧	元亀２年６月２日	夜	『多』元亀 2.6.2
306	1572	尭香房	僧	元亀３年１月５日	夜	『多』元亀 3.1.5
307	1573	吉田兼右	公	元亀４年１月14日	夜	『兼』元亀 4.1.14
308	1573	景俊	僧	元亀４年６月19日	昼	『史』10-16-216
309	1579	山科言継	公	天正７年３月３日	夜	『言』天正 7.3.3
310	1583	尋円	僧	天正11年８月16日	昼	『多』天正 11.8.16
311	1584	千秋晴季	武	天正12年３月８日	夜	『兼』天正 12.3.8
312	1585	尋憲	僧	天正13年11月23日	昼	『多』天正 13.11.23
313	1586	誠仁親王	王	天正14年８月10日	夜	『兼』天正 14.8.10
314	1590	昭山賢空	僧	天正18年11月９日	夜	『言』天正 18.11.9
315	1592	天瑞院（豊臣秀吉母）	武	天正20年８月７日	昼	『言』天正 20.8.7
316	1593	正親町上皇	王	文祿２年２月23日	夜	『言』文祿 2.2.23
317	1597	足利義昭	武	慶長２年９月８日	夜	『義演准后日記』慶長 2.9.8

(1) ★は夜型葬送で終了時刻が判明しているもの（暁までに終了）

(2) 身分は一応の目安として示した．王は王家，公は公家，武は武家，僧は僧侶を示す．妻は原則，出身によらず夫の身分に，未婚の女は父の身分によった

(3) １つの事例に複数の出典が存在する場合も，紙面の都合上，１点のみ掲出

(4) ２事例以上で使用した出典は，以下の略号を使用（五十音順）

吾=吾妻鏡，胤=宣胤卿記，栄=栄花物語，蔭=蔭凉軒日録，科=山科家礼記，槐=山槐記，勘=勘仲記，看=看聞日記，管=愚管記，吉=吉記，玉=玉葉，群=群書類従，継=言継卿記，鎌=鎌倉遺文，権=権記，賢=宗賢卿記，兼=兼見卿記，建=建内記，言=言経卿記，郷=師郷記，国=言国卿記，左=左経記，西=西宮記，史=大日本史料，実=実隆公記，守=師守記，拾=後拾遺往生伝，小=小右記，乗=大乗院寺社雑事記，俊=経俊卿記，親=親長卿記，真=真宗史料集成，続=続日本後紀，多=多聞院日記，醍=醍醐寺新要録，朝=本朝世紀，帝=帝王編年記，天=続天台宗全書，中=中右記，貞=貞信公記，東=東京大学史料編纂所架蔵影写本「東寺文書」観智院（高田陽介「中世の火葬場から」『中世の空間を読む』で翻刻紹介），百=百錬抄，兵=兵範記，法=後法興院記，明=明月記，昧=後愚昧記，吏=吏部王記，略=日本紀略

(5) 出典の年月で○数字は閏月を示す

(8) 小林賢章『アカツキの研究―平安人の時間―』和泉書院、二〇〇三年。

(9) 橋本万平『日本の時刻制度』塙書房、一九六六年。斉藤国治『古代の時刻制度』雄山閣、一九九五年。前掲註(8)小林著書。

(10) たとえば『平家物語』(新編日本古典文学全集) 巻六「祇園女御」には「明くれば十七日寅の剋より矢合して、夜の明くるまでたたかふ」とある。ここに、日も明けた十七日の「寅の剋」(午前三時) から矢合わせをし、夜が明けるまで戦ったと記されている。時代を遡って『源氏物語』「須磨」の巻にも「明けぬれば、夜深う出たまふ」とあり、「明けぬ」を『新日本古典文学大系』では「日替わりの時刻 (寅、一説では丑) を過ぎ、翌朝になったことをいう」と、頭注を付している。このように暁も、日の出まではまだ夜であったことが理解できる。

(11) 『日本書紀』孝徳天皇・大化三年 (六四七) 是歳条に「凡有㆑位者、要於㆓寅時㆒、南門外左右羅列、候㆓日初出㆒、就㆑庭再拝、乃侍㆓于庁㆒」とある。

(12) 『源氏物語』「浮舟」、『伊勢物語』六九段「狩の使」など。

(13) その他の「暁寅」表記事例として、『村上天皇御記』応和四年 (九六四) 四月二十九日条、『民経記』文永元年 (一二六四) 三月二十四日条、『師守記』貞治元年 (一三六二) 十二月五日条、『後法興院記』明応二年 (一四九三) 十一月二十六日条等を挙げておく。もちろん「暁寅」などの表記は、このほか枚挙に遑がない。

(14) 暁とは寅刻から日出までの時間であるから、冬至前後は「卯刻 (午前五時～七時)」も暗く暁に含まれる。ただし、これは定時法による場合である。日本の時制は中世後期、太陽の出没時をもとに時刻を定める不定時法に替わっていくとされる(前掲註(9)橋本著書)。また不定時法では、四季を通じて日出が「卯刻」と決められている。そして、この「卯刻」に葬送が開始され始めるのも、後に使用する表3から確認できるように中世後期以降である。不定時法に替わる、その具体的な時期は明らかにはなっていない。しかし、本章では「卯刻」開始の葬送を中世後期における変化の表象と考え、この「卯刻」が不定時法の「日出」を指すものと解し、「卯刻」開始の葬送を日中型、その直前「寅刻」開始の葬送を暁型とした。このように同じ時刻でも定時法と不定時法とが存在する。そこで本章はこれ以降、「寅刻」を例にすると、定時法による場合は(午前三時～同五時)、不定時法の場合は季節による変動を考慮せずに、中間時刻をとって (午前四時頃) などと補記する。

(15) 不定時法では、日没が酉刻とされる。よって、中世後期の酉刻開始の葬送はすべて夜型となる。一方、本章が取り扱った中世前期までの定時法による酉刻（午後五時〜同七時）開始の葬送でも、日没時間により日中型へ修正を必要とする事例はなかった。

(16) 特別な要因により、予定されていた葬送時刻に開始できなかった場合は、当初の開始時刻で集計した。たとえば嘉吉三年（一四四三）に没した斎藤常継の葬送開始時刻は、当初暁の「寅刻」であったが、「延寿堂指合」により「五打時」（午前七時頃）に及んだ（『建内記』同年六月十八日条）。この場合、結果的に日中型となったが、本来の暁型として集計をした。

(17) 瀧川政次郎「志貴親王の葬列と素服」（『万葉律令考』東京堂出版、一九七四年）。和田萃「飛鳥・奈良時代の喪葬儀礼」（『日本古代の儀礼と祭祀・信仰　上』塙書房、一九九五年）。

(18) このほか説話集ではあるものの、十二世紀前半成立の『今昔物語集』巻二七「於播磨国印南野殺野猪語第三十六」によって、播磨国の印南野の野中で行われた、地方の有力者と思われる者の葬送も夜であったことが窺われる。

(19) 『後拾遺往生伝』下巻は保延の頃（元年は一一三五年）成立で、寂禅の没後七十年を経過する。よって、この事例の扱いには慎重さも求められるが、少なくとも十二世紀前半にはこれが日中型葬送と考えられていたことは確かである。

(20) 表6「被葬者別の葬送時刻」では、夜型葬送で終了時刻が判明しているもの、すなわち暁までに終了しているものに、★印を付している。

(21) 古代中国において「晏駕」が天子の崩御を忌んで言う語で、日が暮れてから霊柩車が発引（＝出棺）する意味とされている（諸橋轍次『大漢和辞典』「晏駕」項）。とすると古代中国の葬送も、夜が葬送の開始時刻であったとも推測される。八世紀以降、日本が中国の律令制度を継受するなかで中国様式の葬送を受容していったことを第二部第一章で論じるが、葬送の開始時刻までも古代中国の葬法の影響を受けたものかは、七世紀以前の日本の葬送時刻が不明なため、明らかにすることはできない。そこで本章は、夜型葬送がわが国のどのような観念のもとに行われたかを考察していく。

(22) 西垣晴次「民衆の精神生活」（『歴史公論』一〇—四、一九八四年）。

(23) 天禄元年（九七〇）源為憲の撰になる『口遊』人倫門二七には「謂㆘之夜途中逢㆓死人㆒歌㆖」が収載され（幼学の会編『口遊注解』勉誠社、一九九七年）、同じ呪文が十二世紀半ば成立の『袋草紙』、十三世紀末には成立の『拾芥抄』にも収載されている。

(24) 土田直鎮「衰日管見」（『古記録の研究』続群書類従完成会、一九七〇年）。

(25) 高取正男『神道の成立』平凡社、一九七九年。葬送に携わる人にとっても、遺体の禍々しさは重要な問題であった。そのため、たとえば入棺を行う者には、入棺に際し護身のために「身固め」＝加持祈禱が行われていた（『明月記』元久元年十一月三十日条）。

(26) 森正人「霊鬼と秩序」（『今昔物語集の生成』和泉書院、一九八六年）。多田一臣「古代人と夜」（『万葉歌の表現』明治書院、一九九一年）。

(27) 飯島吉晴「祭と夜」（『一つ目小僧と瓢箪』新曜社、二〇〇一年）。

(28) 佐佐木信綱編『万葉集叢書』第八輯、古今書院、一九二六年。

(29) 『続日本後紀』承和五年（八三八）十一月十七日条には、彗星が「毎夜寅剋見二東方一」とある。これは特定の日の寅刻を問題としていないので議論の対象とはしなかった。

(30) 四点の典拠は順に次のとおり。①『平安遺文』二巻・三七二、②『高山寺経蔵典籍文書目録第一』第一部、227［3］（東京大学出版会、一九七三年）、③『東寺観智院金剛蔵聖教目録一』第十七箱3（2）（京都府教育委員会、一九七八年）、④『定本・親鸞聖人全集』第二巻一五七頁。なお、②③は築島裕「平安鎌倉時代における仏僧の教学生活」（『日本学士院紀要』五八―三、二〇〇四年）による。

(31) 寅刻が一日の始まりとされていた意識にも変化が見え始める。十三世紀中頃成立の『平治物語絵詞』（三条殿夜討巻Ⅰ・Ⅱ）には、「九日丑剋（中略）同寅剋に信西か姉小路洞院の宿所追捕して火を放つ」（『日本絵巻大成13』中央公論社、一九七七年）とある。ここに、平治元年（一一五九）十二月九日、藤原信頼と源義朝がその丑剋に決起し、次いで藤原信西の宿所を焼き払った日時を同日寅剋と明記している。

(32) 『日葡辞書』には「アカツキ（暁）。黎明、すなわち、夜明け方」（『邦訳日葡辞書』岩波書店）と記されている。

(33) 中世後期の史料に「夜」とだけあって開始時刻が不明な場合、統計処理の上では夜型とせざるを得ないが、そのなかには「寅刻」開始のものも混入している可能性は否定できない。この点でも十五・十六世紀の夜型と暁型の件数は留意が必要である。

(34) ただし、不定時法では日出が卯刻であるため、その前の寅刻は一年を通して明け方であったことになる。

(35) 上島享「大規模造営の時代」（『日本中世社会の形成と王権』名古屋大学出版会、二〇一〇年）。野口孝子「『夜』化の時代」（『古代文化』五九―一、二〇〇七年）。

(36) 文明十三年（一四八一）一条兼良の葬送は、「葬礼寅刻」と寅刻開始の暁型であったが、「天曙事了」っている（『宣胤卿記』同年四月九日条）。一方、永禄八年（一五六五）足利義輝の葬送は、「御葬礼寅刻云々、但及二天明一」（『言継卿記』同年六月九日条）と、寅刻に始まった葬礼が夜明けにまで及んでいる。

(37) 勝田至「中世後期の葬送儀礼」（『日本中世の墓と葬送』吉川弘文館、二〇〇六年）。これ以降、第三節で用いる勝田氏の見解は本論文による。

(38) 奈良国立文化財研究所『西大寺叡尊伝記集成』法蔵館、一九七七年。同書解題によれば、現存写本はかなり後世のものとのことであり、その点で注意も必要であるが、内容的にはかなりしっかりとしたものだと評されている。

(39) 佐々木孝正「本願寺の葬制」（『仏教民俗史の研究』名著出版、一九八七年）。蒲池勢至「真宗の葬送儀礼」（『講座蓮如』第三巻、平凡社、一九九七年）。

(40) たとえば、『一遍聖絵』（岩波文庫）巻一二には「時衆ならびに結縁衆の中に、まへの海に身をなぐるもの七人なり、身をすてて知識をしたふ心ざし、半座の契、同生の縁、あにむなしからむや、」とある。また㉚大永五年（一五二五）遺骸拝礼の行われた実如の葬送では、「冥加」のために葬送に供奉した門徒や地下人のなかには「切腹」する者もいたという（『元長卿記』同年二月七日条）。

(41) 平雅行「浄土教研究の課題」（『日本中世の社会と仏教』塙書房、一九九二年）。三橋正「浄土信仰の系譜」（『平安時代の信仰と宗教儀礼』続群書類従完成会、二〇〇〇年）。

(42) 森暢「一向上人の臨終絵と画像」（『国華』八六九、一九六五年）。図録『時衆の美術と文芸』東京美術、一九九五年。

(43) 嘉暦三年（一三二八）蓮華寺三世同阿の作とされる『一向上人伝』巻五にも、「遺体を手輿に乗せ奉り遙の野辺に送りける」（『定本時宗宗典』下巻三五四頁）とあり、遺体がそのまま手輿に乗せられている「一向上人臨終絵」の描写と一致する。ただし、『一向上人伝』が俊聖没後五十余年後の作であり、さらに近年山形県天童市で発見された墨書礫によって、俊聖の没年に疑問が提せられていること（古賀克彦「一向俊聖伝の再検討」『時宗教学年報』二六、一九九八年）、またこの臨終絵も、俊聖没後数十年以上経って作られたものであることから、俊聖の葬送の実際は不明である。しかし、少なくとも南北朝期にそうした往生人の遺体をも見せる葬送が想定されていたことは重要である。

(44)「一向上人臨終絵」の葬列には、先松明を掲げた一人の僧も描かれている。このことから、この俊聖の葬送は夜に行われたのではないかとの疑問も生じる。しかし先松明は元来暗がりを照らすための道具ではなく、その火を以て遺体を焼くために（『吉事略儀』）、遺体を安置していた傍で灯し続けた燈明の火を移したものであった（『左経記』長元九年〈一〇三六〉五月十九日条、『明応凶事記』明応九年〈一五〇〇〉十一月十一日条）。ゆえに葬法が火葬であるならば、葬送時刻にかかわらず火種が必要となるため、先松明を掲げているからといって夜の葬送とは限定できない。たとえば、十五・十六世紀の禅宗や浄土真宗の葬送では、夜型・日中型葬送ともに、火種として灯炉や行灯などが先松明のように龕や輿を前行し、火屋でその火が松明に移されている事例を確認することができる（『看聞日記』応永二十三年〈一四一六〉十一月二十四日条、『建内記』応永三十五年正月二十三日条、「蓮能葬中陰記」『真宗史料集成』二巻）。

(45)蓮如の遺骸拝礼も俊聖等の先行儀の上に生まれたとされる（前掲註(39)蒲池論文）。

(46)原田正俊「中世の禅宗と葬送儀礼」（『前近代日本の史料遺産プロジェクト研究集会報告書』東京大学史料編纂所、二〇〇三年）。

(47)前掲註(46)原田論文。

(48)西谷地晴美「中世的土地所有をめぐる文書主義と法慣習」（『日本史研究』三三〇、一九八九年）。

(49)『宣胤卿記』同日条。『多聞院日記』には葬送を十日と記している。

(50)『宣胤卿記』同年七月八日条には「政元葬礼為レ致二子礼一也」と、澄之が子の礼として葬送を行ったと記されている。

(51)公家の葬送も見せる観念の伴う「見せる葬送」であったものか、史料的には確認できない。しかし後述するように、十七世紀半ばには町人の葬送も華美化していたことを考え合わせると、公家の葬送もその可能性を否定できない。

(52)もちろん王家の葬送が貧相であったわけではない。たとえば明応九年（一五〇〇）、泉涌寺で行われた後土御門天皇の葬送も、『明応凶事記』によれば宝輿・大幡・天蓋など「凡事之体驚レ目畢、於二当時一者厳儀重畳也」（同年十一月八日条）と荘厳なものであった。しかし葬送は「凶事」と扱われ、その開始も「戌刻」（午後八時頃）であった。およそ、行幸は九世紀末から十世紀以降「見せる」行幸へ変化する（仁藤智子「「都市王権」の成立と展開」『歴史学研究』七六八、二〇〇二年）。そのなかで王家が夜型葬送を採用し続けたところに、王家の主体的な選択が窺われる。

(53)尾崎正善「曹洞宗葬祭儀礼と陰陽道」（『印度学仏教学研究』四五―一、一九九六年）。

(54)　尾崎正善「翻刻・大安寺蔵『回向并式法』」(『曹洞宗宗學研究所紀要』九、一九九五年)。
(55)　『回向并式法』は曹洞宗のものである。臨済宗には永禄九年(一五六八)に編集された『諸回向清規式』があり、「又出㆓亡者㆒時刻」という項目が設けられ、月ごとの吉時が記されている(『大正新修大蔵経』第八一巻)。
(56)　中世後期には、禅僧や律僧などの禅律僧が葬送そのものの執行も統轄するように変化していた。このことを第二部第二章で中心的に取り上げる。
(57)　「日中葬礼無用ニ以、日暮時分可㆑致事」(大阪市立大学大学院文学研究科都市文化研究センター『せん年より御ふれふみ』二〇〇四年)。
(58)　木下光生「畿内近国民衆の葬送文化と死生観」(『近世三昧聖と葬送文化』塙書房、二〇一〇年)。
(59)　江戸時代以降に没した後陽成天皇以下、大正天皇までの十七人の歴代天皇の葬送もすべて夜であり、日中型葬送の初見は、昭和天皇であった(上野竹次郎編『山陵・新定版』名著出版、一九八九年)。

第三章　平安時代以降の葬送と遺体移送
――「平生之儀」を中心として――

はじめに

平安時代以降、葬送に当たって遺体を寺院等の他所へ移送する事例を多く見ることができ、近年この遺体移送の有り様《よう》に対する研究が深められている。第一部第一章・第二章を通して、古代中世の人々の遺体観・霊魂観、他界観を考察してきたが、遺体移送を葬送儀礼全体のなかで正確に位置付けることも、遺体や葬送が当時の人々にどのように認識されていたのかを理解する上で、不可欠な作業と考えられる。

そもそも遺体を他所へ移送する習俗が十一世紀頃に存在したことは、一九六〇年代に田中久夫氏がすでに触れていたが、(1)ケガレ研究が進むなか一九九〇年代に入ると、遺体移送の有り様に関する研究が進展する。たとえば水藤真氏は、文治四年（一一八八）に亡くなった九条兼実の息良通の遺体を邸宅から「運び出す」ことを、『玉葉』には「盗出」と記されていることに注目する。そして「盗む」とは「こっそり」の意味であり、葬送は「人目を忍んで」「こっそり」行われるべきと考えられていたと指摘した。(2)この水藤氏の指摘を受け、高田陽介氏は中世後期の事例から、遺体「盗出」の特質が遺体をまだ死んでいないことにして送り出すことであり、その理由は自宅が死穢まみれになっていないことの偽装にあると指摘した。(3)次いで前嶋敏氏は、十二世紀末から十四世紀末までの事例を通して、遺体を運び出す行為が「盗出」以外に「移」「渡」とも表現されるとする。そして、これら「盗出」などが行われる理由を、死穢から遁れるために遺体を「まだ死んでいない」と称して移送されたと指摘した(4)。

堀裕氏は、天皇権威の変容を問題にして、十世紀後半以降に天皇の内裏での死を否定する「如在之儀」が成立したと指摘する。その根拠の第一に挙げたのが、長元九年（一〇三六）に没した後一条天皇の葬送における出棺儀礼の変容で、内裏から「発葬之礼」が行われず、遺体が内々に内裏や京内から移送された点であった。こうした内裏や京内で死体が忌避される背景を、堀氏は九世紀半ばから十世紀後半にかけて形成された「死体に対するケガレ観念」に求めた(5)。

この堀氏の見解はその後の研究にも影響を与える。勝田至氏は平安時代の葬送を取り上げ、葬列が生きている人間の通行のようにして行われる場合があるとし、それを「平生の儀」と定義してその特徴をまとめる。そして、このような「平生の儀」を用いる理由は、堀氏が明らかにしたとして、京内では葬列という形をとることを憚ったためであるとする(6)。また上島享氏は、後一条天皇や鳥羽法皇の遺体移送が尋常の「御幸作法」であったため、「死を意識することを拒絶」し、死穢も意識されていないとして、天皇の遺体が神聖視されたと主張する(7)。

一方、水藤氏よりも先に吉田徳夫氏は、足利義詮、義勝を例に重要な指摘をしていた。その一つは、死者がまだ生存していると仮定して遺体が移送される「平生之儀」が、「如在之儀」「盗出」と同義である。その二が、「如在儀」が皇位継承に際し皇位を死穢から守る便法で、室町殿の家督相続の方法にも適用された、というものであった(8)。

以上が遺体移送に関する先行研究の現状である。これらの研究は異なった素材や時代を扱い、それぞれの特徴を持つが、これらに概ね共通することを二点挙げることができる。その第一は、遺体を生者と偽装して移送する場合があったとすること、第二が、このようにして遺体が移送されるのは死穢の発生を隠蔽するためと捉えることである。この二つは前者が遺体移送の様相であり、後者がその目的である。この見解は現在半ば通説となっている。だが、これら先行研究には次のような問題が存在するように思われる。それは、各研究者により扱う時期や素材に偏りがあって、いまだ遺体移送に対する全体像が描かれていないため、それを踏まえた上での議論がなされていないことである。たとえば時代的には、平安時代の勝田氏、中世の前中期を扱った前嶋氏、中世後期の高田氏等と限られたものになっている。これに対し、堀氏は通時的な研究をしているが、扱う素材が王家、なかでも天皇の死に重きが置かれている。そして吉田氏や前嶋氏の研究は、足利家や「盗出」などの限定されたものであった。こうしたことから、これら遺体移送の目的が死穢の隠蔽だとすることについても、きちんとした論証がなされておらず、多分に推測に基づいて論じられたものであった。

そこで本章は、十六世紀末までを対象に、遺体を生者の如く扱った場合の移送を取り上げ、次の二点を課題として検討を加えたい。第一に、その遺体移送の時代的な変遷や特性などを考察すること、第二に、遺体を生者の如く移送する目的が、死穢隠蔽のためであるとする通説的理解を再検討することである。

なお本章では、遺体をあたかも生者の如くに装って移送する様相・作法を「平生之儀」と呼ぶこととする。それは、後述するように遺体移送の様相を示す成句として、「平生之儀」が史料中最も頻出するタームだからである。(9) また本章で使用する「葬送」も、序章で定義したように、柩に入れられた遺体を送り出すところから、荼毘（火葬）あるいは埋葬（土葬）を始めるまでの「狭義の葬送」を使用し、「葬礼」とはその際に用いられる葬送としての礼法・形式の意味で使用する。

第一節 「平生之儀」とは

1 「平生之儀」の要件とその受容

「平生之儀」の特性や目的を考察するのに先だって、どういう事例を「平生之儀」による遺体移送と認めてよいのか、その基準を確定しなければならない。ここでは最初にそれを検討し、次に「平生之儀」と認められた事例から、その歴史的な受容状況を概観したい。

先行研究は、遺体を生者の如く移送する際に見られる特徴をそれぞれ提示しているが、それらは次の十項目にまとめることができる。①出棺のとき築垣を壊さず、小門から出す、②途中で念仏を唱えたり磬を打ったりしない、③御車（の車輪）を包まない[10]、④車副の人数は普通の外出のときと変わらない人数（葬列では二～四人と少ない）、⑤遺体移送につき従う人々は歩行ではなく、車や騎馬で従うことがある、⑥死者の身分が高くても行障や歩障でまわりを囲わない、⑦上皇の葬儀でも輿を使わず尋常の車で棺を運ぶ、⑧遺体移送に従う人々は「尋常」のごとき「装束」を使用する、⑨内裏からの出棺に内裏諸門が閉じられない、⑩盗出・渡・移・密々などの表現が使用される。これらのうち①～⑦が勝田氏の「平生の儀」で扱われたもの[11]、⑦～⑨が堀氏の「如在之儀」によるもの、⑤⑦⑩が前嶋氏等の論究によるものである[12]。

では「平生之儀」と認定されるには、これら諸特徴をすべて満足することが必要であろうか、まずそれを確認しよう。そこで、『兵範記』保元元年（一一五六）七月二日条（以下、本章の傍線は筆者）を取り上げよう。

存日遺詔云、御幸作法、可レ用二尋常儀一、但輦二御車於便宜所一、其左右立二御屏風一、本役人可レ舁二居御棺一、於二車内一御首方可レ在レ後、可レ用二網代御車一、不レ可レ裹レ之、御棺出二簾外一者、簾可レ懸レ簷、是定車也、行障歩障類一切可二停止一、

これは鳥羽法皇が、生前に葬送について遺詔した内容である。この遺詔に見える移送は「尋常儀」の「御幸作法」であり、これが「平生之儀」による移送であることが分かる。そして鳥羽安楽寿院において没した鳥羽法皇は、同日、安楽寿院本御塔へ移送される。『兵範記』はその移送を「今夕例時以後、渡二御々塔一」したとし、その様態を「網代御車、輦二御所東面一、簾懸レ簷、庁官等付レ轅各着二藁沓一、御車副二人」と記す。ここには、先に列記した項目のうち③御車を裹まず、⑥行障歩障を停止、⑦御車を使用、⑩渡の四項目が該当しており、一つの事例に勝田氏、堀氏、前嶋氏等が提示した特徴を合わせて確認できる。ところが、この事例では「御車副二人」となっており、④は該当しない。

このように「平生之儀」による移送であっても、十項目すべての特徴を満たしているわけではない（○数字は遺体移送の特徴の番号。以下、本節中同じ）。そればかりか、「平生之儀」の特徴も時代によって変化していた。たとえば、⑤遺体移送につき従う人々が、歩行から騎馬に変化していくさまにそれを窺うことができる。

万寿二年（一〇二五）、「いと忍びて、ただ例ざまに」行われた小一条院女御藤原寛子の移送では、「この殿ばらなどは歩みつづかせたまへり」（新編日本古典文学全集『栄花物語』巻二五「みねの月」）と、寛子の兄弟は歩行であった。ところが、百年近く後の永久二年（一一一四）堀河天皇の中宮篤子内親王の場合、「密々渡御」に従った人々は「騎馬」に変わっている。ただし、このときは「今度騎馬之条不レ得レ心」（『中右記』同年十月一日条）と評されており、馬に乗って従うことが充分に受け容れられるほどではなかった。それから七十年近く経た養和元年（一一八一）崇徳天皇の中宮皇嘉門院聖子の葬送では、「依レ為二尋常御幸之儀一、路間不二歩行一先例也」（『玉葉』同年十二月五日条）と、移送に

従う人々は道筋を歩行しないことが先例だとされるまでに変化していたのである。(13)

以上のように「平生之儀」が必ずしも十項目すべての特徴を満たすものではなく、また時代によって変化していた特徴も存在する。とすると、当該遺体移送が「平生之儀」によって行われたか否かは、個々の特徴の有無だけでは判断できないことになる。

では、「平生之儀」による遺体移送と判断できる基準とは何であろうか。さしあたり、次の三つの基準が考えられる。第一の基準は、遺体移送に際し「平生之儀」「如在之儀」「尋常儀」等の様相を示す成句が、史料に登場する場合である。この場合は、日記等の記主が、「平生之儀」による遺体移送と認めたからこそ、そう評したものであり、論を要しないであろう。

第二の基準は、遺体移送が「盗出」「渡」「移」「密々」等の語句を以て表現されている場合である。これについては今少し検討が必要である。まず「盗出」については、その語義が遺体移送の有り様《よう》を表象する表現であること、また「盗出之儀」との様相を示す成句としても用いられていること（『後中記』仁治三年〈一二四二〉正月十二日条）、さらに「盗出」を「平生之儀」と言い換えている事例も存在する。たとえば、文治四年（一一八八）二月に没した九条良通の遺体を、『玉葉』同月二十日条では「盗㆓出嵯峨辺堂㆒」す予定であると記し、二十二日条では「渡㆓嵯峨辺小堂㆒只同㆓平生之出行㆒」とする。つまり、兼実は息子良通の遺体移送を「盗出」とも、「平生之出行」とも記している。これらのことから、「盗出」の語があれば「平生之儀」による移送であったと判断してよいであろう。

次に「渡」「移」について、前嶋氏はこれらを「盗出」と同列に扱った。この「渡」や「移」は確かに「平生之儀」などの成句と同時に多用されており、「平生之儀」との密接な関係を推測できる。(14)ただし、葬送には遺体移送を伴う以上、移送を表す動詞を、無原則に「平生之儀」による移送を示すものと考えるなら、すべての遺体移送が「平生之儀」を用いたことになってしまうであろう。たとえば、永久二年（一一一四）篤子内親王の事例では、「今夜中宮渡二御雲林院掌侍堂一」（『中右記』同年十月一日条）と記されている。すでに亡くなったはずの篤子内親王が雲林院掌侍堂へ「渡御」するとしている。これなどは、死者をあたかも生者の如く装う「平生之儀」の様相を端的に示していると言えよう。一方、貞治四年（一三六五）に没した赤橋登子が「被レ渡二申仁和寺等持院一」（『師守記』同年五月四日条）とされていることから、前嶋氏はこれが「平生之儀」による移送に該当するとしている。しかし、これは遺体が仁和寺等持院へ「渡し申され」（受身）たというだけであり、篤子内親王の事例と同列に扱うことはできない[15]。つまり、こうした移動が故人の主体的な行為として表現されている場合にのみ、その動詞は「平生之儀」による移送を示すものとして認められるべきであろう[16]。そうであれば、「渡」「移」も「渡す」「移す」ではなく、「渡る」「移る」と訓じられるべきで、またその対象となる動詞も「渡」「移」にとどまらず、「遷」「御幸」なども該当することになるであろう。

次いで「密々」は、「盗出」や「渡」などの動詞とほとんど連接して使用されることや、「密々」との表現が「盗出」と同じく遺体移送の有り様《よう》を示すと思われる語句であることから、同様に「平生之儀」と扱ってよいものと考える[17]。

第三の基準は、後代の史料において、その移送が「平生之儀」の先例とされているような場合である。たとえば、長元九年（一〇三六）に没した後一条天皇の場合、内裏から出棺するとき御輿は憚りありとして、⑧御車で移送されたことしか判明せず（『左経記』同年四月二十日条）、これだけでは「平生之儀」による移送かどうか判断できない。ところが、仁治三年（一二四二）に没した四条天皇の移送に際し、「大概准下長元奉二盗出一之儀上」（『後中記』同年正月十二日条）と、後一条天皇の例を「盗出之儀」の先例としている。このことから、後一条天皇の遺体移送は「平生之儀」

が用いられたと判断できる。このように「平生之儀」の先例とされている場合は、当該事例の史料に「平生之儀」と認められる特段の語句等が確認できない場合でも、「平生之儀」による遺体移送と認められてよいであろう。

要約すると、「平生之儀」による遺体移送と認められるのは、第一に遺体移送に際し「平生之儀」などの成句が史料に登場するか、第二に遺体移送が「盗出」や「密々」等の語句を以て表現されているか、もしくは遺体の移送を示す動詞が故人自らの主体的行為として記されているか、第三に後代に「平生之儀」の先例とされているか、とのいずれかに該当する場合である。これが、さしあたり現時点で考えられる基準である。

次に「平生之儀」がどのように受容されてきたのか、具体的な実例をまとめた表7をもとに概観しよう。この表は右の基準を満たした、十六世紀末までの事例である。もとより、「平生之儀」に該当する事例を網羅し尽くしたというものではないが、おおよその傾向を知ることはできるであろう。なお表中の身分は、大まかな傾向を知るため便宜的に設けたものである。そこで、この表から読み取れることを順に述べておきたい。

第一に、「平生之儀」と確認できる事例の推移を見ると、「平生之儀」は十世紀半ばから認めることができる。その初出は〈1〉天慶八年（九四五）に没した藤原仲平の事例である（〈　〉内の数字は表7の事例№を指す。以下も同じ）。十世紀は五件であったが、十二世紀になると二三件と急増する。そして十四・十五世紀にも同程度の事例を確認できるが、十六世紀には五件と激減する。第二に、「平生之儀」の様態を示す語句に注目すると、「移」「尋常」等が十世紀にいち早く現れる。そして十二世紀になると、「渡」が急増し、「平生之儀」や「如平生御行」「如在儀」等の成句も急に現れ頻出する。[18]またこの時期「盗出」が見られるようになり、[19]それが十五世紀には一八件と著しく増加する。「密々」も同様に増加し、十五世紀は「盗出」と「密々」の用例が、用いられた様態語の七割以上を占めていた。第三に、身分別に見ると、「平生之儀」の事例が十二世紀に急増していたのは、王家が一三件と急増していたことに因

表7　十六世紀末までの葬送における「平生之儀」

No	西暦	死者	身分	死亡年月日	移送月日／荼毘・埋葬の月日	史料の上で確認できる「平生之儀」の様態を示す語句	典拠
1	九四五	藤原仲平	公	天慶八・九・五	九・五／九・七	「移」	貞信、本朝
2	九五四	藤原穏子	王	天暦八・一・四	一・七／一・一〇	(後一条天皇の先例)	左経
3	九六四	藤原能子	公	応和四・四・一一	四・一三／四・一三	「遷」	紀略
4	九七〇	藤原実頼	公	天禄一・五・一八	五・一八／五・一九	「尋常」	小右
5	九七七	藤原兼通	公	貞元二・一一・八	一一・八／一一・一四	「遷」	紀略
6	一〇一六	藤原穆子	公	長和五・七・二六	八・一、八・五／八・?	「渡」「如常」	御堂
7	一〇一七	藤原遵子	王	寛仁一・六・一	六・五／六・五	「渡」	御堂
8	一〇二五	藤原娍子	王	万寿二・三・二五	四・四／四・一四	「例の御有様」	栄花
9	一〇二五	藤原寛子	王	万寿二・七・九	七・一一／七・一二	「いと忍びて、ただ例ざま」	栄花
10	一〇二五	藤原嬉子	王	万寿二・八・五	八・六／八・一五	「移」「例の人の御ありき」	栄花
11	一〇二五	藤原長家室	公	万寿二・八・二九	九・一五／九・二七	「こたみの御歩きの、例のやうにありけれど、御車に物まきなどして」	栄花
12	一〇二七	藤原道長	公	万寿四・一二・四	一二・七／一二・七	「出でさせたまふ」	栄花
13	一〇三六	後一条天皇	王	長元九・四・一七	四・二二／五・一九	(四条天皇「盗出之儀」の先例)	後中
14	一〇五二	尊仁親王の女二宮	王	永承七・六・四	六・四／六・九	「渡」	春記
15	一〇八四	藤原賢子	王	応徳一・九・二二	九・二四／一〇・一	「密々渡御」	中右
16	一一〇三	天台座主・仁覚	僧	康和四・三・二八	三・二九／四・一	「渡」「平生之儀」	中右
17	一一〇三	藤原苡子	王	康和五・一・二五	一・二七／二・三	①「渡」「如平生」、②「密々・渡」	①中右、②本朝
18	一一〇三	藤原俊家室	公	康和五・三・一三	三・二一／三・二一	「如平生御行」	中右
19	一一〇五	祐子内親王	王	長治二・一一・七	一一・一五／一一・一五	「渡」	殿暦
20	一一一四	篤子内親王	王	永久二・一〇・一	一〇・一／一〇・二	①「渡」「如密々行啓」、②「密々渡御」「如御平生時」	①殿暦、②中右
21	一一二九	輔仁親王	王	元永二・一一・二八	一二・五／一二・五	「如平生御行」	長秋
22	一一三〇	一条殿西の御方（藤原宗忠の養母）	公	保安一・九・一九	九・二二／九・二六	「密々」	中右

No	西暦	死者	身分	死亡年月日	移送月日／荼毘・埋葬の月日	史料の上で確認できる「平生之儀」の様態を示す語句	典拠
23	一一四五	藤原璋子	王	久安一・八・二二	八・二二／八・二二	①「幸」「如生存」、②「如平生儀」	①台記、②本朝
24	一一四八	平実親	公	久安四・一一・一四	一一・三〇／一二・六	「御渡」	相親
25	一一五三	覚法法親王	僧	仁平三・一二・六	一二・八／一二・八	「如在儀」	兵範
26	一一五五	近衛天皇	王	久寿二・七・二三	八・一／八・一	「密々」	台記
27	一一五五	藤原泰子	王	久寿二・一二・一六	一二・一七／一二・一七	①「如存日御幸」、②「如尋常」	①兵範、②台記
28	一一五六	讃岐宣旨（藤原為房妾）	公	久寿三・四・五	四・一九／四・一九	「如在儀」	兵範
29	一一五六	鳥羽法皇	王	保元一・七・二	七・二／七・二	「尋常儀」	兵範
30	一一六〇	藤原得子	王	永暦一・一一・二三	一一・二四／一一・二四	「渡御」	山槐
31	一一七三	藤原実国室	公	承安三・六・四？	六・四／六・一〇	「密儀」「如例出行」	吉記
32	一一七三	藤原育子	王	承安三・八・一五	八・一六／八・一六	「盗出」	玉葉
33	一一八一	高倉上皇	王	治承五・一・一四	一・一四／一・一四	「渡御」	明月
34	一一八一	藤原聖子	王	養和一・一二・五	一二・五／一二・五	「尋常御幸之儀」「如在之礼」	玉葉
35	一一八三	最妙比丘尼（吉田経房女）	僧	寿永二・一一・八	一一・一／一一・一	「如在之儀」	吉記
36	一一八八	九条良通	公	文治四・二・二〇	二・二二／二・二八	「盗出」「平生之出行」	玉葉
37	一一九二	後白河法皇	王	建久三・三・一三	三・一五／三・一五	①「密々・渡御」、②「平生之儀」	①明月、②師守
38	一二〇〇	九条良経室	公	正治二・七・一三	七・一七／七・二〇	「渡」	明月
39	一二二七	藤原公継	公	嘉禄三・一・二九	一・三〇／？	「密々」	明月
40	一二三三	九条竴子	王	天福一・九・一八	九・三〇／九・三〇	「平生之儀」	明月
41	一二三五	九条教実	公	文暦二・三・二八	三・二九、四・三／四・三	①「密」、②「如在儀」	①明月、②玉蘂
42	一二三八	藤原陳子	王	嘉禎四・一〇・三	一〇・九／一〇・九	「密々渡御」	経俊
43	一二四二	四条天皇	王	仁治三・一・九	一・二五／一・二五	①「盗出」、②「如在之儀」	①御葬、②百錬
44	一二四七	源定通	公	宝治一・九・二八	九・二九／九・二九	「密儀、如平生之出行」	葉黄
45	一二五七	源在子	王	正嘉一・七・五	七・六／七・六	「渡御」	経俊
46	一二六七	西園寺公相	公	文永四・一〇・一二	一〇・一二／？	「毎事如平生」「事々密儀歟」	民経
47	一二七四	藤原経光	公	文永一一・四・一五	四・一六／四・一六	「密」	勘仲

48	一二七四	宗尊親王	王	文永一一・七・二九	八・一〇／八・一〇	「如平生御行」	勘仲
49	一三〇四	後深草天皇	王	嘉元二・七・一六	七・一六／七・一七	「渡御」	公衡
50	一三〇七	姈子内親王	王	徳治二・七・二四	七・二四／七・二六	「渡御」「如御平生之時」	実躬
51	一三二四	藤原経子	王	元亨四・一〇・一一	一〇・一三／一〇・一三	「如平生」	花園
52	一三四二	西園寺鐔子	王	康永一・五・七	五・七／？	「密々」「渡御」「堅固最密々儀」	中院
53	一三四五	顕心尼（中原師守の母）	公	康永四・八・二三	八・二三／八・二三	「密々」「盗出」	師守
54	一三四五	中原師鑒	公	貞和一・一一・一四	一一・一六／一一・二〇	「盗出」	師守
55	一三四八	花園法皇	王	貞和四・一一・一一	一一・一三／一一・一三	「内々御幸」	園大
56	一三五六	尊円入道親王	僧	延文一・九・二三	九・二五／九・二五	「入御」	門葉
57	一三六二	了源房（中原師躬）	公	貞治一・三・四	三・五／三・五	「密々・盗出」	師守
58	一三六五	足利義詮の生児	武	貞治四・四・一〇	四・一一カ／四・？	「内々盗出」	師守
59	一三六五	赤橋登子	武	貞治四・五・四	五・四／五・六	「平生之儀」	師守
60	一三六七	近衛基継室	公	貞治六・一〇・五	一〇・五／一〇・七	「移」「密々偸出之儀」	愚管
61	一三六七	足利義詮	武	貞治六・一二・七	一二・八／一二・一三	①「平生之儀」、②「移」	①後愚、②愚管
62	一三七三	勧修寺経顕	公	応安六・一・五	一・五／一・六	「平生儀」「平生之儀」	後愚
63	一三七四	後光厳上皇	王	応安七・一・二九	二・二／二・二	「渡御」	愚管
64	一三八二	覚誉法親王	僧	永徳二・五・二八	五・二九／五・三〇	「平生之儀」	後愚
65	一三八三	藤原公時	公	永徳三・三・一	三・一一／三・？	「渡」	後愚
66	一三八七	近衛通嗣	公	至徳四・三・一七	三・二〇／三・二〇	「一向平生之儀」	実冬
67	一四〇二	吉田兼熙	公	応永九・五・三	五・三／五・四	「盗出」	吉田
68	一四〇八	足利義満	武	応永一五・五・六	五・六／五・一〇	「盗出」「其儀密々也」	鹿苑
69	一四一六	栄仁親王	王	応永二三・一一・二〇	一一・二四／一一・二四	「密儀」	看聞
70	一四一七	治仁王	王	応永二四・二・一一	二・一五／二・一五	「密奉盗出」	看聞
71	一四一七	恵舜王	王	応永二四・六・二〇	六・二〇／六・？	「密々盗出」	看聞
72	一四一八	斯波義教	武	応永二五・八・一八	八・一八／八・一八	「盗出」	康富
73	一四二五	小川宮	王	応永三二・二・一六	二・一八／二・一九	「盗出」	薩戒
74	一四二八	称光天皇	王	正長一・七・二〇	七・二九／七・二九	①「御幸」、②「入御」	①満済、②御葬

No	西暦	死者	身分	死亡年月日	移送月日／荼毘・埋葬の月日	史料の上で確認できる「平生之儀」の様態を示す語句	典拠
75	一四二九	小槻為緒母	公	正長二・八・一七	八・一七／八・一七ヵ	「盗出」	康富
76	一四三三	後小松法皇	王	永享五・一〇・二〇	一〇・二七／一〇・二七	「渡御」	看聞
77	一四四三	斎藤国継	公	嘉吉三・六・一六	六・一七／六・二〇	「密々」	建内
78	一四四三	足利義勝	武	嘉吉三・七・二一	七・二三／七・二九	①「盗出」「如在之儀」、②「渡」	①建内、②看聞
79	一四四五	二条持基	公	文安二・一一・三	一一・五／一一・九	「密々」	師郷
80	一四四八	庭田幸子	王	文安五・四・一三	四・一五／四・一九	「密々」	師郷
81	一四五六	貞成親王	王	康正二・八・二九	八・三〇／九・四	「密々」	師郷
82	一四六三	日野重子	武	寛正四・八・八	八・一一／八・一一	①「御出様如常」「内々御出儀」、②「御出」	①雑事、②山科
83	一四七一	後花園法皇	王	文明二・一二・二七	文明二・一二・二八／文明三・一・三	①「盗出」「堅固密々」、②「しのひていたし」	①親長、②後花
84	一四七三	経覚	僧	文明五・八・二七	八・二七／八・二九	「内々儀、（盗）出」	雑事
85	一四七四	貞常親王	王	文明六・七・三	七・六／七・八	「盗出」	親長
86	一四七四	入江殿（足利義政娘）	武	文明六・七・一三	七・一四／七・二三	「盗出」	親長
87	一四七九	広橋兼顕	公	文明一一・五・一四	五・一六／五・一八	「盗出」	晴富
88	一四八二	北小路俊子	公	文明一四・七・六	七・一〇／七・一〇	「堅固密々儀」	後法
89	一四八八	藤原信子	王	長享二・四・二八	四・二八／五・三	①「密々奉盗出」、②「盗出」、③「存日御行之式、渡御…堅固密々」	①親長、②政覚、③実隆
90	一四八八	近衛房嗣	公	長享二・一〇・一九	一〇・一九／一〇・二四	「偸出之体」	後法
91	一四九〇	足利義政	武	延徳二・一・七	一・二三／一・二三	「盗出」	大乗
92	一四九四	政覚	僧	明応三・三・一六	三・一八／三・二三	「内々御儀」	雑事
93	一四九六	日野富子	武	明応五・五・二〇	五・二五／六・一四	「出」	後法
94	一四九六	勧修寺教秀	公	明応五・七・一一	七・一一／七・一七	「盗出」「平生出行」	実隆
95	一四九六	内藤元貞（丹波国守護代）の妻	武	明応五・七・一六	七・一六／七・？	「盗出」	晴富
96	一四九八	慈尋（興福寺大乗院若僧）	僧	明応七・四・二六	四・二六／四・二九	「内々盗出」	雑事
97	一五〇〇	後土御門天皇	王	明応九・九・二八	一一・一一／一一・一一	「遷幸」	後法

98	一五二六	金光院良秀	僧	大永六・三・二四	三・二四／四・二	「盗出」	実隆
99	一五二六	椿性尼（入江殿）	僧	大永六・六・二	六・一五／六・二四	「御出」	実隆
100	一五三五	勧修寺藤子	王	天文四・一・二	一・一三／一・一三	「御忍にて御出」	言継
101	一五五〇	足利義晴	武	天文一九・五・四	五・七／五・二	「御出」	言継
102	一五九三	正親町上皇	王	文禄二・一・五	一・五／二・二三	「盗出」	言経

（一）身分は一応の目安として示した。王は王家、公は公家、武は武家、僧は僧侶を示す。妻は原則、出身によらず夫の身分に、未婚の女は父の身分によった

（二）典拠と様態を示す語句がともに複数ある場合、表内の○番号によって両者を対応させている

（三）出典略記号は次のとおり

栄花=栄花物語、園大=園大暦、勘仲=勘仲記、看聞=看聞日記、紀略=日本紀略、公衡=公衡公記、愚管=愚管記、建内=建内記、御葬=御葬礼記、後愚=後愚昧記、後中=後中記、後花=後花園天皇御葬送記、後法=後法興院記、左経=左経記、雑事=大乗院寺社雑事記、薩戒=薩戒記、実隆=実隆公記、実冬=実冬公記、実躬=実躬卿記、山槐=山槐記、小右=小右記、政覚=政覚大僧正記、相親=相親卿送葬記、大乗=大乗院日記目録、親長=親長卿記、中院=中院一品記、中右=中右記、長秋=長秋記、経俊=経俊卿記、貞信=貞信公記、言継=言継卿記、花園=花園天皇宸記、晴富=晴富宿禰記、百錬=百錬抄、兵範=兵範記、本朝=本朝世紀、満済=満済准后日記、御堂=御堂関白記、民経=民経記、明月=明月記、師郷=師郷記、師守=師守記、門葉=門葉記、康富=康富記、山科=山科家礼記、葉黄=葉黄記、吉田=吉田家日次記、鹿苑=鹿苑院殿薨葬記

るが、十世紀は王家一件、公家四件、十一世紀は王家七件、公家三件と、王家の主導性は必ずしも確認できない。また、武家は十四世紀以降に確認でき、将軍一族のほか管領や守護代にまで広がっている。そして十五世紀には、王家・公家・武家の三者に同程度確認できるようになる。また僧侶の世界においても、十二世紀には「平生之儀」が及んでいることを確認できるが、さほど顕著ではない。全年代を合計すると王家四六件、公家三五件、武家一二件、僧侶九件となっており、半数近くを王家が占めている。

以上、先行研究が別個に提示してきた遺体移送の諸特徴を「平生之儀」の特徴として整理し、「平生之儀」による遺体移送と認められる基準と、「平生之儀」の受容状況を明らかにしてきた。そこで、次に遺体移送に用いられた「平生之儀」が、葬送のなかでどのように扱われ、また位置付けられるのかを考察しておきたい。

2 「平生之儀」と葬礼等の関係

「平生之儀」には、「出棺のとき築垣を壊さず、小門から出す」という特徴があったように、それは葬送の初め、出棺に始まる遺体の搬出・移送において用いられる作法であった。しかし、この「平生之儀」による遺体移送には葬礼としての形が伴わないことを、数多くの事例から確認することができる。たとえば〈82〉寛正四年（一四六三）足利義教の側室日野重子の事例がそれである（『大乗院寺社雑事記』同年八月十一日条）。

今暁卯刻於二等持院一御葬礼在レ之、公方御共ニ云々、夜中高倉殿ヨリ等持院マテ御出様如レ常、但御車輿、力者六人、出車二両、高倉ヨリ一条ヲ西行、御葬礼之儀式於二等持院一可レ有レ之、先内々御出儀也、

この事例では、移送先の等持院から葬礼としての儀式が執り行われ、高倉殿から等持院までの移送は「御出」、つまり死者である重子の外出と称されており、葬礼として扱われていない。次の事例は〈32〉承安三年（一一七三）二条天皇の中宮藤原育子の葬送である（『玉葉』同年八月十六日条）。

今日、偸奉レ盗二出之一、奉レ渡二中山故法印之墓所堂一、不レ出二給御門等一、依二方角悪一、壊二築垣一也、自二彼堂一如レ形有二葬礼一云々、

墓所堂までの移送は遺体を「盗出」す「平生之儀」が用いられているが、墓所堂からは形式どおりに葬礼が行われたと記されており、墓所堂への遺体移送は葬礼の形式が用いられていない。

この二例から[20]、「平生之儀」により遺体が寺院などへ移送された場合、その過程を「葬礼」として扱わないようにしていたことが分かる。遺体を生者の如くに装って移送する「平生之儀」に、葬送に従う人々は尋常の装束を着け、尋常の車を使用して棺を運ぶなどの特徴があることを先に確認したが、それは「平生之儀」が「葬礼」の形式をとっ

ていないことを示すものである。

では、葬礼として扱われない「平生之儀」による遺体移送は、葬送の一部であろうか、それとも別の儀式なのであろうか。このことを確認するために、〈21〉後三条天皇の第三皇子であった輔仁親王の事例を取り上げる。『長秋記』元永二年（一一一九）十二月五日条には、その葬送のさまが次のように記されている。

今日御葬送、秉燭人々参会、美濃権守忠宗為レ山作所行事一、帰参申二皆語具由一、件所観音寺北辺云々、依二御遺言一如二平生御行一、（中略）近習人五六人舁二御棺一、置二御車中一、（中略）念仏僧前行、雖レ然不レ発二念仏音一不レ打レ磬、不レ行二葬礼一故也、只微音唱二念仏一、

これによると、人々は夕刻「御葬送」のために集まり、出棺が行われ、葬送の儀式は進行していたけれども、念仏音を発せず、磬も打たなかった。その理由は「不レ行二葬礼一故」とされる。まさしく遺言どおりの「平生御行」を以て進められた。しかし、「不レ行二葬礼一」といっても、あくまでも葬送であったことは冒頭の「今日御葬送」から明らかである。ゆえに、「平生之儀」による移送も「念仏僧前行」し、微音ながらも「唱二念仏一」えられていた。このように「平生之儀」が用いられた遺体移送の儀式は、「葬礼」の形式を用いないような操作が行われていたとしても、葬送とは異なる別の儀式というものではなく、あくまでも葬送の一部である出棺以降の儀式であった。しかも、「平生之儀」は単に「平素の作法」というものではなく、「堅固最密々儀」（『中院一品記』康永元年五月七日条、『大日本史料』六―七）などと記されるように、内々に行われるものであった。この様子が〈9〉万寿二年（一〇二五）藤原寛子の葬送（『栄花物語』巻二五「みねの月」）では、

京出でさせたまふほどはいと忍びて、ただ例ざまにぞおはします（中略）よろづいみじく忍びたまへれば、人声もせずみそかにおはし過ぐるほど、

と描写されている。このように、寺院等までの「平生之儀」による遺体移送は、磬も打たず、念仏も微音に称えるだけの「いと忍びて」「みそか」の御出であった。

以上をまとめると、遺体をあたかも生者の如く装って移送する「平生之儀」とは、葬送の一部である遺体移送を葬礼の形式を用いないで行う様式・作法と定義することができる。

では、葬送の一環でありながら、なぜ葬礼の形式をとらない「平生之儀」が用いられたのか。一体、何を憚っていたのか。先行研究はそれを死穢に求め、「平生之儀」を用いる目的が死穢を隠蔽するためだと解したわけである。そこで、「平生之儀」の目的再考へ検討を進めたい。

第二節　「平生之儀」と死穢

堀裕氏は「如在之儀」が十世紀後半に成立したとし、それと死穢との関連を次のように述べる。

九世紀半ばから一〇世紀後半にかけて、死体に対するケガレ観念が形成され、その形成は同時に死体を内々に内裏や京から移送し、内裏や京の内部では、死体を排除、隠蔽するようになったのである。

もし、堀氏の指摘のとおり死体を隠蔽していたとすれば、その間は当然に死穢が発生していないことになっているはずである。しかし、堀氏が用意した『栄花物語』などの史料は、「平生之儀」と死穢の関係を記しておらず、右見解はあくまでも堀氏の推測に基づいた結論であった。そこで、本節は「平生之儀」と死穢との関係が直接窺われる事例を取り上げ、具体的に考察を進めていく。

最初は、〈19〉長治二年（一一〇五）後朱雀天皇の第三皇女祐子内親王の事例である。祐子内親王は十一月七日、高倉邸で死亡し、同月十五日に西院、邦経堂へ「渡給」うた。しかし、祐子の亡くなった日の翌八日、左大臣源俊房は「一宮《（祐子）》触穢尓左府被レ籠」（『殿暦』同日条）と祐子の触穢に籠居しており、「平生之儀」による遺体移送以前に、俊房は死穢の発生を事実として受け容れている。

次は『玉葉』に記された〈36〉文治四年（一一八八）九条良通の事例である。二月十九日夜、良通は急に意識を失った。そして翌二十日の巳刻に「事一定」と、良通が亡くなったことが「披露」されるや、「人々降立」ち触穢を避けている。また父兼実も「以二伊予守季長朝臣一為レ使、申二院可レ触レ穢之由一也」と、院へ触穢の由を奏しており、死穢の発生は周知のこととなっていた。「平生之儀」を用いる目的が死穢を隠蔽するためだとするならば、この後、良通を他所へ移送するのに「平生之儀」は必要なかったはずである。ところが、二十二日夜に予定された遺体の移送を二十日には「盗出」ると兼実は記し、現に二十二日には「渡二嵯峨辺小堂一、只同二平生之出行一」と、「平生之儀」を以て遺体は移送されていた。

三例目が〈41〉文暦二年（一二三五）九条道家の息教実の事例である。教実は三月二十八日に没し、その翌二十九日夜、遺体は「密奉レ渡二法性寺一」（『明月記』同日条）と、「平生之儀」を以て移送された。しかし教実が没するとき道家は、「於レ今は不レ可レ穢由被レ仰、只今罷二帰本房一也」（同・二十八日条）と、触穢を避けて本房へ帰っている。

そして四例目が、〈73〉応永三十二年（一四二五）の後小松上皇の第二皇子小川宮の事例である。小川宮は二月十六日に没し、十八日夜に仁和寺永円寺へ「盗出」される。しかし、小川宮を自邸で養育していた勧修寺経興は、十六日、臨終に当たって「於レ今者不レ可レ触レ穢之人々先可下令レ出二門外一給上歟」（『薩戒記』同日条）として、触穢を避けなければならない人々は先に門の外に出なければならないと考えていた。

最後に五例目が、〈86〉文明六年（一四七四）の足利義政の娘入江殿の事例である。入江殿は七月十二日に亡くなり、十四日に遺体は百万遍知恩寺に「盗出」される（『親長卿記』同日条）。しかし亡くなった十二日、「イリヱ《（入江）》殿ノ事ニツイテ、ヱキフレ《（穢気触）》アル間、今日ヨリ又此御所シヨクヱ《（触穢）》也」（『言国卿記』同日条）と、すでに触穢が始まっていた。

以上のように、当該人物が死去したときから死穢が発生し、それが公知となっていたにもかかわらず、「平生之儀」によって遺体が移送されていたことを十五世紀末に至るまで確認することができた。では天下触穢の場合はどうであろうか。天皇や皇后など社会的地位の極めて高い人物が死去した場合に、死去日より後日に天下触穢と認定されることがある。[21] よって、その認定までの間に「平生之儀」を以て遺体が移送されたならば、死穢の発生を隠蔽しているのではないかとも疑われるため、この点も確認しておこう。

最初が〈89〉長享二年（一四八八）後土御門天皇の生母であった嘉楽門院藤原信子の事例である。信子は四月二十八日に死去し、その遺体は般舟三昧院へ「密々奉₂盗出₁」（『親長卿記』同日条）られ、五月三日に荼毘に付され、五月四日には拾骨が行われた（『実隆公記』同月三日・四日条）。ところが天下触穢と仰せ出されたのは、拾骨も終わった五月五日のことであった（『北野社家日記』同日条）。では、この信子が亡くなったとき、その死穢はどう扱われたのか。『実隆公記』同年四月二十八日条には、「御閉眼以後各分散、今明之間暫先禁裏穢気不ㇾ可ㇾ有₂混合₁云々、当番之間則参内、主上忽去₂正寝₁御₂議定所₁」と記される。信子の閉眼以後そこに参集していた人々は分散し、天皇も即座に正殿を去るなど、死穢の発生を当然のこととして触穢を回避している。

次が〈17〉康和五年（一一〇三）堀河天皇の皇妃藤原苡子の事例である。正月二十五日に没した苡子は二十七日夜、樋口堀河御所へ「宛如₂平生₁」（『中右記』同日条）渡り、二月三日夕、斎宮より「鳥部野南」へ出て火葬に付され、遺骨は木幡山陵へ置かれる。そして、触穢が三月二日まで及んでいたとされる（『中右記』同日条）。とすると、この天下触穢（『殿暦』二月一日条）の開始は、二月は大月であったから二月三日からとなり、ちょうど火葬の行われた日であったことになる。ところがこの場合も、苡子が没する正月二十五日、苡子の容態が急変したので、誕生したばかりの皇子を白河上皇の院御所であった高松邸西対へ遷御させている（『中右記』）。これは、皇子への触穢回避を目的としたもので、苡子の死没によって死穢が発生することを前提としてとられた措置であった。

以上のように、遺体移送が「平生之儀」によって行われた場合にも、人が死去したときからすでに死穢が発生し、それが公知となっていたことを、中世後期に至るまで七つの事例を通して史料的に確認することができた。もし、「平生之儀」を用いる目的が死穢の隠蔽であったならば、死穢の発生は「平生之儀」を用いた遺体移送の後でなければならないはずである。しかし、死穢は死去のときからすでに発生していた。「平生之儀」による遺体移送は、葬礼の形式をとらず、死者をあたかも生者の如く装い移送していたから、ややもすれば死穢を憚ってのことと即断しがちであった。だが以上の考察から、「平生之儀」を用いる目的が死穢を隠蔽するためだとする通説的理解が、妥当ではないことが明らかとなったであろう。では「平生之儀」による遺体移送は、一体何を憚って密々に移送する必要があったのであろうか。

第三節　葬送の凶事性と憚り

1　葬列への憚り

堀氏は、穢観念の形成により内裏や京の内部では、死体を排除、隠蔽するようになったと推測した。この内裏や京の内部を憚るという指摘は、「平生之儀」を用いた遺体移送が憚ったものを考えていく上で参考になる。まず内裏を憚るというのは、そもそも発葬の場を問題にしたものであった。その事例として、堀氏は〈13〉長元九年（一〇三六）に清涼殿で没した後一条天皇を取り上げた。後一条天皇の遺体は、四月二十二日「平生之儀」により移送される。その理由を『左経記』類聚雑例の同年四月十九日条には、

　自二禁中一被レ行二発葬之礼一頗可レ有二事憚一、奉レ移二他所一之後、自レ尓備二葬礼一可レ有二御葬送一歟、

と記す。ここに具体的な憚りの内容は明らかではないものの、確かに内裏から発葬することに強い憚りがあるようである。ただし、堀氏は発葬を憚る場を内裏に限定したが、それは内裏だけではなかった。たとえば前節でも触れた〈17〉藤原苡子は、康和五年（一一〇三）正月十六日、のちに鳥羽天皇となる皇子を五条高倉邸で出産し、同月二十五日没した。もちろん、苡子の没する直前に皇子を白河上皇の院御所であった高松邸の西対へ遷していた。当時、高倉邸は藤原顕隆の邸宅であって里内裏などでもなかった。にもかかわらず、「平生之儀」により遺体が移送された。その理由を「従二皇子降誕之所一被レ行二喪礼一、有二其憚一之故歟」（『中右記』同月二十七日条）と、皇子降誕の場所を発葬の場とすることに憚りがあったと記主の宗忠は推測している。こうして見ると「平生之儀」を用いたのは、内裏に限らずそこが発葬の場となることが忌まれたためではないか、と考えることができる。

　次に京内で葬送が憚られることを、堀氏は「京での喪葬が世俗の世界へ影響を与える」からと推測した。これは「喪葬令」皇都条に見られるように、京内は清浄であるべきとの考えを前提としたものと思われる[22]。たとえば、〈9〉万寿二年（一〇二五）藤原寛子の遺体移送のさまを『栄花物語』（巻二五「みねの月」）は、次のように描写している。

　京出でさせたまふほどはいと忍びて、ただ例ざまにぞおはします、（中略）一条のほどにてぞ、よろづ例の作法の事どもをし置かせたまへりければ、

ここには確かに京内を憚っている様子が窺われる。しかし、「平生之儀」が用いられたのは、京内に限ったわけでは

なかった。たとえば、〈25〉仁平三年（一一五三）十二月六日に没した仁和寺御室覚法法親王は、「入レ夜、以二如在儀一奉レ移二嵯峨野御所一、自二彼所一可レ奉レ葬二於其西林中一」（『兵範記』同年十二月八日条）と、「如在儀」を以て嵯峨野御所へ移送されている。ただし、覚法が没した場所は「木寺南新造小御所」（同・十二月六日条）で、それは後の仁和寺大聖院に当たり、京外に在った。[23]京外における遺体移送にも「如在儀」が用いられていたのである。また〈30〉永暦元年（一一六〇）に没した鳥羽天皇の皇后美福門院藤原得子の場合も、鴨川東押小路末に在った押小路殿から鳥羽離宮の東殿へ「渡御」するという、京外における遺体移送であった（『山槐記』同年十一月二十四日条）。このように京の内外を問わず、遺体は葬礼の形式をとらない「平生之儀」によって移送されていた。

　堀氏は、在位中の天皇が「里内裏」でもない本来の内裏でのみ没することが憚られ、内裏での天皇の死を否定する「如在之儀」が成立したとして、「不死の天皇」を強調した。そして、内裏や京内で死体が忌避されているからとして、その由来を死穢に求めた。しかし、死体が憚られた場は内裏に限定されず、広く一般貴族の邸宅にも及び、そこからさらに京の内外を通じて憚られていた。すなわち、それは発葬の場を起点に、葬送として通行する全行程を指すものであった。そうすると、人々が遺体移送を「平生之儀」によってまでして憚らざるを得なかったものとは、勝田氏も指摘するように、葬送として通行する葬列そのものに由来するものではないか、と考えられる。

　では、葬送・葬列に由来して、憚らざるを得なかったものとは何か。まず、葬送や葬列への憚りと死穢との関係から考えよう。そもそも、京内で死体や葬送が憚られたとしても、葬列の通行によって穢がその路に及ぶことはない。[24]ゆえに、遺体が内々に京から移送されていたからといって、葬送として通行する葬列への憚りの由来を死穢に求める必要はなかった。そればかりか葬送に対する憚りは、穢としての観念がまだ形作られる以前から確認することができた。まず八世紀前半に成立している『養老令』の「神祇令」散斎条には、祭祀に預かる場合の禁忌の一つに「弔喪」

が挙げられていた。(25) そして、こうした祭祀など特定の場合における禁忌も、八世紀末になるとたとえば「喪葬之事人情所レ悪」(26) と記されるほど、喪葬に対する嫌悪感が人々の間に生じるようになる。次いで延長五年（九二七）に完成した『延喜式』では、「弔喪」が「雖二身不一レ穢、而当日不レ可レ参二入内裏一」（神祇臨時祭式50弔喪条）と、整備、規定されるのであった。(27) つまり『延喜式』が成立した十世紀前半には、「弔喪」が触穢とはならないけれども、当日は参内も控えるべきという、触穢とは異質な憚りが社会規範として設けられていた。葬送に対する憚りは、死穢観念とは別個に早くから存在していたのである。そこで、こうした葬送や葬列を憚ったことが具体的に窺われる事例を確認しておこう。

その一つが、十二世紀前半に成立した『今昔物語集』（新編日本古典文学全集）巻二〇―第四四「下毛野敦行従我門出死人語」である。この説話では、主人を亡くした隣家の家族が、出棺の方角が悪く困っていた。そこへ弔問に伺い事情を聞いた敦行が、自家の境の垣を壊し自家の方から出すことを申し出たという。これを聞いた敦行の妻子は、

極テ穀ヲ断チ世ヲ棄タル聖人也ト云フトモ、此ル事云フ人ヤ有ル、人ヲ哀ビ身ヲ不思ト云ヒ乍ラ、我ガ家ノ門ヨリ隣人ノ死人車出ス人ヤ有ケル、糸奇異キ事也、

と、そんなことは穀断ちの聖人でもしないと非難している。この説話の主題は、物忌みの無意味さを語ったものではあるけれども、当時、(28) 世間一般の理解では葬車（「死人車」）が通行することに対し、強い憚りがあったことを理解することができる。

二つ目が長暦三年（一〇三九）十月十日に行われた源経相の葬送である。このとき、垣を壊して東の築垣から出棺させることに対して、東の邸宅にいた小児と葬列との接触を恐れたものか、「小児有レ恙、毀二彼垣一之間、暫可レ移二西屋辺一之由示了」（『春記』同日条）と、小児を西屋の辺にしばらく移している。

このように出棺に始まる葬列や葬車への強い憚りを窺い知ることができる。こうした葬列への憚りは、自ずと葬送への参列そのものにも制限が必要となってくる。この源経相の葬送でも、義子の藤原資房は「予明日衰日也、仍不レ可レ向之由示了」（同・同年十月九日条）と、葬送の日が資房の衰日に当たっていたことから、義父の葬送に参列していない。このような事例は他にも多数見られる。たとえば、治安四年（一〇二四）藤原教通室の葬送では、「御忌の日なるに合せて、またゆゆしう思して、とどめたてまつらせたまふ」（『栄花物語』巻二一「後くゐの大将」）と、その日が忌み日であった彼女の兄定頼は不吉に思い参列を控えている。また〈21〉元永二年（一一一九）の輔仁親王の葬送では、「依二幼少人一加二制止一、不レ令レ供二奉葬送一」（『長秋記』同年十二月五日条）と、幼少の者が葬送へ供奉することを制止している。そして嘉吉元年（一四四一）足利義教の葬送には、当時八歳であった長子義勝をはじめとする子息は出席しなかった。その理由は「御少年之故」（『建内記』同年七月六日条）であった。このように中世後期に至るまで、衰日に当たる人や年少者が、葬送へ参列することが制限されている。この衰日とは各人の年齢により決められた凶日で、(29)「忌み負け」しないように「避二百事一」（『西宮記』巻三・裏書）けて、忌み籠もりしなければならない日であったから、(30)年少者の参列が制限されているのも同様の趣旨からであろう。

以上のように葬列や葬車など葬送自体が、死穢とは別に忌み憚らなければならないものであった。ゆえに義父源経相の亡くなった当日、藤原資房は「予須レ籠二其穢一也」（『春記』長暦三年十月七日条）と自ら記すように、喪に服し触穢となっていた。(31)にもかかわらず、三日後の葬送の日には衰日であったことから参列することができなかったのである。

2　葬送の凶事性

衰日に当たった人や年少者は葬送に参列できず、また自家の垣を壊して隣家の死人を出棺させるのは穀断ちの聖人でも行わないといった、現代では理解が困難な葬送への強い忌避感情も死穢に由来しないことが明らかとなった。

では、葬送をこれほどに禍々《まがまが》しいものとして忌み憚った原因は何なのか、次にこの点について考察を加えよう。まず、そのヒントになるのが十四世紀に成立した『真名本・曽我物語』（東洋文庫）巻六の次の一節である。

なき人を取り出すは、常の門よりは出さぬ事にてあんなるぞ、我らは今はなき人の如し、出でたらむ跡に、少き弟共が出で入る事も労しかるべし、

これは曽我兄弟が母に最後の対面をして、いよいよ出発しようとするときに十郎が言ったことばで、こう言って十郎たちは垣の欠けたところから出ていった。ここから、死者は通常の門からは出さないこと、死者が通った跡を年少者が出入りするのは気の毒だとする観念を読み取ることができる。つまり、死者が通った跡を通用する者には災いが生じるので、出棺はふだん人が出入りする通常の門ではなく、垣から出すものだ、と理解されていたのである。

では、どのような災いが生じるのであろうか。堀河天皇の死を通して見てみよう。堀河天皇は嘉承二年（一一〇七）七月十九日、天皇在位中に二十九歳の若さで亡くなっている。これに対して、当時権中納言であった藤原宗忠は、天皇が死去した理由を推測し、その死につながったと考えられる怪異なできごとの一つに、方違の行幸をした同年六月七日夜に起きた事件を挙げる。『中右記』同年七月十九日条には、それを次のように記している。

去六月有㆑行㆓幸内裏㆒之夜、路頭置㆓死人㆒、前陣検非違使等不㆑棄、太奇恠、

つまり、堀河天皇は行幸時に、路頭に放置された死体に遭遇したために死に至った、と考えられたわけである。こう考えていたのは、宗忠だけではない。当時、関白であった藤原忠実も三十八年後、とある事件をきっかけに、それを子息頼長へ語っている。その事件とは、久安元年（一一四五）十一月九日、近衛天皇が石清水へ行幸したときに起きた事件で、「行幸道、葬車渡㆓近衛陣前㆒」（『台記』同年十一月十一日条）と、行幸の途上、その前を葬車が横切ったとい

うものである。このことをめぐって『台記』同日条の続きには、次のように記されている。

論者以為二不吉之象一、後日禅閤仰云、堀川院御宇、死人在二御路一、不レ久而崩、何況葬車乎、

吉凶にうるさい人はこれを不吉な現象だとした。それに関して父忠実は、路頭に放置されていた死体に遭遇したためほどなく亡くなった堀河天皇の事件よりも、葬車の横切りは一層不吉であると指摘したのであった。折しも近衛天皇は当時まだ七歳の幼年であったから、不吉な死が心配されたのである。

これらから窺われることは、一に、路頭に放置されていた死人と遭遇したために堀河天皇がほどなく死に至ったとする考えは、宗忠、忠実などに共通の認識であったこと、二に、死体との遭遇後に没した堀河天皇の死が三十八年後も語り継がれるほど不吉な出来事であったこと、三に、葬車の横切りは死体との遭遇よりも不吉なものと認識されていたこと、である(32)。なぜ葬車の横切りの方がより不吉なものと考えられたのか、その理由は明らかではない。しかし、葬車には死体が乗せられていたことから考えて、それが第一部第二章で論じたように禍々しき死体に起因することは間違いないであろう(33)。ただいずれにせよ、当時、葬車に対する不吉観がはなはだ大きいものであったことは確かである。

以上のように、平安時代以降、葬送が不吉観を以て憚られたのは、葬車が人を遠からずして死に至らしめかねない災いを及ぼす、と考えられていたことに起因するものであった。こうした葬送の凶事性ゆえに、なかでも年少者の、葬送への参列や葬列が通った門への通行を心配していたのである。先に取り上げた事例でも心配されていたものが、源経相の葬送では「小児」、輔仁親王の葬送では「幼少人」、足利義教の葬送では「御少年」、『曽我物語』では「少き弟共」など、一様に年少者であったことに明らかである。

ところで、垣とはそもそも結界の機能を持ち(34)、張り巡らされた結界と外界との接点が門であったことから、門には

巻数板つりなどの呪的処理が施されていた。[35]こうした通用の門をもし葬車が通ったならば、その跡は年少者には有害で通用不能となってしまう。そこで、出棺は門の通行を避け、垣を壊してまで通していたと考えられる。[36]『曽我物語』から読み取った、死者は通常の門からではなく垣から出さなければならないと考えられていた観念や、内裏からの発葬や京内での葬列がことに憚られたのも、葬送の凶事性がもたらす災いを恐れてのことであった。

第四節　葬送の凶事性と「平生之儀」

葬送が穢とは異なる不吉なものとして憚られる、その由縁や実態が前節で明らかになった。では、こうした葬送の持つ凶事性と「平生之儀」はどのような関係であったのか。本節はこの両者の関係を考察して、「平生之儀」が用いられた目的を考えていきたい。そこで、〈9〉万寿二年（一〇二五）藤原寛子の葬送を最初に取り上げよう。『栄花物語』巻二五「みねの月」には次のように描写されている。

京出でさせたまふほどはいと忍びて、ただ例ざまにぞおはします、殿なども聞しめさん、かくあまたの御中なれば、よろづいと凶々《まがまが》しう思されむことわりなれば、ただ常の御ありきのさまにせさせたまふ、

ここに葬送が「いと凶々しう」凶事であったゆえに、「ただ常の御ありきのさま」というふだんの外出を装う「平生之儀」を以て移送したことを読み取ることができる。つまり、葬送が凶々しく不吉なものであったから、葬礼の形式を忌避して「平生之儀」による遺体移送が行われたと考えることができる。これがより具体的に分かるものが、同じ万寿二年、〈10〉東宮敦良親王（のちの後朱雀天皇）の女御藤原嬉子の葬送である。嬉子は八月五日、後一条天皇の里内裏であった土御門殿（上東門院）に没し、翌六日夕、法興院へ「移」る。このことを『小右記』同年八月六日条に

は、

扶公僧都立寄、暫語次云、故尚侍今夕移㆓法興院㆒、或云、出㆓上東門院南門㆒、件門奉㆑迎㆓神璽・宝剣㆒之門、不㆑可㆑用㆓凶礼㆒、若当㆓吉方㆒者可㆑壊㆓門傍垣㆒歟、可㆑謂㆓不吉事㆒歟、

と記されている。扶公僧都は、今夕、嬉子が法興院へ「平生之儀」により移送される予定であるが、場合によっては上東門院の南門を通って出ると言う。それに対して、その門を「凶礼」に用いることはできない、もし南門の方角が吉方なら南門を通らず、門の傍の垣を壊して通るべきである、と記主の実資は記している。寛弘八年（一〇一一）に没した一条法皇や冷泉上皇の葬送でも、それぞれ垣を壊して出棺が行われており、[37]少なくとも当時の貴族社会では、葬礼を用いたときは門を通用できないことくらい理解されていたはずである。にもかかわらず、実資は上東門院の南門について「不㆑可㆑用㆓凶礼㆒」と記していた。このことから、この「凶礼」とは単に葬礼との意味ではなく、葬儀そのものを指して[38]「この門を葬儀に用いることはできない」、よって葬礼の形式を執らない「平生之儀」による出棺であっても容認できない、と実資は考えたものと推知できる。ここに実資のこだわりを窺うことができる。実資がこだわったその理由は、上東門院南門が王権のシンボルともいうべき「神璽・宝剣」を迎え入れた神聖な門であったからである。[39]ゆえに「平生之儀」であっても、凶々しい葬送の一部であることに変わらないため、「凶礼」＝葬送に使用することを、実資は「不吉事」と考えたわけである。天禄元年（九七〇）には養父実頼が没し、その出棺に「平生之儀」を用いること〈4〉を実資はすでに経験していたが、[40]右『小右記』の一節はこうした特殊な門でなければ、実資も「平生之儀」を容認していたことを逆に示していると言えよう。

実資が聞いたこの情報は、「今夕」行われる予定のものであったが、では実際はどうであったろうか。これを『栄花物語』巻二六「楚王のゆめ」は、「例の人の御ありきにこたみはあるべけれ」と記す。『栄花物語』が史実を描写し

たものか否かは不明であるが、もし史実であるとするならば、この一節が「葬送ではなく、通常の外出のように」（頭注）と解されるように、出棺は予定どおり「平生之儀」によるものであった。実資の懸念をよそに「平生之儀」によって上東門院の南門を通用したものか、あるいは「平生之儀」を用いながらも垣を壊して通用したかのいずれかであろう[41]。以上から「平生之儀」とは、こうした葬送の持つ凶事性を回避するための措置であったと言える。このゆえに内裏からの発葬も可能となったのである。

　このことは、〈13〉長元九年（一〇三六）後一条天皇の葬送にも見ることができる。後一条天皇の葬送は前節でも確認したように、禁中からの発葬に憚りがあった。このため「於二禁中一為レ不レ被レ行二発葬之礼一、有下以二御車一可レ奉レ遷二他所一之儀上」（『左経記』同年四月二十日条）と、禁中から発葬の礼を行わないために、平安時代には天皇や太上天皇などの葬車が大輿であったところをそれによらず[42]、御車に遺体を乗せて他所へ移送したと記している。こうした葬車を用いないなど葬礼の形式をとらない「平生之儀」を用いたがゆえに、内裏からの遺体移送、出棺も可能となったことが分かる。これと同様の例が、この後一条天皇の先例となった、〈2〉天暦八年（九五四）太皇太后藤原穏子の葬送である。穏子は正月四日、昭陽舎で没し清涼殿の北廊（黒戸御所）へ移送される（『西宮記』巻十七、『村上天皇御記』同日条）。そして正月七日、遺体は黒戸御所から穏子の居所であった二条院へ「御車」で移送されたが、正月十日の発葬では「御輿」が用いられていたのである（『左経記』同年四月二十日条）[43]。

　このように「平生之儀」を用いることによって、内裏からの出棺が可能となった。もちろん、それは内裏に限定されるものではない。たとえば〈17〉藤原苡子の事例では、藤原宗忠が推測したように、苡子が没したのは「皇子降誕之所」という特殊な場であった。こうした特殊性ゆえ、そこから発葬することがことに憚られた。そこでとられたのが、「平生之儀」を用いた出棺であった。さらに〈25〉京外の仁和寺で没した覚法法親王を「如在儀」で嵯峨野御所へ移送したのも、仙洞御所的な様相さえも示した仁和寺[44]から葬礼の形式を用いて行うことへの憚りを回避するためであったと考えられる。しかし、憚られたのは葬送が持つ凶々しさや不吉さであったから、内裏や御願寺などの特殊な場だけからの発葬が憚られたのではない。たとえば〈24〉公卿の平実親は、久安四年（一一四八）、正親町西洞院にあった藤原資信方で没している。この資信方が内裏として供されるなどの特殊な場ではまったくなかった[45]。しかし、ここからの出棺も「御二渡浄土寺一」（『相親卿送葬記』同年十二月六日条）と、「平生之儀」が用いられていたのである。

では、逆に葬送の凶々しさを避ける必要のない場合、「平生之儀」は用いられなかったであろうか。およそ、そう明示する史料は皆無であろうが、たとえば光厳天皇の事例から、それを窺うことができる。光厳天皇は、その晩年を丹波国山国荘内常照寺に過ごし、貞治三年（一三六四）七月七日に同寺で没する（『太平記』）。そして、翌八日に葬送が行われる。その模様は『迎陽記』『師守記』『皇年代私記』『太平記』などを総合すると、卯刻に天龍寺の妙葩が唐様の龕を以て執り行い、荼毘に付して後、近い山に葬ったようである。これは、「かかる御事とだに知る人もなき山中の御喪礼」（新編日本古典文学全集『太平記』巻三九）と評されており、葬礼を以て行われていた。山中の寺であったため、葬送の凶々しさを憚る必要がなく、それゆえに遺体移送も葬礼の形式を避ける「平生之儀」が用いられなかったのであろう。

以上のように、遺体を乗せた葬車は人を死に至らしめかねない凶々しいものであった。ゆえに発葬の場をはじめとして、葬列として通行する門やその道筋が忌避された。そのうち最も忌避される場として史料に登場したのが、内裏や皇子降誕の場、さらには天皇御願寺などからの発葬であった。しかし発葬が忌避されたからといって、出棺しないわけにはいかない。そこで考案されたのが、葬車を用いない、非葬礼の形式による出棺、すなわち「平生之儀」による遺体移送であった。もちろん、遺体移送に変わりないことから、これにより人を死に至らしめかねないという凶事そのものを回避できたわけではないであろう。しかし、少なくも葬送のシンボルとも言うべき葬車を用いないことから、凶礼としての不吉観を与えることはなかったはずである。逆に言えば、そうした葬礼の形式をとらないためには、死者を生きている者のように扱う形式をとる必要があった。すなわち、これが「平生之儀」の諸特徴として形成されてきたものであった。とすれば、「平生之儀」によって遺体を移送した目的は、決して死穢の発生を隠蔽するためではなく、葬礼を用いることによる不吉観を払拭し、葬送の凶事性を回避するための措置であったと結論することができる。(46) 高取正男氏は、葬制と言えば直ちに死穢の忌みとだけ考え、死穢だけに依拠することを問題視したが、(47) その指摘は遺体移送の局面においても的を射たものであったと言える。

おわりにかえて

以上「平生之儀」について考察を進めてきた。それをまとめると、(a)「平生之儀」による遺体移送は葬送の一部でありながら、葬礼という形式を用いない特性がある、(b)先行研究は、「平生之儀」を用いる目的が死穢を隠蔽するためだと解してきたが、「平生之儀」が用いられた遺体移送でも死去と同時に死穢が発生し、それが公知となっており、先行研究の理解は妥当ではなかった、(c)葬車は、人を死に至らしめかねない不吉なものと考えられていた。ゆえに葬車を用いることによる不吉観を払拭するための措置として、葬礼によらない遺体移送＝「平生之儀」が用いられた、というものであった。

葬送への憚りが規範として整備規定されたのが十世紀前半の『延喜式』であったが、その葬送の不吉観を払拭する「平生之儀」が十世紀中頃に登場するのも、ゆえのないことではなかったと言えよう。こうした「平生之儀」の全体像が明らかになってくるとき、葬礼という形式によらずに遺体を移送することや、「出棺のとき築垣を壊さず、小門を通す」ことは、「平生之儀」の際だった特徴であった。ゆえに、こうした特徴が記された事例は、それだけで「平生之儀」による移送として認められてもよく、それぞれを第一節で述べた「平生之儀」の認定基準の一つに加えてもよいであろう。また「平生之儀」は、王家に限らず当時の貴族社会に広く用いられていた遺体移送の作法であった。ゆえに、これが死穢を忌避した王家特有の作法であるとの想定で構築された、堀裕氏の「不死の天皇」論や、天皇の遺体を神聖視する上島享氏の論は、もはや成り立たないであろう。

　最後に、中世後期における「平生之儀」の変質の可能性について触れておきたい。高田陽介氏は、十五世紀の史料を三つ取り上げ、「「盗出」の目的が、自宅を死穢まみれにさせない点にあった」と指摘した。だが、そのうちの二つの史料は、「盗出」と死穢の関係について、直接語っているものではない。ただ、残る一点は史料に両者の関係を窺うことができるので、それを取り上げて付言しておきたい。

　その事例は、〈71〉応永二十四年（一四一七）に亡くなった伏見宮栄仁親王の息恵舜蔵主の事例である。『看聞日記』同年六月二十日条には、遺体を盗出した模様が次のように記されている。

　恵舜蔵主（大通院宮）未剋被㆓帰寂㆒、（中略）自㆓去年㆒有㆓子細㆒、宝厳院塔頭被㆑座、於㆓此所㆒閉眼之間、近所如㆓廓内㆒、難儀千万也、仍密々盗出云々、御所中不㆓触穢㆒分也、

この当時、伏見宮家が宝厳院という尼寺に御所を構えており、宝厳院に恵舜蔵主が暮らしていた。ところが、そこで恵舜蔵主が没した。御所と宝厳院は建物が別であったとしても、同じ敷地内であったことから、この廓内一帯は死穢が及んだことになると、高田氏は当時の状況を分析する。このゆえに、こっそりと遺体を他所へ搬出し、御所には死穢が及ばなかったことにしたとし、「盗出」の目的が自宅を死穢まみれにさせない点にあったと指摘する。事実、「仍

密々盗出云々、御所中不二触穢一分也」と記されており、文脈上、高田氏のように理解することができる。

しかし第二節で確認したように、死穢は当該人物が没した直後から発生し、それが公知となっていたにもかかわらず、「平生之儀」によって遺体が移送されていた。こうした事例を中世後期では、〈73〉応永三十二年（一四二五）の小川宮や、〈86〉文明六年（一四七四）の足利義政の娘入江殿、〈89〉長享二年（一四八八）の嘉楽門院藤原信子など三つの事例で確認したが、さらにもう二つ別の事例を紹介しておこう。一つめは〈82〉寛正四年（一四六三）八月八日に没した日野重子の事例である。重子が没したその日、天下触穢の宣旨が下されており、触穢の事実は公然たるものであった。ところが、十一日に行われた等持院への出棺は、「如レ常」「内々御出儀」で、「平生之儀」による移送であった（『大乗院寺社雑事記』同年八月十一日条）。二つめが〈85〉文明六年（一四七四）七月三日、一台御里に没した貞常親王の事例である。七月六日暁、遺体は悲田院へ「盗出」された。しかし、親王家の者が宮中の井戸水を汲み往反していたことから、そのときには「触穢已禁中為二乙穢一」（『親長卿記』同年七月六日条）と、触穢が宮中にまで及んでいた。このときも「平生之儀」によった親王の遺体移送が、死穢を隠蔽するものではなかったと分かる。

このように中世後期の「平生之儀」による遺体移送でも、死穢の発生や触穢の事実は隠蔽されておらず、「平生之儀」の基本的な目的は、十五世紀末でも変わるものではなかったと考えられる。ゆえに、この基本的な目的が中世後期になって死穢の隠蔽に変質したと、一般化して理解することは妥当ではないであろう。

ただし、中世後期における死穢や葬送に対する観念の変化を見逃すこともできない。たとえば『文保記』が成立した十四世紀後半には、「速懸」といって、死人を未死と偽って野原へ送り「遁二触穢一」る習俗も生じていた[48]。よってこうした趨勢からして、高田氏が提示した恵舜蔵主の事例に見られる触穢の隠蔽は、「平生之儀」の副次的、派生的な目的であったと言えるであろう。また、十五世紀半ばには年少者の葬列参加を問題なしとする考えや、葬送への参加を「冥加」とする考えまでもが生まれていた。[49]「平生之儀」が葬送の持つ不吉観を払拭する措置であったから、第一節で確認したように十六世紀に「平生之儀」の事例が激減することも、こうした葬送・葬車に対する不吉観の変化と関係のあることかも知れない。[50]この他、十五世紀には「盗出」が著しく増加していたことも特徴的なことであった。「盗出」が多用されるようになったためか、十六世紀後半には「盗出」が、本来の「平生之儀」による遺体移送との意味以外に、「葬式に金を使うのを避けるために、夜死骸を埋葬する」などとも理解されるようになっていた。[51]「盗出」の目的が触穢を隠蔽するためだとの高田氏の指摘も、このように「盗出」の用法が変化している一側面を捉えたものであったとも考えられる。いずれにしても、十五世紀から十六世紀にかけて、「平生之儀」に何らかの変化が生じていたことが想定されるのである。

本章の冒頭において、「平生之儀」による遺体移送を葬送儀礼全体のなかで正確に位置付けることは、葬送が当時の人々にどのように認識されていたのかを理解する上で、不可欠な作業であると述べた。しかしその正確な位置付けは、葬送が人を死に至らしめるほどの不吉なものとして当時認識されていたという、葬送に対する理解と相まって初めて可能なことであった。葬制と言えば死穢の忌みだけと考えることの弊が指摘されて久しいが、[52]近年の研究においても死穢の忌避だけを問題にし、葬送の持つ凶事性にはあまり注意を払ってこなかった。葬送の持つ凶事性も今後、葬制に関する研究にとって重要な視角として注目する必要があろう。

註

（1）田中久夫「平安時代の貴族の葬制」（『祖先祭祀の研究』弘文堂、一九七八年、初出は一九六七年）。

（2）水藤真『中世の葬送・墓制』吉川弘文館、一九九一年。

（3）高田陽介「「村の墓・都市の墓」シンポに寄せて」（『遙かなる中世』一三、一九九四年）。以下、高田氏の見解はすべて本論文による。

（4）前嶋敏「中世の葬送儀礼における遺体の移送について」（『中央大学大学院論究』二九―一、一九九七年）。以下、前嶋氏の見解はすべて本論文による。

（5）堀裕「天皇の死の歴史的位置」（『史林』八一―一、一九九八年）、「死へのまなざし」（『日本史研究』四三九、一九九九年）。以下、堀氏の見解はすべて両論文による。

（6）葬列が憚られた由縁を勝田至氏が死穢に求めるかどうかは、氏の直接的な言及がなく明らかではない（勝田至「貴族の葬送儀礼（2）」『死者たちの中世』吉川弘文館、二〇〇三年。以下、勝田氏の見解は断りのない限りすべて本書による）。

（7）上島享「〈王〉の死と葬送」（『日本中世社会の形成と王権』名古屋大学出版会、二〇一〇年、初出は二〇〇七年）。以下、上島氏の見解はすべて本論文による。

（8）吉田徳夫「中世の触穢政策」（『関西大学法学論集』四〇―六、一九九一年）。

（9）史料のなかで確認できる遺体移送の成句ごとの回数は、註（18）を参照。

（10）鳥羽法皇の葬送では「可レ用二網代御車一、不レ可レ裹レ之」（『兵範記』保元元年七月二日条）と記されていることから、勝田氏は「平生之儀」の特徴を「車を包まない」こととした。では、車のどこを包むのか。治安四年（一〇二四）藤原教通室の葬送では、御車を葬車として仕立てる様子が「殿の御車に御装束す、御車の輪などに絹まきなどをする」（『栄花物語』巻二一「後くゐの大将」）と記されている。これを『栄華物語詳解』巻九は「きぬを輪にまきたるは、葬車なれば、音のせざらんやうにとの意にや」と推測している。つまり夜道を進む葬送は、牛車が物音を立てないように車輪に絹を巻いたものと推測されているわけである。とすると「平生之儀」で「車を包まない」というのは、恐らく御車の車輪に絹を巻かなかったとの意味であり、牛車の音も通常通りであったということになる。そこで勝田氏の表記を「御車（の車輪）を包まない」に改めた。

（11）勝田氏は、もう一つ「前火がない」という特徴を挙げていた。しかし、勝田氏がその事例として挙げた高陽院藤原泰子の葬送は、「知三土葬無二前火一」（『台記』久寿二年十二月十七日条）と記されるように土葬であった。つまり、勝田氏も指摘するように、前火は火葬に用いる薪に点火するためのもので土葬にはそれが必要なかったのである。この他にも前火がない事例として、永久二年（一一一四）篤子内親王の葬送を挙げることができるが、現にこれも土葬であった（『殿暦』同年十月一日条）。これらのことから、「前火がない」ことを以て「平生之儀」の特徴とは考えられないため、これを掲げなかった。

（12）前嶋氏は「盗出」の特徴を五点にまとめた。そのなかには、「夜」と「なくなった場所から、多くは寺院関係施設へ運び出されること」の二点も挙げる。ここでは遺体移送の様態にかかわる特徴について考察を進めているため、この二項目は除外した。

（13）勝田氏はこの「平生之儀」の五番目の特徴を、「歩行ではなく、車や騎馬でつき従うことがある」と曖昧に表現していたが、実態は時代によって変化していたことになる。

（14）天台座主仁覚の遺体移送では、「山座主従二土御門亭一被レ渡二雲林院西堂一云々、是平生之儀」（『中右記』康和四年〈一一〇二〉三月二十九日条）と、「渡」が「平生之儀」と言い換えられている。

（15）この赤橋登子の事例は、「平生之儀」による移送には該当する。ただし、その理由は本文に引用した一節の直前に「則以二平生之儀一」と記されているからである。

（16）移動の主体が故人か否かは個別に判定が必要である。たとえば「奉レ渡」「被二渡申一」等の「奉」「申」は謙譲語であるので、この「渡」は遺族等の行為となる。一方、「渡給」「渡御」等の「給」「御」は「渡」を尊敬する語であるから、この「渡」は故人の行為と考えられる。なお故人の行為であれば、移動を表す動詞が「渡御事」などと名詞化したものも「平生之儀」として扱った。

（17）「密々」の他に「密儀」「密」「内々」「忍」を同様の扱いとした。

（18）「平生之儀」に類似する成句は他に、「如在之儀」「如平生」「如生存」「如存日」「如尋常」などが見られる。うち「平生之儀」「平生儀」が一〇回、「平生」の字句を含むものは二〇回、「如在之儀」「如在儀」など「如在」とつくものは七回であった。このため本章は「平生之儀」をもって代表させた。

（19）「盗出」の初出は、〈32〉承安三年（一一七三）に没した二条天皇の中宮藤原育子の事例で、『玉葉』同年八月十六日条に確認できる。

（20）『明月記』文暦元年（一二三四）八月九日条には、「密々奉二盗出一、奉レ渡二其所一更御葬礼常例歟」と記されており、十三世紀には「盗出」による移送を経て葬礼を行うことが「常例」であったことが窺われる。

（21）和田実「院政期における天下触穢について」（『年報中世史研究』一九、一九九四年）。

(22) 和田萃「東アジアの古代都城と葬地」(『古代国家の形成と展開』吉川弘文館、一九七六年)。大山喬平「中世の身分制と国家」(『日本中世農村史の研究』岩波書店、一九七八年)。
(23) 杉山信三『院家建築の研究』吉川弘文館、一九八一年。角田文衞『平安京提要』角川書店、一九九四年。
(24) 西垣晴次「民衆の精神生活」(『歴史公論』一〇—四、一九八四年)。
(25) 勝浦令子氏は、「神祇令」散斎条の元となった唐祠礼が道教の影響を受けて成立し、それが八世紀までに日本へ移入され、日本の穢悪認識に影響を与えたと指摘する(「七・八世紀将来中国医書の道教系産穢認識とその影響」『史論』五九、二〇〇六年)。
(26) 『類聚三代格』巻十二、延暦十六年(七九七)四月二十三日付太政官符「応レ停三土師宿爾等例預二凶儀一事」。
(27) 『延喜式』上巻、集英社、二〇〇〇年。三橋正「『延喜式』穢規定と穢意識」(『延喜式研究』二、一九八九年)。
(28) 十三世紀前半に成立した『宇治拾遺物語』巻二にも同様の内容が収録されている。
(29) 土田直鎮「衰日管見」(『古記録の研究』続群書類従完成会、一九七〇年)。
(30) 高取正男『神道の成立』平凡社、一九七九年。
(31) 服喪の場が触穢の場でもあったことは、第二部第二章を参照。
(32) 嘉保三年(一〇九六)二十一歳で早逝した郁芳門院媞子内親王の死も、葬車を見たことが原因とされている。大江匡房が著した『洛陽田楽記』(『群書類従』一九輯)には、「其後院不豫、不レ経二幾程一遂以崩御、自二田楽御覧之車一転見二御葬送之車一、爰知二妖異所レ萌、人力不レ及」と記され、こうした結末が「妖異所レ萌」と理解されている。
(33) 『栄花物語』巻七「とりべ野」では、「道大路のいみじきに、ものどもを見過ぐしつつあさましかりつる御夜歩きのしるしにや、いみじうわづらはせたまひて、うせたまひぬ」と、長保四年(一〇〇二)冷泉天皇皇子の為尊親王が亡くなった理由を、為尊が「ものども」すなわち死骸を見やりながら夜道を歩いたことに求めている。
(34) 前掲註(24)西垣論文。
(35) 中野豈任「呪符と境界」(『祝儀・吉書・呪符』吉川弘文館、一九八八年)。菊地仁「生活空間と境界」(『院政期文化論集』五、森話社、二〇〇五年)。
(36) 垣が壊れていると結界機能を果たさない。よって、出棺の後は壊した垣を早急に修復しなければならなかったものと思われる。たとえば、〈21〉元永二年（一一一九）十二月五日に行われた輔仁親王の葬送では、「破二御所之方築垣一」していたが、その日のうちに「破二築垣一跡令二築塞一」（『長秋記』同日条）めている。

(37)『権記』寛弘八年（一〇一一）七月八日条、十一月十六日条。

(38)「凶礼」の語意には、凶事に関する儀式（葬式）と死者を葬る礼式（作法）と二つの意味がある（『日本国語大辞典』「凶礼」の項）。実資は、「上達部、挙首向二凶礼場一」（『小右記』万寿二年八月十七日条）と、上達部が嬉子の「凶礼場」＝葬場へ向かうと記しており、「凶礼」を葬式の意味で使用していたことが窺われる。

(39)長和五年（一〇一六）正月二十九日、土御門殿で後一条天皇の受禅が行われた。このとき、剣璽が「入レ自二上東門院南門一」（『御堂関白記』『小右記』同日条）っている。

(40)『小右記』万寿四年（一〇二七）十二月六日条。

(41)たとえば、〈32〉承安三年（一一七三）二条天皇の中宮藤原育子の葬送がそれである。このときは、墓所堂までの移送は遺体を「盗出」す「平生之儀」が用いられていたが、「依二方角悪一、壊二築垣一也」（『玉葉』同年八月十六日条）と築垣を壊している。この他、註（36）にも記したように〈21〉輔仁親王の出棺の時も築垣を壊していた。

(42)『西宮記』巻十二「造棺事」。橋本義則「古代御輿考」（『古代・中世の政治と文化』思文閣出版、一九九四年）。第二部第一章では、奈良時代に使用されていた轜車が九世紀後半以降に輿や牛車に変化していく背景を考察している。

(43)後一条天皇の葬送において内裏からの遺体移送は御車、発葬は輿という両用であったことの先例として、藤原穏子が取り上げられた。したがって穏子の場合、後一条天皇のように内裏から発葬することを憚った結果として、御車を用いたのかどうかは記録の上からは明らかではない。しかし遺体の移送に、葬礼に用いられる輿ではなく御車を使用したところに、何らかの意図あるいは憚りがあったとも推測することができる。

(44)平岡定海「御願寺における真言宗の進出について」（『続律令国家と貴族社会』吉川弘文館、一九七八年）。

(45)前掲註(23)角田著書。

(46)ただ「平生之儀」において、本来は忌むべき死者を乗せた葬車であったものを、築垣を壊さずに門を通行することによる災いなどの凶事を問題にしなかったのか、との疑問も涌く。それに示唆を与えてくれるのが、第三節で扱った『今昔物語集』巻二〇—第四四である。下毛野敦行の妻子達は葬車を忌み憚っていたし、これが世間一般の理解ではあった。もちろん、敦行も「其達ノ御為ニ尤モ可忌事也」と述べるように、そのことは理解していた。その一方で、敦行は「物を忌ミ□《クスシ》キ者、命短ク子孫無シ、物忌を不為《せ》ヌ物ノ、吉ク命ヲ持チ子孫栄ユ」と逆に過剰な物忌みを有害視し、この敦行の言動を「可然人モ下姓ノ人モ入道ヲ賛メ貴キ」と本説話は紹介していたし、説話の主題もここにあった。このように当時の社会において、凶々しい不吉さを実感して物忌みの重要性が語られる一方で、そうした過剰な物忌みに対する抑制的な見方をも持ち合わせていたと言えよう。つまり、凶事性への恐怖感とそれを儀礼問題で回避しようとする二つの観念が併存していたと考えられる。こうした抑制的な考え方の産物が「平生之儀」であったと言えよう。

(47) 前掲註(30)高取著書。

(48) 西山克「中世末期の宗教都市」(『道者と地下人』吉川弘文館、一九八七年)。前掲註(4)前嶋論文。

(49) たとえば、『康富記』には「御元服なくとも、童体にて葬礼御供あるべき条不㆑苦候」(文安六年〈一四四九〉五月十二日条)とあり、また『建内記』には「今朝有㆓御葬礼㆒也、為㆓冥加分㆒可㆓参入㆒」(嘉吉三年〈一四四三〉七月二十九日条)とある。これは、第一部第二章でも論じたように、故人と結縁することにより往生も可能となるとの観念(「結縁の葬送」)に基づくものである。

(50) 勝田氏は、仏像を納める厨子であった龕が棺として転用されるなど、中世後期の葬送儀礼が「死者を仏として葬る」という葬儀観によるものであったと指摘する(「中世後期の葬送儀礼」『日本中世の墓と葬送』吉川弘文館、二〇〇六年)。第一部第二章では、こうした勝田氏の指摘を踏まえて、中世後期にかけて葬送の前提となる死体観・他界観が大きく変化したことを指摘した。ゆえに、葬送に対する観念の変化も、遺体が納められた、かつての棺と中世後期の龕、それぞれに籠められた観念の相違にも由来するものと考えられる。

(51) 『邦訳・日葡辞書』「Nusumi idaxi」の項(岩波書店、一九八〇年)。なお十六世紀末にも、「盗出」が本来の意味で使用されていたことは、〈102〉文禄二年(一五九三)正親町上皇の事例から判明する(『言経卿記』同年二月二十三日条)。

(52) 前掲註(30)高取著書。

第二部　古代中世における葬送の実態

第一章　奈良・平安時代の葬送と仏教

――皇族・貴族の葬送を中心として――

はじめに

六世紀、日本へ伝来した仏教は、七世紀末には地域社会の民衆が「七世父母」の往生を祈願するなど、広く受容されていたことが明らかとなっている。(1)また平安時代、葬送が仏教により執り行われていたことはかねてから知られている。(2)では、仏教が葬送にどう関与し始め、葬送の仏教儀礼化はどう進展していったのであろうか。これに関して和田萃氏は、葬送への仏教的儀礼の導入は天武天皇の殯宮儀礼が嚆矢であるとする。(3)一方、王家の葬礼を検討した大石雅章氏は、延長八年（九三〇）醍醐天皇の葬送が僧尼の参加を確認できる初見であるとする。その上で、聖武太上天皇の葬送が「仏に奉るが如」く行われていることや、奈良時代に国家中陰仏事儀礼が確立することを考えれば、遺骸の処理儀礼である葬送の仏教儀礼化も、少なくとも奈良時代まで遡り得るのではないかと述べる。(4)これら両氏の見解は、その時代に仏教が広く受容されていたことを前提とするものである。これに対して稲田奈津子氏は、九世紀中頃までの喪葬儀礼が最も喪葬令的な儀礼の行われた時期であり、それ以降、喪葬は喪葬令規定の諸要素を失い、仏教的色彩が色濃く反映された独自の様相を呈すると指摘する。(5)

律令制以後を対象とした喪葬研究は必ずしも充分ではないと指摘されるが、(6)律令制以後、葬送の仏教儀礼化がどのようにして始まり、どう進展するのか、これらが必ずしも明らかになっていないことは、右に取り上げた見解の相違に明らかである。そもそも、仏教儀礼を以て葬送が行われ始めた時期が曖昧なままになっているのは、律令制のもと仏教が葬祭制度においてどう位置付けられていたのかが、充分に整理されていないことに起因すると考えられる。このため、たとえ稲田氏の指摘が妥当であったとしても、九世紀中頃までの喪葬令的な儀礼と仏教儀礼との関係や、平安時代に仏教儀礼が喪葬令的な儀礼にとって代わるとする、その要因や背景が明らかにされなければならない。それゆえか、稲田氏も平安時代の喪葬儀礼の解明には、仏教儀礼との関連の検討が不可欠であるとするが、それを今後の課題としており、その具体化には至っていない。

以上のことから、本章は、葬送における仏教儀礼化の始まりと進展とを検討するため、以下の二点を課題として取り組むこととする。

㈠八世紀・奈良時代はどのような葬送であったのか、もしも葬送が仏教儀礼を以て行われていないとすれば、天武や聖武など仏教儀礼で行われたとされる葬送は、どう位置付けられるのか。

㈡仏教儀礼が用いられる以前の葬送儀礼から、どのようにして仏教儀礼に代わっていったのか、その変化の過程と意義を検討していく。

なお、本章は仏教独自の儀礼を以て僧侶が葬送に関与していく過程を明らかにしていくため、本章が扱う被葬者は俗人とする。ただし、天皇・太上天皇等の皇族をはじめ、史料の及ぶ限り広く貴族・官人までも対象とする。大石氏も区分して記すように、一般的に葬送儀礼が遺骸処理とされ、追善儀礼が霊魂処理とされる。しかし七・八世紀以降、遺体や遺骨に霊魂（厳密には魄）が宿るとの観念を当時の人々が持っていたと第一部第一章で指摘した。よって葬送や埋葬における遺骸・遺骨処理は、霊魂の処理機能も合わせ持っていたことになるが、外形的には追善儀礼が霊魂処理であるのに対し、葬送儀礼が遺骸処理と位置付けられるであろう。そこで、本章は便宜的に葬送儀礼を遺骸処理として表記することとする。そして、葬送と追善儀礼の両者を総称して「喪葬」、または「葬祭制度」とも記すこととする。

第一節　平安時代初期までの葬送

1　喪葬令と葬送

稲田氏は、大宝二年（七〇二）に没した持統太上天皇の喪葬以降、儀式の重心が伝統的な殯宮儀礼から、律令制に基づく外来の礼制を多く取り入れた葬送へ移行したと指摘する。もとより律令国家であった唐では、すでに律令法典が何度も編纂され、官人等の葬送手続きも「喪葬令」に定められ、それによって執り行われていた。では、日本においては律令制のもと、葬送がどのように執り行われていたのか。そのことを理解するため、まず八世紀以降の葬送の具体的な状況を通して、『養老令』喪葬令の実効性を確認する。そこで、本章は喪葬令4百官在職条、8親王一品条の二条文を取り上げる。(7) なぜなら、百官在職条には葬儀・葬列の粧点を管掌する監喪使(8)が発遣されること、親王一品条には葬具が貸与公給されることなど、この両条が葬送を行うために必要な葬具や担当者の供給を規定しており、葬送と直接関係する規定だからである。つまり、この両条の実効性を担保できれば、当時の葬送の仕組みや形などの実態を理解できると考えられるのである。

この二条文の実施状況を確認できた、八〜九世紀の葬送事例を表8にまとめた。この表を通して、九世紀前半（八

表8　八〜九世紀の葬送と喪葬令

No	西暦	没年月日	被葬者／葬日（判明するとき）	身分	4 監喪司	8 葬具	葬送の実態	典拠
1	七〇一	文武五年一月一五日	大伴御行	貴	○			続日
2	七〇一	大宝一年七月二一日	多治比嶋	貴	○			続日
3	七〇二	大宝二年一二月二二日	持統太上天皇／大宝三・一二・一七	皇	○			続日
4	七〇五	慶雲二年五月八日	忍壁親王	皇	○			続日
5	七〇七	慶雲四年六月一五日	文武天皇／一一・一二	皇	○			続日
6	七一五	和銅八年七月二七日	穂積親王	皇	○			続日
7	七一六	霊亀二年八月一一日	志貴親王	皇	○			続日
8	七二一	養老五年一二月七日	元明太上天皇／一二・一三	皇	○	○	轜車・霊駕（柩を載せた車）	続日
9	七二四	神亀一年七月一三日	石川大蕤比売	皇	○			続日
10	七二八	神亀五年三月五日	田形内親王	皇	○			続日
11	七二九	神亀六年二月一二日	吉備内親王／二・一三	皇		×	罪人の妻として鼓吹の停止	続日
12	七三三	天平五年一月一一日	橘三千代	貴	○	○	「賜㆓葬儀㆒准㆓散一位㆒」	続日
13	七三五	天平七年九月三〇日	新田部親王	皇	○			続日
14	七三五	天平七年一一月八日	賀茂比売	貴	○	○	「以㆓散一位葬儀㆒送㆑之」	続日
15	七三五	天平七年一一月一四日	舎人親王	皇	○			続日
16	七三七	天平九年七月二五日	藤原武智麻呂	貴	○	○	「所㆑須官給」羽葆・鼓吹	続日・藤氏
17	七四四	天平一六年閏一月一三日	安積親王	皇	○			続日
18	七四八	天平二〇年四月二一日	元正太上天皇／四・二八	皇	○			続日
19	七五四	天平勝宝六年七月一九日	藤原宮子／八・四	皇	○			続日
20	七五六	天平勝宝八年五月二日	聖武太上天皇／五・一九	皇	○	○	方相氏・轜車・鼓吹	続日
21	七五七	天平勝宝九年一月六日	橘諸兄	貴	○	○	「所㆑須官給」	続日
22	七六〇	天平宝字四年六月七日	光明皇太后	皇	○			続日
23	七六六	天平神護二年三月一二日	藤原真楯	貴	○	○	「賜以㆓大臣之葬㆒」	続日
24	七七〇	神護景雲四年八月四日	称徳天皇／八・一七	皇	○			続日
25	七七〇	宝亀一年一〇月九日	文室浄三	貴		▲	鼓吹（薄葬の遺教により）	続日

26	七七一	宝亀二年二月二二日	藤原永手	貴	○			続日
27	七七二	宝亀三年七月九日	衣縫内親王	皇	○			続日
28	七七三	宝亀四年一〇月一四日	難波内親王	皇	○			続日
29	七七八	宝亀九年五月二七日	坂合部内親王	皇	○	○	「所レ須並官給レ之」	続日
30	七七九	宝亀一〇年七月九日	藤原百川	貴		○	「葬事所レ須官給」	続日
31	七七九	宝亀一〇年一二月一三日	藤原縄麻呂	貴		○	「葬事所レ須官給、并充二鼓吹司一」	続日
32	七八一	天応一年二月一七日	能登内親王	皇	○	○	「所レ須官給」	続日
33	七八一	天応一年一二月二三日	光仁太上天皇／天応二・一・七	皇	○	○	方相氏	続日
34	七八一	天応一年一二月二七日	薭田親王	皇	○			続日
35	七八四	延暦三年一〇月二八日	安倍古美奈	貴	○			続日
36	七八八	延暦七年五月四日	藤原旅子	皇	○			続日
37	七八九	延暦八年一二月二八日	高野新笠／延暦九・一・一五	皇	○			続日
38	七九〇	延暦九年閏三月一〇日	藤原乙牟漏／閏三・二八	皇	○			続日
39	七九六	延暦一五年七月一六日	藤原継縄	貴	○	○	「葬事所レ須、令二官給一焉」	日後
40	八〇六	延暦二五年三月一七日	桓武天皇／四・七	皇	○	○	方相氏	日後
41	八〇九	大同四年五月七日	高志内親王	皇	○			紀略
42	八一一	弘仁二年五月二三日	坂上田村麻呂／五・二七	貴	○			清水
43	八一二	弘仁三年七月六日	伊勢継子	皇		○	「喪事所レ須、令二官給一焉」	日後
44	八一二	弘仁三年八月六日	布勢内親王	皇	○			日後
45	八一二	弘仁三年一〇月六日	藤原内麻呂	貴	○			日後
46	八一五	弘仁六年六月二四日	業子内親王	皇	○			日後
47	八一七	弘仁八年二月二一日	甘南備内親王	皇	○			紀略
48	八一七	弘仁八年四月二五日	朝原内親王	皇	○			紀略
49	八一八	弘仁九年一一月五日	坂本親王	皇	○			紀略
50	八一八	弘仁九年一二月一九日	藤原園人	貴	○			紀略
51	八二〇	弘仁一一年六月二〇日	駿河内親王	皇	○			紀略
52	八二三	弘仁一四年六月一一日	多治比真宗	貴	○			紀略
53	八二四	天長一年七月七日	平城太上天皇	皇	○			紀略・類聚

No	西暦	没年月日	被葬者／葬日（判明するとき）	身分	4 監喪司	8 葬具	葬送の実態	典拠
54	八三四	承和一年二月一三日	明日香親王	皇	○			続後
55	八三四	承和一年五月二二日	貞子内親王	皇	○			続後
56	八三七	承和四年一〇月七日	清原夏野	貴	○			続後
57	八三八	承和五年一二月二六日	芳子内親王	皇	▲			続後
58	八三九	承和六年六月三〇日	藤原沢子	皇	○			続後
59	八四〇	承和七年五月八日	淳和太上天皇／五・一三	皇	○	▲	「斂葬之具、一切従レ薄、朝例凶具、固辞奉レ還」	続後
60	八四〇	承和七年七月七日	藤原三守	貴	○			続後
61	八四一	承和八年四月一七日	高津内親王	皇	○			続後
62	八四二	承和九年三月一六日	恒統親王	皇	○			続後
63	八四二	承和九年一〇月二二日	阿保親王	皇	○			続後
64	八四三	承和一〇年七月二三日	藤原緒嗣	貴	▲			続後
65	八四七	承和一四年二月一二日	時子内親王	皇	○			続後
66	八四七	承和一四年一〇月二六日	有智子内親王	皇	▲			続後
67	八四七	承和一四年一一月七日	緒継女王	皇	▲			続後
68	八四七	承和一四年一二月一九日	橘氏公	貴	○			続後
69	八四八	承和一五年五月一五日	崇子内親王	皇	○			続後
70	八四九	嘉祥二年一月二二日	百済王慶命	皇	○			続後
71	八五〇	嘉祥三年二月二五日	秀子内親王	皇	○			続後
72	八五〇	嘉祥三年三月二一日	仁明天皇／三・二五	皇	○	▲	「鼓吹・方相之儀悉従二停止一」	続後・文徳
73	八五〇	嘉祥三年四月二日	葛井親王	皇	○			文徳
74	八五三	仁寿三年六月四日	葛原親王	皇	▲			文徳
75	八五四	仁寿四年六月一三日	源常	貴	▲			文徳
76	八五八	天安二年八月二七日	文徳天皇／九・六	皇	○	▲	「但有二方相氏一」	文徳
77	八六〇	貞観二年閏一〇月二〇日	同子内親王	皇	▲			三代
78	八六三	貞観五年一月一九日	大原内親王	皇	▲			三代

79	八六三	貞観五年一月二一日	純子内親王	皇	▲			三代
80	八六三	貞観五年七月二一日	善原内親王	皇	▲			三代
81	八六四	貞観六年八月三日	藤原貞子	皇	○			三代
82	八六五	貞観七年七月二日	重子内親王	皇	▲			三代
83	八六五	貞観七年一一月二八日	大井内親王	皇	▲			三代
84	八六六	貞観八年六月一六日	高子内親王	皇	▲			三代
85	八六九	貞観一一年二月二八日	柔子内親王	皇	▲			三代
86	八六九	貞観一一年九月二一日	基貞親王	皇	▲			三代
87	八七〇	貞観一二年五月五日	真子内親王	皇	▲			三代
88	八七一	貞観一三年七月二八日	勝子内親王	皇	▲			三代
89	八七二	貞観一四年九月二日	藤原良房／九・四	貴	▲	▲	「朝例攸レ給葬送等物、凡諸応レ為二公煩一者、無レ小無レ大、汝宜二固辞一切勿レ請」	三代
90	八七九	元慶三年三月二三日	正子内親王／三・二五	皇	▲			三代・西宮
91	八八〇	元慶四年一二月四日	清和太上天皇／一二・七	皇	▲	▲	「勿レ任二縁葬之諸司一、葬事所レ須、惣従二省約一」	三代
92	八八一	元慶五年一月六日	慧子内親王	皇	▲			三代
93	八八二	元慶六年八月五日	巨勢親王	皇	▲			三代
94	八八三	元慶七年一月二九日	惟彦親王	皇	▲			三代
95	八八四	元慶八年九月二〇日	恒貞親王	皇	▲			三代
96	八八五	仁和一年四月二日	氏子内親王	皇	▲			三代
97	八八六	仁和二年六月二八日	紀内親王	皇	▲			三代
98	八八七	仁和三年八月二六日	光孝天皇／九・二	皇	○	●	「御輿出宮」	西宮・本朝
99	九〇〇	昌泰三年四月一日	班子女王／四・四	皇	▲			西宮

（一）○は実施、▲は固辞、×は禁止、●は変質を示す

（二）皇は皇族、貴は貴族・律令官人を示す

（三）出典略記号は次のとおり

続日＝続日本紀、籐氏＝籐氏家伝、日後＝日本後紀、紀略＝日本紀略、清水＝清水寺縁起、類聚＝類聚国史、続後＝続日本後紀、文徳＝日本文徳天皇実録、三代＝日本三代実録、西宮＝西宮記、本朝＝本朝世紀

図３　方相氏（新訂増補国史大系『政事要略』より）

五〇年）までの状況を見ると、監喪使の発遣は六四事例、葬具の貸与は一五事例、これらいずれかを確認できる事例が六七事例も存する(9)。そうであれば八世紀から九世紀前半までは、喪葬令の規定に基づく葬送が実施されていたと、その実効性を推測できるであろう。

では、喪葬令の規定に基づく葬送とは、実際にどのような葬送であったのか。そこで次に、親王一品条で貸与される方相氏（黄金四目の仮面を被り、手に戈と楯を持って葬列を先導する者、図3参照）、轜車（霊柩車）、鼓・大角・小角・幡・金鉦・鐃鼓（以上、楽器）、楯等の葬具に注目したい。それは『令集解』職員令20喪儀司条の令釈が「金鉦鐃鼓楯竿等行列法式、謂二之儀式一也」と記すように、これら葬具が行列（葬列）に使用される道具であり、葬列は儀式そのものであったので、使用されている葬具によって、葬送儀礼の様相を視覚的に確認できるからである。

では、貸与された葬具は実際に使用されたのであろうか。これについては、稲田氏が『続日本紀』の葬送記事を通して方相氏・轜車・鼓吹等が実際に使用されており(10)、喪葬令的な儀礼の実現が伝統的な儀礼と折衷的に試みられ、ある程度一般にまで浸透していたと、すでに指摘している(11)。そもそも喪葬令は官人を対象とした法令であり、それによって葬送を取り仕切ってくれる監喪使が発遣され、葬具も公給・貸与してくれるものであったから、官人も受け入れ易い規定であったと言えるであろう。(12) しかも喪葬令で貸与される葬具は、轜車や楽器などだけにとどまらなかった。親王一品条には「以外葬具及遊部、並従二別式一」とあり、それ以外にも貸与される葬具が別式にあるとされる。これを『令集解』同条古記には「以外葬具、謂上条注云、殯斂之事是、一云、葬具、謂相従威儀細少之物、衣垣、火炉等之類是也」とし、「以外葬具」が「殯斂之事」であり、一説には「衣垣、火炉」などの「威儀細少之物」であると記す。そして『令集解』京官三位以上条古記には、「殯斂之事、謂棺槨衣衾事是」とする。つまり轜車などのほか、棺・衣衾（遺体に着せる衣服）・衣垣（葬所や葬列を覆う衣の帷）・火炉など、「威儀」すなわち礼式に適った葬儀を行うために必要な小道具まで、喪葬令に基づいて貸与されていたのである。これら葬具一式まで貸与された喪葬令であったことからも、喪葬令の規定に基づく葬送はおおむね実施され、浸透していったものと考えられる。

稲田氏は、延長八年（九三〇）醍醐天皇の葬送で使用されている、①行障・歩障、②香輿が唐の代宗の葬送で使用された葬具に相似すると指摘し、これら葬具が奈良時代に遡り得ると推測する。それら以外にも、次に取り上げる史料に見られる葬具は、親王一品条などには確認できないものの、『大唐開元礼』や八世紀後半に編纂された『通典』等、中国の葬送で現に認められる。このことから、日本がこれら中国様式の葬具も取り入れていたとも考えられる。その一つが「羽葆」で、柩の移動を指揮する匠人が持つ竿である。天平九年（七三七）に没した藤原武智麻呂の葬送を記した『続日本紀』同年七月丁酉条には、「監二護葬事一、所レ須官給」と記されるだけであるが、天平宝字四年（七六〇）頃、藤原仲麻呂の編纂によりなった『藤氏家伝』には、「遂給二羽葆・鼓吹一」と記されている。少なくとも編纂当時、羽葆が葬送に用いられるものとして理解されていたと推測できる。二つめが「明器」である。これは、故人が生前使用していた器具や人・家畜などの模型で、墓中に副葬された器物である。弘仁十四年（八二三）正月二十日の酒人内親王の遺言に、「吾百年之後不レ願二荼毘一、封二之墳穸一任二之自化一、明器雑物一従二省約一」（日本古典文学大系

『性霊集』巻四）と、その事例を確認できる。三つめが「飯含」と言って、遺体の口中に含める玉などのことである。これは承和九年（八四二）の嵯峨上皇の遺詔に「衣衾・飯唅」（『続日本後紀』同年七月丁未条）と、「衣衾」とともに確認できる。(13)

このように八世紀から平安時代初期までに行われた葬送は、日本在来の儀礼に中国様式を多分に取り入れたもので、前代と画期を為すものであったと言えるであろう。(14)また、本来、方相氏・轜車などの葬具は、いずれも『儀礼』『礼記』等の儒教経書が典拠であった。(15)そこで、日本在来の儀礼と習合した、これら儒教経書に典拠を持つ中国様式の葬送を、以下「喪葬令」的葬送と称することとする。

2　天武天皇・聖武太上天皇の葬送と仏教儀礼

「はじめに」でも触れたとおり、天武天皇や聖武太上天皇の葬送が仏教的儀礼を用いて行われていた、と考えられることも多い。もし、七世紀末頃までの葬送が伝統的な殯宮儀礼であり、それ以降、平安時代初期までの葬送が「喪葬令」的葬送であったならば、天武や聖武の葬送の実態はどうだったのか、またそこで見られた仏教的儀礼はどう位置付けられるのか、ここではこれを検討する。

まず朱鳥元年（六八六）に没した天武天皇の葬送を考えよう。安井良三氏は、天武の葬送を伝統的儀礼に仏教的儀式が加えられた革新的な儀礼とする。そして『日本書紀』による限り仏教が直接的に関与した初例であるとし、その根拠を、①僧尼が殯宮で発哭し、②寺院で無遮大会や国忌斎が行われ、③殯宮でも斎が設けられたなどのことが、同書から確認できるからだとする。(16)和田萃氏も、「葬礼に仏教的儀礼が導入されたのは、天武の殯宮儀礼がその嚆矢」であるとする。(17)これに対して、奥村郁三氏は、①僧尼の発哭はくやみであり、僧尼のくやみは仏式の葬儀ではない、

②寺院での読経は寺院での仏事であり、葬儀とは別の儀式であると安井氏を批判する。[18] そして網干善教氏も、安井氏の用いる「仏教的儀式」などの表現が曖昧だとして、奥村氏と同様の批判をする。[19] ただ、安井氏の指摘のうち③殯宮での設斎について、奥村氏等は応えていない。そのため、後に田村圓澄氏は、③殯宮での設斎を根拠に、天武の葬送が仏教儀礼により営まれたと主張することになる。[20]

　僧尼の発哭が仏教儀礼でないことは当然として、この事例で問題となるのは、葬送儀礼と追善儀礼との判別をつけにくいことである。天武の場合、朱鳥元年九月九日に没して大内陵に葬られたのは持統二年（六八八）十一月十一日であったから、埋葬までの二年二ヵ月間は殯宮儀礼の行われていた喪葬期間となる。よって、この間、朱鳥元年十二月十九日には百日忌としての無遮大会が、持統元年九月九日には一周忌としての国忌斎がそれぞれ寺院で行われた。ゆえに、これら仏教儀礼は追善儀礼と言うべきで、葬送儀礼として扱えない。また問題の③殯宮での設斎も、国忌の翌日に「設二斎於殯宮一」（『日本書紀』持統元年九月辛未条）とあるのみで、詳細は不明である。田村氏は殯宮に華縵が献じられているから、そこには仏像が安置されていたことを暗示すると言う。確かに、『日本書紀』には「以二華縵一進二于殯宮一」（持統元年三月甲申条、持統二年三月己卯条）と記されている。しかし「華縵」が仏前の飾り道具と確定しているわけではない。むしろ「華縵」は髪飾りが本来の意味で、持統紀編者は持統元年条の「華縵」に、頭上にいただく「御蔭」を注記していることから、活花を使って編んだ鬘とも考えられている。[21] また「華縵」が献じられた日付も、それぞれ三月二十日と三月二十一日で天武の忌日と直接関係がない。とすると、田村氏が言うような仏像の安置はもとより、仏教的な装飾があったかも定かではないことになる。しかも、持統元年正月に僧侶が殯宮で行ったことは、「皇太子率二公卿百寮人等一、適二殯宮一而慟哭焉、梵衆随而発哀」（『日本書紀』同年正月庚午条）と、百官の末席に連なって哭するだけであった。これらのことから、殯宮での設斎も、一周忌にちなんで行われた追善儀礼であり、これに対し斎食が振る舞われただけのものと考えるべきであろう。

以上から、天武の喪葬に僧侶は参画しているものの、伝統的な殯宮儀礼に則った葬送が行われており、仏教儀礼は追善の場で採用されただけであったと結論することができる。そもそも、設斎は中国伝来の仏教行事の一つで[22]、七世父母を奉ずる盂蘭盆会での設斎が七世紀初頭から日本でも行われ[23]、奈良時代には下級官人の間に父母等親族の忌日に設斎を行う習慣も広まっていた[24]。とすると、天武の喪葬儀礼期間に確認できた朱鳥元年十二月十九日の百日忌としての無遮大会や、持統元年九月九日の一周忌としての国忌斎は、それぞれ日本の国家行事として行われた最初の追善仏事という意味でむしろ重要だったのである。

次に聖武太上天皇の葬送を考えよう。天平勝宝八年（七五六）五月二日に亡くなった聖武は、同月十九日に葬られる。その模様が『続日本紀』同日条には次のように記されている。

奉レ葬二太上天皇於佐保山陵一、御葬之儀如レ奉レ仏、供具有二師子座・香天子座[25]・金輪幢・大小宝幢・香幢・花縵・蓋繖之類一、在レ路、令三笛人奏二行道之曲一、

和田氏は、従来の喪葬儀礼は一切の殯宮儀礼終了の後、山陵に埋葬されたが、持統太上天皇の崩御を契機に喪葬儀礼が急速に仏教化し、出家者聖武には和風諡号もなく、その葬送はあたかも仏に奉ずるが如くであったと述べる。また、近年では遠藤慶太氏が、佐保山陵に純金の観世音菩薩が安置されていたことは、聖武の埋葬が明確な仏事として行われたことを示し、それは「御葬之儀如レ奉レ仏」との記事を雄弁に裏付けると指摘する[26]。そして吉川真司氏は、聖武の葬送が「仏に奉るが如し」と評されたように仏具や宝幢・華縵などが供えられ、葬送の道では行道の曲が奏でられたと描写する[27]。

これらの指摘はいずれも、「御葬之儀如レ奉レ仏」との一節を決め手として、聖武の葬送が仏教儀礼であったとする[28]。

確かに聖武の葬送・葬列は、仏像・金輪幢・宝幢・香幢などの仏具で荘厳された様相を呈しており、仏教的な装いがあったことは否めない。よって、天武の葬送時のように僧侶が参列したことは想定できるであろう。しかも、聖武の葬送は、出家者で太上天皇としての御葬であったから、前例のないものであった。このため葬列に加えられた仏具や僧侶の参列が印象深く記憶に留められたことは充分に考えられる。では、こうした聖武の葬送の実態はどのようなものであったのか、僧侶による仏教的儀礼を伴う葬送であったのだろうか。ただ聖武の葬送は、聖武個人の問題であると同時に、その葬送を行った孝謙の問題でもある。ゆえに聖武、孝謙の仏教受容の背景を検討することが必要であろう。この点に関してはすでに多くの研究がある。なかでも近年は、聖武や孝謙の仏教受容は、唐国家仏教に倣った政治的なものであり[30]、菩薩戒の受戒も、仏教的な権威により天皇制や血統の権威強化を目指したためであり[31]、さらに皇位継承者は、王権を護持する「三宝之法永伝」の役割を継承するとの考えが当時あったとされる[32]。つまり聖武や孝謙の仏教受容は、極めて政治的なものであったと言える。こうした聖武等の仏教受容のさまを前提に考えるとき、皇位継承後も立場が不安定であった孝謙にとって、聖武の葬送は「三宝之法永伝」の役割を誇示できる、またとない機会であったとも考えられる。こうした政治的な演出を目的とする限りにおいて、孝謙が聖武を「如㆑奉㆑仏」く葬ることは必要なことであった、と言える。

ところが、『続日本紀』を詳しく検討すると、聖武の葬送が喪葬令との関係から、仏教的な装いとは異なった実態も見えてくる。たとえば天平勝宝八歳五月丙辰条には、「御装束司」「山作司」「養役夫司」等の葬司や、方相氏を造る「造方相司」が任じられている。そして、翌天平勝宝九歳四月辛巳条では、次のような記事を見ることができる。

東大寺匠丁、造山陵司役夫、及左右京、四畿内、伊賀、尾張、近江、丹波、丹後、但馬、播磨、美作、備前、紀伊等国兵士、并防人、鎮兵、衛士、火頭、仕丁、鼓吹戸人、輸車戸頭、並免㆓今年田租㆒、

聖武の葬送に奉仕した者達への恩免措置として、佐保山陵の築造に携わった者、兵部省被官の鼓吹戸人、轜車製作納入に関係した輸車戸等に対する租税をこの年免除していたのである。[33]そしてこの鼓吹戸も、葬具でもあった鼓・笛等の調習を管掌した品部であった（職員令兵部省27鼓吹司条）。このように聖武の葬列は、黄金四目の仮面を被った方相氏が轜車を先導し、鼓吹司夫により大角・小角・笛・鼓・鉦等を用いた楽が奏されるなど、[34]親王一品条の葬具がすべて確認できる葬送でもあった。また和田氏は、『万葉集』や『日本書紀』の記述を通して、葬送には笛を吹き行道の曲を奏し、挽歌がうたわれることがあったと指摘する。[35]そうすると、「在レ路、令三笛人奏二行道之曲一」との一節も、もちろん法会の折に仏座の周囲を回り歩く儀式（行道）の曲などを想定する必要はなく、鼓吹司夫が笛で曲を奏でている葬送の様子を描写したものと言える。ここに、聖武の葬送が「喪葬令」的葬送であった様相が浮かび上がってくる。

一方、奈良時代の仏教は中国仏教を移植したもので、その正当性の根拠が常に中国仏教に求められていた。[36]そして当時、唐では後述するように僧侶が皇帝や官人の葬送に関与することもなかったし、伝戒師として唐から招請した道璿律師や天竺出身の菩提僊那僧正、さらには聖武の葬送の後、その月に孝謙から大僧都に任じられた鑑真等、唐代仏教の儀礼を教え諭すことのできる僧も身近に存在していた。以上からして、『続日本紀』の「御葬之儀如レ奉レ仏」の一節を以て、聖武の葬送が仏教儀礼により行われたと理解することは妥当ではないであろう。もちろん日本の僧が聖武の葬送に参列することはあったかも知れない。だが、王家の葬送において仏教がどのような儀礼を以て参画していくのか、中国から習う手本すらも存在しないなか、正当性を逸脱してまで日本が独自に仏教儀礼を考案し、それを以て僧侶が葬送に関与したとまでは考えにくい。また観世音菩薩像が「御陵所」から請来されたとしても、埋葬にはむしろ仏菩薩像を必須とせず、それが埋葬に用いられたことにはならない。当時、病気平癒や追善仏事への観音信仰がすでに形成されており、[37]「御陵所」における観世音菩薩像の安置も、聖武の追善仏事を行うための施設「御陵所」が設けられていたことを示すものであろう。[38]

ゆえに葬具の一部を仏具で飾り立てた目新しさから、聖武の葬送を「如レ奉レ仏」き葬送とのイメージを印象づけることができ、孝謙がその政治的な演出効果を発揮できたことは間違いない。しかし、葬送では記されるべきほどの仏教儀礼はなく、聖武の葬送儀礼の基調は、喪葬令に基づいた「喪葬令」的葬送であったと言えるであろう。[39]よって光仁系に皇統が代わると、政治的な前提も異なることから、菩薩戒の受戒もなくなり、仏教的装いを加えた葬送すらも確認することはできなくなる。[40]聖武の葬送に凝らされた仏教的装いも、次代の葬送に僧侶が関与していく道を開くほどのものでもなかったのである。

大石氏は、遺骸の処理儀礼である葬送の仏教儀礼化が少なくとも奈良時代まで遡り得るのではないかと推測したが、それは妥当ではなかった。死者に対する儀礼のうち、追善儀礼は僧侶による仏教儀礼として行われていたが、平安時代初期までの葬送儀礼は、「喪葬令」的葬送として行われていた。言わば追善儀礼と葬送儀礼とが二元的に扱われていたのである。

3　追善儀礼と葬送儀礼との二元的対応

では、仏教による追善儀礼と「喪葬令」的な葬送儀礼という、二元的な対応がとられていたのはなぜであろうか。その背景を中国の葬祭制度を通して検討しよう。

そもそも、中国の葬送は儒教経書に基づく儒教儀礼であった。ゆえに八世紀でも、唐代の皇帝や官人の葬送儀礼には仏教僧の関与を確認することはできない。たとえば、『大唐開元礼』に記される唐代官僚層の葬送儀礼において、儀式中に仏教経典の読誦はなく、使用される道具にも仏教の影響はほとんど確認できない(41)。また大暦十四年（七七九）に没した皇帝代宗は、生前は仏教に傾倒し、国家安寧を祈禱した不空を我が宗師と尊ぶほどであった(42)。だが、代宗の喪葬次第を記した『大唐元陵儀注』によれば、その執行は官人であり、仏教僧は告喪の礼では素服姿で整列して哭踊したり、柩を取り出して墓への埋葬に供える儀式（啓殯）でも道士と並んで参列する程度であった(43)。このような中国・唐代の様式を律令制の一環として受容した日本の葬送は、形態として必然的に唐風の「喪葬令」的葬送となり、仏教的儀礼により行われることにはならなかったのである。ただし、中国では葬送の後も、死者の霊は祖先祭祀として儒教儀礼により祭られていた。たとえば、埋葬の日に死者を安んずるため供食を主とする虞祭、十三月目には小祥、二十五月目には大祥、二十七月目には禫祭が行われていた。つまり葬送も、その後の祖霊処理も、儒教儀礼による一元的な対応だったわけである。

では、なぜ日本は葬送後の死者の霊へは儒教儀礼ではなく、仏教による追善儀礼を採用したのであろうか。その理由として二つ考えられる。その一つは、日本が中国の宗廟祭祀制度を受容しなかったことである。この宗廟祭祀制度とは、中国の宗族組織を下に形成された御霊屋の制度で、宗族の祖先の御霊屋を作ってその霊魂を祭る制度であった(44)。つまり中国の祖霊処理は、この宗廟の祭祀によって行われていたのである。これに対して、日本は中国の宗廟祭祀制を受容しなかったため(45)、唐令の継受に際しては、唐令六篇目のうち祠令は篇目として継受せず、神祇令として大幅な改変を施している(46)。こうした宗廟祭祀制を受容しなかったがゆえの対応が、喪葬令の継受にも採られた。それが葬具としての「重」の不継受であると筆者は考えている（図4参照）。唐令でも当該条文の存在が推定されている『天聖令』宋14には(47)、「諸重、一品挂」鬲六、五品以上四、六品以下二」と、葬送に「重」の設置と身分ごとに許された鬲（器）の数が規定されているが、日本の喪葬令はこの規定を継受しなかった。その理由は、「重」の担った機能にある。

そもそも中国の喪葬儀礼は、死により分離した霊と尸を別々に儒教儀礼で処理するものであった(48)。そしてこの「重」とは、棒に横木を差し渡し左衽（合わせ目を左前）の形に葦蓆で覆い、粥を鬲に入れて横木にかけるもので、死者（人の形）を象って作られたものである。このため「重」は、故人が亡くなった日に作られ、埋葬の後に祖廟の外に埋められる(49)。すなわち「重」は、廟に納められる神主が作られるまでの仮の神位、死者の霊を依らせる依代であった(50)。このように「重」は宗廟祭祀への橋渡しとなる霊魂の依代であり、祖霊処理を担う道具であった。つまり、日本は宗廟祭祀制を採用しなかったため、それを前提とした儒教祭祀による祖霊処理を受容できなかったのである。そのことを端的に示したものが、祖霊処理の道具である「重」の不継受であった。

二つめの理由は、中国でも儒教祭祀による祖霊処理を補完する形で、仏教の追善儀礼が受容されつつあったことである。当時の中国では儒教祭祀が行われる一方、儒教は個人の霊魂救済が欠如するとの認識も存在していた。天和四年（五六九）中国の北周道安が著した『二教論』には、儒教を「救形の教」、仏教を「済神の典」（『広弘明集』巻八）として、儒教が肉体の救済、仏教が霊魂の救済を担うものと位置付ける考え方もすでに存在していた(51)。こうして七世紀唐代には、盂蘭盆・七七斎等の仏事なども中国社会に浸透し(52)、中国の貴族達は儒教の礼を規範にしつつも、実際の生活では仏教や道教の流儀に従った祭祀も行っていた(53)。このように儒教による祖先祭祀(54)の持つ限界性を補う形で仏教の追善儀礼が、唐代の社会にも広く受容されつつあった(55)。ここに宗廟祭祀制を採用しなかったことから、儒教祭祀による祖霊処理をできなかった日本が、唐代仏教

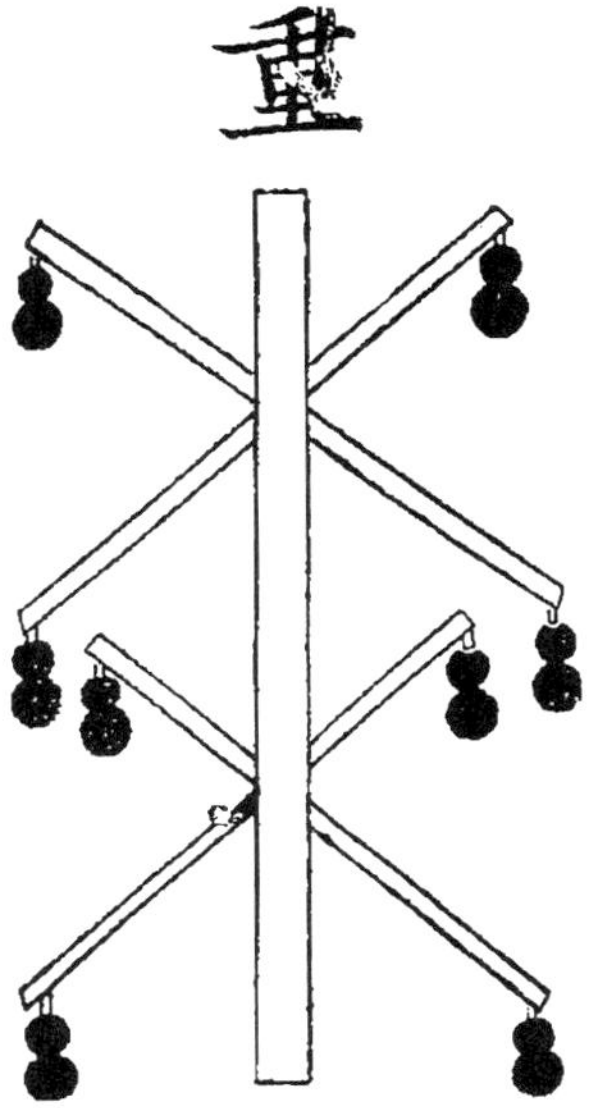

図4　重（『新定三礼図』より）

による追善儀礼を受容した背景を見て取ることができる。つまり日本は、こうした中国のありかたを選択的に受容していたと言えるであろう。

その結果日本では、朱鳥元年（六八六）天武天皇の忌日法会を初見として、それ以降天皇・皇后・親王等の祖霊処理が七七忌・百日忌・周忌等、仏教による追善儀礼として執り行われていくことになる。大石氏が、八世紀の霊魂処理儀礼を大陸文化により装飾された仏教儀礼へ移行させた、と指摘したことは妥当であった。しかし、「中央―諸国の官寺による国家中陰仏事儀礼が確立することを考慮」して、奈良時代に遺骸の処理儀礼である葬送も仏教儀礼化が進んだとみる、一元的な理解は妥当ではなかったのである。以上のような背景から、八世紀以降の日本は、一つに祖霊処理を、唐代の「済神の典」たる仏教による追善儀礼として行い、二つに遺骸処理である葬送を、「救形の教」としての儒教的な葬送を律令制の一環として受容した、「喪葬令」的葬送によって行っていたのである。[56]

第二節　平安時代の葬送と仏教儀礼

1　「喪葬令」的葬送の変化

前節で確認したように、九世紀中頃までは最も「喪葬令」的葬送が行われた時期であった。よって、九世紀中頃の葬送では監喪使の発遣が、「依レ例遣三使監二護喪事一」（藤原緒嗣の葬送『続日本後紀』承和十年七月庚戌条）、「朝廷因二循旧典一、遣二監喪使等一」（葛井親王の葬送『日本文徳天皇実録』嘉祥三年四月己酉条）などと記される。喪葬令の監喪使発遣が慣例や旧典、すなわち古い法典や制度に準拠したものと理解されており、[57]「喪葬令」的葬送が制度として定着していることが窺われる。

ところが、同じ九世紀中頃、淳和太上天皇と嵯峨上皇から次のような遺詔が相次いで出される。承和七年（八四〇）淳和の遺詔（『続日本後紀』同年五月辛巳条）には、

予素不レ尚二華飾一、況擾二耗人物一乎、斂葬之具、一切従レ薄、朝例凶具、固辞奉レ還、

とあり、承和九年の嵯峨の遺詔（『続日本後紀』同年七月丁未条）では、

除二去太上之葬礼一、欲レ遂二素懐之深願一、（中略）死何用重二国家之費一、（中略）豊レ財厚レ葬者、古賢所レ諱、

と言う。二人の遺詔は、葬送の用具は簡素にして官からの支給は固辞して返還し、以て国家の費用を軽減せよという薄葬を指示するものであった。これら淳和・嵯峨の薄葬の遺詔は、以降の天皇にも肯定的に継承され、平安時代の歴代天皇の多くが葬儀の簡略化を遺詔・実行したと指摘されるように[58]、まず仁明天皇がこれを継承する。嘉祥三年（八五〇）仁明は、「遺制薄葬、綾羅錦繍之類、並以二帛布一代レ之、鼓吹方相之儀、悉従二停止一」（『続日本後紀』同年三月癸夘条）と、遺詔中に鼓吹・方相氏など具体的に葬具を例示してまで、その使用停止を命ずる。これら薄葬の遺詔が、九世紀後半以降の貴族社会における葬制に大きな影響を及ぼしたことは間違いないであろう。たとえば、葛原親王は「専従二倹薄一、不三敢違二遺令一也」（『日本文徳天皇実録』仁寿三年〈八五三〉六月癸亥条）とし、また藤原良房は「朝例攸レ給葬送等物、凡諸応レ為二公煩一者、無レ小無レ大、汝宜二固辞一切勿レ請」（『日本三代実録』貞観十四年〈八七二〉十月十日条）と遺言している。こうした結果は、表8からも確認できるように、九世紀後半以降、喪葬令に基づく監喪使の発遣や葬具の貸与を、王家でも親王等は固辞し、官人が受給することはほぼ皆無となる。こうして朝廷からの支給を固辞することが常態になった結果、延長五年（九二七）に完成した『延喜式』巻十一・太政官式155葬官条には、次のように規定される[59]。

凡親王及大臣薨、即任二装束司及山作司一（或任二主行所及山作所一、軽重、随二品高下一、事見二薨葬記一）、送葬之日、勅使二人（一人持二詔書一、一人持二位記一、若無二贈位一者、一人持二賻物一、其数使人位皆随二亡者高下一）、就レ第賻、其中納言以上及妃夫人薨時、弔賻亦准レ此（事見二儀式一）、

すなわち、監喪使の発遣は親王・大臣に限定され、葬具の支給規定はなくなってしまう。

平安時代前期、このように変貌する律令喪葬制度の内実を、橋本義則氏は次のように指摘した。(60) 一つは、寛平八年（八九六）兵庫寮への鼓吹司統合までに、喪儀司の喪葬具の管理・準備や喪葬に関わる職掌が喪失したと考えられること。二つめは、喪葬を預かる官司は、賻物の保管・出納の担当だけとなり、大臣・親王の喪葬以外に喪葬の儀礼的側面にはまったく関与しなくなる。その結果、一般官人の葬送では官葬による儀礼的側面が希薄化・喪失したということである。そもそも喪儀司の職掌は、職員令20喪儀司条により「凶事儀式、及喪葬之具」を管轄するものと規定されていた。こうした喪葬官司の職掌変化の事実は、九世紀後半以降に「喪葬令」的な官葬が行われなくなったことを示すものであろう。

およそ九世紀中葉以降、律令官人制が再編され、また庸調制の衰退により財源も縮小していくなど、律令体制が解体の段階へ向かっていったが、その転換期の始点が承和年中であったと指摘されている。(61) とするとき葬制においてそれを象徴するできごとが、承和七年・九年の淳和と嵯峨の薄葬の遺詔であったことになる。そして嵯峨の遺詔には、財政問題を示唆する「死何用重二国家之費一」と記されていたのである。こうして八世紀初頭から進められてきた官葬、すなわち葬具などの公的支援を伴う、制度としての「喪葬令」的葬送も九世紀末頃には終焉を迎えることになったと言えよう。そして官葬を行えなくなった大多数の官人にとっては、もはや喪葬令の様式をとり続けなければならないということもなくなった。このことが葬送の様式に変化をもたらす契機となったのである。

では、どのような葬送の変化が起きたであろうか。まず言えることは、葬具の貸与がなくなったことから、葬送様

式の変化は葬具の変化となって表れたと推測できることである。そこで、その葬具の変化を具体的に確認して葬送様式の変化を考察する。まず方相氏を取り上げよう。喪葬令の規定では方相氏を使用できるのは、一品親王、太政大臣だけであり、実際に確認できる使用例も聖武や光仁等の天皇の五例に限られ、天安二年（八五八）文徳天皇の葬送に確認できるのが最後であった（『日本文徳天皇実録』同年九月甲子条）。このように葬送での使用が制限されていた方相氏は、ついに日本社会では葬具として定着するはずがなかったと言えるだろう。ところで、方相氏は元来疫鬼を駆逐するものであったから、中国では三・八・十二月の追儺にも使用されていた（『周礼』「夏官司馬」）。同様に日本でも、弘仁十二年（八二一）藤原冬嗣らが撰進した『内裏式』巻十二では、「十二月大儺式」で方相氏が登場することになっている。こうして九世紀後半からは、方相氏は追儺のときの使用に限られるようになったと推測できる。[62]

次に鼓吹を見よう。嘉祥三年、仁明天皇は「鼓吹方相之儀、悉従㆓停止㆒」と鼓吹の停止も遺詔した。この八年後の文徳天皇の葬送でも、「殯葬之礼、一如㆓仁明天皇故事㆒、但有㆓方相氏㆒」（『日本文徳天皇実録』天安二年九月甲子条）と、鼓吹の停止は仁明天皇の葬送を前例として継承している。その後の史料でも鼓吹を確認できないことから、文徳のとき仁明の鼓吹停止が前例化し、その後鼓吹が使用されることはなかったものと推測できる。

次が遺体の口中に含ませた玉などの飯含である。この飯含が、嵯峨上皇の遺詔では「俗事」（『続日本後紀』承和九年七月丁未条）として止められる。九世紀中頃、飯含が世俗の雑事と認識されるほど、「喪葬令」的な葬具としての意味を失っていたことが窺われる。

では轜車はどうであったろうか。遺体を移送する用具は不可欠だったはずである。まず、天皇、太上天皇の葬送では、轜車の代わりに輿を使用する事例を確認できる。[63]九世紀末の仁和三年（八八七）九月二日、光孝天皇の葬送で「御輿出宮」（『本朝世紀』康保四年〈九六七〉六月九日条）と確認できるのを初見として、[64]以降の醍醐天皇、宇多法皇、朱雀天皇など、輿を轜車として代用している。その代用の仕方は、承平元年（九三一）宇多法皇の葬送に「為二小屋形一大輿」（『西宮記』巻十二・裏書）とあって、大輿を小屋形と見なして扱っている。この小屋形とは、『令集解』喪葬令8親王一品条或説では「轜、俗云二小屋形一」とあるように、もともと轜とは小屋形と俗称されていた。つまり、輿を轜になぞらえて利用していたことが分かる。皇后・皇太后の葬送でも当初は輿が使用された事例を確認できる。たとえば天暦八年（九五四）正月四日に没した太皇太后藤原穏子の場合、正月十日の発葬では「御輿」が用いられたとされている（『左経記』長元九年〈一〇三六〉四月二十日条）。また応和四年（九六四）村上天皇皇后として没した藤原安子の場合、葬送の日が大雨であったため「不レ能レ渡レ輿」（『日本紀略』同年十二月七日条）とあって葬送に輿が使用されていたと分かる。(65) 次に貴族の葬送では、九世紀以降、貴族社会において牛車の利用が普及していたからか、(66) 牛車を葬車として使用している。たとえば治安四年（一〇二四）藤原教通妻の葬送では、「さて御車寄せたれば、殿、大納言殿、内供の君など、睦まじく思す人々などしてかき乗せたてまつり」（『栄花物語』巻二一「後くゐの大将」）と、御車に棺を納めている姿が描写されている。もちろん、「御車に御装束」しており、牛車は葬車に仕立てられていた。

以上のように官葬が否定されるなか、九世紀後半から十世紀にかけて方相氏・鼓吹・飯含などのように使用されなくなったり、轜車のように輿や牛車など別のもので代用されたりするなど、「喪葬令」的葬送で使用された葬具は変化、消失していったのである。喪儀司は大同三年（八〇八）鼓吹司に併合された後、寛平八年（八九六）兵庫寮へ統合される。このとき喪儀司が管轄していた葬具が兵庫寮へ継承されたのは、その一部だけだったのではないかと橋本氏は推測したが、それも以上のように葬送の形態が変化していた結果だったのである。

2　祈禱呪法の隆盛と宮廷社会

九世紀中頃、淳和・嵯峨・仁明の薄葬の遺詔により、官葬が否定され、「喪葬令」的葬送に変化の兆しが生じていた頃、中国から伝来していた光明真言や尊勝陀羅尼などの呪術的な仏教が盛んになっていた。そもそも光明真言や尊勝陀羅尼とは、祈禱呪法に読誦された真言や陀羅尼のことである。たとえば、光明真言とは『不空羂索毗盧舎那仏大灌頂光真言』(以下『大灌頂光真言』と記す)を本拠とし、その功徳は、土沙を加持して一百八遍、尸骸や墓上に散ずれば亡者が往生すると言う。こうした死霊鎮送という呪術的な側面で発達してきたのが真言陀羅尼であり、祈禱呪法であった。(67)

ところで、中国でも祖霊処理として仏教による追善儀礼も受容されつつあったが、八世紀以降、光明真言や尊勝陀羅尼信仰が盛んとなっていた。たとえば七世紀末から八世紀初め、尊勝陀羅尼が典拠とする『仏頂尊勝陀羅尼経』が漢訳仏典として中国仏教の経典に加えられ、(68)八世紀前半には五台山下で死後供養に尊勝陀羅尼が誦され、(69)菩提追福のために尊勝幢の石塔墓が建立されるようになる。(70)そして八世紀後半には「散レ土レ骨而生レ天」と刻まれた幢も確認されている。(71)当時、遺骨に土砂を散じる儀礼が行われていたか不明であるが、こうした陀羅尼が故人の罪障消滅・不堕悪趣等の効験を持つといった思想がすでに受容されていたことは間違いないであろう。安史の乱を経た八世紀後半以降こうした傾向は強まり、国家が挙行する三年の喪制に道教と仏教の影響を受けた七七斎も行われるようになると指摘されている。(72)そして九世紀中頃、中国・河西地方の人々のために編纂された『新集吉凶書儀』には、柩を墓壙に入れる前に僧侶が十念を称える儀式が記されており、僧侶が葬送儀礼に直接携わっていることが窺われるようになる。(73)これが十世紀になると、黄土を亡者の身に散ずることや誦呪を葬送の儀礼として記した『臨終方訣』も作られている。(74)そして、永観元年(九八三)から四年間入宋した東大寺僧奝然は、節度使の葬送において僧侶が現に墓所まで尊勝陀羅尼を唱え歩いている姿を記録している。(75)

もとより中国では官人等の葬送手続きも喪葬令に定められ、それによって執り行われていた。それゆえ中国では、国家規模において仏教儀礼を用いた葬送が行われることはなかった。[76]それは唐代だけではなく、北宋時代にも天聖十年（一〇三二）に唐令を基礎とした『天聖令』が施行されており、[77]そこには唐令を継承する喪葬令が規定されていることからも明らかである。[78]この点、九世紀半ば以降に「喪葬令」的葬送を失っていった日本とは大きく異なる。だが、このような中国でも、地方によっては祖霊処理として受容された呪法が、遺骸処理である葬送にまで持ち込まれるようになっていたのである。

こうした中国仏教の影響を受けた日本も、奈良時代には誦呪的密教が災害の防止や疾病の快癒など現世の救済目的で用いられており、それが僧尼の実践活動として重要な位置を占めていた。[79]たとえば、天平十一年（七三九）聖武天皇は勅により玄昉の治病のために『仏頂尊勝陀羅尼経』を書写させている（『大日本古文書　編年文書』二四巻九五頁）。ただ、この時期導入された陀羅尼経典は、まだ国家が一括導入を図った唐仏教の一要素にとどまっていた。ところが九世紀になると、空海をはじめ円仁や宗叡など入唐僧の帰朝時には数多くの陀羅尼関係の仏書が請来されるようになる。[80]死霊鎮送としてすでに成立していた中国の陀羅尼信仰が、九世紀以降こうして請来され、日本の誦呪的密教もそれまでの現世の救済を目的としたものとは異なり、「たましずめ」の呪術すなわち、死者のための鎮魂呪術として用いられるようになったと考えられる。[81]

九世紀中葉以降、律令体制が解体に向かい、時代が大きく変化し始めることを先に述べたが、それは政治・社会・文化の各方面にわたる時代相の変化であり、人々の思想・観念の側面ではケガレ・モノノケ・御霊・吉凶が深まっていったとされる。[82]宮廷社会における仏事や法会などで見られた変化も、ちょうど同じ頃であった。罪業を懺悔滅罪するため仏名を唱える仏名会や、生前に死後の利益を期するために仏事を修する逆修の実践、さらには天皇家をはじめとした臨終出家などの儀礼がそれである。こうした仏教儀礼の成立の背景には、人々の他界観の変化や来世を仏教にゆだねる観念が生じていたことが推測される。[83] そして、これら仏教儀礼の執行により、念仏や祈禱呪法などへの依存がいっそう強まっていった。もちろん、この祈禱呪法と念仏とは決して別物ではなかった。それは、『西宮記』巻十二・裏書の「令㆘僧廿口、昼読㆓法華経㆒、夕持㆗念仏㆖即念㆓尊勝陀羅尼㆒」との一節から窺えるように、当時は尊勝陀羅尼などの真言陀羅尼を念ずることが念仏だったからである。こうした宮廷社会での仏名会や逆修等の仏教儀礼の受容により、ますます往生浄土を希求することとなり、当時盛んになっていた陀羅尼信仰へいっそう傾斜していくこととなる。[84] しかも、光明真言などは亡者の往生までももたらすと言う。とすれば、『大灌頂光真言』等が記すような遺体や墓上へ加持沙を灑ぐことなどが真に求められるようになる。たとえば、貞観元年（八五九）空海の弟子真雅の上表には、「殊奉㆓為田邑天皇《(文徳)》㆒、令㆑修㆓尊勝法㆒」（『日本三代実録』同年四月十八日条）と、前年八月二十七日に没した文徳天皇の忌日の追善に尊勝法を修するとある。そして、これより先の仁明天皇の深草山陵の窣堵婆には陀羅尼も安置されていた（『文徳天皇実録』嘉祥三年〈八五〇〉四月乙丑条）。

このように往生を果たすためにも、遺体・遺骨そのものへの呪術的処理が必要となり、僧侶が葬送に関与することが求められたと考えられる。それは極めて呪術的な要請だったのである。そうした天台・真言の僧侶（以下、顕密僧と記す）による呪術的な関与を具体的に確認できる初見史料が、延長八年（九三〇）醍醐天皇の葬送である。『醍醐寺雑事記』（『群書類従』二五）には「御前僧四十口在㆓行障前㆒、天台西塔院主仁照奉㆓仕御導師㆒、基継僧都奉㆓仕呪願㆒」と記され、また『西宮記』巻十二・裏書には「醍醐、勧修寺僧数口、候㆓山陵㆒、暫奉㆓仕念仏㆒」と記されている。葬列では御前僧四十人が参列し、顕密の高僧が導師、呪願という祈禱と呪術的な念仏を行じていたのである。[85] 顕密僧の関与を示す記事は以上のとおりわずかであるが、それ以外にも仏教との関係を窺えるものがある。それは、醍醐の遺体に着させた衣装である。

　供二奉御服一綾冬直衣・綾袴・紅絹下襲等一襲、加二御冠一、烏犀革帯・鞋・襪及金平、塵御剣・蘇芳枕・枕剣、是平生所レ御也、又錫紵一襲、河渡衣等云々

これは『西宮記』巻十二に記された一節であるが、この「御服」のなかで注目したいのは、最後の「河渡衣」である。当時、三途の川は「奈河《ないか》」「葬頭《しょうづ》川」「三瀬川」「渡川」と称されていたが、[86]「河渡衣」は三途の川を渡るために着せる衣と推測できる。仏教的な他界観が、葬送儀礼にも影響を及ぼしている側面を窺うことができる。[87]

　こうした九世紀後半の宮廷社会における往生への希求や呪術的な仏教の隆盛を前提に考えるとき、寺院で亡くなった場合や没後に遺体が寺院へ移送された場合、僧侶が葬送に関与したものと推測できる。[88]たとえば、元慶四年（八八〇）清和太上天皇の葬送がそれである。『日本三代実録』同年十二月七日条には、「是夜、酉四刻、奉レ葬二太上天皇於山城国愛宕郡上粟田山一、奉レ置二御骸於水尾山上一」と記される。この葬送記事から分かることは、清和の荼毘の場と遺骨の埋葬地だけである。しかし同書によれば、清和は前年の元慶三年五月八日、護持僧宗叡[89]により出家し、元慶四年十二月四日、亡くなったのは円覚寺であった。しかも、葬送の前々日の十二月五日条には、「以二大蔵省商布二千段・貞観銭一百貫文一、奉レ進二円覚寺一」と、円覚寺へ葬料を供養しており、[90]円覚寺の僧が葬送に関与したと考えられる。もし、これを僧侶が葬送へ関与したことを示す初見事例とできるならば、九世紀終わり頃まさしく呪術的な要請が高まるなか、顕密僧が葬送へ関与し始めていたことを示すものとなるであろう。その後、醍醐天皇の葬送までの五十年間については、仁和三年（八八七）光孝天皇、延喜二十三年（九二三）保明親王の葬送などを確認できるが、いずれの史料も簡略な記述のため、これら葬送に顕密僧が関与したのか明らかではない。しかし、九世紀前半までは官葬が行われていたと考えられる僧侶の葬送でも、[91]たとえば仁和二年に没した元興寺僧律師隆海の場合、弟子達が遺体を北首にし荼毘に付していた（『日本三代実録』同年七月二十二日条）。このようにして顕密僧が葬送へ関与していく下地は

着実に作られていったと考えられる。そして十世紀中頃、顕密僧による葬送への関与は定着する。十世紀後半に成立した『新儀式』（『群書類従』六）巻五「触穢事」に「葬夜、請僧・数随身座従㆑事者、皆忌卅日」とあって、葬儀に招請された僧侶が座してそれに携わったときの触穢規定が存在していることから、それは窺える。

こうした九世紀終わりから十世紀末までに、顕密僧の関与を史料上確認もしくは推測できる葬送、計一四例をまとめたものが表9である。そして掲出した葬送が、いずれも天皇・皇后・摂政・関白・太政大臣等ばかりの事例であることから、葬送に際して呪術的な仏教儀礼が取り入れられていったのも、王家、摂関家からであったと推測することができるのである。

3　顕密僧による葬送

では、顕密僧は具体的にどのようにして葬送に携わったのであろうか。十世紀から十一世紀初めの史料によれば、出棺時と埋葬（土葬）時もしくは荼毘（火葬）のときに、顕密僧の関与を確認することができる。まず康保四年（九六七）村上天皇の出棺を見てみよう。

今夕、奉㆑土㆓葬先皇於山城国葛野郡田邑郷北中尾㆒、酉四剋、出㆔御自㆓陰明・宜秋・殷富門㆒、親王・公卿已下供奉、僧都観理、於㆓内膳司南門㆒勤㆓御導師㆒、権律師法蔵為㆓呪願㆒

これは、『日本紀略』同年六月四日条の記事である。出棺に際し、顕密僧が門のところで導師を勤め、呪願を唱えている。次に土葬で棺を埋葬するときを見よう。長保元年（九九九）昌子太皇太后の事例（『小右記』同年十二月五日条）である。

於㆓御魂殿前㆒、奉㆓仕導師呪願㆒（導師権大僧都穆算・呪願少僧都勝算）了、居㆓御棺於積薪上㆒、其後積㆓満薪於魂殿内㆒、阿闍梨慶祚及御前

表9　十世紀までの葬送における顕密僧の関与

No	西暦	没年月日	被葬者／葬日	身分	顕密僧の関与	葬送の実態	典拠
1	八八〇	元慶四年一二月四日	清和太上天皇 一二・七	皇	▲	一二・四、**円覚寺**で没。一二・七、山城国愛宕郡上粟田山に葬り、遺骸を水尾山上に置く。	日本三代実録
2	九三〇	延長八年九月二九日	醍醐天皇 一〇・一〇	皇	●	一〇・一〇、亥四刻、醍醐寺北笠取山西に葬る。**御前僧四〇人が行障の前**にいた。**天台西塔院主仁照、基継僧都が導師・呪願**を勤める。	醍醐寺雑事記　西宮記
3	九三一	承平一年七月一九日	宇多法皇 八・五	皇	▲	七・一九、**仁和寺**で没。八・五、大内山で火葬。	貞信公記　西宮記
4	九四五	天慶八年九月五日	藤原仲平 九・七	貴	▲	九・五、死没。夜半、遺体を**極楽寺**へ移す。九・七、極楽寺の東に葬る。	貞信公記
5	九四九	天暦三年八月一四日	藤原忠平 八・一八	貴	●	八・一八、**延暦寺座主・律師延昌が呪願、少僧都禅喜が導師、その他僧一三口**が葬送に従う。	日本紀略　西宮記
6	九四九	天暦三年九月二九日	陽成天皇 一〇・三	皇	▲	九・二九、暁、没。夕、遺体を**円覚寺**へ移す。一〇・三、神楽岡東の地に葬る。	日本紀略
7	九五二	天暦六年八月一五日	朱雀天皇 八・二〇	皇	●	八・二〇、**葬送の御前僧二〇人、呪願を大僧都禅喜、導師を律師鎮朝、**藤原朝忠、**僧二口**が**荼毘を奉仕**。	醍醐寺雑事記
8	九六四	応和四年四月一一日	藤原能子 四・一三	貴	▲	四・一三、遺体を**北山観隆寺**へ遷し、葬送。	日本紀略
9	九六七	康保四年五月二五日	村上天皇 六・四	皇	●	六・四、内膳司の南門で**僧都観理が導師、権律師法蔵が呪願**。	本朝世紀
10	九七〇	天禄一年五月一八日	藤原実頼 五・一九	貴	▲	五・一八、没。子刻、遺体を法性寺艮の**松林寺**へ移す。五・一九、**松林寺より葬送**。	日本紀略

11	九七二	天禄三年一一月一日	藤原伊尹 一一・一五	貴	▲	一一・二、**天安寺**へ遺体を移送。 一一・一五、葬送。	親信卿記
12	九七七	貞元二年一一月八日	藤原兼通 一一・一四	貴	▲	一一・八、堀川院で没。子刻、遺体を**東山雲居寺**へ遷す 一一・一四、葬送。	日本紀略
13	九八九	永延三年六月二六日	藤原頼忠 六・二七	貴	●	六・二七、法住持北辺帝釈寺に葬る。**前僧都覚忍**、**大僧都余慶**、**御前僧九口**が勤める。 六・二八、御骨を**僧亮高**が送る。	小右記
14	九九九	長保一年一二月一日	昌子太皇太后 一二・五	皇	●	一二・二、丑終に遺体を**観音院**へ移す。 一二・五、戌四点、魂殿前で**導師を権大僧都穆算**、**呪願を少僧都勝算**が勤める。**御前僧と阿闍梨慶祚が光明真言を読み**、**棺の上に加持土砂を灑ぎ魂殿を固める**。	小右記

（一）皇は皇族、貴は貴族を示す
（二）●は関与、▲は関与の可能性有りを示す
（三）顕密僧の関与もしくは関与の可能性を示す様相や語句をゴシック体で表示した

僧等読二光明真言一、加持沙奉レ灑二御棺上一、

土葬の場合、顕密僧は棺を埋葬する魂殿の前でまず導師呪願を行い、次に光明真言を読誦し、加持沙を棺の上に灑いでいる。次に火葬の場合を、長元九年（一〇三六）後一条天皇の事例（『左経記』同年五月十九日条）で確認しよう。

僧正尋光・権少僧都延尋・良円等依二相府仰一近二候貴所辺一念仏、（中略）及二辰剋一奉レ挙二荼毘事一畢、先破二却貴所板敷壁等一、以レ酒滅レ火、慶命・尋光・延尋・良円・斉祇等呪二土砂一、散二御葬所上一、

火葬の場合、顕密僧は遺体を焼く貴所辺に祇候して念仏を称え、荼毘が終わると土砂を呪し、葬所の上に散じている。以上のように葬送では、多数の御前僧が葬列に参列し、導師呪願師が真言陀羅尼を念仏する。そして荼毘や埋葬にお

いて、これら顕密の諸僧は祈禱の後に加持沙を棺もしくは葬所に散ずるなど、『大灌頂光真言』などに基づく儀礼を行っていた。このように葬送で顕密僧が果たした役割は、呪術的な職分であった。また火葬であれ、土葬であれ、顕密僧の関与の度合いにほとんど差異はなかった。

もちろん、王家や摂関家の葬送に用いられた導師呪願や光明真言・加持沙といった儀礼は、十世紀の終わりには中下級貴族の葬送にも広がっていた。そのことを、中下級貴族により結成された念仏結社二十五三昧会に定められた規約に見ることができる。永延二年（九八八）源信撰になる『横川首楞厳院二十五三昧起請』（『恵心僧都全集』第一）には、

一可下以二光明真言一加二持土砂一置中亡者骸上事

右念仏之後、以二別道師一令レ著二礼盤一、発二五大願一、然後以二光明真言一可レ加二持土砂一、

とある。中下級貴族の葬送にも、「導師（顕密僧）」が光明真言によって土砂に加持を行い、遺骸にそれを散じていたのである。

では、葬送への顕密僧の関与は、葬送のなかでどう位置付けられ、またどのような意義が存するのであろうか。まず、葬送儀礼全体のなかでの位置付けを、『西宮記』巻十二「天皇崩事」を通して考察しよう。『西宮記』には「呪願御出・弁着レ陵後呪願」と記され、右に確認した出棺時と陵での呪願が組み込まれている。十世紀中頃、顕密僧が葬送において導師呪願を担うべきものとして、宮廷社会で定着していたことを示すものであり、重要である。だが、顕密僧が担った職分はそれ以上にはなく、陣定により決定した「行事所々」の官人が、葬送の諸部門を取り仕切っていた。たとえば「入棺事」では、御輿長十六人が御棺を舁ぎ、御輿に載せることになっており、「陵内事」では、侍臣が葬所の設えをし、御輿長が棺を喪庭に舁入れて陵中に納め、納言が土を戻し、蔵人が御物を焼くと記されている。これまでの研究

では、中世前期まで顕密僧が遺骸の処理である葬送を主導するかの如く理解されてきたが、[92]葬送を主導していたのは俗人であり、顕密僧が担った導師呪願などの儀礼は葬送儀礼のなかのごく一部だったわけである。十二世紀の葬送では、顕密僧が入棺時に真言・陀羅尼を納める儀礼も史料上、確認できるようになる。[93]そして十二世紀末、守覚法親王が作成したとされる『吉事略儀』には、[94]顕密僧が明らかに関与したと考えられる儀礼として、①北首の実施、②棺への土砂入れ、③出棺時の先松明への火付け、④拾骨時の土砂がけ等が記される。それまでの史料で具体的には確認できなかった①③への関与が、顕密僧による葬送への関与の進展を示すものかどうかは、明らかではない。だが顕密僧の関与が、葬送儀礼全体のなかのごく一部であったことに変わりはないであろう。[95]

次に顕密僧が葬送に携わった意義を考えよう。十世紀前半の葬送は、「喪葬令」的な葬具を欠く一方、輿や牛車の使用といった葬具の変化が見られた。そのうえ顕密僧の出仕や導師呪願儀礼・光明真言が新たに加わるなど、九世紀中頃までの葬送とは、その様相が大きく異なっていたことは間違いないであろう。禅僧等が葬送全体を総奉行していく中世後期までも視野に入れるとき、顕密僧の携わった儀礼が葬送儀礼全体に占める割合の少なさにもかかわらず、ここに葬送における本格的な仏教儀礼化の始まりが見られるのであり、時代を画する変化であったと言える。

ところで、八世紀から九世紀中頃まで日本は、祖霊処理を仏教による追善儀礼、遺骸処理を「喪葬令」的葬送という二元的な対応をとっていた。十世紀、仏教がその呪術的な機能を以て葬送に携わるということは、祖霊処理とともに遺骸処理をも一元的に仏教が担うという意義を持ち、この面からも画期を為すものであった。

一方、呪願は唱呪回願の意で阿含経をはじめ種々の経典などに見られる。実際には法会などで願文表白を読むことを指し、すでに唐代の仏教で用いられていたし、[96]日本の仏事法会でも早くから確認できる。たとえば天平勝宝四年（七五二）東大寺大仏の開眼供養では、日本の招請で唐より渡来した道璿が呪願師として勤めている（『東大寺要録』巻二「供養章第三」）。このように顕密僧の担った導師呪願も、元来は中国から伝来した仏教儀礼であり、しかも仏事法会で行われていた儀礼を葬送に転用したものであったことが理解できる。そして中国仏教に由来する真言陀羅尼も、中国では八世紀すでに死者供養の儀礼として受容され、九世紀中頃、地方では葬送にも使用され始めていた。

これに対して日本は九世紀中葉以降、律令体制の衰退過程に入り、各方面にわたって時代相が大きく変化していた。その一つが、「喪葬令」的葬送の終焉につながる薄葬の推進、すなわち官葬としての公的支援体制の縮小であった。その一方で、呪術的な念仏信仰の高まりのなか、葬送における遺体・遺骨への呪術的な儀礼も必要とされるようになっていたのであろう。九世紀終わり頃以降、導師呪願や真言陀羅尼が追善仏事から葬送にも転用され始める。そして十世紀前半から後半にかけて、史料上も実際の儀礼として確認できるようになる。こうした呪術的な儀礼への需要を背景として、葬送の仏教儀礼化が始まっていった。このため、平安時代の葬送で顕密僧の果たした役割は、導師呪願などの真言陀羅尼による呪的機能であった。こうして日本の葬送は、あくまでも「喪葬令」を基本に据えた中国とは明らかに異なって、仏教化の途を進むこととなったが、用いた仏教儀礼は中国の影響を多分に受けた儀礼だったのである。葬送の仏教儀礼化が王家や摂関家から始まったのも、彼等がこうした最先端の中国文化にいち早く浴することができたためであったとも言えるであろう(97)。

おわりに

本章は、奈良・平安時代を通して葬送がどのように仏教儀礼化していったのか、との観点から考察を加えてきた。以上の考察を通して得られたことを最初にまとめておく。

第一に、八世紀から九世紀前半までは、律令制度の一環として導入した中国様式の葬送儀礼と日本在来の儀礼とが習合した、「喪葬令」的葬送が行われていた。このように遺骸処理たる葬送では本来儒教に由来する儀礼を用いていたのに対し、故人の霊魂処理ではすでに仏教儀礼により行われ始めており、言わば遺骸処理と霊魂処理とを二元的に取り扱っていた。その背景は、日本が中国の宗廟祭祀制度を受容しなかったことから、祖霊処理では儒教的な祖先祭祀制を受容できなかったことによる。そのため、中国社会でも七七斎などの仏事として相当程度に浸透していた仏教儀礼を取り入れていた。つまり、こうした中国のありかたを、日本が選択的に受容した結果であったと考えられる。従来の研究では、この二元的な受容が的確に理解されてこなかったので、葬送における仏教儀礼化を正しく評価できない面があった。

第二に、九世紀終わりから十世紀初め、顕密僧が呪術的な念仏・真言陀羅尼を以て葬送に関与し始める。九世紀中葉以降、日本では律令体制が解体に向かうなか、薄葬の名のもと「喪葬令」的葬送が固辞されて公的支援体制も縮小されるようになり、九世紀末頃に制度としての「喪葬令」的葬送が終焉を迎えていく。他方、宮廷では呪術的な仏教が受容されていく。そして、亡者の往生をも叶える遺体への加持沙・陀羅尼への要求が高まり、顕密僧が仏教に関与し始めることになる。ここに葬送と追善儀礼とが仏教により一元的に担われることになった。ただし、顕密僧が沐浴・入棺等の個別儀礼に関わることにつながらなかったのは、顕密僧が葬送へ関与し始めた経緯から考えれば納得がいく。

第三に、日本における葬送の儀礼は中国から多大な影響を受けていたが、それでも日本固有の課題のなかで選択を経た受容であり、王家が真っ先に仏教儀礼を葬送に用いるという独自な展開を遂げていく。「喪葬令」に基づく葬送儀礼、そして葬送に転用した仏教儀礼、これらはいずれも中国唐代から請来された儀礼であった。さらに、日本の中世後期に葬送儀礼として用いられた禅宗様式も、宋代禅僧が日本へ請来したものであった[98]ことを考え合わせると、古代から中世を通じた日本の葬送儀礼が、たえず中国の影響下にあったことが窺える[99]。ただし、こうした仏教儀礼が中国の国家レベルの葬送儀礼で採用されることはなかった。ゆえに日本のそうした儀礼の受容も、各時代の日本独自の国家的・社会的な要請と選択があったのであり、中国文化の無選択な移植でなかったことにも留意する必要がある。

本章の考察を通して、日本の奈良・平安時代の喪葬が、いかに中国の思想や儀礼の影響下にあったかが明らかになった。一方、中世になると本来儒教に由来する観念も、仏教儀礼に溶け込む形で受容されていた。中世の葬送はもちろん仏教儀礼により行われていたが[100]、その葬送を執行することが孝養の証でもあった[101]。たとえば元暦元年（一一八四）相続を争った者が提出した文書には、「存日給仕孝敬不レ懈、況没後葬送報恩之営」（『平安遺文』四二二四号）と記されている。そもそも「孝」とは、死と結びついた儒教の重要な観念であったが[102]、孝養は仏教儀礼による葬送を行うことで達成できる仕組みとなっていた。また、中世後期の葬送儀礼に大きな影響を与えた禅宗の葬送儀礼を記した『禅苑清規』にも、儒教聖典である『儀礼』などを踏襲した儀礼も多数存在していた[103]。この他、亡くなった父母へは中陰の仏事を営むとともに、服喪儀礼として仮殿（倚廬）に籠ることも行われていたが、この倚廬に籠ることは、『礼記』に由来する儀礼であった。こうした喪葬儀礼における儒仏二教の習合性にも留意しなければならないであろう[104]。

註

（1）竹田聴洲「七世父母攷」（『葬送墓制研究集成』第三巻、名著出版、一九七九年）。吉田一彦「仏教の伝来と流通」（『日本仏教の礎』佼成出版社、二〇一〇年）。
（2）圭室諦成「葬式法要の発生とその社会経済史的考察」（『日本宗教史研究』隆章閣、一九三三年）。
（3）和田萃「殯の基礎的考察」（『日本古代の儀礼と祭祀・信仰　上』塙書房、一九九五年）。
（4）大石雅章「葬礼にみる仏教儀礼化の発生と展開」（『日本中世社会と寺院』清文堂、二〇〇四年）。以下、大石氏の見解は断りのない限りすべて本論文による。

（5）稲田奈津子「喪葬令と礼の受容」「奈良時代の天皇喪葬儀禮」（『日本古代の喪葬儀礼と律令制』吉川弘文館、二〇一五年）。以下、稲田氏の見解は断りのない限りすべて両論文による。

（6）橋本義則「律令国家と喪葬」（『律令国家史論集』塙書房、二〇一〇年）。

（7）『唐令拾遺補』では、喪葬令の当該二条文と同様の規定が『大宝令』にも存在するものと推定されている。

（8）日本の監喪使は葬司（葬儀使・縁葬諸司・縁葬司）と同義であり、葬儀・葬列の粧点を管掌する装束司と、陵墓造営を管掌する山作司が不可欠であるとされる（虎尾達哉「上代監喪使考」『律令官人社会の研究』塙書房、二〇〇六年）。

（9）表8には「所レ須官給」とのみの表記もあるが、石井輝義氏は、少なくとも奈良時代、この表記は「葬事」に対応し「葬事」を営む上で必要な物が律令国家から支給されたことを示すと指摘する（「喪葬遣使について」『古代史研究』一五、一九九八年）。また表中の「賜二葬儀一准二散一位一」などとは、散一位に准じた葬送が行われたとの意味で、同様に国家から監喪使・葬具等が支給された葬送であったことを示す。

（10）鼓・大角・小角・幡・金鉦・鐃鼓・楯等の葬具は復旧唐喪葬令に確認できないものの、稲田氏は、これら葬具が唐鹵簿令の復旧第3乙条、第4条の規定を取り込んで立条されたと推測している。なお、鼓吹は『大唐開元礼』巻一三九「器行序」に確認できる。

（11）『続日本紀』以外でも、轜車・幡が『常陸国風土記』逸文「信太郡由縁」に、鐘が延暦十一年（七九二）七月二十七日付の太政官符にその使用実態を確認することができる。

（12）喪葬令による葬送を通して、氏毎の多様な伝統的作法に従った喪葬儀礼から、中国風の新しい儀礼のもとに統一された官僚制的な儀礼の創出を目指したと、稲田氏は指摘する（「日本古代喪葬儀礼の特質」『日本古代の喪葬儀礼と律令制』吉川弘文館、二〇一五年）。

（13）羽葆は『通典』礼四六「器行序」と「葬儀」に、飯含と明器は『大唐開元礼』巻一三八「含」、巻一三九「器行序」にそれぞれある。

（14）西本昌弘氏は、八世紀前半から天皇の殯宮儀礼が、殯の期間の点でも中国の葬礼により近いものとなり、それが九世紀前半まで存続し、そして「死—殯—葬」を構成要素とする喪葬儀礼が、中国の葬礼により近い形態になっているとみることができると指摘する（「日本古代礼制研究の現状と課題」『日本古代儀礼成立史の研究』塙書房、一九九七年。「日本古代の殯と中国の喪葬儀礼」『宗教と儀礼の東アジア』勉誠出版、二〇一七年）。
(15) 儒教経書に典拠を持っていたとしても、その儀礼が儒教によって初めて創設されたことを意味しない。たとえば「飯含」は、儒教が生まれるより以前にすでに中国に存在した儀礼であり、それが儒教によって再解釈されたものと指摘されている（大形徹「埋葬儀礼と貝貨」『アジア文化交流研究』3、二〇〇八年）。
(16) 安井良三「天武天皇の葬礼考」（『日本書紀研究　第一冊』塙書房、一九六四年）。
(17) 和田萃「大仏造立と神仏習合」（『日本古代の儀礼と祭祀・信仰　中』塙書房、一九九五年）、前掲註(3)論文。以下、和田氏の見解は断りのない限り両論文による。
(18) 奥村郁三「隋・唐律令について」（『飛鳥を考える（1）』創元社、一九七六年）。
(19) 網干善教「天武天皇の喪礼と大内陵」（『古代史の研究』一、一九七八年）。
(20) 田村圓澄「天武天皇の仏教信仰」（『飛鳥・白鳳仏教史　下』吉川弘文館、一九九四年）。
(21) 日本古典文学大系『日本書紀　下』、新編・日本古典文学全集『日本書紀　三』の持統元年三月甲申条の各頭注。
(22) 高橋佳典「国忌法会を通じて見た唐代の仏教政策」（『アジア文化の思想と儀礼』春秋社、二〇〇五年）。
(23) 前掲註(1)竹田論文。古瀬奈津子「盂蘭盆会について」（『中世の社会と武力』吉川弘文館、一九九四年）。
(24) 古瀬奈津子「「国忌」の行事について」（『日本古代王権と儀式』吉川弘文館、一九九八年）。
(25) 正倉院宝物のなかには、聖武の葬送で用いられた品として、「師子座小枌」「香天子輿小枌綱」との墨書銘のある物も残されている。このことから『続日本紀』の訓は改められるべき、との稲田氏の指摘に従い改めた。
(26) 遠藤慶太「聖武太上天皇の御葬」（『皇學館大学史料編纂所報』二一一、二〇〇七年）。
(27) 吉川真司「四字年号時代」（『聖武天皇と仏都平城京』講談社、二〇一一年）。
(28) 田村圓澄氏も、東大寺を創建し、沙弥にまでなった聖武の葬儀を釈尊の涅槃に倣い行ったのであろうとする（「東大寺の成立」『古代日本の国家と仏教』吉川弘文館、一九九九年）。
(29) 稲田氏は、供具の「師子座」を仏の座と解し、仏像を乗せた輿ではないかと推測する。
(30) 上川通夫「古代仏教の歴史的展開」（『日本中世仏教形成史論』校倉書房、二〇〇七年）。曾根正人「奈良仏教の展開」

『日本仏教の礎』佼成出版社、二〇一〇年)。河上麻由子「聖武・孝謙・称徳朝における仏教の政治的意義」(『古代アジア世界の対外交渉と仏教』山川出版社、二〇一一年)。

(31) 本郷真紹「律令国家仏教の成立と展開」(『律令国家仏教の研究』法蔵館、二〇〇五年)。前掲註(30)上川論文、河上論文。

(32) 勝浦令子「称徳天皇の「仏教と王権」」(『日本古代の僧尼と社会』吉川弘文館、二〇〇〇年)、同「孝謙・称徳天皇と仏教」(『国文学解釈と鑑賞』六九—六、二〇〇四年)。

(33) 森田悌「古代の車について」(『解体期律令政治社会史の研究』国書刊行会、一九八二年)。

(34) 宝亀十年(七七九)藤原縄麻呂の葬送では「葬事所レ須官給并充二鼓吹司夫一」(『続日本紀』同年十二月己酉条)と、葬具の支給と共に兵部省被官の鼓吹司夫も宛てられている。

(35) 和田萃「万葉挽歌の世界」(『日本の古代・別巻　日本人とは何か』中央公論社、一九八八年)。

(36) 前掲註(30)曾根論文。

(37) 速水侑「奈良朝の観音信仰について」(『観音信仰』雄山閣、一九八二年)。『続日本紀』養老六年(七二二)十一月丙戌条、神亀五年(七二八)八月甲申条にそれが窺える。

(38) 聖武の葬送の四日後、五月二十三日には看病禅師法栄が「侍二於山陵一、転二読大乗一、奉レ資二冥路一」(『続日本紀』天平勝宝八歳五月丙子条)と誓っており、山陵での追善仏事が可能であったことが分かる。

(39) 八世紀初頭、持統・文武・元明の葬送は火葬で、初めて仏教的装いの確認できた聖武の葬送が土葬であった。持統・文武・元明等の火葬選択を、新谷尚紀氏は薄葬思想の影響と指摘し(「火葬と土葬」『民衆生活の日本史・火』思文閣出版、一九九六年)、塩入伸一氏も火葬が薄葬を推進する手段であり、死体を処理する一種の技法として消化されたと指摘する(「葬法の変遷」『祖先祭祀と葬墓』名著出版、一九八八年)。このように持統以後の火葬選択も、仏教的な葬送の進展を意味するものとは言えないであろう。

(40) 光仁・桓武朝は前代までの政治の歪みを是正することを理想に掲げ、その一つが聖武一家の信仰熱の高陽により律令の原則を逸脱していた仏教に対する改革であったと、本郷氏は指摘する(「光仁・桓武朝の国家と仏教」『律令国家仏教の研究』法蔵館、二〇〇五年)。

(41) 石見清裕「唐代の凶礼の構造」(『アジア文化の思想と儀礼』春秋社、二〇〇五年)。

(42) 鎌田茂雄「唐代仏教の展開」(『中国仏教史』第五巻、東京大学出版会、一九九四年)。
(43) 金子修一主編『大唐元陵儀注新釈』汲古書院、二〇一三年。
(44) 井上光貞「神祇令の特質とその成立」(『日本古代の王権と祭祀』東京大学出版会、一九八四年)。
(45) 上田正昭「古代の祭祀と儀礼」(『岩波講座日本歴史1』岩波書店、一九七五年)。林陸朗「桓武天皇の政治思想」(『平安時代の歴史と文学　歴史編』吉川弘文館、一九八一年)。前掲註(44)井上論文。
(46) 大隅清陽「礼と儒教思想」(『律令官制と礼秩序の研究』吉川弘文館、二〇一一年)。
(47) 天一閣博物館・中国社会科学院歴史研究書天聖令整理課題組校証『天一閣蔵明鈔本天聖令校証附唐令復原研究』中華書局、二〇〇六年。稲田奈津子「北宋天聖令による唐喪葬令復原研究の再検討」(『日本古代の喪葬儀礼と律令制』吉川弘文館、二〇一五年)。
(48) 石見清裕「唐代の官僚喪葬儀礼と開元二十五年喪葬令」(『東アジアの儀礼と宗教』雄松堂出版、二〇〇八年)。
(49) 道端良秀『仏教と儒教』第三文明社、一九七六年。
(50) 栗原朋信「木主考」(『上代日本対外関係の研究』吉川弘文館、一九七八年)。窪添慶文「中国の喪葬儀礼」(『東アジアにおける儀礼と国家』学生社、一九八二年)。
(51) 吉川忠夫「内と外」(『中国宗教思想1』岩波書店、一九九〇年)。
(52) 松村巧「「盂蘭盆」と「中元」」(『唐代の宗教』朋友書店、二〇〇〇年)。小南一郎「「十王経」をめぐる信仰と儀禮」(『唐代の宗教』朋友書店、二〇〇〇年)。
(53) 小島毅『東アジアの儒教と礼』山川出版社、二〇〇四年。
(54) たとえば庶民に許された祖先祭祀の対象は父親一人だけであった(『礼記』王制篇。吾妻重二「儒教祭祀の性格と範囲について」『アジア文化交流研究』1、二〇〇六年)。
(55) たとえば仏教を「大弊」「弊法」と蔑称する宰相姚崇(六五〇〜七二一)ですら、自身の死後七七日間の僧斎を容認したとされている(『旧唐書』巻九六・列伝四六)。
(56) 天平神護元年(七六五)に憤死した淳仁天皇は、宝亀三年(七七二)に改葬される。このときには追善仏事も行われている(『続日本紀』宝亀三年八月丙寅条)。

(57) 前掲註(8)虎尾論文。
(58) 山田邦和「淳和・嵯峨両天皇の薄葬」（『花園史学』二〇、一九九九年）。
(59) 『延喜式』中巻、集英社、二〇〇〇年。
(60) 前掲註(6)橋本論文。以下、橋本氏の見解はすべて本論文による。
(61) 吉川真司「平安京」（『日本の時代史5　平安京』吉川弘文館、二〇〇二年）。
(62) 三宅和朗氏は、九世紀後半以降、追儺の方相氏の性質も変化し始めていると推測する（「古代大儺儀の史的考察」『古代国家の神祇と祭祀』吉川弘文館、一九九五年）。
(63) 橋本義則「古代御輿考」（『古代・中世の政治と文化』思文閣出版、一九九四年）。
(64) 清和太上天皇の葬送では、「梓宮御レ棺、其制同レ輿」（『日本三代実録』元慶四年〈八八〇〉十二月四日条）との一節もあるが、出棺に輿が使用されたのかどうか、明らかではない。
(65) 『栄花物語』（新編日本古典文学全集）巻一「月の宴」によれば、藤原安子の葬送は平素使用していた「糸毛の御車」を使用したことになっており、『日本紀略』の記事とは異なる。一方、万寿四年（一〇二七）皇太后藤原妍子の葬送を、『小右記』は「御車絲毛」（同年九月十七日条）と記しており、十一世紀には間違いなく御車が使用されていることが分かる。このことから、『栄花物語』が著された十一世紀前半には皇后や皇太后の葬送にも御車が使用されるようになり、その状況が『栄花物語』の安子の葬送記述に反映されたのかも知れない。
(66) 松本政春「貴族官人の騎馬と乗車」（『奈良時代軍事制度の研究』塙書房、二〇〇三年）。古谷紋子「平安前期の牛車と官人統制」（『日本歴史』七八三、二〇一三年）。
(67) 速水侑「貴族社会と浄土教」（『平安貴族社会と仏教』吉川弘文館、一九七五年）。
(68) 三崎良周「仏頂系の密教」（『台密の研究』創文社、一九八八年）。
(69) 上川通夫「尊勝陀羅尼の受容とその転回」（『日本中世仏教と東アジア世界』塙書房、二〇一二年）。
(70) 清田寂天「仏頂尊勝陀羅尼に関する中国文献」（『天台学報』特別号、二〇〇七年）。
(71) 佐々木大樹「仏頂尊勝陀羅尼経幢の研究」（『智山學報』五七、二〇〇八年）。九世紀前半に没した中国の僧・如信、智如等は、自分の埋葬場所に『仏頂尊勝陀羅尼経』を刻んだ「経幢」を立てるようにとの遺言を残しており、契義の墓誌銘には、その「経幢」を立てることが「浮図の教」であると記している（西脇常記「仏教徒の遺言」『中国古典社会における仏教の諸相』知泉書房、二〇〇九年）。

(72) 呉麗娯「家国之制」（『終極之典』中華書局、二〇一二年）。

(73) 伊藤美重子「敦煌の吉凶書儀にみる凶儀について」（『お茶の水女子大学人文科学紀要』五五、二〇〇二年）。

(74) 岡部和雄氏は、『臨終方訣』が十世紀後半に成立した可能性を指摘し（「『無常経』と『臨終方訣』」『仏教思想の諸問題』春秋社、一九八五年）、永井政之氏はさらに時代を遡り得るとする（「中国仏教成立の一側面」『駒澤大学仏教学部論集』二六、一九九五年）。

(75) 『覚禅鈔』尊勝下巻に「僧等唱二尊勝仏号一歩二送墓所一云々」（『大日本仏教全書』四五）とある。

(76) 前掲註(72)呉論文。竺沙雅章「宋代仏教社会史について」（『宋元仏教文化史研究』汲古書院、二〇〇〇年）。永井政之「中国禅宗における葬送儀礼の成立」（『中国禅宗教団と民衆』内山書店、二〇〇〇年）。竺沙・永井両論文は宋代の仏教と葬送の関係を論じたものであるが、いずれも仏教が在家の葬送にどのように関わったのか、宋代でも明解さを欠くと指摘する。また荒見泰史氏は、十世紀頃までには火葬、土葬ともに仏教的な作法が整えられていくものの、そのいずれにも『礼記』以来の中国の伝統的な殯葬の作法が土台にあると指摘する（「中国仏教と祖先祭祀」『宗教と儀礼の東アジア』勉誠出版、二〇一七年）。

(77) 川村康「宋令変容考」（『法と政治』六二―一下、二〇一一年）。

(78) 稲田奈津子「慶元条法事類と天聖令」（『日本古代の喪葬儀礼と律令制』吉川弘文館、二〇一五年）。

(79) 堀池春峰「奈良時代仏教の密教的性格」（『南都仏教史の研究・下　諸寺篇』法蔵館、一九八二年）。

(80) 前掲註(69)上川論文。川尻秋生「入唐僧宗叡と請来典籍の行方」（『早稲田大学会津八一記念博物館紀要』一三、二〇一一年）。

(81) 黒田俊雄「鎮魂の系譜」（『日本中世の社会と宗教』岩波書店、一九九〇年）。

(82) 前掲註(61)吉川論文。本郷真紹氏は、こうした変化の背景に王権と宗教（仏教・諸神祇）の関係に変化があったと指摘する（「奈良・平安時代の宗教と文化」『日本史講座2　律令国家の展開』東京大学出版会、二〇〇四年）。

(83) 平雅行「浄土教研究の課題」（『日本中世の社会と仏教』塙書房、一九九二年）。三橋正「浄土信仰の系譜」（『平安時代の

信仰と宗教儀礼』続群書類従完成会、二〇〇〇年）。

(84) たとえば、貞観三年（八六一）に清和天皇は「梵本仏頂尊勝陀羅尼」を諸国国分寺・定額寺などの塔心柱に蔵させており（『日本三代実録』同年八月十七日条）、上川氏は、九世紀半ばの朝廷が陀羅尼重視の政策を採ったと指摘する（前掲註(69)上川論文）。

(85) 西脇常記氏は、中国の仏教僧に対する喪葬儀礼では、そのプロセスにおいて読経念仏が行われており、それが仏教式儀礼の基本要素であったと推測する（前掲註(71)西脇論文）。

(86) 岩本裕「三途の川」（『地獄めぐりの文学』開明書院、一九七九年）。小野寺郷「日本に於ける三途の川の変遷」（『アカデミア・人文社会科学編』六〇、一九九四年）。

(87) 保元元年（一一五六）鳥羽法皇の葬送でも、棺に入れる装束が「称二河渡一也」（『兵範記』同年七月二日条）と記されている。

(88) 唐代を中心とする墓誌石の拓本集（『千唐誌斎蔵誌』）によれば、八世紀半ば以降、中国でも寺院で没したり、故国へ帰葬するまでの間、寺院で権葬されたりすることもあった（西脇常記「唐代の葬俗」「『千唐誌斎蔵誌』に見える唐代の習俗」『唐代の思想と文化』創文社、二〇〇〇年）。

(89) 元慶三年、宗叡は「護持」の宣命を受けている（『日本三代実録』同年十月二十三日条）。堀裕氏は、遅くとも清和の頃には護持僧の機能を持つ僧侶が存在したと指摘する（「護持僧と天皇」『日本国家の史的特質　古代・中世』思文閣出版、一九九七年）。

(90) この円覚寺への供養「貞観銭一百貫文」等の名目は、明記されていない。ただし、葬送の三日後の十二月十日条には、粟田寺や円覚寺をはじめ七箇寺で修せられた清和の初七日仏事に際して、「仏布施名香一斤、細屯綿一連、僧布施調綿二百屯」が廻向料として各寺に供養されている。このことから、十二月五日の円覚寺一寺への供養を葬料と判断した。

(91) 本章は俗人を被葬者とする葬送を検討して、九世紀中頃までは「喪葬令」的葬送であったと結論づけたが、僧侶も喪葬令に基づく官葬が行われていた。たとえば神亀五年（七二八）に没した僧正義淵の葬送には、治部省官人を遣わして喪事を監護させ、賻物も支給している（『続日本紀』同年十月壬午条）。また宝亀四年（七七三）に没した僧正良弁でも「遣レ使弔レ之」（『続日本紀』同年閏十一月甲子条）とある。さらに承和二年（八三五）に没した空海に対して、淳和太上天皇が「禅関僻在、凶聞晩伝、不レ能三使者奔赴相二助茶毘一」との弔書を送っている（『続日本後紀』同年三月庚午条）。この弔書の「相二助茶毘一」からも、官葬を前提としていることが分かる。これらのことからも、僧侶が葬送へ関与することも九世紀前半にまで遡ることがないと考えられる。

（92）大石雅章「顕密体制内における禅・律・念仏の位置」（『日本中世社会と寺院』清文堂、二〇〇四年）。
（93）たとえば近衛天皇（『兵範記』久寿二年〈一一五五〉七月二十七日条）、藤原宗子（『兵範記』同年九月十六日条）、藤原聖子（『玉葉』養和元年〈一一八一〉十二月五日条）の葬送などに確認できる。
（94）勝田至「貴族の葬送儀礼（1）」（『死者たちの中世』吉川弘文館、二〇〇三年）。
（95）第二部第二章では、中世前期まで顕密僧が葬送儀礼にどう関与したのか、個別儀礼に即して検討した。
（96）大谷光照「唐代佛教の儀禮（2）」（『史学雑誌』四六—一一、一九三五年）。
（97）榎本淳一「文化受容における朝貢と貿易」（『唐王朝と古代日本』吉川弘文館、二〇〇八年）。
（98）原田正俊「中世の禅宗と葬送儀礼」（『前近代日本の史料遺産プロジェクト研究集会報告集』、二〇〇三年）。
（99）上川氏は、中世仏教の成立史を、古代仏教からの自己展開史とは考えず、東アジア世界の動きに連動した過程と捉えている（「日本中世仏教の成立」『日本中世仏教と東アジア世界』塙書房、二〇一二年）。
（100）第二部第二章では、中世の葬送儀礼において仏教僧がどのように関わっていったかについて、通説を再検討した。
（101）辻垣晃一「孝養から見た鎌倉時代の家族」（『公家と武家Ⅳ』思文閣出版、二〇〇八年）。
（102）池澤優「「孝」思想の達成したもの」（『「孝」思想の宗教学的研究』東京大学出版会、二〇〇二年）。加地伸行「孝の宗教性と禮教性と」（『孝研究—儒教基礎論』研文出版、二〇一〇年）。
（103）成河峰雄「『禅苑清規』尊宿遷化の研究（二）」（『愛知学院大学禅研究所』一七、一九八九年）。
（104）近年、中村春作氏は室町期の儒学に対する思想史上の積極的な位置付けを試みている（「五山のゆくえ」『東アジアのなかの五山文化』東京大学出版会、二〇一四年）。

第二章　中世における葬送の僧俗分業構造とその変化

――「一向僧沙汰」の検討を通して――

はじめに

およそ平安時代、葬送が仏教により執り行われていたことは、圭室諦成氏の研究によって広く知られていた。[1]これに対して第二部第一章では、その前提としての九世紀終わりから十世紀初めにかけて、顕密僧が呪術的な念仏・真言陀羅尼を以て葬送に関与し始めたことと、その背景を明らかにした。こうして、平安時代以降、中世を通じて仏教寺院や僧侶が葬送に関わっていくことになった。ところで、一九七五年に黒田俊雄氏が提起した顕密体制論によって、それまでの中世仏教研究における宗派史観や鎌倉新仏教中心論の問題点が指摘される。[2]こうした問題が圭室氏の研究など葬祭の分野においても当てはまると指摘したのが、大石雅章氏であった。そして、王家の葬祭を研究の素材に取り上げた大石氏は、延暦寺・興福寺・東寺などの顕密の中核的寺院に所属する顕密僧と、それとは異なる特徴を持つ禅僧・律僧・念仏僧とを対立軸に据えて、それぞれの葬祭における機能を比較し、次のような諸点を指摘した。[3]

㈠中世前期（十四世紀初め）までの葬祭は、顕密の中核的寺院の僧が中陰仏事とともに入棺・荼毘・拾骨等の葬送に深く関与していた。

㈡それ以降の中世後期の葬祭では、遺骸・遺骨を直接扱う葬送を一向沙汰した禅律念仏僧と、中陰仏事に携わる顕密僧との分業体制に変化していた。

㈢こうした葬送の担い手の変化によって、葬祭の分業体制が生じるのは死穢観念が平安時代より室町時代に一層深化し、触穢となる葬送を顕密僧が忌避したためである。

この大石氏の見解は現在も主要な研究者によって支持され、通説的地位を保っている。たとえば、原田正俊氏は室町殿の葬送の様相を検討するに当たり、大石氏が提示した枠組みを前提にしており(4)、また上島享氏も、中陰仏事と遺骸処理儀礼の明確な役割分担の確立は伏見上皇の葬送を画期とするとして、大石氏を支持している(5)。さらに勝田至氏も、中世後期、貴族や上級武士の葬送では沐浴・入棺・拾骨などの重要な儀礼は禅僧や律僧に任されることが多かったと、大石氏の説を援用している(6)。

ところで大石氏の研究の狙いは、禅律念仏僧の葬祭における機能を明らかにすることであった。それゆえ、中世後期における葬送の担い手の変化を顕密僧から禅律念仏僧への変化に収斂させることにより、それを達成しようとした。このため、大石氏の見解には二つの問題点を生むこととなった。第一は、葬送の執行者として俗人が充分に位置付けられなかったことである。たとえば中世前期の葬送では、「遺骸に直接触れる入棺及び葬送」を担っていたのが顕密の中核的寺院の僧である、と氏は指摘するばかりで、俗人の位置付けについてはほとんど検討されていない。第二の問題は、中世後期の葬送に用いられる「一向僧沙汰」の理解が的確ではなかったことである。大石氏は、「一向僧沙汰」を文字通り「禅・律・念仏系の寺院が葬送全般一括して請け負う」ことだと理解しているが、実際には「一向僧沙汰」と称された葬送でも俗人が多分に関与しており、氏の理解が充分ではないと分かる。その結果、中世後期の葬送を「聖的立場にある禅僧・律僧・念仏僧」が担うことになる、との平板な理解を提起するだけとなったのである。

このように大石氏が解明を試みた、中世顕密体制内における顕密僧と禅律念仏僧の機能も、葬送を通して考察する以上、本来は俗人との分業関係を検討の中軸に据えなければならなかった。そして、この大石氏の問題点を克服して検討を進めていくとき、葬送を執り行う形態が僧侶と俗人とによる重層的な構造であることも明らかとなるであろう。またこのとき、中世後期における葬送の担い手変化の要因が顕密僧によって触穢が忌避されたためであるとされた点も、再考が必要となるであろう。よって、以上の観点から本章では次の三点を課題としたい。

第一に、中世前期および後期における葬送の担い手として、顕密僧や禅律念仏僧のほか、親族や近臣などの俗人がどのように関与していたのか、その実態を明らかにするなかで個別的な儀礼における僧俗の分業のあり方を解明する。

第二に、葬送を「一向僧沙汰」することが意味した内容を解明し、中世の葬送を執り行う僧俗の分業形態が重層的な構造であったことを明らかにする。

第三に、中世後期における葬送形態の変化が、触穢となる葬送を顕密僧が忌避したためだとする、これまでの理解が妥当であるか再検討する。

そこで本章は、葬送儀礼のなかでも直接遺骸・遺骨に手を触れ、触穢が問題となる沐浴・入棺・荼毘・拾骨・納骨の五つに焦点を絞り[7]、僧侶は顕密僧と禅律念仏僧、俗人は親族と近臣に分けて検討する[8]。分析対象とする年代は十六世紀末までで、十三世紀末までを中世前期として扱う。被葬者は王家だけでなく公家・武家の葬送事例も含めて考察する。なお、遺体を焼く「荼毘」との言葉は、中世後期には「葬送」と同じ意味で使用される場合も多いが、本章では遺体を焼く意味に限定して使用する[9]。また、禅僧・律僧・念仏僧は一括され得る存在であり、浄土宗も「禅律」の枠組みに包摂される傾向があったと、近年指摘されていることから[10]、本書では禅僧・律僧・念仏僧を一括して「禅律僧」と総称する。

第一節　中世前期における僧俗の分業形態

1　顕密僧と俗人の分業

次に引用する『称光天皇御葬礼記』[11]の一節は、正長元年（一四二八）称光天皇の葬送に際しての記事である。

保元已来迄二嘉元二一、下御已前有二導師呪願之儀一、是寄僧等参会之故也、而嘉元三・文保已来異門奉行之後無二此事一、

これによれば、㈠保元元年（一一五六）鳥羽法皇の葬送から嘉元二年（一三〇四）後深草法皇の葬送までは、寄僧すなわち顕密僧[12]等が参会し、御車から御棺を移す以前に導師呪願の儀が行われていた。㈡嘉元三年の亀山上皇の葬送や文保元年（一三一七）伏見上皇の葬送以降は、それが行われず異門が葬送を奉行した、と記している。確かに亀山上皇と伏見上皇の葬送は、浄土宗西山派の浄金剛院僧衆が執り行っており[13]、十四世紀以降の葬送が「異門奉行」によって行われたことは間違いない。よって、これと対比して十三世紀までの葬送を顕密僧による「導師呪願之儀」と記しているることは、それが中世前期の葬送における顕密僧の役割を示すものであったと考えられる。もちろん、この導師呪願の儀は保元元年に初めて実施されたものではない。延長八年（九三〇）醍醐天皇の葬送を初見として（『西宮記』巻十二「天皇崩事」）、それ以降、王家・公家の葬送で三十余の事例を確認できる（表10および、表10注（二）を参照）。これらから導師呪願の儀が、中世前期の葬送では重要な儀礼であったと推測できる。

では、導師・呪願師の両師は葬送で実際にどのようなことをしていたのであろうか。そもそも導師呪願とは法会な

どに願文表白を読むことであるが、葬送にあっては出棺から荼毘までの葬送の節目に願文表白が両師により読み上げられていた。両師は、まず出棺のとき「打レ磬啓白」（『中右記』嘉祥二年〈八四九〉七月二十四日条）をし、次に葬場到着時には「於二御車鴟尾方一勤二所作一導師左、呪願右」（『公衡公記』「後深草院崩御記」嘉元二年七月十七日条）と、御車後方の左右に立って願文表白を行い、そして埋葬に際しても遺体を納めた「御魂殿前」（『小右記』長保元年〈九九九〉十二月五日）でそれを行っていた。このように導師呪願の儀で、顕密僧が遺骸・遺骨に直接触れることはなかった。

　では遺骸・遺骨に直接触れる沐浴以下の五つの儀礼に顕密僧は、どのように関与していたのであろうか。このことを検討する前に、「顕密の中核的寺院の高僧が、入棺・葬列への参加・荼毘・拾骨という葬送に」深く関わっていたとして、大石雅章氏が提示していた事例に対する氏の理解が、必ずしも妥当ではないことを最初に指摘しておきたい。たとえば一条法皇の入棺について、氏は『御堂関白記』寛弘八年（一〇一一）六月二十五日条の次の一節を引く。

　奉仕人々蔵人義通（橘）・知信（藤原章信）等、取二脂燭一、僧正慶円・大僧都隆円・少僧都尋光・律師尋円・右宰相中将兼隆（藤原）・公信（藤原）朝臣・明理〻〻・広業（藤原）〻〻・資業（藤原）朝臣等也、

そして、この入棺の儀を「官人と長和三年（一〇一四）に第二十四代天台座主となる僧正慶円をはじめとする顕密の高僧が勤めている」とする。ところが『権記』同日条によれば、橘義通・藤原章信が秉燭し、藤原広業が導き入れた棺は「舁二置夜大殿南戸内御床南頭一」かれる。そして、この棺を舁ぎ入れる役を奉仕した者として、『御堂関白記』と同じく慶円から尋円まで四人の僧が藤原兼隆・公信等とともに列記される。一方、『権記』は「御入棺人々」として、公信朝臣、長経朝臣、広業朝臣、朝任、資業、成順、惟任、季任等の名前を列挙する。つまり、新造された棺の搬入に携わった者とは別に、遺体を棺に納めた者が存在しており、顕密の高僧は棺の搬入に携わっただけで、遺体を棺へ納める入棺には関与していなかった。このように葬送儀礼に顕密僧が深く関与していたとする大石氏の史料理解

が、必ずしも適切ではなかったのである。(14)

そこで、大石氏が提示した醍醐天皇から後深草法皇までの八人の事例（うち二条天皇の葬送は、具体的な儀礼の担い手が不明であり対象外とした）に加え、その他王家や公家等の中世前期における葬送で、五つの儀礼のいずれかを担った者が判明する五〇例を表10にまとめた（以下、本章で用いる〇数字は表10による）。この表10からまず二つのことに気づく。一つに、顕密僧が葬送そのものに立ち合ったとしても、遺骸・遺骨に直接触れる各儀礼への関与は限られていた。二つに、葬送における顕密僧への依存に被葬者の身分による差異を見出すことができない、ということである。

では、その関与が限られていたとはいえ、顕密僧はこれら儀礼に対してどのように関わっていたのか、俗人と同じ作業を担っていたのであろうか。次に各儀礼を通して順に検討を進めよう。

まず沐浴では、十世紀から十二世紀までに確認できる六例はいずれも俗人が行っており、顕密僧の関与を確認できるのは十三世紀になってのわずか一例であった。このことは事例数として多くはないものの、本来、沐浴は僧侶が関わるものではなかったことを示していると言えるであろう。

次に入棺では、顕密僧の関与は八例を数える。ただし、たとえば㊽四条天皇の葬送で真言僧行遍僧正の弟子少僧都印禅は、俗人とともに入棺役人に名を連ねているが、入棺に際し何を行ったかは何も記されていない（『四条院御葬礼記』群書類従二九）。このように八例のいずれも、顕密僧が入棺時にどう携わったのか明らかではない。しかし、遺体を棺に納めることではなく、俗人ではできない職分を顕密僧が果たしている他の事例は存在する。たとえば㊶藤原聖子の入棺の模様が、『玉葉』養和元年（一一八一）十二月五日条には

役人六人参上、乍二御筵一奉レ舁二入御棺一役人等、不レ当二袖於御棺一也、次僧都(尊忠)取二野草衣一、奉レ覆レ之、（中略）次入二真言一、入二御護一已上入二御枕上方一也、次入二三衣一元裏レ紙、徹レ之置二御傍并御体上等一也、次掩二御棺蓋一、次打レ釘、

表10　顕密僧と俗人の担った葬送儀礼

No	西暦	葬礼年月日／没月日	被葬者	導師呪願	沐浴	入棺	荼毘埋葬	拾骨	納骨	典拠・備考（葬送と同じ年なら年は省略）
①	八〇六	延暦二五・四・七／三・一七	桓武天皇			○				『日本後紀』三・一八
②	九三〇	延長八・一〇・一〇／九・二九	醍醐天皇	★	○	○	○		｜	『西宮記』巻三「区事天皇崩事」（裏書）
③	九五二	天暦六・八・二〇／八・一五	朱雀天皇	★			○●		○	『醍醐寺雑事記』八・一五／八・二二
④	九五四	天暦八・一・一〇／一・四	太皇太后藤原穏子					○	○	『西宮記』巻一七「服者装束」
⑤	九八九	永延三・六・二七／六・二六	藤原頼忠						○	『小右記』六・二六
⑥	九九九	長保一・一二・五／一二・一	昌子内親王	★			●	｜	｜	『小右記』一二・五
⑦	一〇〇一	長保三・閏一二・二四／閏一二・二二	東三条院藤原詮子						○	『権記』閏一二・二五
⑧	一〇〇八	寛弘五・二・一七／二・八	花山法皇			○				『権記』三・八
⑨	一〇一一	寛弘八・七・八／六・二二	一条法皇	★		○	○●	○●	○	『権記』六・二五／七・八／七・九
⑩	一〇一一	寛弘八・一一・一六／一〇・二四	冷泉天皇	★					○	『権記』一一・二六
⑪	一〇二四	治安四・一・一四／一・六	藤原教通室						○	『栄花物語』巻二一「後くゐの大将」
⑫	一〇二五	万寿二・四・一四／三・二五	藤原娍子			○		｜	｜	『栄花物語』巻二五「みねの月」
⑬	一〇二五	万寿二・八・一五／八・五	藤原嬉子	★	○	○			○	『栄花物語』巻二六「楚王のゆめ」『小右記』八・一六
⑭	一〇二七	万寿四・九・一六／九・一四	皇太后藤原妍子	★		○			○	『栄花物語』巻二九「たまのかざり」『小右記』九・一七
⑮	一〇二七	万寿四・一二・七／一二・四	藤原道長	★				○●	○	『栄花物語』巻三〇「つるのはやし」『小右記』一二・八
⑯	一〇三五	長元八・六・二五／六・二二	選子内親王	★					○	『左経記』六・二五
⑰	一〇三六	長元九・五・一九／四・一七	後一条天皇	★			○●	○●	○	『左経記』五・一九／五・二〇
⑱	一〇四五	寛徳二・二・二一／一・一八	後朱雀上皇						○	『皇年代略記』二・二一
⑲	一〇五三	天喜一・六・二二／六・一一	源倫子	★		○●			○	『定家朝臣記』六・一五／六・二二
⑳	一〇七三	延久五・五・一七／五・七	後三条法皇		○			●	○	『永昌記』大治四・七・八、『皇年代略記』「後三条院」、『後深草院崩御記』七・一七
㉑	一〇七七	承保四・九・一五／九・一〇	源師房室						○	『水左記』九・一六

No	西暦	葬礼年月日／没月日	被葬者	導師呪願	沐浴	入棺	荼毘埋葬	拾骨	納骨	典拠・備考（葬送と同じ年なら年は省略）
㉒	一〇九四	寛治八・二・五／一・一六	陽明門院禎子内親王	★					○	『中右記』二・六
㉓	一〇九六	嘉保三・八・一六／八・七	郁芳門院媞子内親王	★					○	『中右記』八・一六
㉔	一一〇三	康和五・二・三／一・二五	藤原苡子	★					○	『中右記』二・三
㉕	一一〇三	康和五・三・二／三・一三	源隆国娘						●	『中右記』三・二〇
㉖	一一〇七	嘉承二・七・二四／七・一九	堀河天皇	★	○	○	○●	○	○	『中右記』七・二三／七・二四／七・二五、『為房卿記』七・二四。荼毘を務めた三人の僧のうち隆覚、覚樹は源顕房男で、堀河天皇の外戚。残り一名斎覚の俗縁不明なため●とした。
㉗	一一一四	永久二・四・三／四・三	源麗子	★		○●		○	○	『中右記』四・四／四・三、『殿暦』四・三
㉘	一一二〇	保安一・八・六／七・三	藤原宗通						○	『中右記』八・六
㉙	一一二〇	保安一・九・二六／九・一九	藤原宗忠の養母	★					●	『中右記』九・二七
㉚	一一二七	大治二・八・二／八・一四	藤原寛子						●	『中右記』八・二
㉛	一一二九	大治四・七・一五／七・七	白河法皇	★	○	○	○	○	○	『永昌記』七・八／七・一五
㉜	一一五五	久寿二・六・八／六・一	藤原幸子	★		○●	○●	○	○	『兵範記』六・六／六・八
㉝	一一五五	久寿二・八・一／七・二三	近衛天皇	★	○	○		○	○	『兵範記』七・二七／八・二
㉞	一一五五	久寿二・九・一六／九・一五	藤原宗子	★			○	｜	｜	『兵範記』九・一六
㉟	一一五五	久寿二・一二・一七／一二・一六	高陽院藤原泰子			○		｜	｜	『兵範記』一二・一七
㊱	一一五六	保元一・七・二／七・二	鳥羽法皇	★	｜	○		｜	｜	『兵範記』七・二。沐浴は遺詔により停止。
㊲	一一六〇	永暦一・一一・二四／一一・二三	美福門院藤原得子						○	『今鏡』巻三「むしのね」
㊳	一一七〇	嘉応二・五・一三／五・一〇	平信範室	★			○	｜	｜	『兵範記』五・一三
㊴	一一七九	治承三・六・一九／六・一七	平盛子					○●		『玉葉』六・一九
㊵	一一八一	治承五・閏二・七／閏二・四	平清盛						●	『保暦間記』
㊶	一一八一	養和一・一二・五／一二・五	皇嘉門院藤原聖子	★		○	○	｜	｜	『玉葉』一二・五
㊷	一一八八	文治四・二・二八／二・二〇	藤原良通					●	○	『玉葉』二・二九
㊸	一一九二	建久三・三・一五／三・一三	後白河法皇			○●		｜	｜	『明月記』三・一三
㊹	一二〇四	元久一・一二・一／一一・三〇	藤原俊成	★	●	○●	○	｜	｜	『明月記』一二・一

㊺	一二一一	建暦一・一一・一六／一一・八	昇子内親王			○				『明月記』一一・三
㊻	一二三三	天福一・九・三〇／九・一八	藻璧門院九条竴子	★		○●		｜	｜	『明月記』一一・一三
㊼	一二三四	天福二・八・一一／八・六	後堀河天皇			○●		｜	｜	『明月記』八・九
㊽	一二四二	仁治三・一・二五／一・九	四条天皇			○●				『四条院御葬礼記』
㊾	一二七二	文永九・二・一九／二・一七	後嵯峨法皇				○	○	○	『後深草院崩御記』嘉元二・七・一七 『親長卿記』文明三・一・一
㊿	一三〇四	嘉元二・七・一七／七・一六	後深草法皇	★		○	○	○	○	『後深草院崩御記』七・一六／七・一七
合計			俗人関与○の合計	27	6	23	13	12	29	
			顕密僧関与●の合計		1	8	6	6	4	

（一）●は顕密僧、○は俗人（顕密僧が故人の親族なら○に含めた）を示す。土葬の場合、拾骨・納骨は不要のため「―」と表示

（二）★は導師呪願を史料上確認できたもの。この表以外で導師呪願を確認できたものに天暦三年（九四九）藤原忠平、応徳二年（一〇八五）実仁親王、承徳三年（一〇九九）藤原師通、康和三年（一一〇一）藤原師実の事例がある

と記されている。まず俗人の役人は遺体が安置されていた莚のまま遺体を舁いで入棺し、その後に聖子の異母弟でもあった尊忠僧都が遺体に野草衣を覆い、真言筒や御護、それに三衣（大衣・七条・五条袈裟）等を棺に納めていた。また㉝近衛天皇の入棺でも、蔵人頭であった藤原光隆等五人が遺体を棺に納めている。そして「宇治法印（覚忠）被レ奉レ入二真言一其体如レ護、被レ安二御頂上程一云々、土砂被レ散歟」（『兵範記』久寿二年〈一一五五〉七月二十七日条）と、近衛天皇の護持僧であった覚忠が、遺体を「如レ護」に真言を入れ、土砂も散らしていた。これらの事例から明らかなように遺体を棺に納めたのは俗人であったが、護持僧など故人と特別な関係にあった顕密僧が、入棺に際し遺体を保護する呪的な職分を担っていた。先の八例で入棺役人として名を連ねた顕密僧が担ったものも、俗人と一緒にてづから遺体を棺に納める力仕事ではなく、覚忠や尊忠が行ったような呪的な職分だったと考えられる。

次に荼毘では、顕密僧の関与を五例確認できる。このうち③朱雀天皇・⑨一条法皇・㉜藤原幸子の葬送では、顕密

僧が俗人とともに「奉二茶毘一」（『権記』寛弘八年七月八日条）などとだけあって、具体的に何をどう担ったのか明らかではない。これに対して㉖堀河天皇の場合、『中右記』嘉承二年（一一〇七）七月二十四日条には次のように記されている。

殿上人八人件八人御入棺役人、以二生絹一結二冠額一奉二茶毘一也焼詞、行障立二廻貴所四面一、近習公卿内大臣（源雅実）以下四五人相二臨此所一、且行レ事、已講隆覚・内供斉覚・大法師覚樹等、同以役送、已講定円・覚厳等、終夜誦二法花経一候二近辺一、

実際に遺体へ着火したのは入棺に携わった殿上人八人であり、近習の公卿や内大臣等もこれに臨んでいた。他方、堀河天皇の外祖父源顕房の子息であった隆覚・覚樹等の顕密僧が茶毘の取次を行い、定円等も近辺で法華経を誦するだけであった。これと同様の情景は、⑰後一条天皇の葬送でも確認できる（『左経記』長元九年〈一〇三六〉五月十九日条）。これらから、先の③朱雀天皇等の三事例も同様と推測できる。つまり、遺体に着火するなどの所役は俗人が担い、顕密僧は茶毘の補助や念仏誦呪や読経などを行ったと考えられる。

次に拾骨では、顕密僧の関与を六例確認できる。その模様は、⑰後一条天皇の葬送では、「慶命・尋光・延尋・良円・済（斉）祇等呪二土沙一、散二御葬所上一、其後権大納言・新大納言・前大僧正慶命・権少僧都済（斉）祇等給二御骨一」（『左経記』長元九年五月十九日条）と記されている。また⑨一条法皇の例では「藤納言・余・兼隆・相公・公信・長経・広業・及慶円僧正・院源・隆円・尋光・尋円等奉二拾骨一、入二之白壺一四升許、僧正念二誦光明真言一」（『権記』寛弘八年七月九日条）とある。このように、僧正クラスの高僧も俗人とともに拾骨を行っているが、顕密僧は茶毘が終了して拾骨の前に土砂を呪して葬所に散じ、拾骨中も光明真言を誦するなどの呪的な職分も合わせて行っている。

最後に納骨においては、三二例中二八例は俗人が遺骨を首に懸けて寺院などへ納めに行くのに際し、僧は供奉するだけであった。残る四例のうち、㊵平清盛の遺骨を納骨した円実法印は清盛側近の僧であり、㉙藤原宗忠養母の遺骨

を奉持した定助得業も故人と「親人」（『中右記』保安元年〈一一二〇〉九月二十七日条）であった。顕密僧が直接遺骨を奉持していたのも、恐らくこうした故人との特別な関係に由来するものであろう。

以上のことから、沐浴・入棺・荼毘そのものは俗人が行い、拾骨や納骨で見られた顕密僧の直接的な関与もごく限られた事例で、大部分は俗人が行っていた。これに対して顕密僧が担ったものとは、「導師呪願之儀」に象徴されるように、遺体や遺骨を護るような呪的職分であり、宗教者として要請される「祈禱」が主な担当であったと言える。逆に顕密僧への要請が、第二部第一章でも指摘したように「祈禱」であったことから、顕密僧が沐浴・入棺等の個別儀礼に関わることにはつながらなかったわけである。『称光天皇御葬礼記』に記されていた「迄二嘉元二一下御已前有二導師呪願之儀一」とは、まさに中世前期の葬送で顕密僧が担った職分を端的に表現していたのである。

このように中世前期の葬送では、公家・王家など被葬者の身分を問わず、俗人が遺骸・遺骨に触れる儀礼を行い、顕密僧が呪的職分を担う分業形態であった。では俗人は、どのような人々が葬送を担っていたのであろうか。次に検討しよう。

2　親族・近臣の担当

最初に公家の葬送を取り上げよう。故藤原師実の室であった㉗源麗子の入棺を、『中右記』永久二年（一一一四）四月四日条には「泰仲《（高階）》朝臣・重仲《（高階）》朝臣・仲光《（藤原）》・法橋成信等、親昵人々沙二汰件事一」したと記されている。ここに挙げられている人々は、藤原師実や忠実の家司であった高階泰仲、その長男で忠実の職事であった重仲、同じく忠実の職事であった藤原仲光などである。このように入棺に携わった「親昵人々」とは、これら故人や嗣子の家司などであった(15)。次に⑪藤原教通室（公任娘）の葬送では、棺を御車に乗せ出棺するさまを『栄花物語』（新編日本古典文学全集）は、

「殿（教通）、大納言殿（公任）、内供（良海）の君など、睦まじく思する人々などしてかき乗せたてまつり、率て出でたてまつる」と描写する。ここに遺体の納められた棺を舁いだ人を「睦まじく思する人々」としている。その人々とは内大臣藤原教通、大納言藤原公任、公任の子息良海内供で、それぞれ故人の夫・父・兄弟であった。このように公家の葬送は、夫・親・兄弟などの親族のほか、家司なども含む「親昵」な人々によって行われていた(16)。

次に王家の葬送を検討しよう。王家の葬送で特徴的なことは、たとえば元永二年（一一一九）輔仁親王の葬送で「近習人五六人舁二御棺一」（『長秋記』同年十二月五日条）とあるように、葬送を執り行う者が「近習」と記されることが多いことである。では、どのような人々が「近習」として王家の葬送を担っていたのであろうか。それを㉖堀河天皇の葬送により確認しよう。『中右記』嘉承二年七月二十二日・二十四日・二十五日条には、沐浴・入棺・荼毘・拾骨を担った者が次のように記されている（以下、傍線は筆者）。

廿二日、丙午、（中略）御浴、供御膳、陪膳敦兼朝臣、内府（源雅実）以下近習公卿両三人、侍臣八人勤二仕此事一、（中略）、（頭書）御入棺所役、殿上人八人、基隆朝臣・季房朝臣・顕国朝臣・顕重朝臣・敦兼朝臣・家定朝臣・雅兼朝臣・家保朝臣、是又釜殿役人也、（中略）

廿四日、戊申、（中略）先殿上人八人件八人御入棺役人、以二生絹一結二冠額一奉二荼毘一焼詞也、行障立二廻貴所四面一、近習公卿内大臣以下四五人相二臨此所一、（中略）

廿五日、辰剋許事了、以レ酒滅レ火、奉レ（拾）二御骨一内大臣以下、故六条右府（源顕房）子孫公卿、殿上人、是依レ為二外戚一也、御乳母子等相加

また納骨については、『為房卿記』（『大日本史料』三―九）同年七月二十四日条に記されている。

源中納言懸レ之奉レ移二香隆寺一、公卿侍臣、近習之者同候二御共一云々、

以上の傍線部から、沐浴・入棺・荼毘・拾骨・納骨がほぼ同じ人々によって担われていることが窺える。すなわち、藤原基隆以下の「殿上人八人」と「近習公卿内大臣以下四五人」＝「内大臣以下、故六条右府子孫公卿」との総勢十

四名ほどの人々である。そこで、これらの人々と堀河天皇との関係を整理すると、次のような二つのグループに分けられる。一つは堀河天皇の外戚である。堀河天皇の母が源顕房の娘賢子であったことから、内大臣雅実を筆頭とする顕房の子孫十一人がこれに該当する。[17]二つめが堀河天皇乳母子である。藤原基隆（母は藤原家子）、藤原家保（基隆の同母弟）、藤原敦兼（母は藤原兼子）の三人がそれに当たる。[18]拾骨をした人々を『中右記』は「是依レ為二外戚一也、御乳母子等相加」と記していたが、まさにそのとおりであった。もちろん、葬送のすべてが上記十四人によってなされたわけではない。たとえば炬火十人は諸大夫五位が担い、棺を舁ぐ御輿長は「殿上人十二人」とあって、大江広房などの非近習[19]の殿上人四人も加わっていた（『中右記』同年七月二十四日条）。しかし、沐浴以下の遺骸・遺骨に直接触れる儀礼は、「近習之者」であった外戚や擬制的な血縁関係とされた乳母子[20]等だけが担っていた。

以上のように、公家の葬送は「親昵」な人々により、王家の葬送では主に「近習」により執行されていた。その人々の実態は近親・外戚・乳母・家司等で、いずれも親族・近臣の範疇に収まるものであった。沐浴以下の遺骸・遺骨に直接触れる儀礼のほとんどは、俗人が中心となって執行していたことを先に明らかにしたが、俗人といってもそれは故人の親族や近臣であった。

では、どのような観念のもとに親族や近臣によって葬送が行われていたのであろうか。正治二年（一二〇〇）九条良経の室（一条能保の娘）の葬送（『明月記』同年七月十七日条）にその一端が窺われる。

家綱《（中原）》等無二左右一可レ供二奉葬送御共一之由所望、許容云々、予《（定家）》所存甚不レ可レ然、如レ此事、為レ表二有レ志由一相交者、臨レ時誰人可レ不二供奉一哉、然而自レ古皆依二所縁事故一歟、非二指縁一人追従、還似レ無レ詮、

ここで中原家綱は良経室の葬送の供奉を所望し許されたという。しかし葬送の供奉に必要なことは、決して志のような気持ちの問題ではなく、故人との特別な縁故・所縁であると定家は述べている。次に㊱鳥羽法皇の葬送では、『兵

範記』保元元年（一一五六）七月二日条に、

> 存日御遺詔云、（中略）役人可レ用二八人一、雖二外人一、依二其恩一可二召仕一、雖二縁人一、無レ恩之者、臨二其期一不レ可二叙用一、是心為二恩使一之故也、

とある。これは鳥羽法皇が残した遺詔で、入棺役人としての任用の可否は、血縁者でも姻戚関係でもない外人であっても恩顧関係にある者は叙用するが、逆に血縁者や姻戚関係者でも恩顧関係にない者は叙用しない、というものである。十二世紀後半に成立した『色葉字類抄』には「強縁」が「近習分」と定義されており(21)、院政期には権力者との縁故関係を示す「強縁」がすでに常用語となり、それが「近習分」として広く使用されていた(22)。つまり、鳥羽法皇の遺体の入棺役を院司藤原信輔や信西などが担ったのは、彼等が法皇と恩顧関係にある「強縁」の近習であったことから、法皇より「存日御定」として選別された結果であった。このように葬送が親族や近臣によって担われていた背景は、当時の縁社会のなかで理解されなければならず、故人との強い所縁が重要な要素だったわけである(23)。

以上、本節の検討を通して明らかとなったことは、第一に、中世前期の葬送は俗人と顕密僧により分業されていたが、遺骸・遺骨に触れる儀礼を担っていたのは俗人であり、大石氏が「葬送に深く関与した」と指摘する顕密僧はそれに比肩すべきものではなく、彼等が主として担ったのは宗教的な「祈禱」であった。第二に、俗人が遺骸・遺骨に触れる儀礼を担ったといっても、血縁者や身内が担ったと勝田氏が説く(24)ような限定された者だけではなく、親族の他に近習・乳母子・家司なども含む恩顧関係の者、すなわち特別な所縁の者が葬送を担っていた。中世前期、俗人が遺骸・遺骨に触れる儀礼を担っていたのは、こうした故人との強い所縁を持つ者により葬送が担われるべきとの観念があったからである。では、こうした中世前期における葬送のあり方は、中世後期にどのように変化していくのであろうか。次節で検討を進めよう。

第二節　中世後期における僧俗の分業形態

1　「一向僧沙汰」の実態

中世後期に葬送の担い手が変化していたことは、延文二年（一三五七）広義門院西園寺寧子の葬送を「偏異門僧申二御沙汰一」し、それが「曾無二先規一」かったと評されていることからも窺える（『園太暦』同年閏七月二十五日条）。こうした「異門僧」の「申沙汰」による葬送は、「一向聖沙汰」（『園太暦』貞和四年〈一三四八〉十一月十三日条）、「一向上人沙汰」（『伏見上皇御中陰記』文保元年〈一三一七〉九月四日条）等とも称されるが、本章は「一向僧沙汰」（『師守記』康永四年〈一三四五〉八月二十三日条）と表記する。この「一向僧沙汰」とは、かつては「一向宗の僧の沙汰」などと誤解されていたが、林譲氏によって「一向に」すなわち葬送を全体にわたって禅律僧が実施することと指摘された[25]。この指摘により現在では、「「葬礼」の儀式全般（納棺・火葬・土葬・拾骨・分骨・墓所造営・墓所供養）をすべて僧衆や上人が沙汰し、俗人が関与しなくなったことを指すもの」と、井原今朝男氏が述べる[26]ような理解となっている。そして、「律僧が一向沙汰という形態で葬送全般を請け負う体制が成立していた」と説く大石雅章氏も、こうした「一向僧沙汰」に対する理解を前提としていたことが分かるであろう。

では、禅律僧が「一向に」実施した葬送では、親族や近臣などの俗人が葬送儀礼に関与することは本当になくなったのであろうか。最初にこの点を確認する。まず、応安七年（一三七四）正月二十九日に没した後光厳上皇の事例として、『洞院公定公記』同年正月二十八日条と三十日条を引用しよう。

廿八日、（中略）御没後事等一向可二申沙汰一之由、被レ召二仰安楽光院見月上人一、凡御機縁之至希有也、且為二面目一歟、（中略）、

卅日、今日御入棺事、安楽光院一向申沙汰、不レ及二俗中所役等一、僧中沙汰也云々、

これによれば、後光厳上皇が没する前日、安楽光院見月上人は上皇没後の儀を「一向申沙汰」するよう命じられ、実際に、見月上人が入棺を「一向申沙汰」していた。しかし、『保光卿記』同年二月三日条によれば、納骨は院執権であった柳原忠光が行っている。また、応永十五年（一四〇八）足利義満の葬送は、『鹿苑院殿薨葬記』（『群書類従』二九）に「御荼毘等事、寺沙汰」とあり、現に出棺から拾骨までの役員が記された「役者交名事」には、禅僧の名がそれぞれ記されていた。ところが拾骨は、義満の子息である義持・義嗣と外戚の日野重光とが行っていた（『教言卿記』同年五月十一日条）。

この二例から窺えることは、「一向僧沙汰」といっても、禅律僧が必ずしも入棺から納骨まですべての儀礼を実施しているわけではなく、王家や禅宗に強く依存した将軍家でも、拾骨・納骨などは親族・近臣が行っていたことである。しかも、史料に禅律僧が「下火《あこ》」（荼毘、遺体への着火のこと）などを勤めると記されていても、下火儀礼を差配する者と下火そのものを行う者とが必ずしも一致しない。たとえば延徳二年（一四九〇）足利義政の葬送では、「下火月翁（周鏡）」（『実隆公記』同年正月二十三日条）とあり、荼毘は禅僧の月翁周鏡が行ったかの如くである。ところが、『蔭涼軒日録』同月二十日条には「下火・拾骨事者、大御所（足利義視）可レ有二御沙汰一」とあり、下火そのものや拾骨は足利義視が行うものとされていた。

以上のように「一向僧沙汰」とは、すべての葬送儀礼を禅律僧が行うことは意味していない。したがって、中世後期に僧俗が葬送にどのように関わっていたかは、それぞれの儀礼について個別に検証していかなければならないこと

になる。

2　中世後期における分業形態の変化

ここでは、中世後期において葬送のどの儀礼が禅律僧の「僧沙汰」になっていたのかを検討する。そのため、「異門奉行」の始まりとされた嘉元三年（一三〇五）亀山上皇の葬送から十六世紀末までの葬送で、五つの儀礼いずれかそのものを担った者が判明した二七事例を表11にまとめた（禅律僧自身が行っている儀礼や「僧沙汰」などと表現されている儀礼には▲印を付した。以下、本章で用いる（　）数字は表11による）。

この表から理解できる特徴的なことは、禅律僧が単独で沐浴・入棺を行った事例がそれぞれ一三例・一二例に及ぶのに対し、荼毘・拾骨・納骨はわずか三〜六例にとどまっていることである。一方、俗人はこれとは真逆であった。俗人が、沐浴・入棺に関与している事例は皆無であったのに対し、荼毘・拾骨・納骨には依然と携わっていた。中世前期の葬送では沐浴や入棺も顕密僧ではなく、俗人が担っていたことを思えば、沐浴・入棺儀礼の担い手が俗人から禅律僧に代わったところに顕著な変化がある。その結果、沐浴・入棺作法の知識が俗人の間で次第に失われていったことが、十五世紀初めから確認できる。たとえば（12）称光天皇の葬送では、「此事御入棺役人可二奉仕一也、而各不レ知二子細一、仍一向律僧等奉仕云々」（『薩戒記』正長元年〈一四二八〉七月二十二日条）といい、また（16）藤原信子の葬送では、「云二北首一、云二沐浴一、人々不レ存二知之一」（『親長卿記』長享二年〈一四八八〉四月二十八日条）と記されている。

そして、（23）後土御門天皇の葬送を記した『明応凶事記』（『続群書類従』三三下）では、

有二御沐湯之事一、此儀先例雲客沙汰也、中古以来被レ付二黒衣一為二其沙汰一之間、俗中不レ知之分也、（中略）御浴湯之儀、古者為二臣下之沙汰一（中略）奉レ入二御棺一云々、如レ此之義事、大様之間近例被レ付二黒衣輩一者、事為二巨細一

表11　禅律僧と俗人の担った葬送儀礼

No	西暦	葬礼年月日／没月日	被葬者	沐浴	入棺	荼毘埋葬	拾骨	納骨	典拠（葬送と同じ年なら年は省略）
(1)	一三〇五	嘉元三・九・一七／九・一五	亀山上皇		▲	▲		▲	『亀山院崩御記』九・一六
(2)	一三一七	文保一・九・四／九・三	伏見上皇		▲			○	『伏見上皇中陰記』九・四／九・五
(3)	一三四八	貞和四・一一・一三／一一・一一	花園法皇		▲				『園太暦』一一・一三
(4)	一三六七	貞治六・四・二七／四・二六	足利基氏	▲					『空華日用工夫略集』四・二七
(5)	一三七四	応安七・二・二／一・二九	後光厳上皇		▲	▲	▲	○	『洞院公定公記』一・三〇、『柳原家記録』二・二／二・三
(6)	一三九八	応永五・一・二三／一・一三	崇光天皇	▲	▲*				『凶事部類』
(7)	一四〇二	応永九・五・四／五・三	吉田兼熙	▲*			○		『吉田家日次記』五・三／五・六
(8)	一四〇八	応永一五・五・一〇／五・六	足利義満				○		『教言卿記』五・一一
(9)	一四一六	応永二三・一一・二四／一一・二〇	栄仁親王	▲	▲*		○		『看聞日記』一一・二〇／一一・二三／一一・二六
(10)	一四二七	応永三四・五・二五／五・二〇	崇賢門院広橋仲子				○		『兼宣公記』五・二七
(11)	一四二八	応永三五・一・二三／一・一八	足利義持	▲				▲	『満済准后日記』一・一八、『建内記』一・二三／一・二五
(12)	一四二八	正長一・七・二九／七・二〇	称光天皇		▲		▲	○	『満済准后日記』七・二三、『称光天皇御葬礼記』
(13)	一四三三	永享五・一〇・二七／一〇・二〇	後小松法皇				○		『師郷記』一〇・二〇
(14)	一四六三	寛正四・八・一一／八・八	日野重子			○	○▲	▲	『蔭凉軒日録』八・一一
(15)	一四七一	文明三・一・三／文明二・一二・二七	後花園法皇	▲*		▲	▲	▲	『親長卿記』文明二・一二・二八／文明三・一・九、『宗賢卿記』文明三・一・三
(16)	一四八八	長享二・五・三／四・二八	嘉楽門院藤原信子	▲			○	○	『親長卿記』四・二八、『実隆公記』五・四
(17)	一四八八	長享二・一〇・二四／一〇・一九	近衛房嗣			○●	○		『後法興院記』一〇・二四／一〇・二五
(18)	一四八九	長享三・四・九／三・二六	足利義尚			○	○	▲	『蔭凉軒日録』四・九／六・六、『鹿苑日録』四・九
(19)	一四九〇	延徳二・一・二三／一・七	足利義政	▲		○	○		『蔭凉軒日録』一・一一／一・一三
(20)	一四九一	延徳三・一・二五／一・七	足利義視			○	○		『蔭凉軒日録』一・二五
(21)	一四九五	明応四・三・一六／三・一三	三条公治	▲*	▲		|	|	『実隆公記』三・一六

(22)	一四九六	明応五・七・一七／七・一一	勧修寺教秀			▲	—	—	『実隆公記』七・一七
(23)	一五〇〇	明応九・一一・一一／九・二八	後土御門天皇	▲	▲			○	『明応凶事記』九・一四／一一・一三
(24)	一五〇二	文亀二・四・六／四・一	甘露寺元長の母	▲	▲		○		『元長卿記』四・二／四・六
(25)	一五二六	大永六・五・三／四・七	後柏原天皇	▲	▲		○	○	『二水記』四・一一／五・三
(26)	一五五〇	天文一九・五・二二／五・四	足利義晴	▲				▲	『萬松院殿穴太記』
(27)	一五五七	弘治三・一一・二二／九・五	後奈良天皇		▲		○▲	○▲	『後奈良天皇御入棺覚』、『後奈良院御拾骨記』一一・二五
合計			俗人関与○の合計	0	0	5	14	7	
			禅律僧単独▲の合計（）は俗人との協業も含む	13	12	4	3（5）	6（7）	

（一）▲は禅律僧、●は顕密僧、○は俗人（僧が故人の親族なら○に含めた）を示す。土葬の場合、拾骨・納骨は不要のため「—」と表示

（二）＊を付した事例において、史料の上で禅律僧が沐浴・入棺を行ったとの明記はないが、禅宗寺院等へ遺体が搬入された後に沐浴・入棺が行われたことが記録されているため、「僧沙汰」と推定した

也、仍俗中不レ知之由也、

と、沐浴・入棺の儀が「俗中不知」であったと記されている。このような葬送の儀礼作法に対する知識が俗人の間で失われてしまったとの記事は、荼毘・拾骨・納骨等には確認できず、逆に「僧沙汰」がまさしく沐浴・入棺を中心に行われていたことを示すものであろう。

では、なぜ俗人が中世後期になっても、荼毘や拾骨・納骨を行い続けたのであろうか。それを考えるために、これらの儀礼を俗人のなかでもどのような人が担っていたか、あるいは担うべきと考えられていたかを、まず拾骨・納骨の事例から確認しておこう。(13) 後小松法皇の拾骨は、「旧院御拾骨也、一向係方沙二汰之一」(『師郷記』永享五年〈一四三三〉十月三十日条) と、「係方」すなわち有縁の者が行ったとされている。次に (12) 称光天皇の事例 (『称光天皇御葬礼記』) では、

今日御拾骨也、（中略）是又僧中一向奉仕云々、先々俗中由緒人勤レ之也、但院司万里小路大納言（時房）・日野新中納言（盛光）・治部卿資宗朝臣（日野西）等参向云々、

日野新中納言由緒人也、入二仙骨於御手匣一奉レ懸也、深草法華堂云々、

と、このとき「僧沙汰」であった拾骨も、これまで「俗中由緒人」が行ってきたとし、また納骨は称光天皇の外戚に当たる日野西盛光が、「由緒人」として行っていた。さらに（16）藤原信子の事例（『実隆公記』長享二年五月四日条）でも、納骨を行う者は本来「由緒人」が望ましいとの観念を読み取ることができる。

帥卿（葉室教忠）今日定而奉レ納歟、雖レ非二由緒人一、近日彼東洞院殿御所隣方祗候之間、依レ無二其人一、別而為二勅定一、院司事等被二計仰一者乎、

こうした「由緒人」が行うべきとの考えは、茶毘においても実態から窺知できる。たとえば、（17）近衛房嗣の茶毘では、子息政家の家僕中最上位の竹屋治光等が龕の傍で着火し[27]、拾骨は政家自らが行っていた（『後法興院記』長享二年十月二十四日・二十五日条）。また（18）足利義尚の葬送では、義尚の外戚である日野政資と管領細川政元とが火屋へ入り（『将軍義尚公薨逝記』）、政元が棺へ着火していた（『鹿苑日録』長享三年四月九日条）。

このように茶毘や拾骨等を「由緒人」が行うことに、実は人々のこだわりがあった。たとえば、（15）後花園法皇の拾骨（『親長卿記』文明三年〈一四七一〉正月九日条）では、

今日御拾骨也、一向僧衆沙汰也、（中略）予（親長）・金吾（四辻季春）不レ拾二御骨一、今日日野大納言資綱云、参仕之人不レ可レ拾二御骨一、為二先規一云々、予不レ見二旧記一、後引勘之所、参仕公卿・殿上人悉拾レ之勿論也、彼卿依二何事一如レ此命哉、人々又無二覚悟一、無念々々、

と記されている。先規によって、参仕の俗人は拾骨をしてはいけない、と日野資綱が命じた。このため甘露寺親長も拾骨をしなかった。しかし旧記を参照すると、そのようなことは先規などにはなかった。「人々又無二覚悟一、無念々々」との一節には、後花園法皇に対する三十年来の近習（由緒人）を自認してきた親長にとって（『親長卿記』同二

年十二月二十六日条）、拾骨ができなかったことへの無念さと憤りを感じとることができる。また（9）栄仁親王の拾骨（『看聞日記』応永二十三年〈一四一六〉十一月二十六日条）では、

　周乾蔵主・蔭蔵主・桂首座・寿蔵主等奉レ拾二御骨一、抑椎野殿不二拾給一為二黒衣一御見所、不レ得二其意一、三位（田向経良）・重有（庭田）朝臣同不レ奉レ拾、雖レ有二先規一不レ拾之条如何、

とあるように、栄仁の王子浄金剛院住持椎野は傍から見ているだけであり、また栄仁母庭田資子の甥であった田向経良と庭田重有も拾骨に加わらなかった。これに対して栄仁の王子貞成親王は、「先規（＝先例）」があったとしても、そんな対応には得心できないと言う、その拾骨に対する強い思いやこだわりを見て取ることができる。

　では、なぜ俗人の「由緒人」が荼毘や拾骨・納骨を行わなければならないと、これほどこだわったのであろうか。これに対する当時の理解の一端を、（19）足利義政の葬送に見ることができる。『蔭凉軒日録』延徳二年（一四九〇）正月十九日・二十日・二十三日条には概略次のように記されている。次期将軍と決まった足利義材は、実父義視とともに義政の葬送に臨んでいた。しかし、義材は実父の生存を理由として、荼毘終了後は帰ると連絡してきた。これに対して亀泉集証は「御跡為二御相続一者、挽紼・下火・拾骨等事、御沙汰無二余義一如何」と応答している。つまり挽紼（遺骸が納められた龕と結ばれた善の綱を引くこと）、下火と拾骨の三つが、葬送における相続者の勤めであると亀泉は諫めたわけである。この後、故実に精通した伊勢貞宗からも「如二先規一御沙汰可レ然」と進言があったため、義視と義材は二十三日に荼毘・拾骨を行っている。

　西谷地晴美氏は中世前期の史料を用いて、中世社会は葬送の執行が相伝を支える重要な相続慣行の一つであったと指摘したが、(28)中世後期の葬送でも荼毘・拾骨は、相続慣行を支える機能を果たしていた。(29)このように「一向僧沙汰」といっても、葬送儀礼すべてを禅律僧が執り行っていたというのではなく、荼毘・拾骨などは相続慣行の上からも俗

人が執り行う必要があった。そして、禅律僧もそれを承知して俗人へ助言していたのである。

以上のとおり、中世後期の葬送が禅律僧の担う「一向僧沙汰」に変化するといっても、大石氏が強調するような、禅律僧が沐浴・入棺・荼毘・拾骨・納骨など「遺骸の処理にかかわる葬送を専門に沙汰」したというのではなく、主に沐浴・入棺を彼等が担う、俗人との分業形態であった。しかも沐浴・入棺は中世前期までは俗人が行っていたものを、中世後期に禅律僧が担うようになったわけであり、決して顕密僧から継承したものではなかった。この変化は、(23)後土御門天皇の葬送を記した『明応凶事記』が書き残していたように、まさしく沐湯・入棺の儀を担当する者が、雲客・臣下から黒衣僧へ変化していた史実を示すものであった。また荼毘・拾骨等は、相続慣行という観点からも、親族・近臣などの「由緒人」によることが必要とされており、中世前期の観念との連続性も窺うことができるのである。(30)

それでは、葬送を全体にわたって「異門僧」である禅律僧が実施するとした「一向僧沙汰」とは、何を以てそう称されたのか、その意味するものが何であったのか。このことが解き明かされなければならない。次節でそれを検討しよう。

第三節　葬送執行体制と「一向沙汰」

1　「一向僧沙汰」の再考

「一向僧沙汰」の意味するものが何であったのかを考えるため、まず⑸⑽後深草法皇の事例を取り上げよう。後深草法皇の葬送は、禅律僧が「一向僧沙汰」したものではなかったが、「後深草院崩御記」（嘉元二年〈一三〇四〉七月十六日条）には次のような一節が存在する。

故院先年有御約諾之旨、其詔慇懃、所詮御万歳之後事、一向可執沙汰之由也、予(公衡)又深存其旨、而近曾予奉内裏(後二条天皇)御乳父事、御本意已可相違歟之由、法皇常有御遺恨之気、然而於其条者、暫譲補他人、奉行凶事之条、不可有子細之由、中心存之、又奏其由了、

この一節には、後深草法皇から生前、西園寺公衡に対して没後事（葬事）を「一向可執沙汰」との仰せがあり、公衡はそれを誓約していたことなどが記されている。ここから、俗人が葬送を「一向執沙汰」し得ること、また葬送を「一向執沙汰」することが「奉行凶事」と言い換えられ、「一向沙汰」と「奉行」とが同義であることが分かる。そして現に「後深草院崩御記」には、西園寺公衡が当初「奉行人」として挙げられ、この他に中御門為方、藤原資冬および後日追加された藤原家相等が「奉行人」として記されている。[31] このように「一向僧沙汰」による葬送に移行する以前において、葬送を俗人が「一向沙汰」「奉行」していたことを確認できる。

こうした事例は、もちろん右の例だけではない。たとえば、㉛白河法皇の葬送では、「治部卿能俊卿(源)、本院(白河法皇)之事一向可沙汰由被仰下之、仍給文書了」（『中右記』大治四年〈一一二九〉七月八日条）とあって、鳥羽上皇が白河院別当であった源能俊に、白河法皇の葬送を「一向沙汰」するように命じている。[32] 一方、『称光天皇御葬礼記』が「嘉元三・文保已来異門奉行」と述べるように、鎌倉末から禅律僧が葬送を「奉行」するように変化している。つまり「一向僧沙汰」への変化とは、葬送を奉行する者が俗人から禅律僧へ変化したことを指すものと言える。

では、葬送を奉行するとは具体的にどのようなことをいうのか、中世後期の葬送事例から検討してみよう。五山の諸寺長老が（8）足利義満の葬送を「寺僧沙汰」として行ったと記す『鹿苑院殿薨葬記』は、葬送の諸儀礼を司る者

を「役者交名事」として次のように列記する。

下火　鹿苑院当住大岳、起龕　雲居庵中山、鎖龕　相国寺前住無求、点茶　大徳院在中、点湯　相国寺当住東啓、

掛真　天竜寺前住益叟、挙経　相国寺歓西堂誠中、念誦　南禅寺当住玉海、起骨　大光明院月庭、初七　大智院

円鑑、喪主　等持院院(万)宗御喪已下総奉行也、已上、

ここでは、この交名の最後にある「喪主　等持院院(万)宗御喪已下総奉行也」に注目したい。ここから、「御喪已下」の「総奉行」を等持院万宗が任じられ、それが「喪主《そうす》」と称されていることが分かる。つまり、少なくとも禅宗の葬送では、特定の僧が「喪主」として任じられ、葬送を「総奉行」していたのである。では、「喪主」とは具体的にどのようなことをしているのであろうか。次に引用するのは『蔭涼軒日録』寛正四年（一四六三）八月十一日条で、ここには（14）日野重子の葬儀が葬所で進行する様子が記されている。

諸比丘尼衆者、葬所之南北面立、於レ是喪主進請二奠湯仏事一、以遠和尚唱二法語一、次喪主請二奠茶仏事一、九淵和尚唱二法語一、次喪主請二秉炬仏事一、鹿苑龍崗和尚唱二法語一、語了、擲二火把一、都管妙会都文為二直歳一而執二火把一度三与愚一、々受レ之奉二相公一、公執レ之往二窆所一、自二下火一而遂入二桟敷一、

このとき、「喪主」は次々と仏事を請じ、それに仏事師が応じて奠湯、奠茶、秉炬等と仏事が進行している。「喪主」が「現今の葬儀委員長に当たる」と理解される[33]ように、「喪主」はまさに葬送の進行を司る所役を務める者であった。結論すれば、「一向僧沙汰」とは、特定寺院の僧侶が総奉行として葬送全体の進行を司る、葬送の執行体制を意味するものであった。

それでは、中世前期にはこうした葬送を奉行する仕組みはどのようなものであったのか。それを理解するために㉝近衛天皇の葬送を取り上げよう。近衛天皇が没した日の『兵範記』久寿二年（一一五五）七月二十三日条には、

蔵人頭左中弁光頼（藤原）朝臣、為㆓法皇使㆒参上、（中略）旧主凶事、大納言伊通（藤原）卿可㆓奉行㆒之由、同被㆑申㆓殿下㆒了、

とある。これは、鳥羽法皇の使者藤原光頼が関白忠通へ、近衛天皇の中宮呈子の父であった大納言藤原伊通を奉行とするよう申し渡したものである。そこで奉行藤原伊通の活動に注目すると、伊通は関白や他の大納言とともに「御入棺并御葬礼雑事」を定めていた（『兵範記』同年七月二十七日条）。この「御入棺并御葬礼雑事」とは、入棺を行う者と、「御葬礼雑事」すなわち「造御棺」「山作所」など葬送の各セクションの責任者である「行事」および配下の役員とを記した名簿である。伊通は、奉行人として関白等とともに、いわば葬送の執行体制を決定していたのである(34)。そして、「御葬礼雑事」のなかには、顕密僧としてその主たる職務を担った呪願師と導師を抱える「御前僧」というセクションがあり、そこに担当の行事官も列記されている。すなわち、中世前期の葬送では葬送全体の執行を監督する俗人の奉行があり、その一部門として顕密僧が組み込まれていたわけである。この中世前期における葬送の「御入棺并御葬礼雑事」が、中世後期の葬送では先に足利義満の葬送で取り上げた「役者交名事」に対応するものであったと言える。つまり、中世前期から後期にかけての葬送の担い手の変化とは、葬送の進行を「一向沙汰」する者が俗人から禅律僧へと変化する、執行体制の変化であったと言うことができる。

しかしそうだからといって、中世後期の葬送で俗人の奉行が存在しなくなるわけではなかった。（12）称光天皇の葬送を例にとると、この葬送は泉涌寺の「異門奉行」によるものであった（『称光天皇御葬礼記』）。しかし、称光天皇が没した正長元年（一四二八）七月二十日に「御仏事奉行事、可㆑為㆓右大弁宰相親光（広橋）卿㆒由、再三為㆓仙洞㆒雖㆑被㆓仰出㆒、故障申入」（『満済准后日記』同日条）と、後小松上皇が称光天皇の仏事奉行に広橋親光を命じ決定しようとしていることから、それは窺える(35)。ただ、親光は障りがあり辞退している。『薩戒記』の同日条によれば、「奉行人未㆑定之間、不㆑及㆓僧食沙汰㆒、不便事也」と、奉行人が決定しないために、遺体の傍で光明真言を唱えていた律僧等への食事の準

備も進まない状態であったことが分かる。ここに俗人の「奉行」と僧侶の「一向沙汰」とがどのような関係であったかも窺うことができる。

　このような両者の関係を窺える他の事例が、（5）後光厳上皇の葬送で、これも律宗寺院である安楽光院の「一向申沙汰」であった。このとき「為二三条宰相中将公時奉行一、御没後事等一向可二申沙汰一之由、被レ召二仰安楽光院見月上人一」（『洞院公定公記』応安七年〈一三七四〉正月二十八日条）と、奉行人であった三条西公時から安楽光院住持の見月上人へ「没後事」全体の進行を命じている。これらのことから中世後期の葬送における俗人の奉行とは、「一向沙汰」する禅律僧へ葬送全般の執行を委託し、それを監督調整するものであったと言える。[36]

　以上を整理すると、葬送を「一向沙汰」する執行体制が、中世前期から後期にかけて変化していたのである。すなわち中世前期の葬送では、俗人が奉行として葬儀の各担当、進行等一切を監督し、うち「御前僧」として顕密僧が俗人の行事官のもと「導師呪願の儀」を担当していた。これに対して中世後期では、俗人の奉行が葬儀次第を一括して寺家に委託し、禅律僧が奉行人として葬儀全体の進行を司る。また俗人の奉行が僧侶の「一向沙汰」を監督するというものであった。ゆえに前節で、中世後期の葬送では「僧沙汰」が主に沐浴・入棺に対して行われ、他の荼毘・拾骨・納骨は俗人が行っていたとしたのも、個々の儀礼に注目した場合のことで、葬送全体は禅律僧の奉行のもとに進められ、俗人が単独で行えるものではなかった。たとえば右に取り上げた（14）日野重子の荼毘（波線部）から、その実態が窺われる。すなわち、遺体への着火（荼毘）は確かに俗人である足利義政が行っていたが、その儀礼も禅律僧が進行を司る葬送全体のなかに組み込まれていたのであった。このように中世における葬送の執行体制は、僧と俗人による重層的な分業構造だったのである。よって葬送の担い手の把握も、個々の儀礼と全体の執行体制との二階層で捉える必要があった。しかし、これまでの研究では、中世後期の「葬送は聖的立場にある禅僧・律僧・念仏僧が担うことになる」と記されるなど、平板な理解に終始していたと言える(37)。

それでは、こうした葬送の執行体制の変化はいつごろから確認できるであろうか。大石雅章氏は『称光天皇御葬礼記』の一節から、十四世紀前半を異門奉行による「一向僧沙汰」への変化の画期としたが、それは王家に限定しての指摘であった。本章は公家や武家をも対象に広げて検討した結果、「一向僧沙汰」などの表現を十三世紀までに四事例を確認することができた。

その初見は寿永二年（一一八三）藤原経房の娘最妙の葬送で、これを経房は「一向示二明定上人、其沙汰一也」（『吉記』同年十一月十日条）と記している。このとき明定は阿弥陀三尊へ供養しており、浄土信仰がその背景にあった。二例目が建長八年（一二五六）藤原為経の葬送で「今夜葬二送浄蓮花院一、其間事善知識戒音上人一向致二其沙汰一」（『経俊卿記』同年六月九日条）と記されている。この為経が葬られた浄蓮華院は、為経の曾祖父であった藤原経房が造立供養した寺院で、阿弥陀如来像を本尊とする寺院であった。三例目が文永八年（一二七一）大外記中原師顕の母の葬送で「一向僧沙汰」（『師守記』康永四年八月二十五日条）、四例目が文永十一年（一二七四）藤原経光の葬送で「一向聖人沙汰」（『勘仲記』同年四月一六日条）と記されている。

以上の四例から、第一に、公家の世界では十二世紀末より念仏僧が葬送を奉行する体制が登場しており、王家の葬送より百年以上遡ること、第二に、藤原経房・為経は勧修寺流藤原氏、藤原経光は内麻呂流藤原氏の各々名家出身、中原氏は局務家出身であって、「一向僧沙汰」が中下級貴族で先行して用いられていたことが分かる。

以上のとおり「一向僧沙汰」の理解を通して、中世における葬送の変化とはその執行体制が変化することであると明らかにしてきた。そこで次に、葬送儀礼の担い手が禅律僧に変化した理由を検討してゆきたい。

2　担い手の変化の理由

顕密僧が触穢を忌避したことから、遺骸・遺骨に触れる葬送儀礼の担い手が顕密僧から禅律僧へ変化したと、これまで理解されてきた。しかし変化の実態は、俗人から禅律僧に移行していたのであって、大石氏の指摘とは異なっていた。したがって変化の理由も、実態に即して再検討しなければならない。そのためには葬送や追善仏事の場における触穢といった基本的な問題についても再考しなければならないであろう。そこで、およそ触穢がどう取り扱われてきたのか、まず概略を整理しておこう。

そもそも、触穢とは延長五年（九二七）に完成した『延喜式』で整備規定されたもので、たとえば「其触二死葬一之人、雖レ非二神事月一、不レ得レ参二著諸司并諸衛陣及侍従所等一」（『延喜式』神祇臨時祭式55甲乙触穢条）と、死葬に触れた人は諸司等に参着することが禁じられている(38)。この『延喜式』より少し後、十世紀半ば過ぎに成立したとされる『新儀式』（『群書類従』六）巻第五の「触穢事」にある、次の一節からは葬祭と穢の関係を読み取ることができる。

有二死骸一間、入二其処一者為レ甲、収レ骸後到触者為レ乙、（中略）葬夜請僧・数随身座従レ事者、皆忌卅日、（中略）不二着座一只触レ穢之人并受二取其処物一、皆為レ穢、

つまり、ⓐ遺体（遺骨）の置かれている場へ着座すれば(39)甲穢となり、遺体を片付けた後でもその場に着座すれば乙穢となる、ⓑ葬送の折、衆僧・随身が着座して儀式次第を進めれば三十日間の触穢となり、ⓒまた着座せずとも、遺骸・遺骨に触れたり、そこにある物を受け取れば皆触穢になる、という。このようにして触穢となれば、右の『延喜式』の規定のとおり、宮廷職務へ支障をきたすことから、貴族社会では触穢を避けることが行動規範として求められていたわけである。

この触穢の特性をもとに沐浴などの五つの儀礼を考えるとき、たとえば沐浴はもちろんのこと、入棺や拾骨では遺体を包んだ筵や遺骨を挟む箸などを通して遺骸・遺骨に触れており、中世前期これらの儀礼を担ってきた俗人は間違いなく触穢となっていた。これに対して、顕密僧が五つの儀礼に直接携わることはほとんどなかった。しかし、入棺では着座して野草衣で遺体を覆い、荼毘・拾骨では兆域内や荼毘の垣内で念仏を称えて土砂を葬所に散じていたし、俗人の納骨に扈従となって供奉しており、いずれも触穢となるものであった。(40) ゆえに、五つの儀礼を担った俗人はもとより、呪的な職分を担っていた顕密僧も触穢となっていたのである。こうした葬送における俗人と僧侶の触穢の実態を踏まえ、ここでは、まず中世後期になって入棺儀礼が俗人から禅律僧に移行したことの理由を検討し、次いで顕密僧が葬送から離脱したのは触穢を忌避したためであったのかを考えたい。

では、はじめに中世後期の葬送で入棺儀礼の担い手が、どのような契機で俗人から禅律僧へ移行していったのかを考えよう。右に述べたように、「触穢の忌避」は中世を通じて必要な行動規範であったから、触穢となる入棺などの儀礼が忌避されることは当然のことであった。ゆえに担い手が変化する理由として、「穢」観念の強弱などによって答えを求めることは妥当ではない。しかし、担い手が「触穢」になるという現実を看過することも適切ではない。そのなかにあって、中世後期も荼毘・拾骨・納骨については依然として俗人が多く担っていた。これは第二節で指摘したとおり、相続慣行という観点から、荼毘・拾骨等は親族を中心とした「由緒人」によることが求められていたからであろう。つまり、相続慣行が触穢忌避よりも優先したためであったと言える。

これに対して、沐浴・入棺などは相続者の勤めとはされていなかった。しかし、だからといって沐浴・入棺儀礼を担っていた俗人が、触穢をストレートに忌避した結果、担い手の変化が起きたというのでもない。この辺の状況が(44)藤原定家の父俊成の葬送から窺うことができる。このとき入棺役人すべてを俗人ではまかないきれず、小冠者成安、青侍重次といった俗人のほか、顕密僧で籠僧の信乃房と小僧の四人で行い、人手不足をしのいでいた。では、なぜ入棺役人の不足が生じたのか。定家はそれを、

両人共身固メ訖、御入棺事惣無レ人或不二触穢一、又身憚、嫌二外人一間、更無二其人一

と記し（『明月記』元久元年〈一二〇四〉十二月一日条）、その要因として三つ挙げていた。一つめに「不二触穢一」と触穢の忌避を挙げている。入棺に携わる者は触穢となり、日常の宮廷職務等への障害となることなどが一般的に嫌われたことを示している。二つめが「身憚」である。この「身の憚り」とは、第一部第三章でも指摘したように、各人の年齢により決められた凶日（衰日）などに当たることで、その日は「忌み負け」しないように忌み籠もりしなければならないとされていた(41)。こうした「身憚」がある者や年少者は、葬送に参列すらできず、まして遺体に直接触れる入棺に携わることなどは決してできなかった。もとより遺体は人を他界へ引き込む禍々しいものと考えられていた。それゆえに「身憚」がなくても、入棺を行う者には、入棺に際し病魔などから身を守るために「身固メ」という加持祈禱が行われていたのである。そして三つめが「嫌二外人一」ことで、「外人」すなわち無縁の者はそもそも入棺役人として避けられていたのである。

もちろん、これらの三つの要件はもとより存在したものであったはずである。それゆえに入棺役人が不足する構造的な要因であったことも窺われるが、ここでは三番目の「嫌二外人一」に注目したい。それは、ここに入棺役人が不足する新たな要因が見出されるからである。そこで、万寿二年（一〇二五）に亡くなった三条天皇皇后藤原娍子の入棺を取り上げよう。娍子の入棺を『栄花物語』巻二五「みねの月」では、

やがてその夜入棺といふことせさせたまふに、異人参り寄るべきにあらず、宮々、入道の君、大蔵卿など仕うまつりたまふ、あはれにめでたし、

と、描写されている。入棺は「異人」すなわち故人と血縁関係のない他人が行うべきではないとし、三条天皇の皇子であった敦儀親王と敦平親王の「宮々」、娍子の同腹兄で藤原相任の「入道の君」、同弟通任の「大倉卿」など、娍子の実子と兄弟が入棺を担っていた。これによると入棺役人には、この「異人」を避けることと、『明月記』の「嫌㆓外人㆒」とが同じであるように見受けられる。

しかし、俊成の葬送を執り行った子息の成家や定家は、傍にいながら入棺には携わっていない。なぜであろうか。ここに、入棺に携わるべきと考えられる者が変化していることを予想できる。それを象徴的に示した言葉が、次に掲げる鳥羽法皇の遺詔の一節である（『兵範記』保元元年〈一一五六〉七月二日条、引用文中の括弧内は筆者の補い）。

（入棺の）役人可㆑用㆓八人㆒、雖㆓外人㆒、依㆓其恩㆒可㆓召仕㆒、雖㆓縁人㆒、無㆑恩之者、臨㆓其期㆒不㆑可㆓叙用㆒、是心為㆓恩使㆒之故也

これは第一節でも引用し、「強縁」の者が重用されたものとして読み取ったが、一方で入棺を行う者は、血縁者や姻戚関係者よりも故人と恩顧関係にある者がより相応しいということも意味していた。このように十二世紀以降、入棺を親族が担わなくなっていった変化を窺うことができる(42)。とすると定家の言う、入棺者に「嫌㆓外人㆒」とは、まったく疎遠な人や無関係な人が避けられたのはもちろんであるが、その前提として血縁関係者も入棺者には含まれていなかったことになる。こう考えるとき、傍にいた実子の成家や定家が入棺を行わず、青侍の重次や小僧、さらには年来の近習であった籠僧の信乃房などまでをも動員して入棺を行っていたことにも納得がいく。

もとより入棺を行うには、厳しい要件が存在していたが、十二世紀以降それを担えた者はますます限定されていったと言える。定家が「更無㆓其人㆒」と言って分析していた入棺役人の不足要因には、以上のような背景があったのである。そうすると、入棺を俗人で処理するためには、宮廷行事の障害となる触穢を覚悟の上で携われ、しかも衰日な

どに当たらない人手を、血縁者以外の者から所縁という名のもとに動員できる力量が、故人もしくは遺族には必要であったことになる。こうしたことから、入棺役人の不足も顕在化しやすい状況にあったと言えよう(43)。これに対して十二世紀後半以降、中下級貴族において「一向僧沙汰」が先行して登場したことを考え合わせるとき、中下級貴族が沐浴・入棺儀礼を禅律僧に代替させることにより、それら力量不足を補っていた実態を推測することができる。禅律僧は、「触穢」による宮廷職務等への障害を顧慮する必要もなかったし、他方で葬送時に光明真言等を誦するなど（『愚管記』応安七年〈一三七四〉二月二日条）、当然に呪術的な能力も兼ね備えていた。こうした実際的な需要から、禅律僧によって代替していったものと推測することができる。

　では、顕密僧が葬送から離脱し、中陰仏事に専念したのは、触穢を忌避したためであったのだろうか。このことを事例を通して考察しよう。最初は（5）後光厳上皇の事例である。応安七年正月二十九日、後光厳は柳原殿で没し（『師守記』同年正月二十八日条）、二月二日の葬送は泉涌寺安楽光院見月上人の一向僧沙汰であった（『洞院公定日記』同年正月二十八日・二月二日条）。一方、二月五日に執り行われた初七日仏事は、「於二柳原殿一被レ行レ之、導師良憲法印云々御経供養云々」（『愚管記』同年二月五日条）と記されている。これを大石氏は、「柳原殿念誦堂にて中陰仏事に携わる御前僧は泉涌寺での葬送に参加していない」と指摘するが、そのこと自体は正しい。しかし、中陰仏事の行われた柳原殿は触穢の場であった。なぜなら、後光厳上皇の遺体は二月二日に泉涌寺へ移送されるまで柳原殿に安置されていたからである（『愚管記』同年二月二日条）。もちろん、これを触穢の場と判断したのは『新儀式』の規定によったためであるが、こうした触穢の判定は当時も通用していた。たとえば、『建内記』嘉吉元年（一四四一）九月十二日条には、

雖二穢物撤却之後一、既令レ居二住甲之在所一上者、猶時兼（西洞院）可レ為二甲穢一之由存候、白地来仁、我居住之在所各別之輩者可レ為二乙穢一之由存候、

と穢物撤去の後でもそこへ訪れた人は乙穢になると記されている。ゆえに二月五日、顕密僧良憲法印を導師として初七日仏事が執り行われたとき遺体はすでになかったが、そこへ導師として着座した良憲法印等の顕密の高僧も触穢となっていた。そもそも、中陰仏事は死者が没した場所で行われることを通例としており[44]、死穢発生の後三十日以内に行われた中陰仏事の場に着座した者は、もとより触穢となっていたのである。

二例目が、文明二年（一四七〇）十二月二十七日室町第で没した（15）後花園法皇の事例である。文明三年正月三日の葬送は元応寺長老による「一向律家沙汰」（『宗賢卿記』同日条）であった。そして、「中陰仏事を担当したのは山門などの顕密の中核的寺院の僧であった」と大石氏が指摘するように、たとえば正月九日に行われた初七日仏事は隆玄僧都を導師として聖寿寺で執り行われていた。ところが、この聖寿寺は十二月二十八日から正月三日の葬送の日まで、後花園法皇の遺体が安置された場であった（『親長卿記』十二月二十八日条、『宗賢卿記』正月三日条）。ゆえに顕密僧隆玄は触穢となっていたのである[45]。

次に将軍家における葬祭を検討しよう。延文三年（一三五八）に没した足利尊氏以来、将軍家は禅宗による葬送と追善仏事が行われることを例としていた。たとえば、（11）応永三十五年（一四二八）正月十八日に没した足利義持の事例では、翌十九日に遺体が等持院へ移送され（『建内記』同日条）、等持院で同月二十三日に行われた葬送は「御荼毘之儀如二先々一、等持院院主一向奉行」と、等持院による一向僧沙汰であった。しかし、二月十九日の中陰結願[46]は、正月二十三日まで遺体のあった等持院で「禅僧仏事」「禅家法事」として行われ、続いて園城寺房能僧正の導師で「御経供養」が行われるというありさまであった（『満済准后日記』各同日条）。

これらのことから、中陰仏事を執行した顕密僧はいずれも触穢となっており、王家や将軍家の中陰仏事を執行するためには顕密僧が触穢となる葬送をわざわざ忌避しなければならない、という理由にはならなかった。では、顕密僧は触穢を忌避して、中陰仏事への出仕を辞退することはなかったのか。もし出仕して三十日間もの触穢となれば、顕密僧にとって生活上の障害になったはずだと考えられるからである。このことは、中陰仏事を行った顕密僧が中陰の期間中どのように過ごしていたかを見れば分かる。先に取り上げた（5）後光厳上皇の事例では、後光厳の没した応安七年正月二十九日、柳原忠光からの奉書で初七日の導師を勤めた良憲等の御前僧と護摩衆を中陰の間の籠僧に請じ、後光厳上皇の没した柳原殿で護摩の勤修を命じている。このため彼等は「自二二月二日一参二住旧院一、祗二候御念誦堂一」（『後愚昧記』応安七年二月記付載）と、二月二日から柳原殿念誦堂に参住祗候していたのである。このように中陰仏事を担う僧は籠僧であったがゆえに、故人の満中陰まで籠もって仏事を営まなくてはならなかった。したがって、彼等籠僧は触穢により自身の宗教活動等の障害となることもなかったわけである。

以上を要約すると、中陰仏事の行われた場は故人の没した場や葬送の行われた場であり、中陰仏事のときには遺体はすでに存在しないものの、そこに着座した者は触穢となっていた。ゆえに、顕密僧が触穢を忌避したために葬送から離脱したわけではなく、むしろ中陰の間、触穢の場に籠もって仏事に専念していたのである。

以上のように中世の葬送形態は、葬送全体を「一向沙汰」する奉行人と個々の儀礼を司る者との重層的な執行体制であったが、中世後期になると両層において俗人と顕密僧・禅律僧の関与の仕方が変化した。俗人にとっても顕密僧にとっても、触穢の忌避は中世を通じて必要だった社会慣習であったが、逆に穢の対象たる遺骸・遺骨を葬り、故人を祭る祭礼は中世社会には重要な儀礼行為でもあった。ゆえに中世後期にあっても、親族は相続慣行として荼毘・拾骨を担い続けたし、中陰仏事を担っていた当該顕密僧も、その間触穢を引き受けることを専らとしていたのである。だが、十二世紀以降、たとえば入棺を行うべき者は血縁者以外の所縁の者へと変化していった。そのとき所縁の者にとって、諸司等に参着するためには触穢の忌避も必要であり、葬送儀礼を担う社会的意義との葛藤は必至であった。

こうした社会的な葛藤の結果、中下級貴族を葬家とする葬送から、沐浴・入棺の担い手が禅律僧へ移行するに至ったと考えられる。こうして葬送の様式が百年以上に及ぶ歳月を経て緩やかに禅律様式に変化・交替してゆき、その変化の波が王家にも影響し始めたのが（1）嘉元三年（一三〇五）、亀山上皇の葬送だったのである。

おわりに

最初に本章で明らかとなったことをまとめておこう。

㈠中世の前期から後期にかけて、葬送全体を「一向沙汰」する奉行人が俗人から僧に変化していった。

㈡十二・十三世紀頃までは、俗人の奉行が葬送全体を監督し、顕密僧は俗人の行事官のもと、導師呪願などの宗教儀礼を主に担っていた。そして沐浴から納骨まで遺骸・遺骨に直接触れる儀礼は、親族や近臣など故人の「縁者」が執り行うべきとの観念のもとに担われていた。

㈢十二世紀末以降、俗人の監督のもと禅律僧が葬送を奉行する「一向僧沙汰」へと変化し始め、禅律僧が葬送全般の進行を司るようになった。このとき彼等が新たに担った儀礼は主に沐浴・入棺であり、荼毘・拾骨・納骨は中世前期と同様、故人の由緒人・縁者により実施され、またそうされるべきものと考えられていた。

㈣顕密僧は中陰の間触穢に籠もっており、葬送に関与しなくなったのは触穢の忌避ではなかった。一方、沐浴・入棺儀礼が俗人から禅律僧へ変化したのは、十二世紀以降に入棺役人がより限定されるようになり、中下級貴族の葬家で入棺役人を揃えることが困難となっていたことが契機であったと考えられた。

しかし、こうした中下級貴族から始まった葬送形態の変化が、王家にまでどのようにして波及していったのかということまでは明らかにすることができなかった。この点は今後の課題としたい。さらに、禅律僧が沐浴・入棺儀礼に携わるようになった背景についても論じることはできなかった。だが、これには禅律僧の置かれた状況を考える必要もあるが、これについてはすでに研究も進んでいる。それによれば、院政期から鎌倉時代にかけて、顕密寺院では寺内階層の分化が進展し、(47)十三世紀前半以降、たとえば南都寺院には顕密の僧衆と律衆が共存するようになり、また斎戒衆を末寺の末端に組織化し、荘園領主とは対立することがない形で勢力を伸長するという。(48)そうしたなか沐浴・入棺等への禅律僧の関与は、負担軽減を求める葬家など俗人の需要に応えるものであったと言えよう。と同時に、このような禅律僧の葬送への進出は、荘園領主としての顕密寺院の既存権益を侵すことなく勢力を伸張しなければならなかった、禅律僧の置かれた事情と合致するものであったと言える。(49)もちろん禅律僧も光明真言等を唱え、顕密僧が担っていた呪的な職分も合わせ行うことができた。とするならば、「導師呪願の儀」を以て携わっていた顕密僧が葬送から撤退していくのも、もはや時間の問題だったのではないだろうか。

以上のように本章は、九世紀から十六世紀まで、被葬者も王家・公家・武家を対象にするという、長期間にわたる広範な事例を取り上げて検討を進めてきた。その結果、従来の研究では充分に顧みられなかった二つの知見を得ることができた。

一つは葬送における俗人の持つ意義である。中世後期、葬送を執行する奉行人が俗人から僧侶に変化したとはいえ、それが僧と俗人との分業・協業により行われていたことには変わりはなかった。なかでも親族や近臣などの縁者が中世を通じて葬送に関与しており、それが欠かせないものであった。一方、目を古代に転じてみると、七世紀以前の葬送も故人の本来属していた集団（親族や眷属）に担われており、(50)また八世紀以降、天皇・皇后・皇太后の大葬において、装束司や山作司など、葬儀委員長とも理解されてきた監喪使には、諸王（天皇の親族）・皇親氏族や藤原氏などの外戚が優先的に任命されていた[51]。このように古代から中世を通じて、親族や有縁の者が葬送の担い手として欠かせない存在であったと言える。これまで民俗学を中心に亡骸が「きたなき物」[52]で、塵同前に棄てられていたなどと論じられてきたことが妥当ではないと[53]、第一部第一章でも概略論じたが、少なくとも文献史料に残る人々は遺体や遺骨を手厚く葬っていた、その実態が明らかになったであろう。

また中世において王家の葬送を中心的に担った者は、近習と呼ばれる近臣のなかでも選別された者達、政権を担った近臣達であった。祭祀儀礼は国家的秩序を浮き彫りにできる国制機構の象徴的「場」である、との岡田荘司氏の指摘を借りるならば[54]、天皇・上皇等の葬送という「場」において、それを担った近臣・近習を見れば、当該期の国家的秩序の一端を浮き彫りにできるとも言え、今後の研究にも生かされるべき視点であろう。

二つめが、中陰仏事の場に対する穢空間としての理解である。これまでの中世史研究では、遺体も片付けられた後の中陰仏事の場は穢とは切り放され、あたかも清浄な空間と理解されてきた。そして、中世後期における中陰仏事は、触穢を忌避した清浄な顕密僧が営む場であるとされてきた。ゆえにこれを前提とする限り、不浄な禅律僧が追善仏事に携わることが異例となり、その由縁が明らかにされなければならなかったし、その答えも、たとえば「禅僧たちが、死穢の観念から比較的自由であった」[55]などと、当然に穢との関係性から導き出されなければならなかった。しかし、実は中陰仏事の場は触穢の空間であったから、触穢となっていた禅律僧が王家の中陰仏事を担うことも可能であった。たとえば、元亨四年（一三二四）に没した伏見上皇後宮藤原経子の事例では、「忌陰仏事等、一向頓恵上人被〻沙汰〻云々、葬礼同上人沙汰也」（『花園天皇宸記』同年十月十一日条）と、三福寺の頓恵上人が葬送と中陰仏事を執り行っていた。また（15）後花園法皇の葬送を担った律宗寺院元応寺長老が、「御忌中同沙汰」（『歴代皇紀』文明三年〈一四七一〉正月三日条）と中陰仏事も行っている。このように、中陰仏事は禅僧はもとより、念仏僧や律僧も勤仕できるものであった。十世紀になって整備された触穢に関する規定は、中世後期の社会にもしっかりと根を下ろし生き続けていたのである。(56)となれば、中世後期における禅律僧による中陰仏事の勤仕も異例とするのではなく、正面から位置付け直さなければならず、今後の中世史研究の課題となるであろう。

註

（1）圭室諦成「葬式法要の発生とその社会経済史的考察」（『日本宗教史研究』隆章閣、一九三三年）。

（2）黒田俊雄「中世における顕密体制の展開」（『黒田俊雄著作集第二巻　顕密体制論』法蔵館、一九九四年。初出は一九七五年）。

（3）大石雅章「顕密体制内における禅・律・念仏の位置」（『日本中世社会と寺院』清文堂、二〇〇四年。初出は一九八八年）。以下断りのない限り、氏の見解はすべて本論文による。

（4）原田正俊「中世後期の国家と仏教」（『日本中世の禅宗と社会』吉川弘文館、一九九八年）、同「中世の禅宗と葬送儀礼」（『前近代日本の史料遺産プロジェクト研究集会報告集』、二〇〇三年）。

（5）上島享「〈王〉の死と葬送」（『日本中世社会の形成と王権』名古屋大学出版会、二〇一〇年）。

（6）勝田至「中世後期の葬送儀礼」（『日本中世の墓と葬送』吉川弘文館、二〇〇六年）。

（7）本章では、ひとまずこれら儀礼に携わる人とは、たとえば入棺であれば遺体を実際に棺へ納める人、荼毘は遺体に着火する人、納骨は遺骨を直接奉持する人などを指し、これらを補助、あるいは扈従する人は含めないこととする。

（8）本章では、親族とは自らの血縁と姻族を合わせたものとする。ただし、王家の外戚も親族にはなるが、公家や武家出身の外戚が王家となることはないので、それらは近臣とする。他方、僧侶とは葬送を職分として行った場合のことで、近侍の僧でも近臣とはしない。逆に職分を行うことよりも、主として故人の親族として参列し、儀礼を執り行っていたならば、僧侶ではなく親族とする。したがって、近臣とは親族ではない（王家の外戚で王家以外の出身者は含む）、故人に近侍した俗人とする。

（9）たとえば十五世紀中頃に成立した国語辞典である『下学集』には「荼毘」を「葬送之義」と記し、「荼毘」が「葬送」と同義に理解されている。

(10) 林譲「黒衣の僧について」（『日本中世政治社会の研究』続群書類従完成会、一九九一年）。大塚紀弘「中世「禅律」仏教と「禅教律」十宗観」（『中世禅律仏教論』山川出版社、二〇〇九年）。

(11) 「泉涌寺文書二九」（総本山御寺泉涌寺編『泉涌寺史　資料篇』法蔵館、一九八四年）。

(12) 「寄僧」との語句は一般的には確認できないが、後述する如く中世前期まで「導師呪願之儀」を行っていたのは顕密僧であった。このため「寄僧」を顕密僧として扱った。

(13) 『亀山院崩御記』（宮内庁書陵部蔵、伏五九八）には「御入棺・御荼毘并御骨奉納等事、浄金剛院僧衆奉レ沙二汰之一」とあり、『伏見上皇御中陰記』（『群書類従』二九）の文保元年九月四日条には「浄金剛院長老本道上人参候、於二御終焉之所一有二御入棺之儀一」とある。

(14) 後深草法皇の拾骨に対する顕密僧の関与も、大石氏は「拾骨者の中にその名が見えず、はっきりしたことは言えない」と曖昧な表現をするだけである。しかし、「後深草院崩御記」嘉元二年七月十七日条は、「外戚公卿・御乳母子・御棺役人奉レ拾レ之」と外戚と乳母子と四条隆政をはじめとする俗人の御棺役人が拾骨したと明示している。

(15) 法橋成信は、その俗縁が明らかでないが、『殿暦』によればこの頃すでに平等院の修理別当の任にあり、忠実や麗子は成信に祈禱をさせるなど、やはり成信も「親昵人」であった。

(16) 大饗亮氏は、家司制における主従関係の特徴の一つとして、家族法的規制による結合の側面のあったことを指摘する（「平安後期律令官制における主従的構成」『封建的主従制成立史研究』風間書房、一九六七年）。

(17) 十一人とは以下の者である（［　］数字は公卿、〈　〉数字は殿上人）。［1］内大臣源雅実、［2］中納言雅俊、［3］同国信、［4］参議顕雅、［5］非参議顕仲、〈1〉家定、〈2〉雅兼＝以上が顕房の子。［6］中納言顕通（［1］雅実男）、〈3〉季房（〈2〉雅兼男）、〈4〉顕国（［3］国信男）、〈5〉顕重（［2］雅俊男）＝以上が顕房の孫。

(18) 藤原兼子の姉が『讃岐典侍日記』の作者藤原長子であった。そして堀河天皇の臨終を介抱していた典侍として、『讃岐典侍日記』に記されていた「大弐の三位」「藤三位」がそれぞれ家子と兼子であった。主上の死をめぐり、乳母と乳母子がともに主上堀河天皇に仕えていたわけである。

(19) 角田文衞氏は、「近習」とは「近習」たるべきの沙汰が必要であり、院庁の別当・判官代・主典代・殿上人等のすべてが必ずしも「近習」ではない、と指摘する（「後白河院の近臣」『後白河院』吉川弘文館、一九九三年）。

(20)　秋山喜代子氏は、順徳天皇の著した『禁秘抄』に乳父・乳父子が摂関・外戚・有力公卿と並んで、天皇の私的空間といえる台盤所への出入りを許可されていたことが記されていることから、乳父・乳父子が天皇近習としての待遇を受けていたと指摘する（「乳父について」『史学雑誌』九九―七、一九九〇年）。
(21)　中田祝夫・峯岸明編『色葉字類抄研究並びに総合索引・黒川本陰影篇』（風間書房、一九九七年）上八八ゥ。
(22)　槇道雄「総論」（『院政時代史論集』続群書類従完成会、一九九三年）。
(23)　故人との所縁を明示するものに、喪服である素服の支給があった。たとえば『玉葉』治承五年（一一八一）二月十日条から、素服支給の有無の他に、素服の色の濃淡によっても親疎の差が設けられていたことが分かる。
(24)　勝田至「中世民衆の葬制と死穢」（『日本中世の墓と葬送』吉川弘文館、二〇〇六年）および、前掲註(6)論文。
(25)　林譲「南北朝期における京都の時衆の一動向」（『日本歴史』四〇三、一九八一年）。
(26)　井原今朝男「中世における触穢と精進法をめぐる天皇と民衆知」（『国立歴史民俗博物館研究報告』一五七、二〇一〇年）。
(27)　湯川敏治氏は、室町・戦国期の家政職員が主家とは家族的な主従関係にあったことを指摘する（「公家日記にみる家政職員の実態」『戦国期公家社会と荘園経済』続群書類従完成会、二〇〇五年）。
(28)　西谷地晴美「中世的土地所有をめぐる文書主義と法慣習」（『日本中世の気候変動と土地所有』校倉書房、二〇一二年）。
(29)　永正四年（一五〇七）六月二十三日、細川政元は養子澄之派の家臣に暗殺される。そして、七月八日に将軍義澄から京兆家家督を認められた澄之は、三日後の十一日に政元の葬送を執り行う。このことが「政元葬礼為致子礼也」（『宣胤卿記』同年七月八日条）と記されている。ここに養親の葬送を執行することが「子礼」と記されているのも、家督継承を前提としたものであろう。
(30)　勝田氏は十五世紀後半に足利将軍家の後継者が拾骨することを、「縁者が再び葬送の作業に関与するようになっていた」（「中世の葬送と墓制」『日本葬制史』吉川弘文館、二〇一二年）と言う。しかし、中世を通じ一貫して葬送は「縁者」が行っていたのであり、氏の見解は妥当ではない。
(31)　『とはずがたり』を著した後深草院二条も、後深草法皇の葬送について「平中納言（平仲兼）のゆかりある人、御葬送奉行と聞きしに」（巻五、新編日本古典文学全集）と記す。「平中納言のゆかりある人」とは、平仲兼の娘を妻とする藤原資冬を指し、やはり俗人を「葬送奉行」と記している。

（32）この他、㊽四条天皇の葬送では「葬礼奉行人」（『四条院御葬礼記』）とあり、安元二年（一一七六）高松院姝子内親王の葬送では「隆盛（藤原）御没後仏経事兼全（令）二奉行一」（『吉記』同年六月十八日条）とある。さらに王家以外の葬送でも、同様に俗人が「一向沙汰」をしていた。安元元年藤原忠親の十五歳の娘の葬送では、「土葬也、乳母頼成朝臣偏致二其沙汰一也」（『山槐記』同年九月十二日条）と、乳母が「偏致二其沙汰一」している。

（33）『新版　禅学大辞典』（大修館書店、一九八五年）の「喪三」の項。

（34）十世紀後半に源高明が著した『西宮記』巻十二「天皇崩事」には、「被レ定二行事一行事上宰相着レ陣定二行事所々人一」とある。このことから、葬送における各行事の役員が陣定により決定されていること、こうした葬送執行のあり方が少なくとも十世紀中頃には存在していたことを理解できる。

（35）（9）栄仁親王の葬送では、「仏事奉行」に指名された俗人が皆辞退し、実質的に奉行人がいなかった。貞成親王は、これを「奉行無二其人一之条、背二先規一無念也」（『看聞日記』同年十一月二十六日条）と、俗人奉行人の不在を先規に背くとさえ記している。

（36）（18）足利義尚、（19）義政、（20）義視の葬送では、奉行衆が仏事奉行に任じられている（『蔭凉軒日録』長享三年〈一四八九〉三月二十八日・延徳二年〈一四九〇〉正月七日・同三年正月八日条）。この仏事奉行は、仏事費用の調達が主要な任務とされるが（蔭木英雄『蔭凉軒日録　室町禅林とその周辺』そしえて、一九八七年）、幕府と蔭凉軒主の間に立ち葬送の進め方の調整や、葬送当日の順調な執行に尽力していることも確認できる（『蔭凉軒日録』長享三年四月九日条、延徳二年正月八日条）。また（11）足利義持の葬送では、その前日の正月二十一日に「管領以下大名裏松ニ群集」し、荼毘の時刻など「種々談合」があり、その結果を受けて「等持院主一向奉行」による葬送が行われている（『満済准后日記』応永三十五年〈一四二八〉正月二十二日・二十三日条）。このように将軍家の葬送の執行体制も同様であったと考えられる。

（37）（5）後光厳上皇の場合、『洞院公定公記』には葬送全体を安楽光院見月上人へ「御没後事等一向可二申沙汰一」（応安七年正月二十八日条）としつつ、入棺でも「安楽光院一向申沙汰」（同年正月三十日条）と記される。「一向僧沙汰」などの表記が、個々の儀礼と葬送全体の二階層において使用されていたことも、誤解をもたらしたと考えられる。

（38）『延喜式』上巻、集英社、二〇〇〇年。三橋正「『延喜式』穢規定と穢意識」（『延喜式研究』二、一九八九年）。

（39）『延喜式』巻三・神祇臨時祭・触穢条に「入二其所一謂二著座一」と規定されている。

（40）　葬所で触穢を避けるためには、外垣に設けられた幄に居る必要があった（『西宮記』巻一二・裏書・太政大臣薨事条）。また納骨の供奉も三日間の触穢であった（『兵範記』久寿二年〈一一五五〉五月二十日条）。

（41）　高取正男『神道の成立』平凡社、一九七九年。

（42）　第一節で指摘したように、永久二年（一一一四）源麗子の入棺を担っていたのも、故人や嗣子の家司などの「親昵人々」＝親しい間柄であって、すでに血縁関係者に限られていない（『中右記』同年四月四日条）。

（43）　㊻九条竴子の葬送も、御棺役人が不足していた（『明月記』天福元年〈一二三三〉九月三十日条）。

（44）　平安時代、たとえば寛仁元年（一〇一七）三条法皇は三条院で亡くなったが（『日本紀略』同年五月九日条）、『栄花物語』巻一三「ゆふしで」では「この後は御念仏などの僧、さるべきかぎりさぶらひ、おはしましつる所とり払ひて仏かけたてまつり」と三条法皇の没した三条院を中陰仏事の場としての設えに変えていた。十五世紀でも（7）吉田兼熙が没したとき「以二御臨終所一構二道場一、始二別時一」（『吉田家日次記』）と記されている。ところが（12）称光天皇の中陰仏事は、遺体が移送された泉涌寺で実施された。よって『薩戒記』は、「凡非二崩御所一於二堂舎一被レ移二行中陰儀一之例邂逅歟」（正長元年〈一四二八〉八月十七日条）と、これをまれなことだと記している。

（45）　この他、貞和四年（一三四八）十一月二十四日、顕密僧尊什僧正が勤仕して行われた（3）花園法皇の二七日御忌御仏事の場所も、その十一日前まで遺体のあった律宗の太子堂であった（『園太暦』同日条）。さらに（16）藤原信子の場合も、遺体移送先の般舟三昧院で顕密僧公範僧正を導師として初七日仏事が行われていた（『実隆公記』長享二年〈一四八八〉四月二十八日・五月八日条、『御湯殿上日記』同年五月八日条）。

（46）　このとき触穢の期間が二月二十四日までと定められていた（『師郷記』同年正月二十五日条）。

（47）　永村眞「中世東大寺の諸階層と教学活動」（『中世東大寺の組織と経営』塙書房、一九八九年）。

（48）　大石雅章「非人救済と聖朝安穏」（『日本中世社会と寺院』清文堂、二〇〇四年）、同「中世寺院組織について」（『龍谷史壇』一二四、二〇〇六年）。

（49）　細川涼一氏は、律宗寺院内に律僧と斎戒衆という身分構成を確立したことから、律僧が葬礼に関わり得たと指摘する（『唐招提寺の律僧と斎戒衆」『中世の律宗寺院と民衆』吉川弘文館、一九八七年）。

（50）　石井輝義「律令国家の喪葬」（『史苑』五七―一、一九九六年）。

(51) 虎尾達哉「上代監喪使考」(『律令官人社会の研究』塙書房、二〇〇六年)。榊佳子「古代における天皇大葬管掌司について」(『国立歴史民俗博物館研究報告』一四一、二〇〇八年)。
(52) 柳田国男『先祖の話』第七〇節「はふりの目的」(『柳田國男全集』一五巻、筑摩書房、一九九八年)。
(53) 赤田光男「葬送儀礼の特質」(『祖霊信仰と他界観』人文書院、一九八六年)など。
(54) 岡田荘司「王朝国家祭祀と公卿・殿上人・諸大夫制」(『平安時代の国家と祭祀』続群書類従完成会、一九九四年)。
(55) 前掲註(4)原田論文。
(56) 平安時代末期、藤原頼長も『新儀式』と同じ原則を記している(『宇槐雑抄』仁平二年〈一一五二〉四月十八日条)。

第三章　中世後期の葬送と清水坂非人・三昧聖

――葬送権益の実態を通して――

はじめに

中世後期、京中では諸人の葬送を清水坂非人集団の奉行衆（以下、坂と記す）が統轄し、仏教寺院が独自に葬送を行うためには坂の免許が必要だと、馬田綾子氏によって指摘されて久しい。(1) 確かに十五世紀以降、坂は東寺などの寺院が葬送を実施するのに当たり、葬具使用などに対する免状を与え、その代価を得分として得ていた。

しかし禅宗寺院の場合、様相が少し違っていた。中世後期には禅宗寺院による荼毘所の経営が一般化するなか、(2) 禅宗寺院の執り行う葬送には清水坂非人（以下、坂非人と記す）の関与が窺えなかったからである。たとえば大徳寺の葬送では、荼毘を行う小屋である火屋とそれを囲む荒垣の資材などを得分として取得していたのは、それぞれ河原者と、三昧輿を舁いだりする力者であり、坂非人は登場しない。(3) このため田良島哲氏は、禅宗寺院の葬儀は坂とは別の管轄に属したと考えた方が良いと指摘した。(4) また、十四世紀末には時宗寺院が葬送に関与していたことが明らかになるや、馬田氏は、坂が京中の葬送を統轄するとした自説には、「再考の余地があり、坂非人と時衆とが実体としてどのような関係であったかは検討する必要がある。」と述べていた。(5)

馬田氏が提起したこの課題には、坂が京中諸人の葬送を統轄していたということと、その前提としての坂非人と葬送の関係について、それぞれ具体的な実態を明らかにしなければならないという二つの問題を含んでいた。これに対し、その後の非人研究の全体的な停滞のなか、葬送史研究も充分に進展せず、坂非人と葬送の関係を取り扱う論稿さえほとんどなかった。そのなかで田良島氏や高田陽介氏は、馬田説に対して異見を述べていた。たとえば田良島氏は、坂の持つ権利は非人が葬儀を執行する権利ではなく、葬具・施物を取得する「葬具取得権」であり、中世後期の「免輿」も葬具の取得を放棄する代わりに取得した葬具の使用料であると、おおよその見解を述べていた(6)。また高田氏も、坂非人が葬送の担い手であったとみる「主流的見解」に疑義を呈していた(7)。この田良島氏の見解は、貴重な視角を提起していたが、馬田説の論拠に即して批判・論証したものでもなく、説得力のある指摘とは言えなかった。また高田氏の場合も、有用な史料の提示はあるものの、坂非人が葬送を担うことがなかったと積極的に論証する類のものではなかった。

このため両見解も、馬田説に対する再検討を促すことにはならず、課題が解消されないまま、冒頭に掲げた馬田氏の見解は定説として影響力を持ち続けているのである。筆者は第二部第二章で、中世における王家・公家・武家等諸階層の葬送の担い手を広く考察し、中世後期には葬送を統轄する奉行人が俗人から禅僧・律僧や時衆・念仏僧などのいわゆる禅律僧へと変化したことを指摘した。しかし、そこでも葬送の場における禅律僧と坂非人との関係を論ずることはできず、かつ十五世紀以降、荼毘の場にその姿を確認できる三昧聖(8)についても、論及することができなかった。よって中世後期において、坂が京中の葬送を統轄したとはどのような実態であったのか、また坂非人や三昧聖それぞれは葬送や荼毘においてどう位置付けられるべきか、課題は依然として残ったままであった。そこで、馬田氏が検討した東寺、および氏が実態分析の必要性を指摘した時宗寺院を取り上げて、先の課題に取り組んでいきたい。

なお、清水坂非人集団は、祇園社の「神人」化を遂げた宿の長吏・配下集団と、それ以外の乞食非人・不具者・癩者などとの重層的構成をとっていた。(9) よって、本章では坂非人と三昧聖との関係を検討するうえからも、清水坂非人すなわち「坂非人」とは宿の長吏・配下集団を指すものとする。

第一節　東寺の葬送と狐塚

1　観智院賢宝の葬送

東寺は、文安二年（一四四五）三昧輿を購入して地蔵堂三昧を組織し（『東寺百合文書』ヱ函一五五。以下「百ヱ一五五」などと記す）、寺内組織で寺僧・寺官の葬送を完結しようとする。(10) このとき坂との交渉が持たれ、東寺が行う葬送に対して坂は諸権益を獲得する。その諸権益の実態がどのようなものであったのか、坂による権益獲得前後の葬送を比較することにより、それを考察しよう。

最初にそれ以前の事例として、応永五年（一三九八）七月に行われた権大僧都法印観智院賢宝の葬送を取り上げる。賢宝の葬送は「観智院法印御房中陰記」（『大日本史料』七―三）に詳しく、これに依る限り、荼毘には「善阿弥」なる者が携わるほか、葬送は遺弟や律宗の亭子院僧衆が執行する「一向僧行者之沙汰」であって、坂非人は登場しない。その荼毘所は、「至二其所《狐塚》一西八条之在所狭少之間、以二一阿道場荼毘所一為二其所一」とあって、狐塚と称された一阿道場の荼毘所であった。(11) この一阿道場とは、北小路猪熊に存した時宗寺院で市屋道場金光寺のことであった。そして狐塚は、応永三年以前に市屋金光寺が荘園領主の東寺に荼毘所として一所を所望し、それが許可されたものであった（百け七）。

では、狐塚で荼毘に従事した阿弥号を名乗る「善阿弥」とはどのような人物であったのか、市屋金光寺とはどのような関係であったのか。狐塚で荼毘に従事した者の属性が分かるようになるのは、文明十八年（一四八六）の「七条大宮木下正泉等連署請文」（金光寺文書『部落史史料選集』一巻）によってである。そこには「市屋金光寺蓮台たひ料足、参百文定置申処実正也」とあって、七条大宮木下の小法師・正阿・正泉等三人が市屋金光寺に三百文で荼毘を請け負うとしており、市屋金光寺とは請負関係にあったことが分かる。[12] 天正十九年（一五九一）には、豊臣秀吉による京の寺領地子替のため、請負先の金光寺が現在の六条通へ移転させられたのに対し、[13] 狐塚ではそれ以後も荼毘が行われ続けていた。この荼毘を担った者達の実態は、近世に入ってより明らかとなる。寛保三年（一七四三）の「唐橋村明細帳」によれば、[14] 茶毘に従事した者は「京七条通大宮西へ入町煙亡町」に「古来ゟ住宅仕」る「煙亡三人」と認識されていた。そして、煙亡三人のうち「月番之者壱人宛」が「昼夜狐塚ニ定番」していた。次いで寛政三年（一七九一）「興正寺熙君殿御往生狐塚密葬一件」中の奉行所へ提した口上書には[15]「花畠町ニ罷在候隠亡宇兵衛・弥右衛門・九右衛門支配下のもの共、火葬取計候」とある。近世では「おんぼう」とも呼ばれた三昧聖の三人は、[16]「煙亡町」と称された「大宮西へ入町」＝「花畠町」に「古来ゟ住宅仕」り、[17] 三人のいずれかが昼夜月番で狐塚へ詰め、その配下の者達が火葬を執り行っていたというのである。もちろん、文明十八年当時の正泉等三人と寛保三年当時の「煙亡三人」とでは、その間二百五十年余り隔たっており、両者を安易に結びつけることは慎まなければならない。だが、両者の職掌は同じく茶毘であり、十五世紀でも三人のうち二人が阿弥号や「小法師」[18]であり、居住地も同じ七条大宮に「古来ゟ住宅仕」っていたと、近世にはその連続性が認識されていた。こうした両者の相似性から、七条大宮木下の正泉等三人は、市屋金光寺の近辺でもあった「大宮西へ入町煙亡町」に居住していた隠亡につながる三昧聖と推定することができる。[19] 後述するように十四世紀中頃には、「非人」とは別に「三昧聖」が史料の上にもすでに登場しており、応永五年段階で阿弥号を持ち、市屋金光寺の狐塚で茶毘を「執沙汰」していた善阿弥も、正泉等につながる三昧聖もしくはそれに類する者であったと推測することができるであろう。

このように観智院賢宝の葬送は遺弟や律宗の僧衆が執り行い、荼毘は時宗の市屋金光寺が取得していた狐塚で行われ、金光寺とは請負関係にあったと推測できる三昧聖の善阿弥がそれを担っていた。坂非人がここに登場することはまったくなかったのである。

2　地蔵堂三昧発足以降の変化

文安二年、坂が東寺から獲得した権益は、東寺が地蔵堂三昧を発足させたときの『東寺百合文書』から確認できる。坂が京中の葬送を統轄したという、その実態を知るためにも、権益の内容を押さえておこう。まず、当該史料のそれぞれ関連する箇所を引用する（傍線は筆者）。

【史料A】「東寺地蔵堂三昧法式」（百ヱ一五二）

東寺地蔵堂三昧法式条々文安弐□（年）七月廿八日始レ之、（中略）

一坂免状仕足事

参貫七百文　輿簾綱免分内　輿免分参貫五百文、綱書付分弐百文、但簾分ハ无レ之、

壱貫文　輿簾向後○以修理一ケ度免分出レ之、（中略）

文安坂使者両人越前弘慶（カ）納所慶性

文安貳年乙丑八月九日注レ之、

【史料B】「薩摩等連署置文」（百ヱ八一）

定東寺地蔵堂三昧免輿等事

一此輿并綱簾事免申畢、但輿簾

於二一箇度之修理一者、不レ可レ及二一切違乱一事、

一覆・膚付并炭木・供具・同力者銭

共、一度別八百文宛定レ之、（中略）

一於二此輿一者、不レ可レ出二相国寺・南禅寺・同

三聖寺江一候、若万一火屋荒垣中、

結二馬鞍・千早幕等一候者、悉皆坂之

沙汰所へ可二渡賜一候、於二此輿一、不レ可レ有下

自二寺家一外仁御乗上候、

右条々定申上者、不レ可レ有二永代違乱一者也、

万一有二異乱申輩一者、為二此方一、厳密加二下知一、

可レ処二罪科一者也、仍所レ定、如レ件、

文安貳年乙丑八月九日

薩摩（花押）　因幡（花押）　参河（花押）　日向（花押）

下総（花押）　丹後（花押）　和泉（花押）

【史料C】「坂公文所沙汰人連署免状案」（百ヱ八二―二）

東寺の地蔵堂免のこしに付仏事料足事、（中略）

文安二年乙丑八月九日

坂之公文所　判

沙汰人

越後　判

日向　判

三昧方へ下行足八百文内　三百文炭木代

二百文覆膚付代　百文供具代　二百文舁手二人

以上八百文也、但直下時者、以二此算用相当之分一、不レ可二下行一者也、彼免状巨細不レ載間、今注レ之、

覆・膚付事者不レ焼者、二百文代不レ可レ出レ之、

これら三つの史料から、坂が獲得した権益を次のように①〜③（本節で記す①②③はすべて左記内容を指す）と、まとめることができる。

①葬送で使用する輿・綱の免分費用は三貫七百文、輿・簾については修理を以て一度免分とし、その費用は一貫文とする。

②覆・膚付二百文、炭木三百文、供具百文、力者銭二百文、合計して八百文を三昧方へ下行する。

③火屋・荒垣の中の馬鞍・千早幕は、坂の沙汰所へ引き渡す。

こうした坂の権益に対する評価を、馬田氏は「遺体の移動・火葬の実務を坂に委ねつつ、東寺は三昧輿を使用して葬送を実施する権限を（坂から）承認された」（括弧内は筆者）と結論付けたわけである。確かに、①〜③は葬送にお

ける坂方の得分であり、【史料B・C】に力者銭、炭木代が計上されているのは「遺体の移動・火葬の実務」への対価と考えられ、【史料A】に輿・綱の「免分」としての費用が計上されているのは、「三昧輿を使用して葬送を実施する」許可料と、それぞれ想定することができる。

そこで坂非人は、これ以降、葬送にどのように関わったのか、また「三昧方」とはどのような関係であったのか、検討しなければならない。しかし十五世紀半ば以降、東寺寺僧の葬送の具体的様相は明らかではない。そのため、先に取り上げた応永五年の賢宝の葬送に要した費用と、文安二年に坂が要求した費用とを対比することにより、坂が獲得した権益の実態を検討しよう（表12参照）。この対比により、二つのことが明らかとなる。

第一に、坂の要求費用のうち三昧方へ支払われる②は、狐塚で荼毘を行った善阿弥が要求していた費用の一部であり、荼毘そのものの費用と推定できる。もちろん、「三昧方」とは「地蔵堂三昧」方のことではない。なぜなら地蔵堂三昧とは、地蔵堂輿屋と三昧輿を管理するための組織であって[20]、荼毘を職掌とはしないからである。一方、光明真言講が保持していた墓地である「光明真言塚」も狐塚近隣の小塚であったため、火葬は狐塚で行われたと推測されている[21]。ゆえに「三昧方」とは、狐塚で荼毘を行っていた三昧聖であることになる。したがって三昧方へ下行された、②炭木代などの荼毘費用や三昧輿を担いだことに対する力者銭などの[22]、「遺体の移動・火葬の実務」に対する対価は、三昧聖の収得であって、坂方の収益ではなかったことが分かる。ただし②の八百文は、「直下時者、以二此算用相当之分一、不レ可二下行一者也」と決められているように、三昧聖への直接下行も否定されてはいないものの、坂方経由での支払いを基本としており、三昧聖が坂の関与の下にあることが窺える。賢宝の葬送では、「善阿ミ請二取之一」との如く善阿弥が荼毘費用を直接受領していたことと対比的である。

第二に、坂の最終取り分は、①輿・綱等の葬具免分料と③馬鞍・千早幕等葬場への持込品であって、葬列・荼毘に不可欠な藁靴代[23]、火屋・荒垣代など、賢宝の葬送でも費目に上げられていた費用が算入されていない。また右の力者銭、炭木代も坂方の収得ではなかったことを考え合わせると、坂の取得した金銭は、葬送を執行するための費用ではなかったことになる。これらのことから、馬田氏が述べた結論の一部、すなわち東寺が「遺体の移動・火葬の実務を坂に委ねた」ということが、妥当ではなかったことが分かる。つまり、坂が実際に葬送を担うということはなかったのである。

高田氏も、燃料代と膚付代が三昧聖の取り分として確立していたことに注目し、「坂非人は最初から葬送の現場作業を担当してはいなかった、と考えたい」との見解を示してはいたが[24]、論証までには至らなかった。本章は、観智院賢宝の葬送に要した費用全体との比較という視点を取り入れることにより、それが明らかとなった。

では馬田氏の結論で残った、「東寺は三昧輿を使用して葬送を実施する権限を承認された」ということは、妥当で

年（1445），坂公文所との交渉結果

備考
荒垣中のものに限って坂へ引き渡す
三昧方へ支払い計800文（膚付には覆含む）
輿・綱の使用免許料と1度の修善使用料

表12　東寺の葬送費用

費目	受取者	東寺の予定（文）	当初善阿弥請求（文）	最終結果（文）		費用引き渡し物（文）
	応永5年（1398），東寺観智院賢宝の葬送				【史料A～C】文安2	
天蓋・幡・絹	亭子院	800		800	坂公文所の要求	
藁履		100		100		
僧衆布施・100×15人		1,500		1,500		
小　計		2,400		2,400		
火屋	善阿弥			1,000		
荒垣						結鞍馬・千早幕
棺		100				
炭薪			500	500		300
膚付		100	500	500		200
力者銭		—	—	未計上		200
供具		—	—	—		100
棺結緒布				100		
穴賃		100	100	100		
輿			0	0		4,500
輿綱			200	200		200
小　計		300	1,300	2,400		
合　計		2,700		4,800		
蠟燭	住坊用意	200		200		
藁履		100		100		
総　計		3,000		5,100		

あろうか。【史料B】の坂が「輿并綱簾事免申」したとの一節から、東寺は坂から「三昧輿およびその付属品である綱・簾の使用が許可され」た、と馬田氏は言う。これは、氏が「免」を「免許」＝許可と解したことを示すものである。このことにより、三昧輿を使用して葬送を行う許認可権の主体が坂であることになり、そして東寺がその権限を坂から認められることになって、両者の立場が確定することになったわけである。しかし「免申」の「免ず」とは、輿などの使用許可のことであろうか。馬田氏は、【史料B】の表題にある「免輿」も「坂から使用が許可された三昧輿」と解するが(25)、本来「免輿」とはやはり「免ㇾ輿」であり、「輿そのものを免ずる」ことであろう。そして、他に「一ケ度免分」「免状」等とあるように、「免ず」とは免除のことであろう。すなわち、「免輿」とは「輿そのものを免除する」ことであり、「免除された輿」ということになる。そして、正平七年（一三五二）和気益成室の葬送の後、「輿等可ㇾ給之由譴責之間」(26)とあるように、犬神人が輿の差し出しを要求していたことを考え合わせると、「免輿」とは「輿の差し出しを免除すること」となる。よって「輿簾綱免分」とは、輿・簾・綱の差し出し「免除」する代わりに必要とした料金であったと理解できる。また「以㆓修理㆒一ケ度免分」とは、輿が破損したからといってその輿をただちに差し出せと言うのではなく、一度だけ、その輿を修理して継続使用することを認めて、輿の差し出しを「免除」するという葬具継続使用料であったと分かる。およそ中世語の「免除」には、現代語の「義務や役目を果たさなくてもよいと許可すること」の意味とともに、「収益を許す」意味があると指摘されている(27)。このことは、坂が東寺の輿差し出し義務を許して、東寺による継続使用（収益）を認めている実態と合致しており、当時の語法からも「免」が輿などの使用「許可」ではなく、差し出し「免除」が妥当ということになる。

　すなわち、坂が三昧輿等の使用を許可するなどということはなかったのであり、そうした理解は妥当ではなかった。ゆえに、この輿の差し出し免除料の支払いによって、東寺が「三昧輿を使用して葬送を実施する権限を承認され」るというものでもないことは、もちろんである。およそ輿の差し出し免除料とは、寺家が葬送のたびに繰り返し輿を使用すること（=常住輿）により、坂は葬送が行われても輿などの葬具を取得できなくなるため、それら葬具の差し出しを免除する代償のためだけに設定された料金であったと考えられる。馬田氏は「免」を許可と捉えたことから、坂から「東寺は三昧輿を使用して葬送を実施する権限を承認された」と結論付けたが、以上のとおりそれは妥当ではなかった。【史料A・B】は、坂が東寺に対して葬送の実施を承認する権限など所持している根拠にはならなかったのである。

以上、本節では東寺の葬送を通して検討を進めてきた。その結果、次のようなことが明らかとなった。

一つは、狐塚の三昧聖と坂非人の関係である。十四世紀末までに市屋金光寺が取得していた茶毘所の狐塚で、「火葬の実務」すなわち茶毘に従事していたのは三昧聖であり、三昧聖が収得していたのは茶毘の経費や若干の得分であった。また三昧聖は坂非人とは同じ立場の者として登場せず、少なくとも十四世紀末までは、三昧聖は坂から干渉を受けてはいなかった。しかし、三昧聖が坂と無関係であり続けることはできず、十五世紀中頃、坂の影響下に入っていた。ただし、文明十八年（一四八六）三昧聖と市屋金光寺とが、蓮台茶毘料足を三百文で請け負うと直接に書面確認しており、狐塚の三昧聖と金光寺との請負契約に坂は関与していなかった。よって三昧聖が、茶毘を坂の従属下で行っていたのではなく、坂からもなお相当程度に自立していたと考えられる。そればかりか、十六世紀末に市屋金光寺が六条通へ移転させられた後も、三昧聖は狐塚でそのまま茶毘に従事しており、市屋金光寺にも従属していたわけではなかった。茶毘所は三昧聖にとって生業の場であり、三昧聖は茶毘所との関係の強かったことが窺える。

二つめが、東寺の葬送と坂非人との関係である。坂が取得した免輿料は、東寺が独自に葬送を実施することへの許可料ではなく、東寺が輿の差し出しを免除され、継続して使用する料金、すなわち葬具差し出し免除料並びに葬具継続使用料であった。坂非人が遺体の移動や火葬の実務を担うことはなく、坂も東寺が三昧輿を使用して葬送を実施することに対して承認する権限など持っていなかったのである。

第二節　時宗・七条道場金光寺の葬送と荼毘

1　鳥辺野内の赤築地

前節で見たように、時宗寺院であった市屋金光寺は荼毘所を狐塚に経営していたが、この他にも京中の時宗寺院は、それぞれに荼毘所を持ち葬送荼毘に携わっていた。たとえば四条道場金蓮寺末寺の宝福寺は鳥辺野道場と呼ばれ、金蓮寺がそこで火葬を行っていたし、(28)六条道場歓喜光寺も墳墓に遺骨を籠める塔頭として葬地霊山に末寺行福寺を持っていた。(29)さらに七条河原口とも称される鴨川西岸に程近い七条東洞院の地に在った七条道場金光寺も、同様に荼毘所を持っていた。では、時宗寺院が執り行う葬送において、坂非人や三昧聖は具体的にはどのように関わっていたのか。本節では、豊富な寺院史料を確認できる七条道場金光寺を取り上げて、(30)その実態を考察しよう。この七条金光寺は、十四世紀後半に鳥辺野内に荼毘所を持ち、その後、七条河原口に墓地を移設してからは境内墓地を営む。こうした変遷のなかで、七条金光寺と坂との間でたびたび交渉が持たれていた。そこで、まず鳥辺野内の赤築地での状況を考察する。

応安五年（一三七二）七条金光寺は、鳥辺野内の赤築地を購入し、荼毘所経営を始める（金光寺文書八二・八三。以下「金文八二」などと記す）。そして葬送に用いられた葬具などの取り扱いについて、十五世紀以降に七条金光寺は坂と取り決めをしていた。[31] 具体的には、正長元年（一四二八）以降、引馬のあった葬送では、七条金光寺が坂へ一貫文を差し出すことにし（金文一一五）、長禄元年（一四五七）には徳政によって、坂が七条金光寺への「免輿以下」を停止せず、免輿を承認している（金文一二五）。この他、天文十七年（一五四八）以前には火屋・荒垣・幕・綱の取り扱いについてもすでに決定していた（金文一三七）。これらのことから、十五世紀中頃までには七条金光寺も常住の三昧輿を持っており、東寺と同様に「免輿」すなわち輿の差し出し免除として、「輿簾綱免分」を坂へ支払っていたと考えられる。その上、東寺との契約では確認できなかった火屋・荒垣の取り扱いまでも、坂との間で取り決められていた。このようにして、赤築地が茶毘所であった十六世紀中頃までに多くの権益を坂が獲得していたことが分かる。

次に茶毘所としての経営実態を考察しよう。応安五年、七条金光寺が善阿弥から五貫文で買得した鳥辺野内の赤築地は「善阿弥さうてん《相伝》の私領」で、その南の西側は伯楽たちの墓が隣接する「たミ所《茶毘》」（金文八二）であったことから、十四世紀後半、善阿弥は赤築地を茶毘所としてすでに運営していたと考えられる。では七条金光寺はどのようにして赤築地を経営していたのであろうか。このことを考えるヒントになるのが、金光寺が赤築地を引き払う際、「松房江相理」（金文一五〇）っていることである。このことにより恐らく「松房」が鳥辺野の赤築地を取り仕切っていたとまず推測できる。というのも、百年余り時代が下った十七世紀後半に記された『遠碧軒記』には、「古より鳥部山の人焼の御坊は、華屋松ノ坊というものにて[32]」と記されていたからである。つまり、鳥辺野で茶毘に携わっていた「御坊」すなわち三昧聖は、昔から「松ノ坊」と称されていた、と十七世紀後半には認識されていたわけである。とすると、十六世紀中頃の「松房」こそ、『遠碧軒記』が指していた「古」の三昧聖「松ノ坊」であったと推測できる。[33] 前節で検討したように市屋金光寺が取得した狐塚でも、茶毘そのものは三昧聖に請け負わせ、直接に時衆が茶毘に携わることはなかった。同様に七条金光寺も、茶毘所として赤築地を購入したものの、茶毘は以前から茶毘所を運営していた売主の善阿弥および、その系譜に連なる三昧聖の松房に請け負わせていたと考えられるのである。

では、茶毘執行者の善阿弥や松房（以下、善阿弥等）と坂非人とは、どのような関係であったろうか。茶毘所購入時の売券には、売主善阿弥とともに「因幡」「越前」が請人として連署している（金文八二）。このことから、大山喬平氏は「国名名のりの両人が坂非人の有力者であったことを物語」り、「善阿弥も非人仲間の一人であったに違いない」と指摘する。(34) 確かに、赤築地は坂の本拠である鳥辺野内に所在し、かつ墓地が七条河原口へ移転するとき「松房」への断りとともに「坂方談合候て」決定していることから（金文一五〇）、善阿弥等は坂非人集団の構成員と想定することはできる。ただし、本章では坂非人が祇園社の「神人」化を遂げた宿の長吏・配下集団を指すことにした。この点からすれば「国名名のりの両人」は、間違いなく犬神人として検断などに従事していた坂非人である。一方、茶毘を生業としていた善阿弥等は、狐塚でも隠亡が昼夜月番で茶毘所へ詰めていたように、赤築地に常駐していたはずであり、善阿弥を坂非人そのものと見なすことはできない。

2　墓地の移転と境内墓地

七条金光寺は、遅くとも十六世紀前半には墓地を鳥辺野内赤築地から金光寺のあった七条河原口へ移転していた。(35) それは、天文十七年（一五四八）坂が七条金光寺へ出した請文に、「七条の道場寺ない《（内）》において、とさう《（土葬）》の事」（金文一三七）と記され、金光寺が境内に墓地を擁していることが窺えるからである。(36) では七条河原口への墓地移転以降、七条金光寺と坂や三昧聖との関係はどのように変化したのであろうか。

まず茶毘の執行者と坂非人の関係を考察しよう。元和七年（一六二一）七条金光寺と坂とが相互に提出した置文（金文一五〇・一五一）には、葬具料や礼銭などを金光寺が坂方へ支払うことが定められていたが、そのほかに、

一、注阿ミ力者ニ壱斗　一、すミ木ニ壱斗　一、たな六合ニ付而壱升五合、其上さん用可レ有候、注阿ミうけ取
　　候て、寺地いらんあるましく候、

との条項も加えられていた。このことから大山氏は、「注阿弥は金光寺の火屋・墓所を直接に管理し、葬礼と埋葬に関わる人物であった。重要なことは注阿弥のような存在が坂の六人連判衆の配下にいたということである。」と指摘する。

確かに、注阿弥が力者銭などの荼毘費用を受け取ることについて、七条金光寺と坂の六人連判衆それぞれより承認されていることから、この条項は坂にとって「注阿ミ」が埒外の存在ではなかったことを示している。だが他方で、金光寺にとってもそれは同様であった。つまり、もし注阿弥が「坂の六人連判衆の配下にいた」とするならば、荼毘費用の支払いなどは所詮、坂内部の問題であることから、わざわざそれを書面で別記する必要もなかったはずである。ということは、注阿弥が必ずしも坂の従属下すなわち「坂の六人連判衆の配下」ではなかったことを示すものであろう。しかも、金光寺から坂へ出された置文の案文には、本条項の「注阿ミうけ取候て」との箇所が「あ（注脱カ）ミ遣候て」（金文一五二）とあって、注阿弥の取り分を金光寺が直接支払うことを前提としていたことが分かる。そうであれば、市屋金光寺が所有していた狐塚で荼毘に携わっていた三昧聖は、十五世紀半ばより荼毘費用を坂方経由で受け取るようになり、坂の影響下に入ったと推測したが、七条河原口の注阿弥の場合それとは逆の現象であったことになるわけである。狐塚の三昧聖でも、相当程度に坂から自立していたことが推測されたが、注阿弥の場合はなおさらであったと言えよう。このことは、十八世紀初めに七条河原口の三昧聖が、「当寺境内有レ之御隠亡共」（金文一六三）、「当山隠亡」（金文一六四）、「御寺（＝金光寺）御支配之隠亡」（金文一六五、括弧内筆者）と記されるように、彼等三昧聖が七条金光寺配下[37]となっていたことが明らかになることからも、それは窺える。しかも、十六世紀中頃、赤築地の三昧聖は

「松房」であり、十七世紀後半にはそれが昔から「松ノ坊」であったと認識されていた。ゆえに十七世紀前半、七条河原口に「注阿弥」として登場する三昧聖は、赤築地で荼毘を担っていた坂配下の善阿弥等の系統ではなく、坂の影響下にはない三昧聖であったと推測することができる。

七条金光寺は、赤築地では善阿弥・松房等を、七条河原口では注阿弥をといった具合に、荼毘所ごとにそれぞれの三昧聖に荼毘を請け負わせていたのである。そして、鳥辺野の赤築地の三昧聖は坂非人集団の一員の可能性があったが、七条河原口内の三昧聖は七条金光寺の配下になってゆく。このように三昧聖は、各々の荼毘所に専属的に従事しており、地域的に坂との距離感も異なっていたのである。

次に七条金光寺と坂との関係を考えよう。右に取り上げた元和七年、坂が提出した置文には、「七条河原口へ墓所ひかせ申処也、其時被二定置一分之事」とあることから、墓地を七条河原口へ移転したとき、坂は金光寺とその得分を改定していることが分かる。その内容は、葬送のたびごとに金光寺が坂へ支払う十項目を新規に規定するもので、十項目のうち六項目（六等級）を遺体搬送具として管理し、その等級に応じて一回ごとの使用料金を定めている（金文一五〇）。また七条金光寺の境内に土葬された場合、土葬一件につき五十文を坂へ支払うとの条項も新規に加わっている（金文一三七）。境内墓地経営の開始とともに、金光寺と坂との契約内容が細密化していることが窺える。

従来、坂が要求していた葬具といえば輿であったが、このときの改定では「ふりさけ《（振下）》」といった極めて簡単なものから、高級な龕に対する得分までもが定められていた。こうした改定の背景には、京都の中心部にも墓地が進出してきたことから[38]、そこに埋葬される人々の階層が格段に広がっていくなど、葬送墓制の変化が存在したと考えられる。そこで境内墓地へ埋葬される死者も増加していった金光寺が、多くの階層の人々の需要に応えて多種の遺体搬送具を取り揃えていったのであろう。もちろん、こうした事態が京中の人々の葬送を、坂が統轄したことを意味しない。なぜなら、七条金光寺も十五世紀中頃までに坂から「免輿」（金文一二五）を受けていたが、これによって坂が受け取っていたのは、金光寺が独自に葬送を実施することへの許可料などではなく、輿の差し出しを免除する代わりにそれを継続使用する葬具使用料だったからである。よって、こうした多種の遺体搬送具に対する坂の得分も、葬送に使用された搬送具の等級に応じて支払われる葬具使用料であった。そして、このように境内墓地経営の開始によって、坂方が葬送のたびに葬具使用料を受け取る内容へと契約も改められたが、十七世紀初頭にはそれすらも年一回まとめて三石五斗を受け取ることに改定されていたのである（金文一五〇）。

文亀二年（一五〇二）甘露寺元長の母の葬送では、沐浴・入棺・荼毘などを時宗宝泉寺が一向沙汰しており、坂非人の姿は確認できない（『元長卿記』同年四月一日～六日条）。中世後期になって時宗寺院が葬送を「一向僧沙汰」することができたのは、その前提として七条金光寺のように荼毘所を所有し、荼毘を三昧聖に委ねるという経営があったからと考えられる。馬田氏は、「時衆も坂非人と同じく死穢に関わる作業に携わっていた」としたが(39)、坂は、こうした時宗寺院に対しても寄生するかの如く、葬具使用料を取得していただけで、坂非人が葬送を一向沙汰するどころの問題ではなかったのである。これが、馬田氏が検討を必要とした、坂非人と時衆との実体的な関係であった。

以上、第一節・第二節において十五世紀以降の東寺や時宗寺院の行う葬送における坂非人や三昧聖の実態を、狐塚・赤築地・七条河原口の荼毘所を通して検討を進めてきた。その結果、明らかになったことを簡単にまとめておこう。

第一に、坂が要求した得分とは三昧輿などの差し出しの免除料であって、東寺・七条金光寺等が独自に葬送を実施することへの免許料ではなかった。つまり、寺家が独自に葬送を実施することを承認する権限など、坂は持っていなかった。中世後期、葬送を担ったのは時衆などの禅律僧であり、坂非人が葬送に関与することはなかった。

第二に、三昧聖は生業たる荼毘を担う者として、各々の荼毘所に坂非人とは別に存在していた。また三昧聖は荼毘所を経営する寺院との請負関係にあり、三昧聖の得分は炭木代を中心とした荼毘に関わる諸費用であった。

第三に、坂非人集団は鳥辺野を本拠としていたが、坂は鳥辺野外の狐塚へ埋葬しようとした東寺や七条河原口を墓地とした時宗寺院の葬送にも、得分を主張するに至る、ということである。

ただし、この第三については注意が必要である。「はじめに」でも少し触れたように、禅宗寺院の葬送には坂の影響が及んでいなかったと指摘されていた。これを領域で考えるとき、たとえば大徳寺が大永五年（一五二五）に定めた荼毘所の使用規定「涅槃堂式目」では、荼毘は三昧聖の「蓮台寺聖」が携わることになっており[40]、葬送得分に預かる者も河原者であって、坂非人とはされていなかった。ゆえに蓮台野は坂の勢力圏外と考えられた[41]。このように中世後期における坂の権益は葬具使用料などを収得するに過ぎないものであったが、それすらも京中全域に及んではいなかったのである。

第三節　墓地と三昧聖

前節では、三昧聖が坂非人とは別個に存在して、荼毘を担っていたことを指摘した。もちろん、狐塚や赤築地で荼毘に従事していた者を三昧聖と称したのは、近世史料「隠亡」からの類推比定ではあったが、中世後期に「三昧聖」が史料の上に現れなかったわけではない。たとえば、十四世紀半ばに近国若狭でも「非人」とは別に「三昧聖」が登場していた。貞治四年（一三六五）の「明通寺羅漢堂并食堂供養料足注文」に「三百文　三昧聖、三百五十文　ホロホロ修行者、五十文　非人」（『小浜市史』社寺文書編、三五　明通寺文書四〇）とあるのがそれである。また文明四年

（一四七二）大沢久守妹あやの葬送では、「今朝あや松崎山へトサウ《（土葬）》、（中略）此方ヨリ松崎三昧聖五十疋下行」（『山科家礼記』同年七月十三日条）とあって、葬送の場に「三昧聖」が登場している。また永正元年（一五〇四）七月二日、近江多賀神社の置文でも、「河原者、三昧聖、坂者、神事屋ニテ致二違乱一事無二其謂一上者、堅致二停止一畢」（「多賀大社一年中御神事」）[42]とあり、「三昧聖」が河原者や坂非人と同列に、しかも別個の存在として認知されていたのである。

　では、三昧聖とはどのような者であったのだろうか。もとより「三昧聖」としての全体像が明瞭になるのは、中近世移行期から近世初期も経た後のことであった。そこで中世の三昧聖を考えるに当たり、近世の三昧聖（おんぼう）についての近年の研究成果の一端を整理すると[43]、まず職分の上からおんぼうは、火葬や埋葬などの遺骸処理に従事し、一定の領域の旦那場を持って初穂料や葬送に際しての布施を受け取っていた。一方、地域社会のなかではおんぼうも、惣墓などの墓地に隣接して小集落である三昧聖村を枝村として形成し、村とは協同関係をつくる一面を持ち合わせていた。また、公共性を持つ葬送業務を役負担する代償として、墓地や屋敷地の除地扱いや、加役免除などの諸特典を付与されていたが、おんぼうの職分の排他性も村役人支配を前提とし保障されるものであった。

　こうした近世のおんぼうの概要を踏まえて、ここでは行論の上から三昧聖の二つの姿を取り上げよう。一つは、墓の所有者である。たとえば天正十二年（一五八四）『上山城久世郡狭山検地帳』には、「畠半　はか　二斗五升《下々》　ひち《三まい》り」（『大日本古文書家分け』第四、石清水文書之三・一一七五）と記されている。二つには、墓守に従事する三昧聖である。寛政四年（一七九二）泉郡万町のおんぼうは、「墓守煙亡・徳兵衛」（『俗邑録』）[44]と自称している。近世でもおんぼうが墓守と分かちがたい存在であり、その職掌は茶毘や埋葬だけではなかった。これら二つの特徴からも分かるように、三昧聖が墓と密接な関係にあったのである。このことは、近世のおんぼうの職分からすると当然なことかも知れないが、中世の三昧聖を考えるうえで重要なことであった。

なぜなら、十四世紀の京都では「町」・「散所」・「河原」・「坂」など、「場」に応じた新たな集団把握、身分呼称の成立があったとされているからである。[45] すなわち、中世の三昧聖も生業の場である墓地や荼毘所と強い関係にあったわけであるから、墓すなわち「三昧」場に即して「三昧聖」やそれに類同する身分呼称の者が登場してきても不思議ではないことになるからである。よって注目すべきは、必ずしも「三昧聖」の如き個別的な身分呼称ではなく、「墓」という場ということになる。そこで墓と関わりのある者に注目すると、そうした者をすでに十一世紀前半から目にすることができ、十六世紀末までに確認できた者（僧侶である三昧僧は対象外とした）を表13としてまとめた。それらのなかで主立ったものを年代順に拾い挙げてみると（○数字は表13と同じ）、

①長元八年（一〇三五）選子内親王の葬送では、葬送終了後に「材木・絹布等、施給蓮台廟聖」[46]（『左経記』同年六月二十五日条）と、蓮台廟の聖が登場する。

②保安元年（一一二〇）藤原宗忠養母の葬送では、遺骨を木幡浄妙寺へ送ったとき「山守三人乞禄」（『中右記』同年九月二十七日条）と、「山守」＝墓守の存在を確認できる。

③仁安二年（一一六七）近衛基実の改葬では、「経浄妙寺門前、直入御々山、御墓守男共路前行」（『兵範記』同年七月二十七日条）と、十二世紀後半には「墓守」が登場している。

⑤貞和二年（一三四六）中原師守の父師右の一周忌の墓参仏事で、鳥目百文を下賜したのは「墓守法師」に対してであった（『師守記』同年二月六日条）。

⑩永享八年（一四三六）に「百文　七月墓掃除、空性方下行」（百レ一一九）と、墓掃除を行っていた空性は、寛正二年（一四六一）に「墓守」（百レ一六八）と称されていた。「墓守」の職掌に墓掃除のあったことが窺われる。

⑳さらに永正二年（一五〇五）には「御ハカ供水方」「サウチ（掃除）ノ聖方」（『大乗院寺社雑事記』同年七月十三日条）と、墓

表13　中世の墓守と三昧聖

No	西暦	当該事例の年代	被葬者または被供養者死去日	墓守	三昧聖・聖	隠坊	史料に登場する墓守や聖等の名称	典拠
①	一〇三五	長元八年六月二五日	選子内親王 六・三		○		蓮台廟聖	左経記
②	一一二〇	保安一年九月二六日	藤原宗忠の養母 九・二九	○			山守	中右記
③	一一六七	仁安二年七月二七日	近衛基実 一一六六・七・二六	○			御墓守男共、御墓守	兵範記
④	一一八一	治承五年一月一四日	高倉上皇 一・一四		○		ちやうらくじのひじり	高倉院昇霞記
⑤	一三四六	貞和二年二月六日	中原師右（中原師守父） 二・六	○			墓守法師	師守記
⑥	一三六四	貞治三年六月一〇日	古阿弥陀仏（中原師守妻） 六・三	○			墓守法師	師守記
⑦	一三六四	貞治三年七月一四日		○			墓守法師	師守記
⑧	一三六五	貞治四年四月五日			○		三昧聖	小浜市史　社寺文書編
⑨	一三六七	貞治六年八月二三日	顕心尼（中原師守母） 一三六五・八・一三	○			墓守法師	師守記
⑩	一四三六 一四六一	永享八年七月 寛正二年九月九日		○			墓掃除、墓守	東寺百合文書レ函一二九号、レ函一六八号
⑪	一四六二	寛正三年一二月二七日		○			光明真言ツカ掃除方	東寺百合文書ヘ函一四〇号
⑫	一四七二	文明四年七月一三日	久守あや 七・一〇		○		三昧聖	山科家礼記
⑬	一四七四	文明六年二月			○		行基菩薩吏家方、聖住僧	邑久郡史
⑭	一四八四	文明一六年九月六日	和泉屋道栄 九・六		○		三昧聖	蔗軒日録
⑮	一四九二	延徳四年六月二二日			○		千本之野法師	大乗院寺社雑事記
⑯	一四九六	明応五年七月			○		三昧聖	大徳寺文書三巻一三五六

No	西暦	当該事例の年代	被葬者または被供養者死去日	墓守	三昧聖・聖	隠坊	史料に登場する墓守や聖等の名称	典拠
⑰	一五〇一	文亀一年六月一〇日			○		弔法師	河内長野市史四巻　史料編一－二四〇・二四一
⑱	一五〇一	文亀一年閏六月二日 文亀一年七月一一日			○		三昧之聖、槌丸之三昧聖	政基公旅引付
⑲	一五〇四	永正一年七月二日			○		三昧聖	多賀大社叢書
⑳	一五〇五	永正二年七月一三日			○		御ハカ供水方、サウチノ聖方	大乗院寺社雑事記
㉑	一五二三	大永三年			○		聖三昧	法隆寺記録　甲一五二・甲一五三「寺領段銭納帳」
㉒	一五二五	大永五年閏一一月晦日			○		千本蓮台寺聖方	大徳寺文書
㉓	一五三二	天文一年一一月三〇日			○		聖方	大覚寺文書
㉔	一五四三	天文一二年一月	妙宗尼（蓮如十二男実孝の妻）		○		ヒシリ、コシカキ衆、ヒヤ《（火屋）》ノウチニテハタラク衆	妙宗葬中陰記　飯貝本禅寺所蔵
㉕	一五五四	天文二三年八月二二日	本願寺十世証如			○	おん坊	証如宗主御葬礼并諸年忌記
㉖	一五六四	永禄七年六月	順興寺実従（蓮如末子）		○		聖	順興寺実従葬礼并中陰記
㉗	一五七六	天正四年八月二〇日			○		フィジリス（聖）	耶蘇会士日本通信
㉘	一五八四	天正一二年			○		三まいひちり	大日本古文書　石清水文書三－四五五
㉙	一五八七 一五八九	天正一五年一月一九日 天正一七年一月一九日	山科言経娘・弥々 一・一九		○	○	聖、ヲンボウ	言経卿記
㉚	一五九四	文禄三年			○	○	ひちり、おんほ	羽曳野市史　五巻史料編三
㉛	一五九五	文禄四年八月				○	おんはう・おんぼ	田原本町史　史料編一巻
㉜	一五九八	慶長三年八月			○		千本の蓮台寺聖僧	義演准后日記九・六、九・二〇条
㉝	一五九九	慶長四年五月六日	福勝院殿			○	ヲンボウ	鹿苑日録

への水やりも職掌とする、「掃除の聖方」も存在していた。

十四世紀に茶毘を担っていた者達が、「三昧聖」と称された史料はまだ確認されていない。しかし、十一世紀前半から十二世紀には墓を守る聖がすでに存在していた(47)。そして室町時代には、都市の中心部の各地にも墓地が進出し、墓地（三昧場）に関わる多様な者達への社会的需要が増すなか、十四世紀中頃以降、荼毘に携わる者が「三昧聖」として登場し始める。そして、これら墓地の周辺に存在した多くの聖体の者達が、中世末から近世初頭にかけて「三昧聖」や「おんぼう」に収斂していったものと推測することができる。こうした三昧聖の前身である墓守などが登場し始めた十二世紀中頃は、坂非人が集団として登場し、法事の際の施行対象としてようやく確定する時期であった(48)。つまり、三昧聖と坂非人とは、その起源からも、その職掌からも別個の存在であったと言える。赤築地の善阿弥は、三昧聖ながら、鳥辺野内という地理的関係から坂非人集団に包摂されていただけであり、坂非人から分化した者ではなかったし、ましてや坂非人そのものでもなかった。そして坂非人はもとより荼毘に携わることはなかったし、また葬送に関与した者でもなかったのである(49)。

おわりに

本章では馬田氏が提起していた課題に対して、坂非人が、東寺や七条金光寺が行った葬送や荼毘とどう関わり、また三昧聖とどういう関係であったかについて検討を進め、次のようなことが明らかになった。

第一に、十五世紀以降、坂が東寺や七条金光寺などに対して獲得していた権益とは、輿などの葬具の差し出し免除料や葬具継続使用料であって、葬送の担い手としての葬送費用でもなく、まして東寺や七条金光寺が独自に葬送を実施することへの免許料などではなかった。これまで、坂が京中の諸人の葬送を統轄し、寺院が独自に葬送を行うためには坂の免許が必要だとしてきた、馬田氏の理解は妥当ではなかったのである。

第二に、十一世紀中頃から十二世紀には、中世後期の三昧聖につながり得る者として、墓地の周辺に墓守・墓聖等がすでに存在していた。つまり、中世後期に荼毘を担った三昧聖は、坂非人とは系譜・職掌を異にし、坂非人から分化したものではなかった。しかし、京中に散在する葬地・墓地の近辺に居住していた三昧聖が、坂とどのような関係であったかは、坂や鳥辺野との地理的もしくは力学的な距離感により多様であった。

十四世紀初頭、清水坂に集住していた非人は千人を数え、[50]非人宿は乞丐系非人、ヒジリ系、遊行系、キヨメ系非人等多種多様な非人が集住していたとされる。[51]ゆえに鳥辺野内の荼毘所に従事する三昧聖は、宿の長吏の支配下にあり、坂の構成員であったと考えられるが、すべての三昧聖が坂の構成員であったり、坂の影響下にあったわけではなかった。

もとより高田氏も、坂が施しを受ける権利を主張し始める以前から、三昧聖が物品の取得慣行を成立させていたとして、三昧聖が坂非人から分化したとする通説的な理解に疑問を呈していた。[52]しかし、通説的理解が妥当ではないことを示すためには、坂非人が葬送を担うことがなかったこと、そのうえで三昧聖が系譜、職掌ともに坂非人とは異なることを論証しなければならなかったのである。

以上、馬田氏が提起していた課題に対して、その一端なりとも応えることができたと考える。しかし、坂が輿などの差し出し免除料といった葬送の得分を得るようになった淵源や、その得分の性格を明らかにするためには、中世前期あるいはそれ以前からの検討が必要である。馬田氏は、十三世紀後半には坂非人が葬送で諸道具類を没収する権利があったことを指摘したが、その権利の由来についても、実証的に解明されていない。だが、坂非人がこうした権利を獲得する以前、葬場ではそうした諸道具類の扱いに関する一定の儀式作法が存在していた。こうした坂の葬送得分の淵源や性格の解明については、第二部第四章で検討することにする。

筆者は、第二部第二章で葬送の主要な儀礼が僧侶と俗人の協業であると指摘したが、それは荼毘についても同様であった。たとえば長享二年（一四八八）近衛房嗣の荼毘は、家司竹屋治光朝臣、運伊僧都等が龕の傍で火を付け、海蔵院衆・知恩寺・本満寺が諷経し、子息近衛政家は鳥居の外で列立し、諷経中に焼香をしていた。しかし、『後法興院記』には「余并実門令二焼香一、作法終帰宅」（同年十月二十四日条）と記されるように、政家、前大僧正実門（政家男）は焼香などの「作法」が終わると「帰宅」してしまい、その後の荼毘の様子は記録されていない。荼毘の「作法」は、確かに俗人と僧が行っている。だが、時間を要する荼毘そのものは、荼毘所を取り仕切っていたと考えられる三昧聖の働きを否定できない。

黒田日出男氏は、親鸞の生涯を描いた「伝絵」（西本願寺本）における荼毘の場面で、薪を折る男と火炎を調節する男を「隠亡」として読み取っていたし[53]、大石雅章氏は、中世後期に禅律系寺院配下の職人や非人が葬送の雑用を担い、これら寺院による葬送全般の一括請負を可能としたと推測していた[54]。また伊藤久嗣氏も、大乗院門跡と被官関係を結ぶ多数の賤民層の参画が中世後期の葬祭儀礼に位置付けられると述べていた[55]。中世後期、禅宗では荼毘所経営が一般化し、時宗も市屋金光寺や七条金光寺などは狐塚や七条河原口に荼毘所を構えていた。一方、律宗も、たとえば招提寺末寺遍照心院は、十二町の広大な境域[56]に狭少ながらも荼毘所を持っていた[57]。

以上のことから、前章で明らかにした中世後期の葬送における禅律僧の「一向僧沙汰」も、それを支える基盤として、禅律系各寺院が荼毘所を所有・経営し、かつ遺体の埋火葬そのものの作業を三昧聖に請け負わせるシステムが存在していたと言えるであろう。

註

（1）馬田綾子「中世京都における寺院と民衆」（『日本史研究』二三五、一九八二年）。以下、馬田氏の見解は断りのない限りすべて本論文による。

(2) 原田正俊「京都五山禅林の景観と機能」（『中世寺院　暴力と景観』高志書院、二〇〇七年）。

(3) 大永五年（一五二五）「大徳寺役者塔主連署規式」（『大徳寺文書』第七巻二四七四号）。大徳寺は、開創当初から墓地との関係が重視されていた。たとえば元亨四年（一三二四）同寺開山の宗峰妙超は、「荘㆓厳墳墓㆒、可㆑訪㆓彼御菩提㆒也、兼又至㆓後代㆒、以㆓墳墓之地㆒可㆑被㆑致㆓喪礼㆒」（「妙超置文」『鎌倉遺文』二八七四三）と記している（伊藤克己「大徳寺創立の歴史的前提」『駒澤史学』三九・四〇、一九八八年）。

(4) 田良島哲「大徳寺の葬送と蓮台野」（『京都部落史研究所報』五五、一九八二年）。

(5) 馬田綾子「坂非人・葬送」（部落問題研究所『部落史史料選集』第一巻、一九八八年）。

(6) 田良島哲「宿の村落化とさまざまな生業」（『京都の部落史Ⅰ　前近代』京都部落史研究所、一九九五年）。

(7) 高田陽介「葬送のにないて」（『史論』五六、二〇〇三年）。

(8) たとえば『山科家礼記』文明四年（一四七二）七月十三日条、『蔗軒日録』文明十六年（一四八四）九月十六日条など。

(9) 黒田日出男「史料としての絵巻物と中世身分制」（『境界の中世　象徴の中世』東京大学出版会、一九八六年）。三枝暁子「中世の身分と社会集団」（『岩波講座　日本歴史』第七巻、二〇一四年）。

(10) 原宏一「東寺地蔵堂三昧について」（『三昧聖の研究』碩文社、二〇〇一年）。

(11) 高田陽介「時宗寺院の火葬場と三昧聖」（『史論』六〇、二〇〇七年）。

(12) 文明十三年（一四八一）市屋金光寺は、東寺納所の乗珍法橋寿賢から後生菩提の本尊燈明料として七条櫛笥西南角の土地の寄進を受けるなどしており、この頃、金光寺西の葬地が漸増傾向にあったとされる（梅谷繁樹「京都の初期時衆」『中世遊行聖と文学』桜楓社、一九八八年）。

(13) 天正十九年（一五九一）九月十三日付、「豊臣秀吉朱印状」（金光寺文書、東京大学史料編纂所影写本）。

(14) 南区・竹内家文書、京都歴史資料館所蔵。

(15) 西本願寺文書、本願寺史料研究所蔵。村上紀夫「墓所狐塚とオンボウ」（『本願寺史料研究所報』二三、一九九九年）。

(16) たとえば延享三年（一七四六）『河州丹北郡別所村明細帳』には、「七畝廿一歩長廿三間、横拾間三尺除地　ひしり屋敷、右おんほ家数九軒、墓所ハ三宅村三昧地極楽寺と申候」（『松原市史』三巻史料編1）と記されている。

（17）十九世紀初頭、文化年間頃の古地図にも二軒の「隠亡」の住居が現に確認できる（久保富美編『本派本願寺真宗写真宝典』日本宗教学会、一九一六年。前掲註(15)村上論文)。

（18）十六世紀初頭、河原者五郎は「禁裏御庭者小法師五郎」とも称され（『華頂要略』門主伝・第二三・大永元年〈一五二一〉十二月三十日付文書)、小法師が被差別民として登場している（丹生谷哲一「中世賤民研究雑考」『日本中世の身分と社会』塙書房、一九九三年)。

（19）高田陽介「中世の火葬場から」（五味文彦編『中世の空間を読む』吉川弘文館、一九九五年)。勝田至「「京師五三昧」考」(『日本中世の墓と葬送』吉川弘文館、二〇〇六年)。

（20）前掲註(10)原論文。

（21）前掲註(19)勝田論文。

（22）一般的に三昧輿を舁いだ力者は、寺院に属していたと考えられる。たとえば正長元年（一四二八）称光天皇の葬送を記した「称光天皇御葬礼記」によれば、宝輿を法堂へ舁ぎ入れたのは「寺門力者」であったし（総本山御寺泉涌寺編『泉涌寺史資料編』法蔵館、一九八四年)、天文十九年（一五五〇）足利義晴の葬送でも、輿を担いだのは「相国寺の力者」であった(「萬松院殿穴太記」『群書類従』二九)。しかし、第二節で取り上げる七条金光寺の茶毘所であった七条河原口でも、「注阿ミ力者ニ壱斗」として、三昧聖である「注阿弥の力者」として記されている。この点からすると、力者は茶毘に携わる三昧聖等の配下でもあったと考えられる。

（23）葬送に参列する者は藁靴を履かなければならなかった。この作法は、『西宮記』に記された延長八年（九三〇）醍醐天皇の葬送を初見として、王家・公家の葬送で当然に行われていた。中世後期でも、たとえば応永三十五年（一四二八）足利義持の葬送では、「縦雖レ為二御道服体一御草鞋可レ然歟」(『満済准后日記』同年正月二十三日条）と、道服姿であっても草鞋(＝藁靴）を履くべきであると、満済は答えている。

（24）前掲註(19)高田論文。

（25）前掲註(5)馬田解説文。

（26）『祇園執行日記』正平七年正月二十六日条。

（27）安野眞幸「楽市論への招待」(『楽市論』法政大学出版局、二〇〇九年)。

(28)　高田陽介「戦国期京都に見る葬送墓制の変容」(『日本史研究』四〇九、一九九六年)。
(29)　林譲「南北朝期における京都の時衆の一動向」(『日本歴史』四〇三、一九八一年)。
(30)　村井康彦・大山喬平編『長楽寺蔵　七条道場金光寺文書の研究』法蔵館、二〇一二年。以下、金光寺文書は本書による。
(31)　遊行十五代尊恵（一三六四～一四二九）との間では、坂は金光寺が執り行った葬送での得分を放棄すると取り決めていた(金文一一五)。
(32)　『日本随筆大成』第一期・十巻、吉川弘文館、一九九三年。
(33)　前掲註(11)高田論文。
(34)　大山喬平「清水坂非人の衰亡」(『長楽寺蔵　七条道場金光寺文書の研究』法蔵館、二〇一二年)。以下、大山氏の見解はすべて本論文による。
(35)　鎌倉時代まで賑わいをみせいてた左京七条大路と町尻小路の交差点を中心とする七条町も、南北朝期以降においては共同墓地の様相を呈していたという（野口実「京都七条町の中世的展開」『京都文化博物館研究紀要　朱雀』1、一九八八年)。
(36)　前掲註(34)大山論文。
(37)　享保十二年（一七二七）知恩院末寺金台寺から七条金光寺へ出した「寺請状」には、金光寺の隠亡が「代々浄土宗ニて当寺旦那ニ紛無御座候」(金文一七二）と記されていることから、金光寺の隠亡「御支配」が寺請けによる支配ではないことが分かる。
(38)　山田邦和「京都の都市空間と墓地」(『日本史研究』四〇九、一九九六年)。
(39)　前掲註(5)馬田解説文。
(40)　前掲註(19)勝田論文。高田陽介「寺庵の葬送活動と大徳寺涅槃堂式目」(『東京大学日本史学研究室紀要』一、一九九七年)。
(41)　ただし『雍州府志』の「千本」の項には、「蓮台寺六坊其坊中各有二土葬場一、是亦春秋両度、贈二米銭於犬神人一」(『新修京都叢書』第十巻）とある。このことから馬田氏は、近世において蓮台野は坂の管轄下にあったと述べている（前掲註(5)馬田解説文)。
(42)　多賀大社叢書編集員会『多賀大社叢書　記録篇一』多賀大社社務所、一九七八年。

（43）　木下光生「近世おんぼう論」（『部落問題研究』一四〇、一九九七年）、吉井克信「近世畿内三昧聖の宗教的側面と信仰」（『部落問題研究』一四四、一九九八年）、吉井敏幸「中世〜近世の三昧聖の組織と村落」（『部落問題研究』一四五、一九九八年）などを参照した。この他、細川涼一編『三昧聖の研究』（碩文社、二〇〇一年）では、近世の三昧聖の存在形態が畿内の国別に論究されており、地域ごとの実態解明も進んでいる。

（44）　『和泉市紀要』一五、二〇〇八年。

（45）　前掲註（9）三枝論文。

（46）　高田氏は、この「蓮台廟聖」を中世の千本火葬場・蓮台野火葬場に見られる三昧聖の先駆けとも見なすことができるとする（「中世三昧聖をどうとらえるか」『日本文化研究』三、二〇〇一年）。勝田氏は、蓮台廟聖も火葬のノゥハゥを持ち、作業に関与していた可能性を認めつつ、火葬作業が行われたと史料には確認できないとする（「蓮台野の形成」『死者たちの中世』吉川弘文館、二〇〇三年）。しかし本文で指摘したとおり、必ずしも火葬に携わっていることが三昧聖前身の要件と考えるべきではない。

（47）　樋口州男氏は、古代から中世への転換にあたって、既成教団としての寺院が聖や上人と呼ばれる人々を三昧僧として寺院内にとどめ、彼等を通じて死者との関わりを実現していったと指摘する（「平安仏教と葬送」『中世の史実と伝承』東京堂出版、一九九一年）。

（48）　吉野秋二「非人身分成立の歴史的前提」（『ヒストリア』一六四、一九九九年）。

（49）　細川涼一氏は、鎌倉時代の「惣墓としての三昧の成立は、必ずしも墓地を管理して遺骸の火葬・埋葬を職掌とした三昧聖の成立を意味しない。」とする。それは、「この時期に京都の鳥辺野の葬送に従事したのは清水坂非人であったことにうかがえる」からとする（「三昧聖研究の成果と課題」『三昧聖の研究』碩文社、二〇〇一年）。しかし、坂非人が鳥辺野の葬送に従事したことが具体的に窺われる史料などなく、また以上の検討からも、こうした考えの成り立たないことが理解できるであろう。

（50）　「後深草院崩御記」嘉元二年（一三〇四）八月二十日（史料纂集『公衡公記』）。

（51）　小山靖憲「中世賤民論」（『講座・日本歴史4　中世2』東京大学出版会、一九八五年）。

（52）　前掲註(46)高田論文。

(53) 黒田日出男「身分制研究と絵画史料分析の方法」(『部落問題研究』八七、一九八六年)。ただし「隠亡」との呼称が現れるのは、表13㉕天文二十三年(一五五四)、本願寺十世証如の葬送の記録(『証如宗主御葬礼并諸年忌記』)を初見として、十六世紀後半以降である。

(54) 大石雅章「顕密体制内における禅・律・念仏の位置」(『中世寺院史の研究　上』法蔵館、一九八八年)。

(55) 伊藤久嗣「南都極楽坊をめぐる信仰の一背景」(『日本宗教の歴史と民俗』隆文館、一九七六年)。

(56) 弘安六年(一二八三)三月八日「遍照心院指図禅恵置文案」(百ウ一七)。「六孫王神社文書」(『大日本史料』七—三、六〇三頁)。

(57) 「観智院法印御房中陰記」には、「至㆓其所《狐塚》㆒(西八条之在所狭少之間、以㆓一阿道場荼毘所㆒為㆓其所㆒)」(『大日本史料』七—三)とあり、西八条すなわち遍照心院には狐塚よりも狭少な荼毘所が存在していたことが窺える。

第四章　中世京都における葬送と清水坂非人

――葬送権益の由来と変容――

はじめに

中世の葬送は、俗人と僧侶の協業によって執り行われることを基本としながら、中世後期には葬送の執行を統轄する者が俗人から禅律僧へ変化することを、第二部第二章で指摘した。ところで先行研究は、中世京都における葬送では清水坂非人（以下、坂非人と記す）に重要な位置を与えていた。どのように扱ってきたのか、先駆的な研究から振り返ってみよう。喜田貞吉氏は、犬神人が京都市内の葬儀に関与する権利を持ち、彼等を差し措いて密かに葬送を行うと、彼等は故障を持ち込んだと述べている。(1)この見解は、石田善人氏や大山喬平氏等に引き継がれ、(2)その後、馬田綾子氏が十三世紀から十六世紀の史料を用い、中世を見通す形で坂非人集団の奉行衆（以下、坂と記す）が京中の葬送を統轄していたと指摘した。(3)坂が統轄していったとする、その具体的な過程を要約すると（「はじめに」で記す①②③はすべて左記内容を指す）、

①十三世紀末、坂非人は葬場へ持ち込まれた諸道具類を没収する権利を持っていた。その前提として坂非人が葬送を担っていた状況を想定する。

②次いで十四世紀中頃、坂非人は葬送に直接関与せずとも得分を要求しており、この頃には、坂は京中の葬送を統

轄していた。

③そして十五世紀、坂は京中の寺家に免輿といって三昧輿使用の免許を与え、寺家が独自に葬送を行える権限を与え得る存在であった。[4]

馬田氏のこうした指摘を、細川涼一氏は最大の成果であると言い[5]、この基本的な構図はその後も継承され[6]、現在も定説として用いられている。しかし、坂非人の葬送への関与や、坂が獲得していた葬送における得分および権益の性格については、異説も存在する。たとえば田良島哲氏は、(a)坂非人は葬儀そのものには関与しておらず、(b)坂非人が持っていた本来の権利も葬儀を執行する権利ではなく、葬具・施物を取得する権利であり、(c)中世後期に坂の採った免輿措置も、坂が葬具の一部を取得放棄する代わりに、葬送のたびに取得する葬具使用料である、と考えた。[7]高田陽介氏も、(a)坂非人が葬送に従事することはなく、(b)その得分も葬送の対価ではなく、無償の施しを受ける物乞いの一環としての被施行権であり、葬送支配権ではない、とその考えを述べていた。[8]

以上のように、坂非人は葬送を担った対価として諸道具類を取得する権益を持ち、そして坂は京中諸人の葬送を統轄していたというのが定説である。だが少数ながら、その権益は葬送に従事した対価ではなく、施物として取得したものだとする異説も存在していた。ただし異説といっても、それは論証されたものでも、中世全体を俯瞰した議論でもなかったことから、定説には抗しきれていない。しかし、こうした異説を生ずるのには、馬田氏の論考やそれ以降の研究に少なくとも二つの問題が存することを示している。

一つめの問題は、坂非人が葬送で諸道具類を取得し得た権利の由来が実証的に解明されていないことである。そもそも定説が前提とする、坂非人自らが葬送を担ったとする実例は、その後の研究でも一件も提示されないまま、それも不問に付されている。[9]もちろん、ここにいう「葬送」とは、坂が三昧輿の取得を重視するように、輿も使用される埋火葬のことであり、単なる遺棄死体に対する処理のことではない。このため、坂非人は葬送に携わることはなく、その葬具取得も物乞いの一環だと、田良島氏等は主張するわけである。確かに田良島氏等の主張する、その権益が被施行権であるとする説では、坂非人が葬送に携わる必要はなく、定説の弱点である非実証性をクリアできる。しかし、被施行権説でも問題は解消しない。それは、追善仏事における非人施行の史料は多数確認できるのに対し、葬送の場で葬具の非人施行が行われたことを示した史料もまた確認できないからである。(10)およそ権利の由来やその原初形態は、その後に展開することの性格をも規定するだけに、その分析をゆるがせにするわけにはいかない。まず、坂非人が葬送で諸道具類を取得し得た権利の由来を、実証的に解明しなければならないのである。

二つめの問題は、中世後期において坂が権益を獲得していった経緯や、その権益が中世前期から変容した背景などが解明されていないことである。馬田氏によれば、坂の権益は①葬送の諸道具を没収するだけの権利の段階から、②③京中の葬送を統轄し、寺家が独自に葬送を実施することを許可する権限を掌握していた段階へ移行することになる。勝田至氏は、坂非人の葬送得分権が被施行権の延長から発生したと考えつつも、中世後期の輿独占権等が施行請求権よりあまりに強力な権利だとして、(11)両者の相違に戸惑いを示すほどに①→②③への変化は質的にも大きな変容であった。だが馬田氏は、その変化の理由や背景を明らかにはしていない。しかも、馬田氏が変化の画期とする、②の論拠として掲げていた『祇園執行日記』に記された事例は、坂が京中の葬送を統轄していたことを示すものではないと、近年、その意義が否定されている。三枝暁子氏によれば、それら被葬者は祇園執行および天台門跡や別当の関係者であって、犬神人は自らが所属する祇園社や山門の関係者が亡くなった場合にのみ、三昧輿の取得権を主張できただけであったとするのである。(12)こうしたことからも、中世後期における坂の権益獲得の経緯や、中世前期から変容した背景などの解明がますます必要となるわけである。このように二つの問題は、すなわち解明されなければならない二つの課題でもあった。

筆者は第二部第三章で、(a)中世後期において坂が葬送には関与していないこと、(b)坂が獲得した得分とは三昧輿などの差し出し免除料であって、東寺や時宗寺院が独自に葬送を実施することへの免許料などではないと、馬田氏の説く③が妥当ではないことを指摘した。ただし、坂非人が葬送の得分を得るようになった淵源や中世後期における変容の背景、さらに得分の性格については論ずることができなかった。こうしたことからも、右の二つの課題を本章の課題としたい。

なお、坂非人集団は、一般の乞食非人・不具者・癩者などと、祇園社の「神人」化を遂げた宿の長吏・配下集団との重層的な構成をとっていたとされる(13)。そこで本章では以下の語彙について、次のような意味で用いることとする。「坂非人」とは宿の長吏・配下集団を指す。第二部第三章で指摘したように系譜的にも坂非人とは別個に存在した三昧聖は、坂非人のなかにはもとより含まれていない。また「葬送」とは、第一部第一章・第二部第二章で論じたように遺族である親族等によって担われるものであったから、非人による「キヨメ」としての遺棄死体の処分を含まない。同様に「遺体」とは葬送により葬られる死者を指し、遺棄された死体のことではない。

第一節　中世前期における坂非人の葬送得分とその由来

1　葬場での諸道具類取得の由来

馬田綾子氏は、坂非人が葬場へ随身された諸道具類を自己のものとする権利を持っていた、とする。では、坂非人は葬場で諸道具類を取得する権利をどのようにして獲得したのか。そのことを検討するために、まず坂非人が取得する以前、これら諸道具類はどのように処理されていたかを検討しよう。

そもそも、十世紀から十三世紀までの葬送において、葬場での処分には[14]品目に応じて次のような二通りの処分方法があった（表14参照、本節の○数字は表の番号を指す。以下、ＡＢは各々次の品目や処分方法を指すものとする）。

Ａ：火屋・荒垣・鳥居等の葬場施設類の処分

たとえば⑧長元九年（一〇三六）後一条天皇の葬送では、「行事資業朝臣、以二所用絹布材木等一、分二給近辺寺々一」（『左経記』同年五月十九日条）とあり、絹布や材木等が近辺の寺々へ分給されている。この絹布や材木等は、前年長元八年の⑦選子内親王の葬送では「外垣引二調布一、鳥居懸二手作一、内垣鳥居引二懸生絹一、又火屋上覆二同絹一、事了件材木・絹布等施給」（『左経記』同年六月二十五日条）とあることから、荒垣や鳥居等に使用された絹布や材木等であったことが分かる。[15]すなわち荼毘を行う火屋、それを囲む荒垣や鳥居等の施設類が葬場で設えられ、葬儀終了後には解体されて近辺の寺々へ分給されていたのである。

Ｂ：輿・御車等の葬具・調度品の処分

たとえばＡでも取り上げた⑧後一条天皇の葬送では、「行事蔵人貞章向二挙物所一、令レ焼二御物等一」（『左経記』長元九年五月十九日条）と、葬場へ持ち込まれた御物等が「挙物」（＝「上物」、表14の用例では「上物」が多数のため、以下「上物」と表記する）として焼却されている。これが二つめの処分方法である。上物の内容は、右の『左経記』の記事に続いて次のように列挙されている。

御櫛机一脚〈納二雑具等一〉、御冠筥二合〈在二御冠一〉、唐匣一合〈納二雑具等一〉、御泔坏并台御硯箱一合〈納二雑具等一〉、御脇息一脚、御手巾筥一合〈在レ台〉、御衣筥一合、御枕二顆、御冠形一頭、御大櫃一具、御靴一足、御挿鞋四具、御手水大床子、并雑具等、御座六枚

表14　葬具や葬場設え物の処分

	西暦	事例の年月日	被葬者／死去日	身分	処分の対象物（A＝葬場施設、B＝上物、C＝その他）とその方法	典拠
①	九三〇	延長八年一〇月一一日	醍醐天皇 九・二九	王	A 「復土事了、撤二喪庭内外牆門一、廻二刺柴垣一、垣外刺二釘貫一、依二右大臣命一、分二配近辺諸寺一」 B 「御上物、於二陵良地一焼レ之唐匣御膳、及御便具等也、又焼二櫛、小屋形、須々利、大輿一云々」	『西宮記』
②	九四九	天暦三年八月一八日	藤原忠平 八・一四	公	B 「上物長櫃四合」	『西宮記』
③	九五二	天暦六年八月二〇日	朱雀天皇 八・一五	王	B 「上物并御輿等、於二内牆北一焼レ之」	『醍醐寺雑事記』
④	一〇世紀中頃	—	—	王	A 「喪庭雑具分二配近辺諸寺一」 B 「上物事蔵人二人、於二陵良地一焼二御物小屋類一」	『西宮記』
⑤	九七二	天禄三年五月三日	良源	僧	B 「上物事　不レ可レ焼二重物一、只尋常着用衣裳、念誦許耳」（当該箇所、すべて見せ消ち）	良源遺告 『平安遺文』
⑥	一〇一一	寛弘八年七月八日	一条法皇 六・二二	王	B 上物行事が存在し、荼毘の間、「焼二上物於外垣外艮方一」	『権記』
⑦	一〇三五	長元八年六月二五日	選子内親王 六・二二	王	A 「外垣引二調布一、鳥居懸二手作一、内垣鳥居引二懸生絹一、又火屋上覆二同絹一、事了件材木絹布等施二給蓮台廟聖一」	『左経記』
⑧	一〇三六	長元九年五月一九日	後一条天皇 四・一七	王	A 行事資業朝臣、「以二所用絹布材木等一、分二給近辺寺々一」 B 行事蔵人貞章、「向二挙物所一、令レ焼二御物等一、御櫛机一脚…御輿一具火・香輿相具…御車」	『左経記』
⑨	一一〇七	嘉承二年七月二四日	堀河天皇 七・一九	王	B 行事蔵人仲光、挙物である「御調度、黄幡、并御輿、三荷皆悉焼レ之於二外垣内丑寅方角一焼レ之」	『中右記』
⑩	一一二九	大治四年七月一六日	白河法皇 七・七	王	A 「治部卿留二墓所一、令レ沙二汰於雑事一、召二近辺寺々所司一、可レ分二給御墓事雑物等一」	『長秋記』

⑪	一一五五	久寿二年八月一日	近衛天皇 七・二三	王	B	「暁更、判官代（源）高忠行二**上物事**一」	『兵範記』
⑫	一一五五	久寿二年九月一六日	藤原宗子 九・一五	公	B	「奉レ殯之間、有二**上物事**一、御車皆具、御座二枚、御几帳二本、屏風二帖、御台并盤、御手洗棉、経光并下家司忠行等行事、於二御塔西南一上レ之」	『兵範記』
⑬	一一五五	久寿二年一二月一七日	高陽院藤原泰子 一二・一六	王	B	「御車、屏風、御座少々、御物等、令レ**焼**三**上**之二」	『兵範記』
⑭	一一五六	保元一年七月二日	鳥羽法皇 七・二	王	B	「無二**上物**一、尤失也」	『兵範記』
⑮	一三世紀末	—	—	—	A	「山作所行事、壊二貴所・荒垣・鳥居等一、**分**三**御近辺無縁寺**二」	『吉事略儀』
⑯	一二三三	天福一年九月三〇日	藻璧門院九条竴子 九・一八	王	B	「於二便所一有二**挙物事**一行事便可レ用二山作所行事一、御車、屏風二帖、几帳二本使用二御車寄具一、御座両三帖、御膳具御台、御盤、御手洗棉等也、件**挙物**等、除二御車一之外、出御以前送レ之、可レ令レ儲御膳具、御盤具等納二長櫃一、退紅仕丁舁レ之」	『明月記』
⑰	一二七五	建治一年八月一三日	—	—	C	「諸人葬送之時、所レ令レ随三身於二山野一**具足者**、雖二**罷取**一」	『感身学正記』

（一）王は王家、公は公家を示す
（二）処分方法を示す箇所をゴシック体で表示した

長筵等已上自二一条院一送レ之、御輿一具火・香、輿相具、御膳并御手水具等御手洗打敷、抜簀御棉一双、御手巾筥等、已上今夜所レ具、大床子一脚、御車破壊、已上自二上東門院一送レ之、御櫛机・御冠筥・硯箱・脇息・御座をはじめ数多くの調度品や御輿・御車等が上物として持ち込まれ、行事官によって焼却されていた。また①延長八年（九三〇）土葬であった醍醐天皇の葬送では、「又焼二槨小屋形、須々利、大輿一」

（『西宮記』）と、棺（須々利）やそれを納める槨、葬車（大輿）[16]などの葬具も焼却されていた。これら上物は、⑥一条法皇の葬送で「奉㆓荼毘㆒此間焼㆓上物於外垣外艮方㆒」（『権記』寛弘八年〈一〇一一〉七月八日条）とあるように、荼毘の間に葬場の艮の地で焼却されていた。

もちろん、葬場での処分は①醍醐天皇や⑧後一条天皇の葬送から明らかなように、ＡもしくはＢのいずれかが処分されるのではなく、ＡＢがともにそれぞれ処分されていた。つまり、荼毘の間にＢ上物が焼却され、荼毘も終わって火屋や荒垣が解体された後に、その資材などのＡが分給されていたのである。こうした儀礼は、十世紀半ば③天暦六年（九五二）朱雀天皇の葬送までで少なくとも三件確認できる。このため、同じ頃に著された『西宮記』巻十二「天皇崩事」には④のようにＡＢが儀礼として記されており、十世紀半ばにはそれぞれが儀式として定着していたことが窺われる。また表14の多くは王家の例であるが、公家も②藤原忠平や、⑫関白藤原忠通妻宗子の葬送でもＢ上物儀礼を確認でき[17]、さらに⑤天禄三年（九七二）良源が遺告のなかで上物の焼却について触れており、僧侶もＢ上物儀礼を受容していたことが窺われる[18]。ＡＢの儀礼が王家・公家の俗人をはじめ僧俗を通じて行われていたと言える。

以上のとおり、平安時代を通じてＡＢ二つのまったく異なる物品が、葬場でそれぞれ処分されていたのである[19]。なお、ＡＢ各々の由来についてはいずれも明らかではない。ただし、Ｂ上物焼却儀礼については、初見事例である①醍醐天皇のそれが、中国では唐代皇帝代宗の葬送で柩を載せた車を庚地で焼却していること（『大唐元陵儀注』）と相似していることなどから、それが奈良時代へ遡る可能性があると推測されている[20]。

ではＡＢ各々の処分儀礼は、その後どのようになっていくのであろうか、また坂非人の葬場での得分とどう関係するのであろうか。まずＡの分給儀礼では、十二世紀末に著されたとされる[21]⑮『吉事略儀』の記事が、十三世紀までに確認できる最後の事例であるが、そこでも「近辺無縁寺」へ分給することになっていた。これが、中世後期には坂非人や河原者・力者などが取得するように変化していた。(22) ただし、⑦長元八年、選子内親王の葬送では「事了件材木・絹布等施二給蓮台廟聖一」（『左経記』同年六月二十五日条）とあって、十一世紀段階でも寺々への分給のほかに、火葬が行われた蓮台廟の聖へ施す場合もあったことが窺える。(23) 次にB葬具等の上物の焼却儀礼は、十二世紀以降、段々形骸化していったものと考えられる。たとえば⑭保元元年（一一五六）鳥羽法皇の葬送ですら「無二上物一、尤失也」（『兵範記』同年七月二日条）と、上物がないという事態まで生じている。そして、従来は上物も出棺と同時に葬列の一つとして送られていたが、(24) ⑯天福元年（一二三三）藻璧門院九条竴子の葬送では、屏風・几帳等の上物はなぜか出棺より先に葬場へ送られていた（『明月記』同年九月三十日条）。こうした九条竴子の葬送以降、B上物の焼却を記す史料は確認できなくなる。

一方、坂非人が諸道具類を葬場で取得していたことを示す史料が、十三世紀後期に登場する。それが、馬田氏が提示した⑰建治元年（一二七五）の「非人長吏起請文」である。はたして坂非人の諸道具類の取得と、A葬場施設類の処分儀礼、B上物焼却儀礼とは関係するのであろうか。次に、この「非人長吏起請文」の内容理解を通して、そのことを検討していこう。

2　十三世紀における坂非人の権益

建治元年八月十三日付の「非人長吏起請文」は、叡尊の自伝書である『感身学正記』に収録された起請文で、清水坂非人の七人の長吏が叡尊へ提出したものである。(25) この起請文は全部で四箇条あり、問題となっているのはその第一条である（以下、「非人長吏起請文」とはこの第一条を指すものとする）。まず原文を引用する。(26)

諸人葬送之時、所レ令レ随三身於二山野一具足者、雖二罷取一、号レ無二其物一、群二臨喪家一、責二申不足一事、可レ令レ停二止

之、

馬田氏はこの条項から、坂非人が「葬送の際に葬場へ随身された諸道具類を自己のものとする権利を持って」おり、その前提として京中諸人の「葬送、具体的には遺体の処置が坂非人によって行われるという状況を想定し」、ここに坂が京中諸人の葬送を統轄する原形を見るわけである。では、坂非人が具足を取得したことの前提に、坂非人による遺体処置があったと「非人長吏起請文」から推定することは、はたして可能であろうか。それとも「非人長吏起請文」は、坂非人がそれを単に施物として受けることができることを示した史料であろうか。以下、三つの観点から右の条項を考察していこう。

第一は、「具足」が何を指すかという問題である。馬田氏は、これを「葬場へ随身された諸道具類」としているが、本来「具足」とは、各種の器具を付随し構成した一揃いの整った物で、家具・調度・盛物・完備した武具などのことであった(27)。たとえば鎌倉時代の用例では、正和五年（一三一六）に記された「東福寺円爾遺物具足目録」（『鎌倉遺文』二五七二二）には、「開山国師御具足」として、頂相、御影、御書・法語軸、法衣・御衣・綴袈裟・紗衣・御襖・布衣・紗衫、坐具、帳、平江帯、念珠、払子、竹篦、襪、履、犀皮薬合、硯箱、破子四角小箱、剃刀箱、茶蕁枕子、引入、御被衾、念珠箱などが列挙されている。ゆえに葬場へ随身された具足とは、単なる諸道具類ではなく、故人の調度品一式をはじめ、葬送に用いられる一揃いの葬具などのことと考えることが妥当であろう。

ところで、十三世紀前半には京中に遺棄されていた死体が急減するとし、その背景として坂非人が筵の上に死体を乗せて搬送したことを想定し、その得分として死体が身に付けていたわずかな衣などを坂非人が取得したと、勝田至氏は考える。そして氏は、これを、坂非人が葬送で「具足」を得分として得る起源になったと推測する。しかし、膚付や衣一枚を具足とは言えないし、葬場へ随身するものでもないから、非人の遺棄死体処理によって得られた衣などの得分を、同じ十三世紀の「非人長吏起請文」が指す「具足」取得の起源と考えるには無理があるであろう。むしろ、その起源を想定するのであれば、十三世紀前半まで史料上も確認でき、葬場へ持ち込まれて焼却されていたB上物儀礼が、それに当てはまるのではないだろうか。たとえば⑨嘉承二年（一一〇七）堀河天皇の葬送でも、「及二夜半一焼二挙物一〈行事蔵人仲光〉、御調度、黄幡、并御輿、三荷皆悉焼レ之」（『中右記』同年七月二十四日条）とあるように、坂が取得を強く要求していた輿も葬場へ持ち込まれていたB上物の一つであった。これに対して、A火屋や荒垣などは葬場としてあらかじめ設えておくものであり、葬送に際し「随身」するものではなかった。つまり、もし坂非人が取得した「具足」が、何らかのものに由来するとすれば、それは、従来、葬場へ持ち込まれ、そこで焼却されていたB上物であると推定することができるのである。

第二が、「諸人葬送」の「諸人」とは誰を指すかという問題である。細川涼一氏は、「山野」すなわち葬場を「鳥辺野辺りを指す」としながら、「諸人」を文字通り「世間一般の人々」とし、その上で「清水坂非人の葬送営業権の対象となった京都の都市民」であると解する(28)。これによって、坂があたかも京中の人々の葬送を独占的に担っていたとする論理が完成することになる。もし、死者が身に付けたわずかな衣でさえ、「具足」と称することができるならば、「具足」を「随身」する「諸人」とは下層民をも包含した京中の人々を広く指すことになったであろう。こう理解したのが、右の「具足」の検討で取り上げた勝田氏であった。しかし、具足は一揃いの葬具や調度品であったから、本条の「諸人」とは、具足を自前で用意することのできる貴顕な身分の人々のことであって(29)、輿等の葬具すら自前で用意できない人々、すなわち広く「京都の都市民」などではなかった。ゆえに「非人長吏起請文」からは、坂非人が貴顕な身分の人々の葬送において、葬場へ持ち込まれた調度品や葬具一式を取得していたことが明らかになるのであり、坂非人が京中の人々の葬送を担っていたというようなことまでは、読み取ることはできない。

第三が、「罷取」すなわち具足を取る、その実態についてである。具足は山野＝葬場へ随身されたものであるため、取得場所は当然に葬場である。これら具足が山野へ持ち込まれ、取得する状況が絵画史料からも確認できる。たとえば「本願寺聖人伝絵」（図5参照）(30)では、葬列に犬神人の姿はなく、山影の輿の行く手に葬列を待ち受けている犬神人が描かれており、犬神人すなわち坂非人は葬送に携わっていなかった。そして、この葬列を犬神人が待ち受けているのは、山野で輿を得分として受け取ろうとしたものであると、黒田日出男氏によりすでに指摘されている(31)。およそ坂非人が葬送を請け負っていたとするならば、山野へ具足が随身されるのを待って「号レ無ニ其物一、群ニ臨喪家一」する必要はなく、葬送を引き受ける段階で文句を言えば良い。請け負っていなかったからこそ、具足が山野＝葬場へ随身されるのを待ち受けて取得せねばならず、後で「群ニ臨喪家一、責ニ申不足一」す必要があったわけである。

ただし、馬田氏は葬送を「具体的には遺体の処置」とも言い換えていた。この「遺体の処置」を葬場に当てはめてみると、それは荼毘のことを指すであろう。では、坂非人は荼毘に携わっていたであろうか。しかし、右の「本願寺聖人伝絵」の荼毘の場面でも、側にいたのは剃髪姿の男であり、犬神人の姿はここにも見えない。これについても黒田氏は、荼毘の場で火炎を調節する男を「隠亡」として読み取っていたのである(32)。

以上、三つの観点から考察したように葬場へ随身され

図５　「本願寺聖人伝絵」（康永本，真宗大谷派（東本願寺）蔵）

た具足とは、B上物であると考えることができた。しかし、上物は葬場で焼却されるものであり、労働の対価として給付される性格のものではなかった。よって、坂非人が葬場で「具足」を取得する権利を、葬送や荼毘を担ったことへの対価や報酬と考えることはできない。馬田氏は、坂のそうした権利の前提として、坂非人が葬送や遺体の処置を担った状況を想定したが、こうした上物の性格からも、「非人長吏起請文」の文脈からも、さらに絵画史料からも、そうした状況を想定することはできないのである。

吉野秋二氏は、古代的な施行（律令賑給）から中世的な施行（濫僧供）の移行成立を俯瞰し、坂非人の登場を指摘した[33]。それによれば、十世紀頃、中世的施行は法事終了後の施主の恣意であり、非人の存在形態も個別的であった。しかし十二世紀中期、集団として登場した坂非人は施行の対象として確定していた。つまり、法事における施行は、施主の恣意による一方的な行為ではなく、坂非人によって利権化しており、被施行権として確立していた。ゆえに、十二世紀中期の段階でそうした坂非人の利権が確立していたのであれば、十三世紀後期、坂非人が施物として葬具等の「具足」を受けることは可能であったはずである。しかし、被施行権が利権化していたとしても、「施物」はあくまでも「乞う物」であり、「受ける物」であった。たとえば、坂非人の利権が確立していたことを示す史料として提示される、『山槐記』保元三年（一一五八）九月七日条でも、「清水坂非人来、乞㆓施米㆒」と、法事に際して坂非人は施米を「乞う」ている。これに対して、「罷取」すなわち葬場で具足を取るとは、少なくとも施物を受ける表現とは言えない。ゆえに、「非人長吏起請文」が記された十三世紀後期における坂非人の葬具取得の権益を、単に坂非人の被施行権に基づいたものとすることもできない。

以上のような「非人長吏起請文」の検討を通して、次のことが明らかになった。一つに、十三世紀後半には葬送に際し、貴顕な身分の人々が葬場へ持ち込んでいた上物と呼ばれた調度品や輿等の葬具一式などを、坂非人が取得する権益を持っていた。二つに、「非人長吏起請文」から坂非人が葬送を担ったことを想定することはできず、十三世紀後期において坂非人が取得していた具足とは、葬送業務への対価ではなく、単なる被施行による施物とすることもできなかったことである。

3　坂非人の上物取得の性格

では坂非人の上物の取得は、どのようなことから可能になったのか。Ａ火屋・荒垣等の葬場施設類については、⑦長元八年（一〇三五）、選子内親王の葬送において蓮台廟聖が材木・絹布等を「施給」っていたことから、明らかにそれは施与の一環であったと考えることができる。これに対して、Ｂ上物はもとより焼却されていた物であって、誰かに支給することを前提としていない。とすれば、坂非人はどのようにしてＢ上物を「罷取」るようになったのであろうか。以下、本章はB上物に限定して検討を進める。そこで考えなければならないのは、坂非人の生業であった「キヨメ」と「乞食」である。

最初に遺棄死体の処理「キヨメ」[34]を考えよう。たとえば、正治二年（一二〇〇）藤原定家は嵯峨の家の南西に人頭があったとして、「嵯峨辺称二清目一物居住、給二小物一令レ取レ之」（『明月記』同年閏二月十三日条）と、それを清目に片付けさせている。また『後愚昧記』応安四年（一三七一）四月四日条には、

佐川下人死人等、川原者取二棄之一、取二衣裳一之間、犬神人等称レ可レ管二領之一、乞下返二川原者所レ取之衣裳一可上賜、

と、キヨメに伴う得分をめぐる係争が記されている。このように非人は、遺棄された死体やその一部を取り片付けるという「キヨメ」を生業とし、その対価に小物や死者が着していた衣裳を取得する権利を持っていたことが分かる。

では、「葬送之時」に随身された上物は、「キヨメ」という機会を通じて得られるようになった得分であろうか。キヨメは葬送と同様に「死体処理」を伴うことから、キヨメが「葬送に従事する」ことだとの理解にも結びつき、従来の研究は葬送もキヨメの一環として扱ってきた。たとえば、丹生谷哲一氏は中世非人が持つ「キヨメ機能」のなかで重要な機能の一つに葬送があるとし、[35]また大山喬平氏は、坂非人が「担ったキヨメの価値が葬送儀礼における遺骸埋葬にいたる一連の行為に凝集されて」いるとする。[36]また右の『後愚昧記』の記事を三枝暁子氏は、「（河原者が）犬神人と死人の衣裳、すなわち葬送得分をめぐって争っている」（括弧内、引用者）としており、[37]氏が「葬送」と遺棄死体処理の「キヨメ」とを一体的に捉えていることが窺われる。[38]また先に取り上げた、坂非人が筵の上に死体を乗せて搬送したことが、葬送への従事につながり「具足」を得分として得る起源になったとする勝田氏の推測も、キヨメを前提としたものであったと言えよう。このように従来の研究では、「キヨメ」の一環として「葬送」を扱ってきており、上物も「キヨメ」を通じて得たものか考えなければならない。

では、坂非人が上物を取得するようになる頃、非人が行う「キヨメ」が「葬送」と同じ意味で使用されていたであろうか。たとえば、寛喜三年（一二三一）飛鳥井兼教次男が清水寺に参詣しようとして、その途上で斬殺されたときの事例では、「乳母男漸々聞付、尋下取捨二川原一屍上葬送云云」(39)（『明月記』同年七月二十二日条）と記されている。兼教次男は遺棄死体として川原に捨て（「キヨメ」）られたが、それを捜し出して「葬送」を行ったのは乳母男であった。ここでは、「キヨメ」と「葬送」とが明らかに別のものとして扱われている。次の例は、仁平四年（一一五四）故右少弁藤原有業の堂に寄宿していた夫婦のうち、夫に死期が迫ったときの例である（『台記』同年四月二日条）。

　依レ非二私宅一為レ不レ令レ穢二其所一、未レ死之時、語二清目一令レ置二郭外一畢、（中略）其気絶畢、仍所二率棄一也、

このとき妻は、他家を穢所にしてはならないとの社会慣行を優先せざるを得なかったため、死期を迎えた夫を家に置くことはできず、夫を「清目」によって郭外へ出させている。その後、絶命した夫は「所二率棄一也」と、「清目」に取り棄てられている。自らも触穢となればそこに住むこともできなかった妻は、死者となった夫に触れることはもちろん、葬ることもできなかった。よって、「清目」により「棄」てさせる（「キヨメ」）ほかはなかったわけである。さらに坂非人による死体の取扱いを見てみよう。弘安七年（一二八四）祇園社境内の林中で自殺した子供の死体は、犬神人によって「撤却」（『勘仲記』同年七月十日条）されたと記されている。坂非人にとって、遺棄死体は撤去、排除される物であり、葬られるべき対象ではなかったのである。

　右の事例から明らかなように、「葬送」とは故人の縁者が遺体を弔い葬ることであった。そして遺体を「棄つ」と記された一般庶民の遺棄葬でも、第一部第一章で検討したように故人の家族等が野辺送りをしており、それは遺体の廃棄などではない、「葬送」の範疇に入るものであった。これに対して、非人の生業である「キヨメ」とは遺棄された死体を取り棄て排除することであったから、遺棄葬と同列に扱うことも妥当ではない。およそ遺体を葬る行為であ

る「葬送」が、非人による「キヨメ」の一環として扱われたことはなく、他方「キヨメ」が「葬送」と呼ばれることもなかった。このように「キヨメ」と「葬送」とはまったく別の行為体系であった。ゆえに「キヨメ」を「葬送に従事する」ことだと解することは、妥当ではなかったのである。[40]

いかに坂非人が生業の「キヨメ」による取得物の拡張を図ったとしても、上物は「葬送之時」にのみ随身される物であったから、遺棄された死体を取り棄てる「キヨメの時」に取得されるはずはなかった。ゆえに坂非人が取得した上物は、生業の「キヨメ」の機会を通じて獲得した権益ではなかったのである。

次に、坂非人のもう一つの重要な生業「乞食」[41]を考えよう。中世では古材も十分な財産的価値を持ち、転用先が確保されていたから、[42]たとえば住宅検断に駆り出された犬神人は、住宅を破却した後の材木を取り分けており（『祇園執行日記』正平七年〈一三五二〉閏二月二十八日条）、葬場で取得した具足は転売して収益としたものと推測することができる。[43]こう推測するとき、鳥辺野で得られた輿等の葬具一式や調度品は、坂非人の生業を支える重要な収入源であったはずである。とするならば、鳥辺野での葬送時の得分は、当初は「乞食」により得られた施物であった可能性も考えられる。先述したように、十二世紀中期、坂非人の被施行権が確立していくなかで、それまでの作法では焼却されていた上物が、十三世紀前半、非人施行の一環として坂非人へ施与され始め、それが坂非人の葬送得分になっていったと考えられるわけである。[44]

しかし、乞食を行う「乞場」の「場」とは「庭」と同義であり、「縄張り」との意味を持っていた。[45]すなわち「乞場」は縄張りとしての「乞庭」であった。そして葬場は「葬庭」（⑧『左経記』長元九年五月十九日条）と記されていたし、墓所は強固な不可侵性や排他性を有していた。[46]それゆえ鎌倉後期以降、非人の「乞場」はすでに一つの権益を持つ「縄張り」の意味を持ち、しかも「乞庭」の権利は俗権の権力たる守護・地頭の了解事項であって、単なる施場ではなくなっていた[47]。たとえば弘安五年（一二八二）十月、叡尊が和泉取石宿の非人から堂塔供養時の狼藉停止等の起請文を提出させ、それに背いたとき、

於二当国中取石宿非人経廻之分所々一者、被レ相二触地頭・守護御方々一、可レ被レ止二乞庭一也、

と、地頭・守護方へ知らせて「乞庭」を停止するとしている（『感身学正記』）。このように十三世紀後期には、「乞場」が権益を持つ縄張りとして機能するようになった結果、B上物取得が縄張り支配に基づく受益権に変化していたと考えられる。その端的な表現が、「非人長吏起請文」の、「山野」＝「葬場」へ随身された「具足」を、坂非人が「罷取」る、とした一語であった。鳥辺野が坂の縄張りだからこそ、坂非人はそこに持ち込まれた葬具等を当然に取得、すなわち「罷取」っていたわけである。よって、こうした坂非人の権利を、黒田氏は坂非人が葬地の支配権を持っていたことの端的な表現であると指摘したわけである。高田陽介氏は、坂非人の「具足」取得を物乞いの一環として捉えたが、十三世紀後期の時点では坂非人の権益は、施物としてのみ受ける段階をすでに越えていたのである。

以上、本節では十三世紀後期に坂非人が葬場において「具足」を取得したことの由来と、その性格を検討してきた。その結果をまとめておくと、

第一に、十三世紀前期までの王家や公家の葬送では、葬場へ持ち込まれていた調度品や葬具等の上物は、葬場で焼却されていた。この上物を、坂非人が取得するようになった。

第二に、上物は葬場で焼却するために持ち込まれたものであったから、本来的にそれは何らかの対価として与えられるものではなかった。それゆえに坂非人が上物であった「具足」を葬場で得ていたとしても、坂非人が葬送や荼毘に携わったことの根拠にはならない。

第三に、坂非人の葬場での「具足」取得は、十三世紀前半は上物儀礼が非人施行の一環として坂非人への施行に変

化した可能性が考えられた。これが、十三世紀後期には鳥辺野の縄張り支配に基づく利権へ変化した。

つまるところ「非人長吏起請文」は、京中諸人の「葬送、具体的には遺体の処置が坂非人によって行われるという状況を」示したものではなく、古代における上物焼却儀礼の中世的変化を記した史料であったと言えよう。

第二節　中世後期における坂の葬送得分とその変化

1　葬送墓制の変化と寺院の対応

十五世紀以降、東寺や時宗寺院などが執り行った葬送において、坂が獲得した権益とは、それら寺院からの葬具差し出し免除の代償として主に得たものであったことを、第二部第三章で明らかにした。そこで本節では、中世後期における坂の葬送得分の変化とその背景について検討する。最初に本節の検討に必要な範囲で、中世後期における坂の権益の実態を第二部第三章から要約しておく。

まず東寺の場合、文安二年（一四四五）寺内組織によって寺僧・寺官の葬送の完結を企図し、地蔵堂三昧を発足させて、常住輿も買得し、近隣に墓地として「光明真言塚」も用意していた。これに対して坂は、東寺地蔵堂三昧が行う葬送に対して輿・簾・綱の差し出し免除料と継続使用料を得ていた。次に時宗寺院の七条道場金光寺の例では、金光寺による墓地の購入と境内墓地の創設というそれぞれの時期によって二つの様態が確認された。一つは応安五年（一三七二）鳥辺野内の赤築地に荼毘所（墓地）を購入して以降の時期で、金光寺も常住輿を使用するようになる。こうしたことに対して、遅くとも十五世紀中頃までに坂は、東寺と同様に輿の差し出し免除料、継続使用料、それに火屋、荒垣の資材や幕等の得分を獲得する。二つめは十六世紀半ばまでに墓地を赤築地から移転し、七条河原口に境内墓地の経営を始めてからの時期で、この時期、金光寺が執り行う葬送のたびに支払われる遺体搬送具の使用料などを坂は獲得するようになる。そして十七世紀初頭、坂はそれら種々の料金をまとめて定額にし、年に一度受け取ることに改める。以上が、中世後期の東寺や金光寺が行っていた葬送に対して、坂が獲得していた権益の概略である。

前節で確認したように、坂非人は、十三世紀後期、葬場である鳥辺野にもたらされた輿をはじめとする葬具類や調度品現物を取得するようになっていた。これが、右に略記したように十五世紀以降、東寺や金光寺等が用いる葬具に対して、葬具の差し出し免除料や継続使用料を坂が取得することに変化していたのである。(48)

では、当初の葬具現物などを取得するという権益に代わって、十五世紀以降の権益を坂はどのようにして獲得したのか。その背景として、十三世紀から十五世紀の間に葬送墓制が大きく変容していたことを挙げなければならない。なぜなら葬送墓制の変容は、葬地でもあり、乞場でもあった鳥辺野にも少なからず影響を及ぼしたと推測でき、坂の立場にも影響を与えたと考えられるからである。

山田邦和氏は時代ごとに変容する葬送墓制の姿を次のように指摘する。まず平安中期以降、鳥辺野等のように被葬者の身分や特定の共同体に立脚しない大規模複合的葬地が発展し、鎌倉時代にはいると、墓地が都市の周縁部に進出し始め都市民の居住地と隣接ないし混在し始める。そして室町時代になると、都市の中心部にも墓地が進出し、密集した墓地空間が現出する。それとともに寺院が墓地に関わる頻度も増えて、墓地経営への途が開かれ、境内墓地化が進展する。(49)たとえば、応永九年（一四〇二）吉田兼熙は知恩院を自らの墓所として要望しており、この頃、貴族の間に境内墓地への埋葬欲求が自然に受け入れられていたことが分かる（『吉田家日次記』同年五月二十四日条）。こうした葬送墓制の変容を象徴するものが、右に略記した寺院の対応であった。すなわち、金光寺による荼毘所の経営や常住輿の使用そして境内墓地の創設、また東寺が企図した寺内組織による葬送や埋葬の完結などは、こうした葬送墓制の変容への対応だったのである。(50) そして、このような寺院の変化に、坂は対処を迫られたと考えられる。以下に七条金光寺、東寺と順に取り上げて、坂の採った対処の意味を具体的に考察しよう。

2　坂の対処とその意義

坂が対処しなければならなかった金光寺の変化として、常住輿の使用と境内墓地の創設の二つが挙げられる。まず常住輿を使用する葬送への対処を考えよう。応安五年、金光寺が赤築地に荼毘所を購入して荼毘経営を始めても、荼毘所は鳥辺野内にあり、また第二部第三章でも指摘したように荼毘に携わっていたその三昧聖は坂の配下にあった。よって、金光寺が行った葬送を坂方が捕捉することは充分に可能であり、葬送のつど葬具等を取得することは容易であった。ところが、十五世紀中頃までに金光寺は常住輿を持つに至り、金光寺がそれを以て葬送を行う場合、坂は葬送のたびごとに三昧輿を取得できなくなる。ゆえに坂方が採った免輿措置、すなわち輿差し出し免除料の要求も、こうした事態への対処であったと言える。ここに輿現物の取得から、輿取得権を前提とした輿差し出し免除料の取得へ変化した背景を見ることができる。

次に境内墓地化への対処を考えよう。金光寺は、十六世紀半ばまでに七条河原口へ墓地を移転し境内墓地経営を始める。これを機に坂は金光寺との間で、龕以下六種類に及ぶ遺体搬送具の使用料をはじめとする十項目に及ぶ料金を定める。ところが、これほど精緻化していた料金体系にもかかわらず、十七世紀初頭、それまで葬送のたびに支払われていた葬具使用料などが、年に一度定額が支払われるという大雑把な支払方法になっていた。さらに簡素で利用頻度の高かった搬送具「ふりさけ《（振下）》」（金光寺文書一五〇、以下「金文一五〇」などと記す）の使用料に至っては、十六世紀半ばすでに年定額制が導入されていた。こうした変更が、境内墓地化への坂の対処とどう関わるのか。第二部第三章でも指摘したとおり、境内墓地化の進展により金光寺の境内に埋葬される死者も増加し、その階層差も広がっていった。その各階層の需要に応えて、金光寺も「ふりさけ」などの廉価なものをはじめ多様な搬送具を取り揃えていった。だが、葬送が数多く行われ、搬送具の使用回数が多くなると、一つの葬具に対して一度の差し出し免除料を取得するだけでは坂も割に合わなかった。また廉価な搬送具に差し出し免除料を設定しても、その価格の低さから、坂にとってそれはほとんど意味を成さなかったであろう。そこで、葬送のたびに支払われる使用料へ変更することになった。しかし、鳥辺野から離れた寺院境内で葬送と荼毘・埋葬が行われることにより、坂が葬送を発生のたびに一件一件捕捉することが現実的に困難になっていったことも否めない。そのため次に採られたのが、すべての料金を一つにまとめて年に一度定額を受け取るという法式であったと考えられる(51)。

このように坂の得分は、葬具現物から葬具差し出し免除料へ、そして葬送ごとに支払われる使用料制、ついには年間定額制へと変更になっていた。それは、金光寺の常住輿の使用、境内墓地化に対して、従来の方法では坂が得分を取得できなくなったため、坂はそのつど権益保全の手段として、取得方法の変更を要求したものだったと言える。

次に東寺に対する坂の対処を検討しよう。文安二年、坂が東寺に輿の差し出し免除料や継続使用料等を要求してきたのも、もとより東寺が新規に常住の三昧輿を購入し、自前で寺僧・寺官の葬送を開始しようとしたからであった。では、坂はどのような経緯を以て東寺寺僧の葬送に対して権益を確立するに至ったのであろうか。このことを確認していくとき、今まで明らかではなかった律宗寺院の葬送と坂との関係や、坂が採ったもう一つの権益保全の手段も新たに浮かび上がってくる。

それを知り得る手がかりとなるのが、応永五年（一三九八）の東寺観智院賢宝の葬送である。これを記した「観智院法印御房中陰記」（『大日本史料』七―三）によれば、葬送は遍照心院の都合がつかず、常住輿を所持していた亭子院が代わりに執り行った。そして「先々西八条沙汰」とあるように、それ以前の東寺の葬送は、西八条すなわち東寺の北に隣接した遍照心院が執り行っていた。この遍照心院は十二町もの広大な境域を持っており、[52] また「至二其所《狐塚》一西八条之在所狭少之間、以二阿道場荼毘所一為二其所一」とあることから、市屋道場金光寺が所持していた狐塚より狭少ながらも、遍照心院の内には荼毘所が設けられていたことが分かる。そもそも遍照心院は、亭子院と同じく律宗招提寺の子院であり、[53] 葬送に携わったとされる「斎戒衆」[54] もそこには存在していた（「源実朝室坊門信清女置文」『鎌倉遺文』一一〇九三）。これらのことから、遍照心院も亭子院と同様に恐らく自院の常住輿により葬送を行い、自院境内の荼毘所で荼毘・埋葬を行っていたと推測することができる。

およそ「非人長吏起請文」に明らかなように、十三世紀後期、坂が葬場において具足を取得すること自体は、すでに律僧叡尊によっても容認されており、律僧と坂の乞場支配とは密接な関係にあった。しかも十四世紀、京都ではまず律宗寺院が、真言宗の門跡寺院の葬式寺になっていることが多かった。[55] そうすると、十四世紀後期に常住輿を所持して葬送を執り行っていた遍照心院や亭子院が、坂からすでに免輿措置を受けていたことも充分に考えられる。とすると、東寺寺僧の葬送も遍照心院が執り行っていた間は坂と遍照心院との問題であり、東寺が坂と相対する必要がなかったことになる。ゆえに文安二年になって、東寺が執り行おうとした葬送に対して坂が免輿料を要求してきたのは（百ヱ一五二）、東寺が遍照心院から自立して葬送を行おうとしたため、[56] 坂が権益保全の手段として、遍照心院への免輿措置を東寺に転用させたものであったと推測できる。こうした推測が妥当ならば、坂はすでに葬送得分を持っていた寺院を足がかりとして、他の寺院へも得分を転用し、坂自らの権益保全を図っていたと言える。と同時に、それは坂による管轄領域の拡大を意味するものでもあった。

このように中世後期には、坂の葬送得分は、その内容と意義の側面から二度大きく変化していた。一度目が、寺家が葬送に常住輿を使用して以降のことである。このとき、輿等の葬具取得から、葬具の差し出し免除料の如き支払いを坂が受けるようになるという変化をもたらした。これは坂が持っていた輿の取得権を前提にして、その輿の差し出しを有償で免除（「免輿」）したものであった。しかし実質的には、坂が「罷取」った輿に対する所有権をもとに、輿を寺家に売却するという売買契約に相当していた。そのため徳政の際、免輿状も失効の対象となり、寺家がもともと購入していた輿でも免輿を停止する場合は、「古輿を返給へく候哉」（百ェ八七）との如く、坂は輿の返却を寺家へ要求できたわけである。このように坂の得分、すなわち葬送権益が葬具現物の取得から、契約という取引を通して金銭を取得する、言わば債権へと質的な変化を遂げていたのである。

二度目が、寺院が境内墓地を創設して以降のことである。この境内墓地の創設によって、埋葬者が増加して寺院には廉価な搬送具も備え付けられたが、それら葬具には差し出し免除料を設定する従来の法式を採用せず、葬送のたびに坂が使用料を受けるようにするという変化をもたらした。これにより、葬送権益の債権化がさらに進展することとなったが、坂の葬送得分を主張できる領域が、鳥辺野以外の葬地にも拡大するという結果ももたらした。境内墓地とは鳥辺野外に墓地を構えることであるから、それは坂の支配葬地であった鳥辺野からの離脱を意味していた。そこで、もし葬地が鳥辺野のままであったならば、得られたはずの葬具等を失うことになり、それは坂にとって縄張り荒らしと同義であった。ゆえに坂は、金光寺のように鳥辺野から離脱する寺院の葬送に対しても、本来得られたはずの得分の支払いを引き続き要求したのである。この点、坂が得分を獲得していた遍照心院のような寺院から自立して、自院で葬送を行おうとしたために得分を転用された東寺は少し異例であるが、東寺も近隣に墓地として「光明真言塚」を用意していた点では、境内墓地創設による離脱と同じ範疇に含めることができるであろう。このように坂が、境内墓地に埋火葬する葬送に得分を要求することは、もともとは鳥辺野を縄張りとした権益の保全を求めた主張であったはずである。だが、それは、縄張り「乞場」が鳥辺野から実質的に拡大した意義を持っていたと言えよう。

以上のように十五世紀から十六世紀にかけて、坂は金光寺や東寺などに個別に権益を主張し、得分内容を新たに決定・変更していた。その時期が常住輿使用の葬送や、境内墓地の創設を契機としていたのは、それによって坂がそれまでに獲得していた権益が脅かされていたからと言える。ゆえに坂はできる限りの権益保全の措置を執っていた。だが、その措置は鳥辺野における葬具取得の貫徹を求めたものであり、現に取得不能となるべきはずの葬具への補償を求めた措置であった。その結果、中世後期に坂が獲得した葬送での得分が、葬具類の取得から葬具に対する使用料の如き権益へ変化し、得分を要求できる「乞場」としての葬場も、領域上は実質的に鳥辺野外へ拡大することとなった。ゆえに中世後期、坂が手にしたものとは、あたかも京中の葬送を統轄する権限であったかのように従来受け取られてきたが、実は本来鳥辺野で得られたはずの葬具の代替措置としての葬具使用料だったのである。しかも、それすら京中全域には及んでいなかった。

3　坂と京中の寺院

ではその後、坂の権益はどのように京中へ展開されていったのであろうか。文安二年（一四四五）坂が東寺へ出した置文には、「於二此輿一者、不レ可レ出二相国寺・南禅寺・同三聖寺江一候」（百ェ八一）と、東寺が所有する常住輿を、すでに自院で葬送を行っていた相国寺や南禅寺などの禅宗寺院へ貸し出してはならないことになっていた。これは、これら禅宗寺院と坂との関係を窺わせる条項であったが、十六世紀初めの段階でも禅宗寺院は坂の勢力圏外と考えられた(57)。それは、大永五年（一五二五）大徳寺が定めた荼毘所の使用規定「涅槃堂式目」(58)において、「乞場」としての得分に預かる者が河原者とされ(59)、坂非人とはされていなかったからである。

しかし、坂がその後もできる限りの権益保全の措置を執り続けたことは間違いないであろう(60)。その結果、葬送における得分を主張できる寺院も、京中の他の寺院へと広がっていったと推測できる（表15参照、以下の〇数字は表の番号を

④ 知恩院	⑤ 長香寺	⑥ 長香寺
慶長1年（1596）	慶長11年（1606）	慶長15年（1610）
	3升	1升
	5升	
諸墓役料、諸役残らず銀子5枚で知恩院へ永代売却	1斗	3升
		1斗
	5斗	
	5斗	
	1石	
	3升	
知恩院文書41・42 ※2	長香寺文書1・2 ※3	長香寺文書8 ※3
坂の伽藍建立のため売却．これにより，「葬場何方に（も）ひらかせられ」る結果になる	長香寺は知恩院末寺	

⑩ 本能寺	⑪ 蓮台寺	⑫ 金光寺
延宝3年（1675）	17世紀後半	宝永1年（1704）
銀子3匁（＝米1斗）	春秋両度に米銭	
鳥目200文		
		米3石5斗
本能寺文書114 ※4	『雍州府志』	金文161
この外如何様の葬礼が本能寺で行われても掃除銭と正月の礼銭以外に受け取るものはなくなる		京都町奉行所への口上書．⑦で改訂した受け取りが継続

※3：『京都浄土宗寺院文書』「長香寺文書」，※4：『本能寺史料』本山篇上・葬送墓地

表 15　16 世紀以降の京都諸寺院に対する坂の権益

種別		① 金光寺 大永 3 年（1523）	② 仏光寺 天文 18 年（1549）	③ 金光寺 16 世紀中頃
振り下げ		坂へ支払う蓮台役銭を1 貫文宛から木杭仏事銭まで含めて 300 文へ減額		年 1 石 5 斗（含む内墓）
三昧輿	担い輿・蓮台		50 文	5 升
	板輿			1 斗
	新輿			1 斗 5 升
	張り輿		200 文（焼却のとき 300 文）	1 斗 5 升
	玉の輿			
龕			500 分	5 斗
引馬				5 斗
火屋・荒垣・幕・綱				火屋・荒垣・幕・綱
6 月の掃除銭				1 斗
正月の礼銭				200 文
典拠		金文 132・134	仏光寺文書 ※1	金文 150・151・152
備考		坂中の大儀に金光寺が合力してくれたため減額		金光寺が墓地を東山赤辻から七条河原口へ移転したときの定め（⑦置文からの推測）.

種別		⑦ 金光寺 元和 7 年（1621）	⑧ 長香寺 正保 3 年（1646）	⑨ 庄厳寺・福田寺 寛文 6 年（1666）
振り下げ			銀子 25 匁 （で長香寺へ売却）	5 升
三昧輿	担い輿			
	板輿			1 斗 5 升
	新輿			
	張り輿			3 斗
	玉の輿			
龕				5 斗
引馬				1 石
火屋・荒垣・幕・綱				火屋・荒垣・幕・綱
6 月（7 月）の掃除銭			米 1 升	5 升
正月の礼銭				
霜月に支払い		3 石 5 斗		
典拠		金文 150・151・152	長香寺文書 11 ※3	金文 156・157
備考		16 世紀中頃に取り決めた葬具使用料を年に一度 11 月に受け取ることに改める	この外如何様の葬礼が長香寺で行われても掃除銭以外に受け取るものはなくなる	庄厳寺，福田寺はともに金光寺末寺で同内容

(1) 典拠注 ※1:『真宗史料集成』第四巻・13 仏光寺道場式目 (1), ※2:『京都浄土宗寺院文書』「知恩院文書」,
(2) 表中のアミかけは遺体搬送具およびそれに対する坂の権益

指す）。たとえば②真宗仏光寺とは、天文十八年（一五四九）に龕・張り輿・蓮台の葬具使用料が坂へ下される契状が交わされ、また慶長十一年（一六〇六）、⑤浄土宗知恩院の末寺長香寺とは「定無所《（墓所）》之事」として、振り下げ・板輿など七項目にわたって米銭を坂方へ支払うことが取り決められていた。さらに『雍州府志』巻八「古跡門」の「千本」の項には、⑪「蓮台寺ノ六坊」が「春秋両度、贈二米銭於犬神人一」る、と記されていたことから、十七世紀後半において蓮台野は坂の管轄下にあったと推測されている[61]。

だが、十六世紀末以降、坂は葬場に対する管理支配権を次第に喪失していく。それは、坂の各寺院に対する葬送権益の債権化が一層進み、坂と葬送との関係が希薄化していったことにその原因を求めることができる。すでに坂の葬送権益は、免輿料、すなわち輿の差し出しを有償で免除して金銭を取得する債権へと質的な変化を遂げていたが、十六世紀以降にはこうした坂の権益が単独に取引の対象として扱われるようになる。

たとえば坂に出費が嵩んだとき、金光寺が援助してくれたとのことで、①大永三年、坂は「役銭」を従来の百疋から三十疋に減額すると約している。この「役銭」は、「依二蓮台之望一、雖二先々者百疋宛役銭給置候一」（金文一三二）とあり、坂の「蓮台之望」によって金光寺から支払われる金銭であった。一方、同日付で、徳政が行われた際の「蓮台銭」の額をあらかじめ二十疋と定めている（金文一三四）。徳政となれば、本来は免輿状も失効し、新たに免輿料を設定する必要があった。これによって、この「蓮台銭」とは免輿料であると分かる[62]。これらのことから、坂の「蓮台之望」によって金光寺から支払われた「役銭」が、平時における免輿料すなわち「蓮台銭」であったと考えられる。つまり、金光寺が坂へ支払う免輿料が「役銭」と称され、その一部が金光寺の「合力」と相殺された格好になっていたのである。

また、④慶長元年の「葬礼ニ付さかの書物」と貼紙のあった売券（「知恩院文書」四一）によれば、坂は伽藍の建立に当たり[63]、知恩院から下された「御墓役之物」を「諸役のこらす銀子五まい」で知恩院へ永代に売却していた。また同日付の別の売券には「御墓役之物」が「諸御墓役料」とも表記されており、「諸役」とは「諸御墓役料」と同義で、知恩院の行う「葬礼ニ付」坂が葬場に対して持っていた権益のことであろう。この権益を坂は銀子五枚で売却した。その結果、坂は「たとひ葬場何方にひらかせられ候共、少も相構事御座有間敷候」と誓約し、知恩院の葬送が行われていた葬場における権益を失っている。言わば「墓役料」として知恩院から取得していた債権を、坂は知恩院に買い戻してもらっていたのである。この知恩院と同様の売却事例が、⑧正保三年（一六四六）長香寺との間で行われた交渉である。坂が長香寺へ出した「定墓所之事」には、坂が「銀子廿五匁」を請け取り、その結果「毎年六月朔日ニ米壱升、坂方へ」支払われるだけとなり、「此外如何様之さうれい《葬礼》御座候とも」長香寺から支払われることはないと取り決めている。これも坂が持っていた「墓役料」などを長香寺へ買い戻してもらった結果であろう。こうして、坂は知恩院や長香寺の葬場に対する支配権や葬送に対する直接的な得分を失っていくのであった[64]。さらに⑩延宝三年（一六七五）坂が本能寺に出した定書には、坂は毎年六月朔日に「掃地銭」として「米壱斗宛」受けることのほかに「如何様ノさうれい《葬礼》」があっても違乱に及ばないと記されている。これなども、かつて坂が日蓮宗寺院についても獲得していた葬送権益をすでに売却していたことを物語るものであろう。

　こうした「墓役料」の売却のほかに、坂が葬場に対する管理支配権を失っていくもう一つの道があった。それが葬具使用料の受け取り方法の変更である。前にも触れたとおり、③十六世紀半ば頃から金光寺より坂方へ葬送のたびに支払われていた葬具使用料をはじめとする十項目に及ぶ料金が、⑦元和七年（一六二一）年に一度まとめて「三石五斗」の定額が支払われることに改められた。これは、坂の葬送得分としての権益保全の一環から改められたものであったが、金光寺で行われた葬送件数の多少に関わらず支払われる債権となるものであった。そして、この債権を坂は、少なくとも⑫十八世紀初頭まで継承していたが、この頃、金光寺の葬送で使用された葬具の賃料などを取得していたのは、「隠亡・仁兵衛」であった（金文一六四）。結局のところ坂は、葬送ひいては葬場に対する直接的な権益を失っていくことになったのである。

そもそも坂の葬送得分は、葬場や墓所を「乞場」として形成されてきたがゆえに、葬場とは不可分であったはずである。ところが、坂がその得分を主張できる領域の広がりとともに、得分は「墓役料」「役銭」として債権化し、葬場や葬送とは切り離されて取引の対象となっていく。そうして売却・買い戻しなどの取引の結果、ついには葬場に対する管理支配権を坂は失っていくこととなった。『雍州府志』には、「近世、諸寺院共正月七月毎年両度預施二米銭於犬神人一、自レ是後不レ及レ見二墓地一、蓮台寺六坊其坊中各有二土葬場一、是亦春秋両度、贈二米銭於犬神人一」と記されていた。よって、この一節から十七世紀後期、坂は蓮台野をも含む京中を広く管轄下に置いていた、とこれまで理解されていた。だが、犬神人すなわち坂非人は、金光寺、長香寺、本能寺そして蓮台寺などの例から明らかなように、諸寺院から年に一、二度米銭を受け取るだけの存在となり、「不レ及レ見二墓地一」すなわち墓地・葬場を管理支配することがなくなっていた。ゆえに『雍州府志』が書き記していたその内実は、中世的な坂の葬送得分、そして「乞場」としての葬場支配の終焉を物語っていたのである。

おわりに

本章は、坂非人が中世前期において葬送の得分を取得し得た由来と、中世後期においてそれが変容した背景等を解明するという二つの課題に対して、検討を進めてきた。その結果、明らかになったことをまず要約しておこう。

第一に、少なくとも十世紀初め頃の葬送には行われていた、葬場での輿・御車や調度品等の上物を焼却する儀礼が十三世紀前半頃に廃れてゆき、代わって坂非人が上物を乞場であった鳥辺野で非人施行の一環として受けるようになる。そもそも、上物は葬送を担った対価として取得されるものではなかったから、坂非人が調度品や葬具類などを取得し得た権利の前提として坂非人が葬送を行ったとする、馬田綾子氏の想定は妥当ではなかった。

第二に、十三世紀後半、坂は鳥辺野を「縄張り」として支配権を強め、葬地へもたらされた物（具足）を当然に取得できる権益として確立する。

第三に、寺家の常住輿使用による葬送に坂が対処した結果、坂の得分が葬場での現物輿の取得から免輿措置としての金銭取得に変化する。それは、十四世紀すでに常住輿を使用して葬送を行っていた律宗寺院との間で始められていた可能性があった。

第四に、十五世紀以降、寺家による境内墓地創設への対処として、坂は鳥辺野での既得権益（縄張り）を梃子として、鳥辺野以外の荼毘所・葬地における葬送にも輿をはじめとする葬具の使用料を取得するようになる。

第五に、十六世紀以降、坂が葬送得分を主張できる領域は京中へ広がっていく。と同時に、その得分も債権化し、葬場とは切り離されて取り引きされるようになり、坂は十六世紀末以降「乞場」としての葬場支配権を次第に失っていく。

ところで、親鸞の生涯を描いた伝記絵巻「親鸞伝絵」として、康永二年（一三四三）に製作された「本願寺聖人伝絵」（康永本、図5）のほかに、「善信聖人絵」（西本願寺本）、「善信聖人親鸞伝絵」（専修寺本）が伝存する。そして後の二者が、永仁三年（一二九五）に制作された最初の絵巻物原本に近い伝絵であるとされてきたが、この両者の制作年代の前後関係はこれまで議論が分かれていた。これを黒田日出男氏は、康永本を含めた三本の構図の変遷に着目して、

図6　掛幅・親鸞伝絵（愛知県・上宮寺旧蔵）より荼毘の場面

西本願寺本が最初の原本に最も近い伝絵であるとし、製作年代順に西本願寺本、専修寺本、康永本と推定した。[65] この諸本の構図の変遷により、本章で指摘してきた犬神人すなわち坂非人の葬場における姿の変化も窺うことができる。第一に、最も原初形態に近い西本願寺本で、親鸞の荼毘のおりに山影に描かれていたのは手磬を打ち鳴らして葬列を先導していた頭巾姿の僧であり、犬神人の姿をそこに見ることができないことである。親鸞が没した弘長二年（一二六二）頃、葬送に際して坂非人がまだ葬地に姿を現さなかった可能性も考えられる。第二に、専修寺本や康永本になると、頭巾姿の僧が犬神人として描かれ、康永本では犬神人の数も増えて輿の引き渡しまでも描かれている。十四世紀中頃に、坂非人が葬具の取得を既得権益として確立していたことを読み取れる。第三に、文明十八年（一四八六）の上宮寺本の掛幅（図6参照）では、犬神人たちが僧侶の後ろに座し、袖で涙を拭っている姿に描き変えられている。十五世紀後半、坂が手にしていたのは葬具使用料であって、葬地で葬具を取得することはなくなっていた。その結果、絵図では犬神人が葬地で泣く役割を与えられていたのである。

これまでの研究では、中世後期に坂は、寺家が独自に葬送を行うことを許可する権限（葬送権）を持ち、京中の葬送を統轄したと理解してしまったことから、十五世紀以降における坂の要求が「あまりに強力な権利であるように」[66] 受け取られていた。しかし坂の得分の実態は、中世後期における葬送墓制の変化に対して、乞場である鳥辺野で得られなくなった輿等の葬具に対する補償を求めた坂の措置に過ぎなかったのである。

では、なぜ坂が京中の葬送を統轄したとの理解が定説となり、そのまま通用してきたのか。その理由は簡単である。それは意識的であれ、無意識的であれ、「キヨメ」と「葬送」とを混同したからであった。「キヨメ」と「葬送」とが本質的に異なるものであることは第一節で指摘したが、この両者を混同してきた原因として、少なくとも二つのことが考えられる。一つは、坂非人が日頃から死体と接触することが多かったという実態である。たとえば、坂非人も自らの職掌を「清目」と自称するように、[67]キヨメを生業としていた。そしてキヨメとは遺棄死体の処分そのものであり、坂非人も犬神人として死体処理を日常的に行っていた。この意味で坂非人は、もともと葬送とは親和性の強いイメージを持っていたと言える。[68]二つめが、「キヨメ」と「葬送」との両者に通底するものに「ケガレ」観念が存在することである。[69]キヨメでも、沐浴・入棺などの葬送儀礼でも、死体に触れる。ゆえに、両者は触穢となることは必至である。一方、中世社会の人々が触穢を忌避していたとの一般的な理解は、「キヨメ」や「葬送」がともに「ケガレ」たものとの認識を私たちにもたらす。こうした認識のもと、「キヨメ」としての遺棄死体の処理が広い意味での葬送として位置付けられ、坂非人が「キヨメ」＝葬送に携わったとなる。こうして、遺族が弔っていた本来の「葬送」も「キヨメ」と類同化してしまい、そうした「葬送」ですら坂非人が携わった、それは触穢が忌避されたためであったとの論理が完成する。たとえば、万里小路時房が「触穢を避けんがために瀕死の下女を川崎辺の乞食家に移した」という『建内記』の記事を通して、馬田氏が「一般住民の葬送が、寺院を経由せず非人たちに委ねられていた可能性を示している。」と述べているのは、このことをよく表わしている。また脇田晴子氏も、坂が「葬送権を掌握したのは、恐らく葬地に住んで葬送に従事してきた実績が独占権と化したのであろう。[70]」と述べているが、事実として坂非人が弔いとしての葬送を担ったという事例は、現在も確認すらできない。にもかかわらず、「葬送に従事してきた実績」

と言う。これも、「キヨメ」を「葬送」の範疇として捉えていたことを示す端的な例証と言えるであろう。

以上のように、これまでの研究では「キヨメ」と「葬送」を混同してきたことから、坂が京中の葬送を統轄したとの誤認を生み、定説となっていたのである。しかし、こと葬送に関して坂非人は、乞場に対する支配力から葬具等を取得する存在に過ぎなかった。そもそも、触穢となるゆえに葬送を忌避するというのは一面的な理解であった。第一部第一章、第二部第二章で明らかにしたように、葬送は遺骸・遺骨に直接触れて触穢となる儀礼でも、親族・近臣など故人の縁者が執り行うべきものであり、モノとしての死体処理・キヨメではなかった。キヨメを職掌としたからといって、坂非人が弔いとしての葬送に携わることなどなかったのである。

ただし、こうした「キヨメ」と「葬送」との混同を、これまでの非人研究の問題とばかり考えるべきではない。これまで葬送研究の分野において史料的な制約もあって、実証的な研究が進展せず、葬送の実態や当時の人々が葬送に対して抱いていた観念などが、明らかではなかったことも大きな要因であった。しかし、今後の研究においては「キヨメ」＝「葬送」との観念を払拭し、坂非人に対する位置付けも改めて検討されなければならないであろう。

註

（1）喜田貞吉「つるめそ（犬神人）考」（『喜田貞吉著作集』第十巻、平凡社、一九八二年。初出は一九二三年）。

（2）石田善人「室町時代の時衆」（『一遍と時衆』法蔵館、一九九六年。初出は一九六四年）。大山喬平「中世の身分制と国家」（『日本中世農村史の研究』岩波書店、一九七八年。初出は一九七六年）。

（3）馬田綾子「中世京都における寺院と民衆」（『日本史研究』二三五、一九八二年）。

（4）馬田氏はこの権限を「葬送権」と称するが、イメージだけが肥大化・先行する可能性があり、本書はこれを使用しない。

（5）細川涼一「馬田綾子氏「中世京都における寺院と民衆」をめぐって」（『日本史研究』二三七、一九八二年）。

（6）脇田晴子「中世被差別民の生活と社会」（『部落の歴史と解放運動　前近代篇』部落問題研究所出版部、一九八五年）、丹生谷哲一「非人・河原者・散所」（『岩波講座　日本通史』第八巻、岩波書店、一九九四年）など。

（7）田良島哲「宿の村落化とさまざまな生業」（『京都の部落史Ⅰ　前近代』京都部落史研究所、一九九五年）。

（8）高田陽介「中世の火葬場から」（『中世の空間を読む』吉川弘文館、一九九五年）、同「時宗寺院の火葬場と三昧聖」（『史論』六〇、二〇〇七年）。

（9）勝田至「死体のゆくえ」（『死者たちの中世』吉川弘文館、二〇〇三年）。

（10）長元八年（一〇三五）選子内親王の葬送では、蓮台廟の聖が「材木絹布等」を施されている（『左経記』同年六月二十五日条）。この「材木絹布等」が、坂非人が取得するようになった葬具・諸道具類とは別ものであることは、第一節で述べる。

（11）前掲註（9）勝田論文。以下、勝田氏の見解は断りのない限りすべて本論文による。

（12）三枝暁子「中世犬神人の存在形態」（『比叡山と室町幕府』東京大学出版会、二〇一一年）。

（13）黒田日出男「史料としての絵巻物と中世身分制」（『境界の中世　象徴の中世』東京大学出版会、一九八六年）。三枝暁子「中世の身分と社会集団」（『岩波講座　日本歴史』第七巻、二〇一四年）。

（14）葬場での処分は、十世紀以降の史料から確認できる。ここでは十三世紀に坂非人が取得していた権益の由来を考えるため、十三世紀までを一つの区切りとした。

（15）使用された資材等の詳細は、嘉元三年（一三〇五）亀山上皇の葬送で設えられた火屋、荒垣、鳥居等の注文が参考となる（『鎌倉遺文』二二二九〇）。

（16）承平元年（九三一）宇多法皇の葬送では、「為二小屋形一大輿」（『西宮記』巻十二・裏書）とあって、大輿を小屋形と見なしていた。この小屋形とは、『令集解』喪葬令8親王一品条或説では「轜、俗云二小屋形一」とあるように、もともと葬車であった轜は小屋形と俗称されていた。つまり葬車として扱われたものが、大輿であったと分かる。

（17）⑫藤原宗子の葬送では「奉レ殯之間、有二上物事一」（『兵範記』久寿二年〈一一五五〉九月十六日条）とある。宗子の場合は土葬であったため、殯の間にB上物が焼却されていた。

（18）これは良源が遺告のなかで記した「上物事　不レ可レ焼二重物一、只尋常着用衣裳、念誦許耳」との一節に基づくものである。ただし自筆本によれば、この一節は後から行間に追記されて最終的に抹消されている（『慈恵大師　自筆遺告』二玄社、一九七七年）。しかし、この一節は「重物を上物として焼いてはならない、日常使用の衣裳や念珠を上物とせよ」との趣旨であって、これを削除するということが必ずしも上物焼却自体を否定することにはならないと考え、事例として挙げた。

(19)　この他、導師呪願に携わった顕密僧の導師、呪願師に車や牛が引き出物として施与される。たとえば⑯九条竴子の葬送では、導師、呪願師にそれぞれ牛が与えられていた（『明月記』天福元年〈一二三三〉九月三十日条）。なお、長保元年（九九九）昌子太皇太后の葬送では、「御車及牛、行障、御所御屛風、御几帳鋪設、簾、御手水具等施二入寺家一」（『小右記』同年十二月五日条）と、御車や牛とともに屛風や几帳までが寺家に施入されている。この寺家とは恐らく導師穆算、呪願師勝算のことで、また施入されたものには調度品も含まれているが、これは上物ではなく、両顕密僧へ御車や牛とともに施与された引き出物であったと考えられる。

(20)　稲田奈津子「奈良時代の天皇喪葬儀礼」（『日本古代の喪葬儀礼と律令制』吉川弘文館、二〇一五年）。ただし、『後漢書』「列伝八・烏桓鮮卑列伝第八十」には「至レ葬則歌舞相送、肥二養一犬一、以二彩綱纓一牽、并取二死者所レ乗馬衣物一、皆焼而送レ之、言以属二累犬一、使下護二死者神霊一帰中赤山上」（『後漢書』第10冊、岩波書店、二〇〇五年）とある。この一節から、少なくとも『後漢書』が著された五世紀頃、中国ではすでに埋葬が終わると死者の財物を焼いていたこと、それを通して死者の魂を護って他界へ送り届けようとしていたことが分かる（西谷大「墓と貨幣」『講座・人間と環境9　死後の環境』昭和堂、一九九九年）。とすると、こうした葬送習俗が日本へもたらされた時期も、奈良時代を相当程度遡る可能性もあること、そして上物焼却が当時の他界観念と密接な関係にあったことを推測できる。

(21)　勝田至「貴族の葬送儀礼（1）」（『死者たちの中世』吉川弘文館、二〇〇三年）。

(22)　「大徳寺役者塔主連署規式」（『大徳寺文書』第七巻二四七四号）。「坂奉行衆請文」（村井康彦・大山喬平編『長楽寺蔵七条道場金光寺文書の研究』法蔵館、二〇一二年所収の金光寺文書・一三七。以下、金光寺文書は本書による）。

(23)　細川涼一氏は、この⑦選子内親王の葬送で蓮台廟聖が取得した「材木絹布等」を「道具類」と解し、坂非人とは別に諸道具類を葬送の得分として獲得する者があったとする（前掲註(5)論文）。しかし、これは次節で述べるように氏がAB儀礼を区別できていないことからの誤解と言えよう。

(24)　たとえば、②藤原忠平（『西宮記』巻十二・太政大臣薨事）や、⑧後一条天皇（『左経記』長元九年五月十九日条）の事例から窺われる。

(25)　前掲註(2)大山論文。

(26)『金剛仏子叡尊感身学正記』(『西大寺叡尊伝記集成』法蔵館、一九七七年)。

(27)鈴木敬三『国史大辞典』「具足」の項。

(28)細川涼一「中世被差別民の実態」(部落問題研究所『部落史史料選集』第一巻、一九八八年)。

(29)文安二年(一四四五)東寺が購入した中古の輿ですら三貫文を要していた(『東寺百合文書』ヱ函一五五、以下「百ヱ一五五」などと記す)。坂非人が本拠としていた鳥辺野には、平安時代前期から皇后、親王等の皇族や摂関家等の貴顕な身分の人々が多く葬られていたことは、もちろんである(角田文衞「鳥部山と鳥部野」『王朝の残映』東京堂出版、一九九二年)。

(30)真宗大谷派所蔵「本願寺聖人伝絵」全四巻、康永本。

(31)黒田日出男「身分制研究と絵画史料分析の方法」(『部落問題研究』八七、一九八六年)。以下、黒田氏の見解は断りのない限りすべて本論文による。

(32)「隠亡」との呼称が現れるのは、天文二十三年(一五五四)本願寺十世証如の葬送の記録(『証如宗主御葬礼并諸年忌記』)を初見とする十六世紀後半以降であり、十四世紀中頃以降の史料には「三昧聖」として登場する。三昧聖が坂非人とは、その起源からも、その職掌からも別個の存在であったということを第二部第三章で指摘したが、「本願寺聖人伝絵」に見える荼毘に携わる剃髪姿の男が、犬神人ではないことは明らかである。

(33)吉野秋二「非人身分成立の歴史的前提」(『ヒストリア』一六四、一九九九年)。

(34)前掲註(2)大山論文。

(35)丹生谷哲一「中世における他者認識の構造」(『日本中世の身分と社会』塙書房、一九九三年)。

(36)大山喬平「清水坂非人の衰亡」(『長楽寺蔵七条道場金光寺文書の研究』法蔵館、二〇一二年)。

(37)前掲註(12)三枝論文。

(38)石田善人氏も、『後愚昧記』の事例を「葬送権」に付随していた「葬具や死者の衣裳ないし副葬品などの押収権」等の特権が侵害されたことから起きた争いだとして、争いの本質を葬送に関わる権益の侵害と見ている(前掲註(2)石田論文)。

(39)「尋取捨川原屍」の一節の訓に関して、定家自筆本によれば「尋取捨」の文字間隔は、「尋」と「取」の間隔が「取」と「捨」の間隔よりやや広くなっている(『冷泉家時雨亭叢書　明月記五』朝日新聞社、二〇〇三年)。よって、この一節を「尋㆘取㆓捨川原㆒屍㆖」と訓ずる可能性もあるが、筆者は乳母男が遺体を捜し出したと解し、本文のように訓じた。

（40）三枝氏は、『後愚昧記』の事例で犬神人が取得を争った衣裳を「葬送得分」と記していたが（前掲註(12)論文）、これは佐川下人の死体取り棄てに伴う得分であり、「キヨメ」得分と言うべきであろう。
（41）前掲註(35)丹生谷論文。
（42）清水克行「権門領主による強制執行の形態」（『民衆史研究』五二、一九九六年）。山本紀子「住宅検断にみる建築の破却」（『日本建築学会大会学術講演梗概集』二〇〇一年）。
（43）十二世紀以降、祇園社には材木商人が神人として編成されていた（大村拓生「中世畿内における材木流通の展開」『日本古代・中世都市論』吉川弘文館、二〇一六年）。
（44）⑩大治四年（一一二九）白河法皇の葬送では、荼毘の間に多数の雑人が見物に集まり狼藉をはたらき、「乞者」も乱入する（『永昌記』同年七月十五日・二十四日条）。高橋昌明氏は、この「乞者」乱入を、坂非人による葬送の具足取得の事例として推測する（「正盛・忠盛と白河院政」『清盛以前』平凡社、一九八四年）。しかし、久寿二年（一一五五）の⑫藤原宗子、⑬藤原泰子の葬送でも間違いなく上物儀礼が行われている。法皇の上物を非人が奪取したと想定し、さらにそれを坂非人による葬送得分の先行事例とするのは、当時ようやく坂非人が被施行の対象として確定していたという状況から考えても、妥当ではないであろう。
（45）網野善彦「中世「芸能」の場とその特質」（『日本民俗文化大系7』小学館、一九八四年）。
（46）中澤克昭「市場・網場・狩場・墓場の力」（『富裕と貧困』竹林舎、二〇一三年）。
（47）前掲註(2)大山論文。
（48）「非人長吏起請文」には、山野へ随身される具足を「号ㇾ無二其物一」とあることから、坂非人が問題にしていたのは、具足の多「少」ではなく、具足が「無」いことであった。もちろん「号」してであるから、坂非人の誇張も考えられるが、やはり量の問題ではなく、上物儀礼が廃れゆくなかで、十三世紀後期には上物がない場合も、そこそこあったのではないか。こうして調度品などが山野へ随身されることがなくなり、「罷取」る対象として輿などの葬具が残ったのではないかと考える。
（49）山田邦和「京都の都市空間と墓地」（『京都都市史の研究』吉川弘文館、二〇〇九年）。
（50）東寺には、こうした葬送墓制の変容以外にもう一つ東寺自身の個別事情もあった（註（56）参照）。
（51）天文十七年（一五四八）「坂奉行衆請文」には、「とさう（土葬）の事、あな一ニ五十文さかはう（坂方）へ可ㇾ給候、たんな（檀那）方同前なり、ひきむま《(引馬)》・ひや《(火屋)》・あらかき《(荒垣)》・まく《(幕)》・つな《(綱)》、もとから御てらしゆ《(寺主)》さためのことくなり」（金文一三七）とあって、金光寺の寺内における土葬の穴一つにつき、坂は五十文を受け取るという土葬得分も取得している。これは、土葬の需要増加に対して執られた措置であったと考えられる。そこで大山氏は、これを坂非人が負担した土葬費用に対する支払いとする（前掲註(36)大山論文）。しかし、そもそも中世前期、坂非人は葬送に携わったから得分を得ていたのではなかったし、また第二部第三章でも指摘したように中世後期も、坂非人が葬送に携わることはなかった。ゆえに土葬得分を、坂非人が負担した土葬費用であるなどとすることはできない。火葬のときには火屋や荒垣などの資材を坂は取得できたが、土葬にはそれら葬場施設がなく取得できなかった。この不足を補うものとして葬具使用料とは別に土葬得分を要求したのであろう。右の「坂奉行衆請文」には、土葬得分が火屋・荒垣等と対比的に記されていることからも、それは窺われる。とすると、この土葬得分は第一節で指摘したA葬場施設類の代替措置としての得分となる。本章は、B上物に淵源を持つ葬具取得を問題にすることから、本文ではこれを取り上げなかった。なお、この土葬得分も、発生のたびに一件一件捕捉したのではなく、坂非人が年ごとに後から数えてまとめて要求したものと推測できる。たとえば貞享元年（一六八四）の序を持つ『雍州府志』巻八「古跡門」には「古へ、感神院犬神人、（中略）毎年、諸寺院ノ墓地ヲ巡察シテ、新葬ノ跡有ルトキハ、則チ其ノ寺院ニ就テ葬埋ノ料ヲ請フ」（『新修京都叢書』第十巻、臨川書店、一九六八年、以下も同じ）とあり、それが窺われるからである。

(52) 弘安六年（一二八三）三月八日「遍照心院指図禅恵置文案」（『百ゥ一七』）。「六孫王神社文書」（『大日本史料』七―三、六〇三頁）。細川涼一「源実朝室本覚尼と遍照心院」（『中世寺院の風景』新曜社、一九九七年）。

(53) 『招提千歳伝記』巻下之三（仏書刊行会『大日本仏教全書』一〇五、名著普及会）。

(54) 細川氏は、近世史料に招提寺の西方院が「下僧斎戒之者」とあり、また別の史料に「西方院墓のひじり」とあることから、両者をそのまま結びつけて同一だとして、斎戒衆が三昧聖だとする（「唐招提寺の律僧と斎戒衆」『中世の律宗寺院と民衆』吉川弘文館、一九八七年）。しかし、「墓のひじり」を「下僧」と位置付ける史料の提示もなく、また別者である可能性も否定できていない。さらに吉井敏幸氏は、細川氏がその根拠の一つとしてあげた史料も法会のものであって葬送ではないこと（「大和竹林寺・般若寺・喜光寺の復興」同書）から、斎戒衆は葬送法師であり、三昧聖とは別の存在であると指摘する（「中世〜近世の三昧聖の組織と村落」『部落問題研究』一四五、一九九八年）。筆者は吉井氏の見解に従いたい。

(55) 勝田至「中世京都の葬送」（『歴史と地理』五七七、二〇〇四年）。

（56）遍照心院は、観智院賢宝の葬送の二十二日後に炎上する（『大日本史料』七―三、六〇三頁）。東寺と隣接していたことから、応永二十三年、遍照心院は款冬町の領有をめぐって東寺を提訴し、その後、百年以上相論が続く（久留島典子「東寺・遍照心院相論考」『東寺文書にみる中世社会』東京堂出版、一九九九年）。遍照心院の提訴から約二十年後、東寺は地蔵堂三昧を発足させて独自に葬送を行うようになったのである。

（57）田良島哲「大徳寺の葬送と蓮台野」（『京都部落史研究所報』五五、一九八二年）。

（58）大永五年（一五二五）「大徳寺役者塔主連署規式」（『大徳寺文書』第七巻二四七四号）。

（59）高田陽介「寺庵の葬送活動と大徳寺涅槃堂式目」（『東京大学日本史学研究室紀要』一、一九九七年）。

（60）高田氏は、境内墓地化の進展の影響を次のように推測する。境内墓地で埋葬される人が増えることにより、遺体放置の習俗も廃れてゆくこととなる。このとき坂非人が行う遺棄死体の処理件数も少なくなり、「キヨメ」の得分も減少し、ひいては山門膝下の寺院秩序の縮退にもつながる。そこで見られたのが、京都諸寺院の墓地経営に対する山門の圧迫ではないか。その例証が、天文九年（一五四〇）秋、寺域に墓地を構えようとしていた浄福寺に対して採った、山門の同寺念仏堂破却の動きではなかったか、というものである（「山門膝下における葬式寺院の登場をめぐって」『遙かなる中世』一〇、一九八九年。「境内墓地の経営と触穢思想」『日本歴史』四五六、一九八六年）。氏の推測が妥当であるならば、浄福寺の三昧堂建立に当たり、同年冬十月、坂が諸役を勤めることとなっていたのも（『京都浄土宗寺院文書』浄福寺文書五・六）、こうした山門の働きかけの結果であり、その諸役も三昧堂を含む墓地の管理権益などではなかったかと推測できる。よって、こうした手段も坂の権益保全の一つと言えるが、本章で扱う葬送得分に由来するものとは異なる。

（61）馬田綾子「坂非人・葬送」（部落問題研究所『部落史史料選集』第一巻、一九八八年）。

（62）たとえば永正元年（一五〇四）、永正十七年、それぞれ坂は「徳政之儀」について東寺とも、「輿之御礼」「光明講方輿之礼物」の交渉をしている（百へ二〇三・百へ一七四）。これらも免輿料であることは明らかである。

（63）下坂守氏はこの「伽藍」を長棟堂を付属施設とした「くたひてら」と推測する（「中世非人の存在形態」『芸能史研究』一一〇、一九九〇年）。

（64）長香寺への売却の結果は、「此外如何様之さうれい《（葬礼）》御座候とも」と、葬礼のたびに支払われるものが何もないことが定められていた。これに対し、知恩院では「たとひ葬場何方にひらかせられ候共」と、「葬場」の開放、すなわち坂の葬場に対する管理支配権の喪失を意味しているようである。長香寺と坂との間では、「墓所定書」として輿や龕などの使用料は設定されていたが、坂が知恩院へ「墓役料」を売却する以前、知恩院との間でそうした葬具使用料が設定されていたのか明らかではない。このため、坂が知恩院に対し持っていた権益の由来も、葬送得分とは異なる可能性も存在すると考えられる。

(65) 黒田日出男「「親鸞伝絵」と犬神人」(『歴史の読み方 1』朝日新聞社、一九八八年)。

(66) 前掲註(9)勝田論文。

(67) 寛元二年(一二四四)「大和奈良坂非人陳状案」(『鎌倉遺文』六三一五)。

(68) 犬は吐物や残飯を食べ、死体をも餌とする。まさに汚物の「清掃役」としての役割を果たしていた。この死体という穢を除去する役割を担わされたのが、身分社会の底辺にあって、「犬」という名を冠して呼ばれた犬神人であった。「犬」という言葉に「穢」の認識が通底し、同時に「犬」名を冠する隷属民の集団に「賤」という観念が伴うのは、こうした社会構造によると、吉村亨氏は指摘する(「中世の「犬」と河原者」『中世地域社会の歴史像』阿吽社、一九九七年)。

(69) 民俗学の分野でも、波平恵美子氏は、民俗事象の理解における基本的な枠組みとしての「ハレ」と「ケ」に新たに「ケガレ」を加えて、日本の民間信仰の構造を描こうとしていた。そして氏は、死のケガレは波及し、そのケガレを受けた人は通過儀礼によってケガレを清めるとし、それゆえ葬送儀礼は「清めの儀式」であるとしていた(「通過儀礼における「ハレ」と「ケガレ」の観念の分析」『ケガレの構造』青土社、一九八四年、初出は一九七六年)。

(70) 前掲註(6)脇田論文。

終章　本書の成果と課題

第一節　本書の成果

序章において、本書が取り組むべき課題として、古代中世における葬送の具体的な実態と、その前提としての遺体・遺骨観および霊魂観の解明を掲げた。そして、これら二つの課題には先行研究のもつ問題が都合四つあるとして、それへの対処を概略次のように述べた。①死生観は遺体・遺骨の観念を含めて総合的にとらえる。②死者などを忌む理由が触穢規定に基づく「穢」なのか、それとも死体本来が持つ「禍々しさ」なのかを峻別する。他方で、遺体が愛惜・尊敬の対象であったことも念頭に置く。③葬送と仏教の関係を問い直し、その全体像を通史的に明らかにする。④葬送において遺骸・遺骨処理を誰がどのように担ってきたか、僧侶・俗人・非人などの関わりを具体的に検討する、ということであった。

そこで本書を終えるに当たり、こうした課題に対してどのような成果が得られたかを、各章にそって整理しておこう。

第一部第一章では、遺体遺棄とされた庶民の習俗も、遺体を穢れた物体として遺棄していたのではなく、弔いとしての当時の葬送であったことを明らかにした。そして主に民俗学で主張された霊肉二元論に基づく遺体・遺骨観は妥当ではなく、古代から中世において人々は遺体・遺骨に霊威を見出していた、それゆえに葬送も行われてきたことを実証的に解明した。

これまでの研究では、遺体・遺骨は廃棄されたとしていたために、葬送においてそれらに対する取扱いがそれ以上問題にされることはなかった。しかし、ここにその前提が崩れることになった。ゆえに古代から中世にかけての葬送の実態と遺体・遺骨観および霊魂観を歴史学的に検討しなければならない必然性も生まれたわけである。

第一部第二章では、葬送が執り行われる時刻が、古代から中世にかけて夜から暁、そして日中へと変化していくことを明らかにしたが、日中への変化の前提には、死体観が禍々しいものから往生人という尊極なものへ変化していったことを指摘した。そして、その変化は仏教なかんづく浄土教による他界観の変化が決定的な役割を果たしていたと考えた。死体観・他界観といった死生観も変化すること、それは葬送儀礼の変化と表裏の関係にあったことを実証的に示すことができた。

第一部第三章では、平安時代以降、遺体が生者の如く移送される儀礼・習俗であった「平生之儀」を取り上げた。こうした儀礼が行われた原因を、従来の研究では死穢を隠蔽するためだとしていた。しかしそれは誤りであった。事実は、死体・葬車が人々を他界へ引きずり込みかねない存在、凶事と認識されていたことが、その背景にあった。「平生之儀」は、死体・葬車がもたらす障害に対する不吉観を払拭するための措置として、葬礼を装わない方法により遺体を移送していたのであった。当時の人々にとって、死体の斥力が死穢とのみ考えられていたのではなく、人を死に至らしめる怖ろしいものと認識されていた。そのことが葬送儀礼にも影響を及ぼしていたことを、実証的に明らかにすることができた。

ところで「穢」も、当初は死体に対する得も言えぬ怖ろしい斥力として摘出されたのではなかったろうか。それが十世紀前半に『延喜式』として規定されるなど、文化的な装置のなかで馴致され、社会規範として組み込まれるなかで、「穢」は本来の斥力を表象するものではなくなっていった。[1] それでも死者を納めた葬車や葬送に対する不吉観を払拭できなかった。ところが、それすらも儀礼のなかへ組み込もうとしていた。それが十世紀半ば以降に登場する「平生之儀」であった。「平生之儀」とは、こう位置付けられるのではないかと筆者は考えている。

第二部第一章では、奈良時代以降、律令制の導入とともに行われていたのは「喪葬令」的葬送であって、仏教が関与していく葬送へと変化していくのは九世紀末から十世紀初めにかけてであったことを明らかにした。ただし顕密僧が葬送の場で担ったのは、呪術的な念仏や真言陀羅尼を称えることであって、遺体を清める沐浴や入棺などの個別儀礼に顕密僧は関与せず、葬送を主導していたのは俗人であった。もちろん、こうした呪術的な仏教も中国から請来されたものであったし、中国も地方によっては仏教による葬送も行われ始めていたが、律令制が機能していた唐代や宋代、国家レベルの葬送で仏教儀礼が採用されることはなかった。ところが日本では、王家が真っ先に仏教儀礼を葬送に採用していた。このように仏教が国家レベルの葬送と緊密な関係をもったところに、日本仏教の特質の一つがあったと言えよう。

第二部第二章では、中世後期において禅律僧が沐浴や入棺などの個別儀礼とともに、それまで俗人が行っていた葬送の統轄をも担うことになることを指摘した。こうして前章とあわせて古代から中世に及ぶ仏教と葬送の関係を通史的に明らかにすることができた。また従来の研究でほとんど関心が示されることはなかった、俗人と葬送の関係でも、遺体・遺骨に触れる儀礼を平安時代から担っていたのは、故人の親族や近臣であったことを明らかにした。彼等にとって、触穢の忌避以上に故人との所縁に対する思いが重要であり、それゆえに遺体・遺骨の処理を俗人が担っていたことを示すことができた。

第二部第三章・第四章では、葬送と清水坂非人・三昧聖との関係を考えた。従来、遺体といえば触穢の対象という理解であったから、遺体・遺骨を処理する葬送は「キヨメ」の一環であって、それを非人が担うという図式が成り立っていた。しかし葬送が「キヨメ」であったことはかつてなく、非人が葬送を担うようなことはなかった。他方、『日本霊異記』（新編日本古典文学全集）の著者景戒が自身の体を荼毘に付す夢を見て、そのさまを「身の脚膝節の骨、臂・頭、皆焼かれて断れ落つ」と描写したように、遺体を焼く荼毘がむごたらしい作業であったことは否定できない。ゆえに親族・近親も荼毘に際して着火という儀礼を行い、荼毘の後には遺骨を大切に拾い上げて埋葬するけれども、荼毘そのものの作業を担っていたのは三昧聖であった。葬送は、こうした俗人、僧侶、そして三昧聖といった分業を以て行われていた。これも遺体・遺骨観の多面性を反映したものと考えられる。

以上を要約すると、第一部第一章では、人々が遺体・遺骨に霊威を見出しており、それらが決して棄てられるものではなく、葬送されるべきものと考えられていたことを指摘した。第一部第二章・第三章では、死体は穢れたものとしてだけではなく、人を他界へ引き込む恐れのある禍々しいものと認識され、こうした死体のもつ斥力が葬送儀礼へも影響を与え、さらに人々の死体観や他界観といった死生観の変化とともに葬送儀礼も変化していたことを指摘した。そして第二部第一章から第四章では、葬送を担った者との観点から、仏教と葬送の関係と、僧侶や俗人が遺体・遺骨にどのように向き合ったのかについて、具体的な儀礼を通して考察した。そして死者が忌避されるだけの対象ではなく、生前の恩顧や情愛によって孝や愛惜を表現する対象でもあったという側面をクローズアップした。

死者に対する人々の観念は必ずしも全同ではなく、死者との関係により相違する。それを一覧としてまとめたものが表16である。死者との関係によって人々は親族、近習・近臣、第三者となり得た。つまり、死体・遺体に対する観念とは、こうした可変的な多義性を持つものであった。

本書は、また三つの研究視角を設定した。この側面から得られたことを整理しておく。

第一に、他の社会史研究との関係では、その研究がもつ問題点や新たな研究の視角を提示した。一に儀礼と時刻の関係。夜に行われていたのは葬送だけではなく、婚姻や祭礼も同様に多くは夜に行われていたが、こうした儀礼と時刻との関係について示唆を与え得るものとなった。二に葬送と相続慣行の関係。故人の親族、嗣子が葬送儀礼を行うことが、相続慣行の一環からも必要な措置であったことを明示した。三に国家秩序の場としての葬送。天皇や室町将軍の葬送は、王権等を担った近臣・近習が葬送を担っていたことから、葬送の場は国家秩序の一端を垣間見せる場でもあったことを示した。四に葬送と非人の関係。キヨメは非人の生業であったが、非人が葬送に携わることはなかった。これまでの非人理解を大きく転換させることとなった。五に国家中陰仏事と僧侶の関係。従来の理解では、中陰仏事の場は清浄な場とされてきたが、もとよりそこは触穢の場であって、葬送を行った禅律僧も、顕密僧と同様に中陰仏事が行えることの原理を明らかにした。

第二に、民俗学ではできない「心性史」研究。民俗学は、霊魂観など死生観を変わらないものとして扱っていた。しかし、死生観が変化していることを実証的に示した。心性も、百年、二百年の単位でやはり変化していたのであり、変化を問う歴史学の対象になり得るものであった。こうして、「変わらない歴史」への挑戦を果たすことができた。

第三に、中国文化の受容。日本は律令制や仏教を中国から受容していたが、この両

表16　死者との関係と遺体観

遺体に対する観念	死者との関係			
	①親族	②近習・近臣	③第三者	④非人
禍々しさによる忌避	△＊1	△＊1	○	不明
穢による忌避	△＊2	△＊2	○	×
愛惜・尊極	○	○	△＊3	×

(1) ○：該当，△：一定の場合該当する，×：関係しない
(2) ＊1：衰日のときや，年少者は葬送に参列できなかった
(3) ＊2：神事の障りがでるときは忌避が求められた
(4) ＊3：第三者でも結縁の対象となり得た

者に共通するものに実は葬送があった。だが、日本の葬送儀礼が中国との関係を通して通史的に研究されることはなかった。日本の葬送儀礼は、奈良時代から中世後期までも、中国の最新モデルとでも言うべき葬法を自国の状況に照らし合わせ、選択的に受容していたのであった。

以上のように本書は、これまでのパラダイムを転換させる契機となる成果を残すことができたと考えている。それは、従来ほとんど研究の対象にされなかった遺体や遺骨を素材に、奈良時代から戦国時代までという長い年代にわたって、その実態的な取扱いを解明し、死生観という人々の心性に迫り得たからであり、素材と手法の斬新さによってもたらされたものと考えている。

近年の東アジア海域史研究では、日本の政治時代史区分の適用はされない。「変わらない歴史」を扱った葬送史研究にも、一面それは当てはまるであろう。そこで、研究成果をもとに、葬送史における大まかな時代区分を示しておきたい。①葬送の時刻は、十二・十三世紀から変化が生じ始め、十五世紀に変化が顕著となっていた。②「平生之儀」は十世紀半ば頃から行われ始め、十五世紀頃に形骸化し始めていた。③葬送と仏教の関係では、九世紀末から十世紀初めに顕密僧が葬送に関与し始め、十三世紀から十四世紀にかけて葬送を統轄することや、入棺などの個別儀礼が俗人から禅律僧へ移行していく。④十四世紀頃から境内墓地が登場し、中世後期の葬送形態が形成されていく。葬送形態の変遷事象としてわずか四例であるが、ここからは十世紀前半頃に一度大きな変化を迎え（②③から）、次いで十三世紀から十四世紀にかけて大きく変化していることが窺われる（①③④から）。これら具体的な変化の前に、恐らくは徐々に死体観や他界観などの死生観の変化が起きつつあったことを推測できる。そして、それが社会意識として形成されたとき、漸く葬送儀礼の変化として現れたのではないだろうか。

第二節　今後の課題と多死社会に備えて

本書は、葬送儀礼の実態を明らかにし、それを通して日本の古代中世の人々の死生観を考えようとした。だが、究明できなかったことがまだ余りにも多い。それを大まかにまとめると、一つは葬送習俗の由来の解明、二つめは霊魂処理としての追善儀礼の再検討、三つめが葬祭仏教の形成過程についての解明である。

まず一つめが、葬送儀礼における習俗の由来について多くを論究できなかったことである。およそ葬送儀礼には、さかさ屏風など日常習慣と異にする習俗儀礼が多数存在する。これら一々の由来を実証的に解明することは困難であろうが、そのなかでも検討が必要と思われるものが、葬送における子供と女性の扱いである。まず子供の扱いでは、七歳未満で亡くなった子供の葬儀は行わないとされること(2)や、第一部第三章でも述べたが葬送の参列に子供が制限されることが挙げられる。次に女性への対応では、子供の葬送に対して母は参列しないことなど(3)、そもそも女性も葬送への参列には制限が加えられていた。この女性の参列制限は、チベット仏教によって行われる現代の葬送でも同様であり(4)、その解明は重要と考えられる。そして、こうした葬送時における子供と女性に対する扱いが明らかになれば、他の葬送習俗の多くも類推できるのではないかと思われる。

二つめの霊魂処理としての追善儀礼の再検討について。本書は遺骸・遺骨の処理を中心とした葬送儀礼を研究の対象としてきたため、霊魂処理としての追善儀礼の検討には至っていない。しかし、日本人の死生観の変遷を総合的に考えるためには、やはりその研究は必要である。とりわけ第二部第二章で指摘したように、追善仏事の場に対するこれまでの理解が妥当ではなく、中世後期の中陰仏事に対して再検討が必要となっており、死生観を考えるうえでもその意義は小さくはないであろう。

三つめの葬祭仏教の形成過程の解明について。江戸時代の寺檀制度に関して幕府権力という上からの強制がこれまで強調され過ぎたことが、近年の研究で指摘され、その見直しが進んでいる。(5)こうした研究の進展は、勢い中世後期・戦国期における寺檀関係の形成過程を問うことにつながる。ところが、これに対する研究はほとんど進んでいない。(6)葬送と追善仏事を通じて寺院と関係を結んでいくことによって成立する、寺檀関係と葬祭仏教の形成過程を解明することは、中世史研究に課せられた課題である。

以上、本書は古代中世の葬送の実態と、その前提としての遺体・遺骨観および霊魂観という死生観の解明を課題として検討を進めてきた。この死生観を扱う研究は、「変わらない歴史」に代表される「心性史」研究であり、まだ始まったばかりである。心性というからには、何々観といった具合に日常のありとあらゆる心性が、研究の対象になり得るはずである。そうした数多くの「心性史」研究の成果を統合させることによって、柳田国男氏が求めてやまなかった人々の暮らしぶりや心意をはじめ、(7)事件史や政治史を解く鍵ともなる、その時代の人々の性向なども明らかにできるかも知れない。本書はその第一歩である。

以上、葬送史研究を通し古代中世の社会と人々の死生観を考察してきたが、多死社会を迎えつつある現代社会において本書が何を提起できるであろうか。本書を終えるに当たり、他界観の観点から少し記しておきたい。

まず、日本における死亡者数のこれまでの推移と今後の予測を略記しよう。日本の年間死亡者数は、昭和三十年代から同六十年代まではおよそ七〇万人前後で推移していた。これが平成二年（一九九〇）以降八〇万人を越え、その後年々増加して同十五年には一〇〇万人を突破し、同二十七年には一二九万人にまで及んでいる。(8)そして、年間死亡者数は今後ますます増加し、二〇二五年には一五〇万人を越え、二〇四〇年には一六六万人とピークに達するとされる。しかし、ピークを過ぎて二〇六〇年でもまだ一五三万人が亡くなるとされ、今後五十年以上、毎年百数十万の人が亡くなり続けるという極端な多死社会が到来することが予測されている(9)。

こうした人口動態の予測のもとに生じるさまざまな問題点もすでに指摘されている(10)。それを筆者なりにまとめてみると、つぎのような事態が考えられる。まず施設面でいえば、毎年百数十万人の死者予備軍を支える介護施設や死に場としての医療機関が大量に必要となるが、供給が追いつかず不足し、また大量に発生する死者を葬る斎場も不足し、墓地も不足する。そして産業面ではこれをマーケットとして葬祭関係産業への移行が進み、産業構造も変化するが、介護・医療・葬祭関係職員が恒常的に不足する。社会的な側面では、人口が減少し、生涯独身者率も増加するなか、無縁化社会となり孤立死が増加する。街や郊外には人生を終えるための産業施設や墓地が溢れ、社会全体の活力も低下する。

こうした予測に対して、国や地方自治体もすでに政策の転換を始めようとしている。たとえば介護施設や医療施設の不足に対しては、財政面からそれらを増やすことができないため、在宅医療や在宅死を推進しようとしている。斎場の不足については民間委託化、墓地の不足には合葬や樹木葬など墓地を不要とする埋葬方法を進めようとしている。葬墓制が大きく変えられようとしているわけである。しかし、これで問題が解決するわけではない。在宅医療や在宅死といったところで、終末期の人が戻った自宅には家族という共同体がすでに崩壊しつつあり、しかも現在は八割が医療機関で亡くなっており、在宅での終末介護や看取りのノウハウはすでに失われ、在宅医療や在宅死が容易に推進できるはずがないと指摘もされている。死に場所もなく、葬ってくれる人も場所もない、死を迎えるのに大変な時代が到来しようとしている。

このとき人の死とは、人々にとってどのように認識されているであろうか。人の死を側聞する機会も増え、職業柄死者に接する人も増えることから、人々の死生観も豊かになっているであろうか。むしろ、死が日常茶飯事となって不感症となり、合わせて孤立死が増加して身近な人の死と対面することもなくなることから、死に対する厳粛な思いを致すこともなくなるのではないか。墓標もなくなって墓参もなくなり、故人との関係もますます希薄化していく。現在でも、故人はもはや追憶の対象でしかなく、前近代社会における死者と生者との関係を規定していた宗教的な死後イメージ・他界観が根底から大きく変容してしまったと指摘されている。(11) こうした死生観であるならば、他界での故人の存在を否定することにつながり、ひいては生命や生への尊厳性すらも見失うことにつながるのではないかと、筆者は危惧する。

こうしたなかカール・ベッカー氏は、日本がかつて持っていた文化と習慣、倫理と社会に基づいた死生学が講じられることが期待されているとし、その一つとして故人の永続性を意味する他界観の重要性を指摘する。たとえば、その一例が終末期患者の世話をする看護士のバーンアウト問題である。終末期患者は必ず亡くなるため、看護士はその世話をしていて絶えず敗北感を覚えることになる。しかし、死が他界への出発であるとするならば、看護士はその見送りをしていることになり、精神的な疲弊から救われるとしている。もう一つの例がアメリカで取り入れられている故人との内心対話を進めるサイコマンティウム療法である。近親者を失った遺族への対処として、遺族などに故人と交流する場を提供し、遺族の悲嘆の軽減を図ろうとしているとされている。(12) これらはいずれも、故人の永続性を前提とした他界観の有用性を示すものであろう。

そもそも他界観や死生観が日本で希薄になった理由として、もちろん科学や医学の進歩も挙げられよう。だが、核家族化の進展や医療機関での死が一般的となるなか、身近な人の死と直面する機会、すなわち死を見つめる機会がまれになってきたことがその要因として大きい。さらにその遠因を考えると、それは死を忌む側面が特に強調され、人々が意識的に死を遠ざけてきたからではないだろうか。

葬送がどのように行われるか、それはその時々の社会事情に従って行えば良いことである。しかし、人々の生活や社会が健全であるためには、生への尊厳性を失ってはならず、そのためには豊かな死生観が必要であり、それにつながる施策が必要であると考える。たとえば中世社会でも、故人との関係性のなかに自らを置き、我が身を律する発想を当然に持っていた。(13) もちろん、かつての死生観すべてが良いものだとするわけではないが、本書を通じて、日本が古来こうした死生観を持っていたことを学んだ。と同時に、他界観や死生観は時代とともに変わること、仏教に代表される形而上の問題だけではなく、社会的事象によって影響し合うことを学んだことから、筆者はそう考える次第である。

註

（1）平安貴族の抱いた死の忌み・死穢は、死の畏怖に始まるが、死の持つ霊異感や呪的な力への忌避ではなく、吉凶や浄穢という特定の観念操作を通過したうえでの禁忌であると、高取正男氏は指摘する（「屋敷付属の墓地」『日本宗教の歴史と民俗』隆文館、一九七六年）。内堀基光氏は、死に行く者への儀礼が確実に果たしうる効果は、死者を受け入れ可能なかたちで表象し、初期の衝撃を文化の用意する仕掛けのなかに位置付けていくことであるとする（「死にゆくものへの儀礼」『儀礼とパフォーマンス』岩波書店、一九九七年）。

（2）柴田純「疎外される幼児」（『日本幼児史』吉川弘文館、二〇一三年）。

（3）新谷尚紀「平安貴族の葬送儀礼」（『日本人の葬儀』紀伊國屋書店、一九九二年）。

（4）河邑厚徳「ツェリンパルダンの葬儀」（『チベット死者の書』日本放送出版協会、一九九三年）。

（5）福田アジオ「近世の寺檀制度」（『寺・墓・先祖の民俗学』大河書房、二〇〇四年）。朴澤直秀「幕藩権力と寺檀関係」（『幕藩権力と寺檀制度』吉川弘文館、二〇〇四年）。

（6）豊田武「檀家制度の展開」（『日本宗教制度史の研究』厚生閣、一九三八年）。竹田聴洲「近世社会と仏教」（『岩波講座日本歴史9　近世1』岩波書店、一九七五年）。
（7）柳田国男「民間伝承論」（心意研究の重要性）（『柳田國男全集』八巻、筑摩書房、一九九八年。初出は一九三四年）。
（8）厚生労働省「平成二十七年・人口動態総覧・年次推移」による。
（9）国立社会保障・人口問題研究所「日本の将来推計人口（平成二十四年一月推計）」の出生中位・死亡中位仮定による推計結果。
（10）槇村久子「社会の無縁化と葬送墓制」（『変容する死の文化』東京大学出版会、二〇一四年）。
（11）中村生雄「死者と生者をつなぐ観念と習俗」（『死者の葬送と記念に関する比較文明史』日本学術振興会科学研究費補助金プロジェクト報告・基盤研究（A）、二〇〇七年）。
（12）カール・ベッカー「死の現状」「おわりに代えて」（『愛する者の死とどう向き合うか』晃洋書房、二〇〇九年）、同「日本人の死生観の行方」（『「死」が教えてくれること』角川書店、一九九九年）。
（13）たとえば『玉葉』元暦二年（一一八五）正月十三日条。

あとがき

私は今春、還暦を迎えた。そして初めての自著を出版することができた。研究者としては、遅咲きもいいところだろう。顧みれば、ずいぶんと変わった人生を歩んだもので、感慨もひとしおである。私は、二十数年間勤めた会社を四十七の歳にして退職し、まったく縁のなかった研究の道へ進んでしまった。なんとも賢くない生き方をしたものだと今でも思う。今から四十年前、私は神戸大学の法学部で学んだ。憲法や行政法、刑法といった公法が好きで、当時の一般学生としては専門分野の勉学にも励んだつもりである。そして大学卒業と同時にふつうに一般企業（金融関係）に入社した。当時は「猛烈社員」、「企業戦士」といった言葉がふつうに使われている時代で、よく働いた（働かされた）ものである。現代とは隔世の感である。こうして「私」の時間もないほどの毎日が続くなか、勉強できるうちにもっと勉強しておけば良かったと悔いたことを今も覚えている。これが意識の底流にあって、転身につながったのかも知れない。人生の選択肢として、六十歳の定年退職後に再スタートを切ることももちろん可能であったし、むしろそれがふつうの生き方であった。だが、もう一つの何かを為し遂げるためには、六十歳からでは時間が足りない、遅すぎると考え、妻からも一応の了解を取り付け、退職することに決めたわけである。

私は、かねてから日本史（中世）と仏教に関心があったが、四十歳を過ぎ学問研究に対して憧憬に近い思いを持つようになっていった。とは言え、研究の世界とは無縁な私にとって、退職後の長期的なビジョンを描けるわけはなく、そのとき、そのときに最善を尽くしていこうとだけ考えていた。そこで、当面の関心から仏教大学大学院文学研究科で学ぶこととした。二年間で修士課程を終えたが、この二年目になって、知的欲求がますます高まっていき、脱サラまでしながら中途半端では終われないと思うようになる。そして、私は「一流の研究者になりたい」と言って、大阪大学大学院にいらした平雅行先生の門を叩くことになったわけである。

そこで、仏教大学の修士論文をもって、大阪大学大学院の博士後期課程を受験したが、見事に不合格であった。「一流の研究者になりたい」のなら、一からやり直しなさい。そのために、翌年に博士前期（修士）課程の受験をしなさい。それまでの一年間は研究生として、古代史を勉強するように、と平先生から助言をいただいた。それはまったく想定外のことで、ほとんど受け入れがたく、悔し涙を呑む結果であった。しかし、「一流の研究者」との目標を掲げた以上、前へ進むほか私に道はなかった。当初、私は中世史ゼミで学ぶこともできず、何か疎外感を覚えたのも事実であったが、日本古代史の梅村喬先生のもとで学んだ一年間は、私の研究の出発にあたり、重要な一年間であった。私が出席したゼミは史料講読を行うもので、素材は前期が『小右記』、後期が『養老令』賦役令であった。白文一つ読めなかった私は、梅村先生やゼミの皆さんから史料の読み方を一から教わり、古代社会の一端をはじめて知った次第であった。わずか一年間、古代史を専門とする方からすると、古代史のほのかな香をかいだ程度でしかなかったが、その後の私の研究にどれほど重要であったか、まさになくてはならない大きな一年間であった。

研究生として半年経ったころ、平先生に面談の時間をとっていただいた。それは、翌年の博士前期課程として進学以降の研究テーマについて助言をいただくためであった。私は色々とテーマを考えて資料を用意していたが、その資料の中にわずかに「葬送」の一語が入っていたことがきっかけで、それをテーマとして勧められた。そのころ、人間の生死の問題に切迫した興味を懐くようになっていたことから、半年間の熟慮の後、大阪大学の博士前期課程に進んだその日に、「葬送」をテーマとすることを申し出た。すると、先生から五百年間分の葬送史料をできるだけ早く集めるようにとの助言をいただいた。しかし当時の私には、五百年の開始年代すらもはっきり分からなかった。先生に尋ねるのも恥ずかしかったため、結局七〇〇年代から一五〇〇年代の九百年間の史料を収集することにした。こうして、私の「日本古代中世の葬送と社会」の研究が始まったわけである。博士前期課程の二年間に本書の第一部第二章・第三章の原形が完成し、修士論文として正副二本の論文を提出することができた。だが、修士二回生のときから投稿していた第三章相当の拙稿がなかなか採用されなかった。最後に投稿先を変えて掲載に至るまで、丸三年間を費やした。出口の見えない長いトンネルの中を走っていた時期であった。原稿が突き返される度に、平先生に相談に乗っていただいてご面倒をおかけし、申し訳ない限りであった。だが、この間に論文執筆の作法や覚悟など、とことん手ほどきを受けることができ、私にとっては結果的に実に幸いなことであった。私は、研究会での活動は博士後期課程に進んだ後、論文が掲載されてからと決めていた。それは歳ばかり重ねて何の実績もない者の肩身の狭さを実感するのが辛かったからである。こうして私の研究会への出席等が始まり、研究者の集う場に分け入るように努めた。そこで、峨々として聳える多くの研究者との面識を得て、教えを蒙ったことが何よりも嬉しいできごとであった。

こうして研究も進み、二〇一六年三月に博士の学位を取得するに至る。本書は、二〇一五年十二月に大阪大学大学院文学研究科へ提出した博士論文を基にしている。論文の審査に当たってくださった平雅行、川合康、村田路人、市大樹の諸先生からは、多方面にわたって懇切な御指導をいただいた。ここに改めて御礼を申し上げたい。歴史学に対して無学に等しかった私が、大阪大学大学院へ進学して以降、七年間で七本もの論文を執筆でき、また学位論文を提出できるとは思ってもいなかった。私は研究に際して、素朴な疑問こそ大事にしよう、と心がけてきた。本書における素朴な疑問の一つが、死者に対する先行研究の理解を、「ほんまにそうやろか？」と思ったことである。その疑問が本書の第一部第三章を起点として、第二部第二・三・四章、第一部第一章へとつながり、博士論文へと帰結していった次第である。ところが、博士論文としてまとめようとしたとき、自身がこれまで進めてきた研究が、社会にとっていったい何ほどの価値があるのかとの疑念が頭をもたげてきた。現場社会を経験してきただけに、私は自身の研究を現代社会にどう定位させることができるのか、格闘しなければならなかった。それが終章で綴った思いである。

二〇一六年という年は、学位を取得できただけではなく、平先生のご紹介により京都学園大学の非常勤講師を勤めることもできた。十数年ぶりの社会復帰で、まさか大学で教鞭を執れるとは思わなかった。そこで、この一年間は現代的課題を見据えて、これまでの自身の研究成果をもとに講義を行った。すなわち、今まさに迎えようとする多死社会が直面する課題は、高齢者だけではなく、若い世代も看取り世代として向き合わざるを得ない問題である。そのためにも死生学を学ぶことは重要であり、古代中世の人々の死生観を学ぶことが死生学の一環であること。そして、そのことによって、日本社会が抱える課題を考える糸口にできる可能性がある、といったことを史料を通して講義を進めていった。これまでの自身の研究成果をより現実社会の課題に耐えうる、陶冶の期間を得ることができたと考えている次第である。

これまで大学図書館の書庫に入る度に何百万冊という知の集積に、私はいつも圧倒されていた。そして、いつか自分もその片端に加えられるようになりたいと思ってきた。大阪大学の博士前期課程に入ったとき、平先生が私に目指すべき二つの目標を示してくださった。その一つが十年以内に一冊目の著書を出版できるように励め、というものである。まだ、仏教大学大学院の修士論文しかなく、出版どころか、投稿すら経験のないときであった。だが、その目標を心底に置き、研究を進めてきた。本年は九年目で一つめの目標をようやく達成することができ、知の殿堂にひとしずくの如き一冊を加えることができることとなった。会社を辞めなければ、来年の三月末がちょうど私の定年であった。理由はどうあれ、会社人生を全うできなかった、あるいは、しなかった自身の負い目に、「決して無為に過ごしていたのではなかったのだ」と一矢報いることができたとの思いである。本書の出版にあたっては川合先生のご紹介をいただき、吉川弘文館が引き受けてくださった。編集部の稲田美穂氏には懇切な助言を頂戴しお世話になった。心より御礼を申し上げる。ただ一書が成っても「一流の研究者」にはほど遠い。ようやく研究者の端くれに仲間入りができた程度である。真理を求めて先を行く諸先輩の背中を追いかけて走り続けるランナーの一人に過ぎない。

私は、二〇一七年度より日本学術振興会科学研究費補助金（基盤研究（C）（一般））を受けることができ、大阪大学大学院文学研究科からは招聘研究員の肩書をいただいて、公にも研究を続けることが可能となった。終章でも取り挙げた、積み残した課題に取り組み始めている。どんな研究も一人ではできないように、諸先生、諸先輩などの助言があってはじめて私の研究も可能となった。得てして一人になりがちな研究にあって、日本史研究会、大阪歴史学会などの部会終了後に集う懇親会ほど楽しいものはない。そこに集うのは、私以外、二十代、三十代の若手研究者が大半で、たいていは私が断トツの最年長者である。現代は六十歳ごろを初老と言うようであるが、私は、外形はまさしく初老。しかし研究年令からして心は彼等と同世代と思っている。今後も彼等と和して議論に加わっていきたい。まさに人生とは出会いによって決まるが、本書も、平先生をはじめとして多くの諸先生、諸先輩のご教示、ご指摘によって成った。これまでの学恩に厚く御礼を申し述べたい。

最後に、類いまれな私のわがままを許してくれ、そして支えてくれた妻に心から「ありがとう」と感謝の気持ちを述べたい。

二〇一七年七月十六日

島津　毅

初出一覧

序章　葬送史研究の現状と課題（新稿）

第一部　古代中世における死の観念と葬送

第一章　古代中世の葬送墓制にみる遺体観と霊魂観——柳田民俗学の課題をふまえて——（新稿、二〇一六年四月度仏教史学会例会、および同年史学会第一一四回大会での発表をもととしている）

第二章　古代中世における葬送と時刻——他界観・死体観との関係を通して——（原題「中世における葬送の時刻——「夜の葬送」とその変化」（『ヒストリア』二四二号、二〇一四年）

第三章　平安時代以降の葬送と遺体移送——「平生之儀」を中心として——（原題「中世の葬送と遺体移送——「平生之儀」を中心として——」『史学雑誌』一二二編六号、二〇一三年）

第二部　古代中世における葬送の実態

第一章　奈良・平安時代の葬送と仏教——皇族・貴族の葬送を中心として——（『日本史研究』六三七号、二〇一五年）

第二章　中世における葬送の僧俗分業構造とその変化——「一向僧沙汰」の検討を通して——（『史林』九七巻第六号、二〇一四年）

第三章　中世後期の葬送と清水坂非人・三昧聖——葬送権益の実態を通して——（『部落問題研究』二一五号、二〇一六年）

第四章　中世京都における葬送と清水坂非人——葬送権益の由来と変容——（『史学雑誌』一二五編八号、二〇一六年）

終章　本書の成果と課題（新稿）

＊第一部第二章から第二部第四章は再録にあたり字句・表現等を修正し、補訂した。また引用史料の追加・入替や、初出稿以後に刊行された関係文献の追加（～二〇一七年三月）等を行っているが、いずれも論旨を大きく変更するものではない。

著者略歴

一九五七年　兵庫県に生まれる
二〇一五年　大阪大学大学院文学研究科博士後期課程単位修得退学
二〇一六年　博士（文学）学位取得、京都学園大学非常勤講師を経て
現在　大阪大学大学院文学研究科・招聘研究員

日本古代中世の葬送と社会

二〇一七年（平成二十九）九月二十日　第一刷発行

著者　島《しま》津《づ》毅《たけし》
発行者　吉川道郎
発行所　株式会社　吉川弘文館
郵便番号一一三―〇〇三三
東京都文京区本郷七丁目二番八号
電話〇三―三八一三―九一五一〈代〉
振替口座〇〇一〇〇―五―二四四番
http://www.yoshikawa-k.co.jp/

印刷＝株式会社 理想社
製本＝誠製本株式会社
装幀＝山崎　登

ISBN978-4-642-04637-4

索　引

※本書は，Ⅰ事項，Ⅱ人名・通称・氏・家名，Ⅲ地名・寺社・建造物名，Ⅳ史料・典籍，Ⅴ研究者名に分類して採録した．ただし図表中の語句は採録対象とはしていない．
※Ⅰ事項では，単独で掲載しても分かりづらい関連語句・派生語などは，元となる語句のもとに集約し，当該語句を一字下げて収録した．

Ⅰ　事　項

あ行

か行

さ行

た行

ま行

や行

II　人名・通称・氏・家名

か行

さ行

た行

な行

は行

ま行

や行

ら行

わ行

Ⅲ　地名・寺社・建造物名

あ行

か行

さ行

た行

な行

は行

ま行

や行

ら行

Ⅳ 史料・典籍

あ行

か行

さ行

た行

な行

は行

ま行

や行

ら行

V 研究者名

あ行

か行

さ行

た行

な行

は行

ま行

や行

ら行

わ行